Christian Jostmann

DAS EIS UND DER TOD

Unverkäufliches Leseexemplar

Gebunden, Euro 19,95 [D]

Wir bitten Sie, Rezensionen nicht vor

dem 31. August 2011 zu veröffentlichen.

Vielen Dank für Ihr Verständnis.

Westl. Länge 12°18' v. Greenwich

69 Östl. L v. Greenwich 70

TRISTAN DA CUNHA I.
Maßstab 1:1000000

KERGUELEN INSEL
Maßstab 1:2000000

CROZET INSELN
Maßstab 1:3000000

PRINZ EDUARD I.
Maßstab 1:3000000

NEU AMSTERDAM & St PAUL
Maßstab 1:3000000

VICTORIA LAND
Maßstab 1:40000000

INDISCHER OCEAN

DER

Enderby Quadrant

Coats Land

Kemp Land

Wilhelm II Land

ES GEBIET

S FESTLAND

Victoria Quadrant

Enderby Land

Knox Land

Budd Land

Totten Land

Sabrina Land

North Land

Victoria Land

Kaiser Wilhelm II Land

TASMANIEN

Australische Bucht

König Georgs Sund

Ross Eisplatte

Inland Eis

Gletscherung der südpolaren Eiskalotte

Süd Insel

Tasman See

Erklärung und Sprachliches.
Abkürzungen und Sprachliches.

Schiffsrouten der
Englischen Expedition
unter Capt? Scott.
1902 und 1902-03.
1903-04.
Nachtlaten 1907-09.

Christian Jostmann

DAS EIS UND DER TOD

Scott, Amundsen und das Drama am Südpol

Verlag C.H.Beck

Mit 37 Abbildungen und 3 Karten

Vorderer Vorsatz: Die Antarktis im Jahr 1910

Frontispiz: Hundeschlitten am Fuß des Barne-Gletschers, McMurdo-Sund, September 1911. Foto: Herbert Ponting.

Hinterer Vorsatz: Der McMurdo-Sund

© Verlag C.H.Beck oHG, München 2011
Gesetzt aus der Baskerville im Verlag
Druck und Bindung: CPI – Ebner & Spiegel, Ulm
Umschlaggestaltung: Geviert — Büro für Kommunikationsdesign
München, Michaela Kneissl
Umschlagabbildung: Eisgrotte, die *Terra Nova* im Hintergrund,
5. Januar 1911 Foto: Herbert Ponting, © Scott Polar Research Institute /
University of Cambridge (P2005/5/127)
Gedruckt auf alterungsbeständigem Papier
(hergestellt aus chlorfrei gebleichtem Zellstoff)
Printed in Germany
ISBN 978 3 406 62094 2

www.chbeck.de

INHALT

VII THE SHOW MUST GO ON

Or is it, that in essence whiteness ist not so much a color as the visible absence of color, and at the same time
the concrete of all colors; is it for these reasons that
there is such a dumb blankness, full of meaning, in a
wide landscape of snows – a colorless, all-color of athe-
ism, from which we shrink?

Herman Melville, Moby Dick, Ch. 42

Unversehens würde sich um einen nackten, der arktischen Winterkälte schutzlos ausgelieferten Menschen
eine Nebelwolke bilden, dem Mondhof gleich. Bei
günstigem Lichteinfall würden die Ränder dieser
Wolke, die nichts wäre als die rasch verdunstende Kör-
perfeuchtigkeit, in den Farben des Regenbogens leuchten: Blauviolett, Blau, Grün, Gelb, Orange und Gelb-
rot. Das allmähliche Verlöschen dieser Farbenbögen,
Farbe um Farbe, entspräche den Stadien des Erfrie-
rungstodes; ein Tod jenseits der Schmerzgrenze, sichtbar am Verschwinden des letzten gelbroten Bogens.
Das Sterben, ein Farbenspiel.

Christoph Ransmayr, Die Schrecken des Eises
und der Finsternis, Kap. 7

I COLD OPEN

Das Gesetz

Eine Schule Orcas war an der Eiskante aufgetaucht. Ihre Finnen schnitten Furchen ins Wasser, ihre schwarzglänzenden Rücken wölbten sich, und dann, unvermutet, reckte einer der Riesendelphine den Kopf in die Luft, so dass seine helle Unterseite zum Vorschein kam. Aus winzigen Augen starrte er auf das Eis, wo Robben sich räkelten und Pinguine spazieren gingen – ein Schlaraffenland, verlockend nah und doch unerreichbar. Die Orcas waren hungrig. Der Hunger zehrte an ihren massigen Leibern und verlangte nach Fleisch: Mehrere hundert Pfund davon brauchte ein Orca zum Leben, Tag für Tag.

Aber Orcas waren gute Jäger, und gute Jäger haben gelernt zu warten. Irgendwann würden auch die Robben Hunger verspüren, und weil es auf dem Eis nichts zu fressen gab, mussten sie ins Wasser. Und dann würden die Orcas angreifen. Wenn das Opfer Glück hatte, wurde es durch einen Schlag der mächtigen Fluken betäubt; andernfalls sollte es nur noch die langen spitzen Zähne spüren, die seine Speckschicht durchstießen.

Von Süden her wehte eine leichte Brise, und mit der Brise waren die Wolken, die über der Bucht gehangen hatten, aufs Meer hinausgeweht, den Eisschollen hinterher, die der Wind schon am Vortag fortgetrieben hatte. Nur jenes Eis war geblieben, das fest mit dem Fuß der großen Eiswand verbunden war, die, stark zerklüftet und von Eiszapfen gesäumt, mehr als hundert Fuß senkrecht in den Himmel ragte. Und hier unten, im noch weichen Neuschnee, den die Wolken auf dem Eis abgelegt hatten, hatten es sich die Robben bequem gemacht.

Den Robben war nicht anzusehen, ob sie das Auftauchen ihrer Feinde bemerkten. Solange sie auf dem Eis lagen, konnten die Orcas ihnen nichts anhaben. Eine satte Robbe hielt das stundenlang, wenn nicht ganze Tage aus. Es war das einfache Gesetz, das seit Jahrmillionen das Leben der Robben im Eismeer bestimmte: Unter Wasser drohten Gefahr und Verderben, lockte aber auch reiche Nahrung; auf dem Eis gab es zwar nichts zu fressen, aber auch keine Feinde. Darum scherten die Robben sich nicht weiter um das, was jenseits der Eiskante vorging. Wie hätten sie auch ahnen sollen, dass hinter dem Schrecken, der ihnen vertraut war, diesmal eine noch tödlichere Bedrohung aufzog. Selbst wenn sie nicht kurzsichtig gewesen wären, hätten die Robben nicht erkannt, was sich der Eiskante von Norden näherte. In ihre Bucht kam ein Schiff, und mit diesem Schiff kam der Tag, an dem das Gesetz, das seit Jahrmillionen über Leben und Tod entschieden hatte, seine Gültigkeit verlor.

Die Enthüllung _ _ _ _ _ _ _ _ _ _ _ _ _ *Funchal, 9. September 1910*

Schwer lastete die Nachmittagshitze auf dem Hafen von Funchal. Die Dünung klatschte an die Mole und an die Rümpfe der Schiffe, die in der Bucht vor Anker lagen, aber nur die kleineren Boote ließen sich von ihr schaukeln, während die fünf oder sechs Überseedampfer keine Regung zeigten. Ein wenig abseits lag ein Dreimastschoner auf Reede, ein bauchiger und gedrungener Kahn, der durch seine dürftige Takelage und einen undefinierbar dunklen Anstrich von den Dampfern mit ihren weißen Relings und bunten Schornsteinen abstach.

Es geschah selten, dass ein Schiff in dem vielbesuchten Hafen mitten im Atlantik Aufsehen erregte, aber an diesem Schoner war etwas faul, da waren sich die alten Männer, die ihre Nachmittage in den Cafés am Strand zu verbringen pflegten, einig. Es sei ein Forschungsschiff, hieß es, auf dem Weg ins ewige Eis. Was die Leute dort nur wollten? Es war keine drei Monate her, da hatte eine britische Antarktis-Expedition in Funchal Station gemacht. Die Engländer hatten schöne blaue Uniformen getragen und sich benommen wie Gentlemen.

Und nun dieser Schoner, der aussah wie ein Waschtrog mit Masten. Seit er vor drei Tagen eingelaufen war, die Flagge Norwegens am Heck, wich seine Besatzung jedem Kontakt aus. Die Händler, die mit ihren Booten zwischen den Schiffen kreuzten, hatten die Norweger wortkarg abgefertigt, ebenso den Reporter der Lokalzeitung, der sich ihnen in der Hoffnung auf eine Story genähert hatte. Und Doutor Amada, der als Hafenarzt die Gesundheit der Ankömmlinge untersuchen wollte, hatte sich einer zähnefletschenden Meute gegenübergesehen, Hunden oder eher Wölfen, von denen sich angeblich mehrere Dutzend an Deck tummelten. Doutor Amada, der ein friedliebender und außerdem ein schmächtiger Mann war, hatte auf dem Absatz kehrtgemacht. Später war ein großer Pferdekadaver hinübergeschifft worden – der Gestank hatte noch ewig über der Mole gehangen – und am nächsten Tag ein zweiter. Das Freudengeheul der Bestien war jedes Mal bis zur Kathedrale hinauf zu hören gewesen.

Doch seit einer Weile war kein Lebenszeichen von dem Schoner an Land gedrungen. Er lag da, versunken in derselben Ruhe, die manchmal um diese Stunde den Hafen umgab, wenn man auf der Mole das Klirren von Besteck hören konnte und wusste, dass die Kellner oben im «Reid's» die Tische deckten. Oder den rhythmischen Schlag eines Ruderpaares, der verriet, dass ein Boot zu einem der Schiffe hinausfuhr – so wie jetzt zum Norwegerschiff.

Den beiden Matrosen an den Riemen rann der Schweiß von der Stirn und von den bloßen Unterarmen, während untätig im Heck zwei Männer saßen. Auf den ersten Blick war nicht zu erkennen, dass die beiden Brüder waren. Der eine trug die Kleidung eines gut situierten Geschäftsmannes, einen hellen Anzug mit Weste, über der sich eine silberne Uhrenkette spannte; das glatte Gesicht schmückte ein sorgfältig gestutzter Schnurrbart. Die Züge des anderen waren zerfurcht wie die Rinde einer alten Eiche, seine Augen lagen halb unter schweren Lidern verborgen; dabei war er der jüngere der beiden. Das hervorstechende Merkmal an dem Mann war jedoch die scharfkantige Nase, die seinem Gesicht etwas Raubvogelartiges verlieh, etwas von einer geschnitzten Maske. Er trug eine Seemannsjacke und hatte die Ellenbogen lässig auf die Knie gestützt, im Unterschied zu seinem Bruder, der aufrecht saß. Die beiden sprachen kein Wort. Auch ihre Blicke sagten nichts.

Leon und Roald Amundsen dachten, jeder für sich, an das letzte Jahr zurück: an das Geheimnis, das sie miteinander geteilt hatten, und an die endlosen Vorbereitungen für diese Expedition, die sie gemeinsam geplant und organisiert hatten, Roald als deren Leiter und Leon als Geschäftsführer. Alles hing nun davon ab, wie die Männer an Bord reagieren würden, wenn sie das wahre Ziel der Reise erfuhren. Den Großteil ihrer achtzehnköpfigen Mannschaft hatten die Amundsen-Brüder genauso getäuscht wie den Rest der Welt. Nicht einmal der große Nansen, Übervater der norwegischen Polarforschung, war eingeweiht, und König Haakon VII. hatte ihnen vor wenigen Wochen viel Glück für ein Unternehmen gewünscht, von dem er glaubte, dass es ins arktische Eismeer und hoffentlich zum Nordpol führen würde. Doch den hatten inzwischen die Amerikaner erreicht und damit die Amundsens veranlasst, ihre Pläne im Stillen zu ändern.

Behende kletterten die Brüder die Leiter hinauf zum Deck ihres Schiffes, wo Leutnant Nilsen sie erwartete. Thorvald Nilsen wusste, wohin die Reise ging. Er war 29 Jahre alt, untersetzt und als Offizier der Handelsmarine bisher auf der Südamerika-Linie unterwegs gewesen. Hinter seinem pausbäckigen, harmlosen Jungengesicht verbargen sich ein wacher Verstand und bissiger Humor. Roald Amundsen schätzte beides.

Und, fragte er, alles klar, Skipper?

Alles wie befohlen, Chef. Die Männer sitzen unten und schreiben ihre Briefe.

Gut, dann wollen wir sie mal zusammentrommeln, damit auch die, denen sonst nichts einfällt, etwas zu schreiben haben. Lassen Sie Anker einholen.

Wenig später dröhnte das Rasseln der Kette durch den Schiffsbauch. Aufgeschreckt durch den Lärm kamen die Männer die Leitern herauf. Einige murrten, was die plötzliche Hast solle. Doch als sie den Chef an Deck stehen sahen, neben ihm seinen Bruder und Nilsen, Letzteren mit einem unterdrückten Grinsen im Gesicht und einer Karte unter dem Arm, verstummten sie. Ungewöhnlich genug: Der Chef trat nervös von einem Bein auf das andere. Irgendetwas lag in der Luft.

Nilsen entrollte die Karte und heftete sie so an den Hauptmast, dass jeder sie sehen konnte. Für einige Augenblicke war es ganz still, und man hörte das Winseln eines der Grönlandhunde, der unter der Hitze litt. Alle starrten auf die Karte, auf der, inmitten einer großen weißen Fläche, die wenigen bekannten Küstenlinien und Inseln der Antarktis eingezeichnet waren.

Es gibt ein paar Dinge hier an Bord, sagte Roald Amundsen mit seiner schrillen Stimme, die ihr mit Misstrauen oder Verwunderung betrachtet habt, die Holzhütte etwa und all die Hunde, aber darüber werde ich jetzt nicht sprechen. Was ich sagen will, ist Folgendes: Es ist meine Absicht, südwärts zu segeln, einen Trupp auf dem südlichen Kontinent abzusetzen und zu versuchen, den Südpol zu erreichen.

Amundsens Lampenfieber war verflogen, souverän und lapidar setzte er seiner Mannschaft auseinander, warum er sie hatte täuschen müssen: Dass der Nordpol, seitdem Cook und Peary um seine Entdeckung stritten, kein lohnendes Ziel mehr war. Dass sie den Umweg über den Südpol, wenn er ihn öffentlich angekündigt hätte, niemals hätten machen dürfen, weil bekanntlich auch die Briten dorthin unterwegs waren und der junge norwegische Staat es sich mit seiner wichtigsten Schutzmacht nicht verderben wollte. Jawohl, das Wort «Umweg» habe er mit Absicht gewählt, denn um nichts weiter als einen Umweg handelte es sich doch. Nachdem sie auf dem Weg nach Alaska ohnehin Kap Hoorn umfahren mussten, nachdem man also schon da unten war und der Südpol greifbar nahe, wäre es doch schade, diese Chance auszulassen. Im nächsten Jahr könnten sie dann immer noch, wie geplant, ins nördliche Eismeer segeln.

Aber vorher, sagte Roald Amundsen, sollten wir den Briten ein Wettrennen liefern.

Wie sie dastanden, im Unterhemd, barhäuptig, die Kinnladen unten, boten Norwegens Polarhelden einen komischen Anblick.

Hurra!, rief endlich Olav Bjaaland, der siegesgewohnte nordische Ski-Champion, das heißt, wir werden die Ersten sein!

Ein Sturm _ _ _ _ _ _ _ _ _ _ _ _ *Südlicher Ozean, 2. Dezember 1910*

Nun war eingetroffen, was nicht hätte passieren dürfen. Am Abend des dritten Tages, nachdem die *Terra Nova* Neuseeland bei gutem Wind verlassen hatte, geriet das überladene Schiff in einen Sturm. Es war einer jener Stürme, für die der Südliche Ozean berüchtigt war, mit Winden von fünfzig Meilen* pro Stunde und Wellenbergen, die sich 35 Fuß und höher auftürmten. Eine grüne Sturzsee nach der anderen ging auf das Schiff nieder, ergoss sich über die Hunde, die an Deck angeleint waren, und ein Teil der schäumenden Flut drang zwischen den Decksplanken durch die Ritzen, die sich mit jeder Bewegung des Schiffes weiteten, in die Kajüten und Laderäume. Die Brecher zerrten an der Ladung, die

---

* Vgl. die Anmerkung zu Maßen und Daten am Ende des Buches.

auf dem Mittelschiffdeck vertäut war: Kohle in Säcken, Benzinkanister, Futterballen für Ponys, bis die Befestigungen schließlich nachgaben. Unter der Wucht der Wellen verwandelten sich Benzinkanister in Rammböcke, krachten gegen die Kisten mit den Motorschlitten, die an Deck standen, stießen gegen die Reling und warfen die Hunde um, die verzweifelt darum kämpften, nicht von ihren Leinen erwürgt zu werden. Nicht viel besser erging es den Ponys im Vorschiff. Das Schiff rollte so stark, dass es die Tiere von den Beinen fegte und zwei Männer sie unter Aufbietung aller Kräfte wieder aufrichten mussten. Die Ponys, die im fernen Sibirien zwar ein raues Leben, aber festen Boden unter den Hufen gewohnt waren, entleerten sich vor Angst, und ihre Exkremente flossen mit dem Wasser durch das undichte Deck in die Mannschaftsräume.

Die *Terra Nova* war nicht die erste Wahl gewesen. Sicher, sie war eine hochseetüchtige Dreimastbark mit einem starken Rumpf aus Holz, wie er nötig war für Eismeerfahrten, denn in jener Zeit hielt kein Stahlrumpf dem Druck des Eises stand. Aber als die Britische Antarktis-Expedition die *Terra Nova* erwarb, war sie bereits ein Vierteljahrhundert in Dienst, die meiste Zeit in den Walfanggründen vor Neufundland. Ihr zusätzlicher Dampfantrieb fraß eine Menge Kohle für das, was er leistete. Auf der monatelangen Fahrt nach Neuseeland hatte die Besatzung unzählige Stunden an der Handpumpe geschuftet, weil das Schiff übermäßig leckte. Im Dock in Lyttelton war zwar das Leck geschlossen worden, aber danach hatten sie den alten Walfänger mit so viel Ausrüstung und Treibstoff beladen, dass die Plimsoll-Linie, bis zu der ein Schiff beladen werden durfte, nicht mehr zu sehen war.

460 Tonnen Kohle, 19 Ponys, 45 Tonnen Heu und Hafer, 33 Schlittenhunde, fünf Tonnen Hundekekse, drei Motorschlitten, zweieinhalb Tonnen Benzin, zwei zerlegte Holzhütten inklusive Acetylen-Generatoren, ein Eishaus mit drei Tonnen Eis für 162 Hammel- und drei Rindskadaver, zwölf Tonnen Trinkwasser, außerdem Käse, Butter, Speck, Schinken, Obst und Gemüse in Konserven, Mehl, Zucker und weiterer Proviant, darunter Kakaopulver, Rosinen, Bonbons und Schokolade, Tee, Zitronensaft, Rum, Sherry und Champagner für besondere Anlässe, zwei gusseiserne Herde plus Töpfe, Pfannen und Geschirr, sodann 45 Schlitten verschiedener Länge, Skier, Zelte, Rentier-Schlafsäcke, Primus-Kocher, Petroleum, Kletterseile, Schneebrillen, Ferngläser, Kompasse, Theodoliten und andere Navigationshilfen sowie Zwie-

back und Pemmikan; hinzu kamen eine photographische Apparatur samt Dunkelkammer und anderthalb tausend Glasplatten, mehrere wissenschaftliche Labors, Instrumente zur Messung des Erdmagnetismus und der Schwerkraft, Thermographen und Windmesser, eine Bibliothek mit belletristischer und Fachliteratur, ein Pianola, zu guter Letzt die Besatzung, 65 Mann mit ihrer persönlichen Habe – und eine Katze. Das meiste von all dem und zahllose weitere Dinge hatte ein genialer Stauermeister im Bauch des 180 Fuß langen Schiffes verschwinden lassen, der Rest – unter anderem dreißig Tonnen Kohle in Säcken – war an Deck festgezurrt worden.

Wenn das mal gutgeht, hatte so mancher gedacht, als die *Terra Nova* unter großem Trara von Neuseeland in See gestochen war. Die verantwortlichen Offiziere waren sich des Risikos bewusst gewesen; der Captain hatte das Schiff sogar für viel Geld im piekfeinen Royal Yacht Squadron registriert, damit es von den regulären Kontrollen ausgenommen war. Es war ihnen nichts anderes übrig geblieben, wenn sie die ehrgeizigste Antarktis-Expedition aller Zeiten ans Ziel bringen wollten. Die Hälfte der Besatzung sollte für mindestens ein Jahr im Eis bleiben und verschiedene Abschnitte des antarktischen Festlands erkunden. An zwei Standorten waren Winterquartiere geplant, wo während der Polarnacht meteorologische und magnetische Daten gesammelt werden sollten. Das wissenschaftliche Programm war umfangreicher als jedes andere bisher: Ein Team vorwiegend junger Wissenschaftler – Geologen, Biologen, Physiker, Meteorologen, Ärzte – brannte darauf, der Antarktis ihre Geheimnisse zu entreißen; ein Photokünstler wollte kinematographische Bilder von Pinguinen und Polarforschern nach Hause bringen. Und endlich, als publikumswirksame Krönung des großen Unternehmens, sollte ein Team nach Süden vorstoßen und für Seine Majestät den geographischen Pol erobern. Der alte Walfänger war ebenso mit Hoffnungen überladen wie mit Kohle, Schlitten und Ponys.

Aber diese Hoffnungen wirkten nun auf groteske Weise lächerlich. Captain Scott klammerte sich mit beiden Händen an die Brücke der *Terra Nova*, um nicht von den Brechern, die jede Minute heranrollten, fortgerissen zu werden. Das Schiff kam ihm so winzig vor, so zerbrechlich angesichts der tobenden Naturgewalten. Was für eine bittere Ironie, wenn die ganze Expedition mit Mann und Maus auf den Ozeanboden sänke, bevor sie die Antarktis überhaupt erreicht hatten. Monate würden vergehen, bis ihr Verschwinden auch nur auffiele.

Zur selben Zeit – es war zwei Stunden nach Mitternacht – erklärten im Maschinenraum der *Terra Nova* Ingenieur Williams und Heizer Lashly dem Vizekommandanten die Lage. Die Pumpen kamen gegen das Wasser, das von oben ins Schiff eindrang, nicht mehr an. Zähe Klumpen aus Kohlenstaub und Maschinenöl verstopften immer wieder die Saugstutzen. Schon reichte das Wasser an die Eisenplatten, auf denen die Heizer ihre Arbeit verrichteten. Wenn das so weiterging, würde es bald den Kessel erreicht haben. Lieutenant Evans wusste, was das bedeutete: Das eiskalte Wasser würde den glühend heißen Kessel zum Bersten bringen.

Der zupackende Evans befahl unverzüglich, die Handpumpe an Deck in Betrieb zu nehmen, an der die Besatzung auf der Herfahrt so viele Stunden gerackert hatte und an der sie nun, inmitten von Sturzseen, um ihr Leben pumpte. Aber bald förderte die Handpumpe nur noch ein Rinnsal, weil auch sie mit dem Öl-Kohle-Gemisch verstopft war. Sie zu säubern war unmöglich, weil man, um an den Saugstutzen zu kommen, die Ladeluke hätte öffnen müssen, und dann wäre das Schiff binnen Minuten vollgelaufen. Indessen stieg das Wasser im Heizraum und hörte nicht auf zu steigen, so dass den Heizern schließlich nichts anderes übrig blieb, als die Feuer zu löschen. Um vier Uhr morgens war die *Terra Nova* nur noch eine Holzkiste im Ozean, nicht mehr zu manövrieren und halb havariert, und der Sturm wütete weiter mit unverminderter Kraft.

Jetzt gab es nicht mehr viel, was sie tun konnten. Evans holte die «Heckwache», wie die Wissenschaftler und übrigen Landratten spöttisch genannt wurden, aus ihren Kabinen. Ein übler Gestank schlug ihm entgegen. Fast jeder hier war seekrank, doch kaum einer ahnte, wie schlimm es um das Schiff stand. Evans ließ die Hälfte der Männer auf den zwei schmalen Leitern, die vom Heizraum an Deck führten, eine Eimerkette bilden. Es war der verzweifelte Versuch, die Dreimastbark mit drei Blecheimern leer zu schöpfen wie einen Kutter, während die Wache oben unablässig an der Handpumpe kurbelte.

Aber siehe da, auch wenn das Wasser im Schiffsbauch nicht wirklich sank, so stieg es doch nicht mehr. Zeit war gewonnen für Williams und den Schiffszimmermann Davies, die begonnen hatten, ein Loch in das Schott zwischen Heizraum und Hauptladeraum zu schlagen. Sie hofften auf diesem Weg an den Saugstutzen der Handpumpe zu gelangen, eine mühsame Arbeit, denn das Schott war aus Eisen, und sie besaßen kein Werkzeug außer Hammer und Meißel.

Captain Scott, der wie alle anderen seine Schichten an der Pumpe und den Eimern übernahm, zog sich gegen Mittag in seine Kabine zurück. Er nahm einen Stift und öffnete sein Journal: «Wir sind nicht aus dem Schneider, aber Hoffnung dämmert; wie sollte ich auch keine schöpfen, wenn sich die Leute so wundervoll für mich ins Zeug legen.» Dumpf schlug eine Welle auf das Schiff, das Wasser troff von der Kabinendecke. Scott hatte Mühe, das Journal trocken zu halten, aber er schrieb weiter. Zu schreiben war ihm ein inneres Bedürfnis. Er schrieb in jeder Lage, wie verzweifelt sie auch sein mochte. «Gebe Gott, dass wir vor morgen wieder unter Segeln sind!»

II DAS LAND IM SÜDEN

Die Ureinwohner_ _ _ _ _ _ _ _ _ _Südlicher Ozean, 1772 bis 1824

Robben lagen auf dem Eis und dösten in der Sonne. Das Licht heizte ihre graubraunen Körper auf und heilte die Wunden, die sie sich im Kampf mit Rivalen eingehandelt hatten. In den vergangenen Wochen hatten die Robben ihre Jungen zur Welt gebracht und gesäugt, sich neuerlich gepaart, um Partner und Plätze gestritten, gejagt und sich vollgefressen. Jetzt war Zeit zum Ausruhen. Skuas und Sturmvögel zogen kreischend in der Luft ihre Kreise, einige Pinguine watschelten umher und verrenkten sich die Hälse, jenseits der Eiskante bliesen Wale und Delphine ihre Fontänen. Mochten Orcas darunter sein, was kümmerte es die Robben. Der Sommer stand in seinem Zenit, und sie lagen auf dem festen Eis.

Das Leben der Robben verlief vor einer großartigen Kulisse. Hinter ihnen ragte eine Steilwand wohl hundert Fuß in den Himmel. Sie war aus purem Eis, das in tausend Farben funkelte. Am Fuß der Eiswand bildete sich Meereis, das auch im Sommer der Strömung und den Wellen trotzte. Hier waren die Robben in Sicherheit und zugleich dem Meer, ihrem Lebensraum, nahe. Ganz selten wanderten Robben nach Süden, Einzelgänger, die eine der mächtigen Schneeverwehungen zur Kante der Eisklippen hinaufrobbten und für immer in der weißen Unendlichkeit, die dahinter begann, verschwanden.

Ihr exotischer Lebensraum hatte die Robben lange Zeit vor einer Begegnung mit Menschen bewahrt. 1823 hatte ein britischer Robbenjäger als Erster diese südlichste aller Robbenarten gesichtet; ihm zu Ehren trug sie seither den Namen Weddell-Robbe. Weitere Begegnungen waren seltene Ausnahmen geblieben, weil Menschen nur langsam und unter großen Mühen und Gefahren in die Welt der Weddell-Robben vordrangen.

Im Süden der Erde hatten Stubengelehrte lange eine große Landmasse vermutet, eine Art Gegengewicht zu den Kontinenten auf der Nordhalbkugel, doch Seefahrer, die über den fünfzigsten Breitengrad segelten, fanden dort – außer ein paar Inseln und der Südspitze Ame-

Abbildung 1: Weddell-Robbe mit Jungtier, 1911. Foto: Herbert Ponting

rikas, die sich bis auf 56° Süd vorschiebt – nichts als den leeren Horizont des Meeres. Und was für eines Meeres! Von keinem Festland gehemmt, umkreiste der Westwind diesen Teil der Erde, trieb das Wasser in haushohen Wogen und auf majestätischen Schwingen den Albatros vor sich her – ein unaufhörlich sich drehendes Karussell aus Wind und Wellen, in dem Schiffe, die sich dorthin vorwagten, wie Spielzeuge schaukelten.

Segelten sie weiter nach Süden, so erreichten sie jene Grenze, die Meeresforscher später «Antarktische Konvergenz» nennen sollten. Zwischen dem fünfzigsten und dem sechzigsten Breitengrad grenzte der Südliche Ozean an die wärmeren Meere im Norden, sein eiskaltes Wasser sank zum Grund und hielt auf diese Weise die globalen Meeresströmungen in Gang. Den Seefahrern des 18. und 19. Jahrhunderts war dieser Mechanismus noch unbekannt, aber sie spürten den plötzlichen Temperaturabfall, wenn sie die Grenze passierten. Nebel, eisiger Regen und Schneestürme machten das Segeln unter der Konvergenz zur Qual, Eisberge machten es lebensgefährlich und schließlich, jenseits des sechzigsten Breitengrades, machten Packeisfelder es vollends unmöglich.

Winter für Winter fror der halbe Südliche Ozean zu. Im Sommer brach das Eis auf und bildete einen mehrere hundert Meilen breiten Packeisgürtel, ein riesiges Labyrinth aus Eisschollen, das ständig in Bewegung war und eine tödliche Bedrohung für jedes Schiff darstellte, das sich hineinverirrte.

In den Jahren 1772 bis 1775 umrundeten die beiden britischen Kriegsschiffe *Resolution* und *Adventure* die Antarktis so weit südlich wie keine anderen je zuvor. Ihr Kommandant James Cook ließ sie dreimal den Polarkreis kreuzen und einmal sogar den 71. Breitengrad. Nach dieser Fahrt war offensichtlich, dass ein südlicher Kontinent, wenn es ihn denn geben sollte jenseits des Packeises, für Menschen unbewohnbar war. Nicht aber für Robben. 1819 verschlug es ein englisches Handelsschiff, die *Williams*, auf der Fahrt um Kap Hoorn weit nach Süden. Als die *Williams* schließlich Valparaiso erreichte, brachte sie die Nachricht mit, dass 450 Seemeilen südlich von Kap Hoorn Land gesichtet worden war und dass es in den Gewässern in seiner Umgebung von Robben und Walen wimmelte.

Im folgenden Sommer landeten die ersten amerikanischen und britischen Robbenjäger auf den bald so genannten South-Shetland-Inseln und begannen Pelz- und Elefantenrobben zu massakrieren, die einen wegen ihrer Häute, die anderen wegen ihres Specks, der, zu Öl verarbeitet, die Maschinen der industriellen Revolution schmierte. Drei Jahre später waren die Robbenbestände auf diesen Inseln – Millionen Tiere – praktisch ausgerottet, und die Jäger zogen weiter. Einige wagten sich auf der Suche nach neuen Fanggründen immer weiter nach Süden vor, so auch der Brite James Weddell, ein ehemaliger Master der Royal Navy, der sich nach dem Ende der Napoleonischen Kriege ein anderes Auskommen hatte suchen müssen. Doch Weddell suchte nicht allein den Profit, ihn reizte die Suche als solche. Er verband auf seinen Fahrten ökonomische mit geographischen Interessen – meistens zum Schaden Ersterer.

Weddells historischer Vorstoß bis 74° Süd war die Tat eines wagemutigen und versierten Navigators, aber auch ein Geschenk glücklicher Umstände: Das Wetter in diesem Teil der Antarktis, südlich von Kap Hoorn, zeigte sich in der Saison 1822/23 von einer ungewöhnlich milden Seite. Im folgenden Jahr bedeckten wieder undurchdringliche Packeisfelder das Meer. So blieb es für die Robbenart, die Weddell auf seiner

Fahrt in den Süden entdeckte, bei einer flüchtigen ersten Begegnung mit dem Menschen.

Die Große Barriere _ _ _ _ _ _ _ _ _ _ _ _ _ *Ross-Meer, 1841/42*

James Clark Ross war ein Navy-Captain wie aus dem Bilderbuch, mit blitzblanken Stiefeln und romantisch zerzaustem Haar. Der schönste Mann im Dienste Ihrer Majestät, sagten manche. Die Damen in den Londoner Salons hingen an seinen Lippen, wenn er von seinen Abenteuern erzählte. Die handelten nicht von Kanonendonner, Pulverdampf und versenkten französischen Fregatten, sondern von anderen Schlachten, in denen die Navy sich genauso heldenhaft geschlagen hatte wie gegen den korsischen Tyrannen. Sie handelten von Siegen über einen Feind, der ebenso unmenschlich war, unberechenbar und eiskalt. Zwischen 1818 und 1834 hatte Ross an mehreren Arktis-Expeditionen der Navy teilgenommen. Auf einer dieser Fahrten hatte er in der schneeverwehten Wildnis Nordkanadas jenen Punkt gefunden, wo die Nadel des Kompasses senkrecht zum Erdboden strebt, statt horizontal nach Norden zu weisen. Ross hatte den Nordpol entdeckt – wenn auch nicht den geographischen, an dem sich Erdachse und Erdoberfläche schneiden, so doch immerhin den nördlichen Pol des Erdmagnetfelds.

Einer wie Ross machte der Royal Navy Ehre. Daher war die Admiralität gern bereit, zwei Schiffe unter seiner Führung auszusenden, um auch die Lage des zweiten magnetischen Pols der Erde zu bestimmen. Der sollte sich, den Berechnungen des deutschen Mathematikers Carl Friedrich Gauß zufolge, in der Antarktis befinden.

Im Dezember 1840 segelte die Expedition von Australien aus nach Süden, geradewegs ins Packeis hinein. Ross befehligte *H.M.S. Erebus*, eine massiv gebaute Bombarde von 105 Fuß Länge, der der griechische Gott der Finsternis Pate gestanden hatte. Ihr etwas kleineres Schwesterschiff, *H.M.S. Terror*, stand unter dem Kommando von Francis Rawdon Moira Crozier, einem Iren, der eng mit Ross befreundet und wie dieser ein Veteran etlicher Arktis-Expeditionen war. Mit Ausdauer und Geschick manövrierten die beiden Kapitäne ihre Segelschiffe zwischen Eisschollen durch schmale Rinnen, die sich im eigenwilligen Rhythmus von

Wind und Wellen öffneten und schlossen. Ermüdend langsam arbeiteten sie sich im Zickzackkurs nach Süden vor, bis sie hinter dem siebzigsten Breitengrad unvermutet aus dem Packeis ins offene Meer hinaussegelten – in ein Meer, das später Ross' Namen tragen würde. Vier Tage glitten *Erebus* und *Terror* nicht weiter von Eis behindert nach Süden, dann rief der Ausguck hoch oben vom Krähennest das magische Wort: «Land!», und er zeigte mit dem Arm nach Südwesten, wo bald auch die Männer unten an Deck eine Reihe schwärzlicher Flecken ausmachen konnten. Beim Näherkommen entpuppten sich die Flecken als Spitzen von Bergen, gewaltigen Bergen, die von den höchsten Flanken bis zur Küste herab mit Schnee und Eis bedeckt waren. Messungen ergaben, dass irgendwo hinter den Bergen der magnetische Pol liegen musste – unerreichbar für die Expedition. Aber niemand mochte sich deswegen grämen, angesichts des majestätischen Gebirges, das sie entdeckt hatten. Sie nannten es nach ihrer jungen Königin «Victoria-Land».

Fast vierhundert Meilen segelten die Briten weiter nach Süden, immer entlang der gebirgigen Küste des neuen Landes, bis sie eine weitere spektakuläre Entdeckung machten: Am südlichen Horizont erhob sich eine hohe Insel, die sich beim Näherkommen als Vulkan erwies, ein – wie sie errechneten – 12 400 Fuß hoher Vulkan, der aus seinem

Abbildung 2: «Wir hätten mit denselben Aussichten auf Erfolg versuchen können, durch die Klippen von Dover zu segeln ...»: James Clark Ross vor der Großen Eis-Barriere, 1841.

schneebedeckten Krater Rauch und Feuer in den blassblauen antarktischen Himmel stieß. Er war im Westen durch eine weite Bucht von jener langen Bergkette getrennt, an der sie entlanggesegelt waren, und im Osten durch einen Bergrücken mit einem weiteren, nur wenig niedrigeren, aber offenkundig erloschenen Vulkan verbunden. Ross gab den beiden Feuerbergen die Namen seiner Schiffe, «Erebus» für den größeren, aktiven Vulkan, «Terror» für dessen stillen Nachbarn, und die weite Bucht daneben benannte er nach dem tüchtigen Ersten Offizier der *Terror*, Archibald McMurdo, weder ahnend, dass die Bucht in Wirklichkeit ein Sund war, noch welche Rolle dieser Sund für die weitere Erforschung der Antarktis spielen sollte. In jener Saison, als Captain Ross die Meerenge aus dem Zustand der Namenlosigkeit erhob und sie erstmals in die Logbücher menschlicher Geschichte einschrieb, war sie mit einer undurchdringlichen Eisschicht bedeckt, die den Schiffen die Weiterfahrt verwehrte. Sie wandten sich daher nach Osten, passierten in respektvollem Abstand die beiden Vulkane, und dann sahen sie die Wand.

In vergangenen Zeiten hatten Menschen ihre Wohnsitze und Städte mit hohen Mauern aus Stein umgeben, und manche dieser Mauern waren mächtig genug gewesen, um die größten und schlagkräftigsten Armeen abzuweisen. Aber kein menschliches Bauwerk konnte sich mit dieser Steilwand messen, mit der die Antarktis ihren Entdeckern trotzte. «Als wir uns dem Land unter allen Leesegeln näherten», schrieb Ross in seinem Bericht, den er nach der Rückkehr für die Admiralität verfasste, «nahmen wir zunächst eine niedrige weiße Linie wahr, die sich von ihrem östlichsten Punkt, den das Auge erkennen konnte, westwärts erstreckte. Sie bildete eine außerordentliche Erscheinung, wie sie allmählich an Höhe zunahm, während wir näher kamen, und erwies sich schließlich als senkrechte Klippe aus Eis, zwischen 150 und 200 Fuß über der Meeresoberfläche, völlig flach und eben an der Oberkante und ohne irgendwelche Risse oder Vorsprünge auf ihrer dem Meer zugewandten Seite. Was sich dahinter befand, konnten wir uns nicht vorstellen, weil dieses Etwas viel höher war als unser Masttopp … Es war jedenfalls ein Hindernis von der Art, dass es bei mir keine Zweifel aufkommen ließ, was unseren zukünftigen Kurs betraf, denn wir hätten mit denselben Aussichten auf Erfolg versuchen können, durch die Klippen von Dover zu segeln, wie in solch eine Masse einzudringen.»

Also lenkten sie ihre Schiffe weiter nach Osten, immer an den jüngst entdeckten Eisklippen entlang, die das offene Meer nach Süden begrenzten. Doch je länger sie fuhren, desto unheimlicher wurde den Seeleuten ihre Entdeckung. Tage später und hundert Meilen weiter östlich bot sich ihrem Blick immer noch dasselbe Bild: «Es ist unmöglich, sich eine solidere Masse an Eis vorzustellen; auf ihrer gesamten Länge konnten wir nicht den geringsten Anschein irgendeines Risses oder Spalts ausmachen, und der intensiv helle Himmel über ihr zeigte nur allzu deutlich an, wie weit sie nach Süden reichte. … Diese außerordentliche Barriere aus Eis ist ein gewaltiges und wunderbares Ding, weit jenseits von allem, was wir uns hätten einfallen lassen oder ausdenken können.»

Fast zwei Wochen setzten *Erebus* und *Terror* ihre Fahrt fort, sie legten fast dreihundert Meilen zurück, doch die Szenerie blieb immer die gleiche, stets dieselbe undurchdringliche weiße Wand. Inzwischen war es Mitte Februar geworden, mithin höchste Zeit, die Schiffe nach Norden zu lenken, weil der kurze antarktische Sommer zu Ende ging und das Meer bereits zu gefrieren drohte.

Im folgenden Sommer steuerten Ross und Crozier ihre Schiffe ein zweites Mal ins Packeis. Wieder fanden sie dahinter offenes Meer vor, über das sie dahinsegelten, bis die Eiswand ihnen Einhalt gebot; sie schien gänzlich unverändert. Diesmal jedoch konnten die Briten ihr weiter nach Osten folgen, bis 162° westlicher Länge. Dort machten sie mehrere interessante Entdeckungen. Erstens waren die Klippen hier niedriger und gaben den Blick auf eine schneebedeckte Ebene frei, die sich offenbar grenzenlos nach Süden erstreckte. Zweitens öffnete sich die Barriere hier zu einer weiten, vereisten Bucht. Und drittens schien sie nach Osten hin in sanft ansteigende Hügel überzugehen. War dort womöglich Festland? Doch weil nirgends Felsen aus dem Schnee ragten, begnügte Ross sich auf seiner Seekarte mit dem gewissenhaften Vermerk «Anschein von Land».

Es blieb ihm keine Zeit, günstigere Bedingungen abzuwarten und eine Landung zu versuchen. Die Schiffe hatten lange gebraucht, um den Packeisgürtel zu durchqueren; infolgedessen war die Jahreszeit bereits fortgeschritten und die Rückkehr in wärmere Gewässer dringend geboten. Ross war es zufrieden, an die Grenze der menschlichen Welt gestoßen zu sein – an die Große Barriere.

Die erste Nacht _ _ _ _ _ _ _ _ _ _ _ *Cape Adare, 15. Februar 1899*
bis 28. Januar 1900

Was Sir James Clark Ross – nach seiner Rückkehr zum Ritter geschlagen – von diesem Teil der Erde zu berichten hatte, klang so wenig verlockend, dass ihm für viele Jahrzehnte niemand nachfolgte. Fast sechzig Jahre sollten vergehen, bis wieder ein Mensch vor der großen Eiswand stand. Inzwischen fuhr Francis Crozier mit John Franklin – einem weiteren Arktis-Veteranen der Royal Navy – und den Schiffen *Erebus* und *Terror* nach Kanada, um einen nördlichen Seeweg von Europa nach Asien zu finden. Sie kehrten nicht zurück. Sir James Ross starb im Alter von 62 Jahren und im Rang eines Konteradmirals auf seinem Landsitz in Buckinghamshire als erster und letzter Kapitän, der sein Schiff bis an die Große Barriere gesteuert hatte. Doch als er starb, hatte eine zukünftige Generation von Polarforschern bereits das Licht der Welt erblickt.

Sie war entschlossen, dort zu triumphieren, wo ihre Vorgänger gescheitert waren.

Ein Norweger, ein Doktorand der Zoologie namens Fridtjof Nansen, überquerte 1888 die schneebedeckte Insel Grönland auf Skiern und bewies auf diese Weise, dass Skier ein brauchbares Fortbewegungsmittel für Polarforscher waren. Im Zuge der Vorbereitungen für seine Expedition machte Nansen einige nützliche Erfindungen, unter anderem die eines handlichen und sparsamen Reisekochers.

Ein Amerikaner, Robert Edwin Peary, fuhr mit seiner schwangeren Frau nach Grönland und verbrachte mehrere Jahre in Gesellschaft von Menschen, die dort seit unvordenklichen Zeiten lebten. Von ihnen lernte er, wie man sich in Felle kleidete und mit Hilfe von Schlittenhunden schnell wie der Wind über Eis und Schnee reiste. Mehrmals versuchte Peary, auf diese Weise den nördlichen Pol der Erde zu erreichen, allerdings ohne Erfolg.

Ein Belgier, Adrien de Gerlache de Gomery, rüstete ein Schiff aus, die *Belgica*, fuhr mit ihr und 18 Mann Besatzung in die Antarktis und trödelte dort absichtlich so lange herum, bis das Meer zufror. Baron de Gerlache und seine bunt zusammengewürfelte Mannschaft, darunter ein gewisser Roald Amundsen aus Norwegen, wurden so zu den ersten Menschen, die in der Antarktis überwinterten. Das war 1898.

Im darauffolgenden Sommer, während die Mannschaft der *Belgica* mit Picken und Schaufeln auf das Eis einhieb, um eine Rinne zum offenen Meer zu schlagen und so einer zweiten Überwinterung zu entkommen, steuerte ein anderes Schiff das antarktische Festland an. Die *Southern Cross*, ein umgebauter Walfänger von 146 Fuß Länge, mit drei Masten und einer nagelneuen 360-PS-Dampfmaschine, landete an der nördlichen Spitze von Victoria-Land, jener langen, gebirgigen Küste, die Ross, Crozier und ihre Leute fast sechs Jahrzehnte zuvor entdeckt hatten. Der Motor vereinfachte das Navigieren im Eismeer erheblich; ein Kinderspiel war es trotzdem nicht.

Auf einem schmalen Strand aus Basaltgeröll, den Ross aus der Ferne Cape Adare getauft hatte, setzte die *Southern Cross* zehn Männer ab, bevor sie zurück nach Norden dampfte. Zu ihrer Ausrüstung gehörten neunzig sibirische Schlittenhunde, eine Handvoll Flinten – falls sie Eisbären begegnen sollten – und ein Haufen Holz. Mit dem Holz bauten die Männer eine Hütte, inmitten einer Kolonie von hunderttausend Pinguinen, die einen Lärm und einen Gestank verbreiteten, dass es ihnen die Sinne raubte. Daneben errichteten sie eine zweite Hütte aus Steinen, die sie am Strand fanden. Als sie fertig waren, verzogen sich die Pinguine nach Norden, und es wurde Nacht.

Unablässig rasten die Stürme, rüttelten an der Hütte und an den Nerven ihrer Bewohner, und wenn der Wind für einen Moment aussetzte, brach die antarktische Stille über sie herein, eine ohrenbetäubende Stille, die ihre Trommelfelle zu zerreißen drohte. Die Welt schien gestorben. «Es herrscht eine absolute Sterilität», schrieb einer der Gestrandeten in sein Tagebuch. Und doch blühte im Schatten der Nacht eine Giftpflanze: der Hass. Auf sich selbst zurückgeworfen, zusammengepfercht auf einer Fläche von 15 mal 15 Fuß und jeder produktiven Beschäftigung beraubt, begannen die Männer, einander zu belauern und anzufeinden. Einer hasste den anderen, nicht anders als die Hunde, die sich ohne Grund an die Kehle gingen und gegenseitig zerfleischten. Am meisten aber hassten die Männer den Leiter der Expedition.

Über Carsten Borchgrevink sollte sich der Bibliothekar der ehrwürdigen Royal Geographical Society später einmal äußern: «Niemand mochte ihn besonders, aber er war energiegeladen und wild entschlossen, in den unbekannten Süden zurückzukehren, Eigenschaften, die ihn in unseren Augen für eine Expedition empfahlen.» Borchgrevink, ein Norweger mit Wohnsitz in Australien, trug einen prächtigen Schnurrbart und behauptete von sich, der erste Mensch zu sein, der jemals antarktisches Festland betreten hatte. Im Januar 1895 war er dabei gewesen, als der Walfänger *Antarctic* das Ross-Meer jenseits des siebzigsten Breitengrads ansteuerte und an der Küste ein Boot landen ließ. Zwar konnten die Beteiligten sich hinterher nicht einigen, wessen Fuß als Erster auf antarktischem Boden gestanden war, aber Borchgrevink gelang es, die Teilnehmer des 6. Internationalen Geographischen Kongresses, der im Juni desselben Jahres in London tagte, davon zu überzeugen, es sei der seine gewesen. Sein fulminanter Auftritt vor der gelehrten Versammlung trug dazu bei, dass die Professoren «die Erforschung der antarktischen Regionen für das bedeutendste der noch zu lösenden geographischen Probleme» erklärten – mit anderen Worten, zu einem Problem, dessen Bedeutung genau jener entsprach, die Borchgrevink seiner eigenen Person zumaß.

«Gäbe Gott, dass ich mich niemals einem solchen Hohlkopf und seiner Expedition angeschlossen hätte», schrieb der Tagebuchschreiber auf Cape Adare, ein junger australischer Physiker namens Louis Bernacchi, der Borchgrevink in die Antarktis gefolgt war. Der Norweger war selbstherrlich und reizbar. Besonders die Wissenschaftler fanden seine Besserwisserei unerträglich. Mitten im Winter setzte er ein Schriftstück auf, das jede Kritik an seiner Führung mit Meuterei gleichsetzte. Kurz darauf zog er sich mit zwei Getreuen, Hundeführern vom Stamm der Samen, und sämtlichen Alkoholvorräten der Expedition in die Steinhütte zurück, wo er den Rest des Winters zubrachte. Unterdessen krepierten die Hunde rudelweise, ohne dass man wusste, warum. In der Holzhütte spielten die Männer Karten und Schach. Dann, nach 71 Tagen Dunkelheit, kam die Sonne zurück. Ihr folgten die Pinguine, die der Zoologe der Expedition bereits sehnlichst erwartete; doch am Tag, da der erste dieser Vögel eintraf, starb der Mann an einem Darmverschluss. Seine Kameraden begruben ihn unter Steinen und begannen Schlittenfahrten zu unternehmen, um das Land zu erkunden.

Weit kamen sie nicht. Das Küstengebirge war so steil, so zerklüftet von Gletscherspalten, dass sie, wohin sie auch fuhren, bald zur Umkehr gezwungen waren. Am 1. Dezember hisste Borchgrevink zur Feier seines 35. Geburtstages den Union Jack, unter dem die Expedition gesegelt war, weil ein britischer Verleger sie finanziert hatte, aber seine Leute weigerten sich, auf seine Gesundheit zu trinken. Als schließlich am Morgen des 28. Januar 1900 der Kapitän der *Southern Cross*, eine Tasche mit Briefen unter dem Arm, die Tür der Hütte öffnete, um die Männer abzuholen, hörte er nichts als lautes Schnarchen. Der Kapitän warf die Tasche auf den Tisch und erlöste die Helden der ersten Überwinterung auf dem antarktischen Festland mit dem Weckruf: «Post!»

Eisbären wurden während der ganzen Zeit keine gesichtet.

Bevor die *Southern Cross* in den von Menschen bewohnten Teil der Erde zurückkehrte, ließ Borchgrevink sie weiter Richtung Süden segeln, auf demselben Kurs, den Ross seinerzeit eingeschlagen hatte. Der Norweger hatte noch etwas vor. Er wollte zur Großen Barriere. Er wollte sie überwinden.

Der alte Mann und das Eis_ _ _ _ _ _ _ _ _ _ *London, 3. Juni 1899*

In den ruhigen Jahren nach dem endgültigen Sieg über Napoleon 1815 hatte die britische Admiralität nach neuen Herausforderungen für ihre Seeleute und Schiffe gesucht und sie jenseits der Polarkreise gefunden. So kam es, dass James Clark Ross in die Antarktis gereist war und die Große Barriere entdeckt hatte, dass John Franklin aufgebrochen war, um die Nordwest-Passage zu erkunden – und in den Weiten der kanadischen Arktis verschwand. An einer der Expeditionen, die nach Franklin und seiner Mannschaft auf die Suche gingen, nahm auch ein Kadett namens Clements Markham teil. Schiffe, die unter dem Druck des Eises ächzten, Wolldecken, die in den Kojen festfroren, Männer, die vor ihren Schlitten in den Schnee sanken – der junge Markham lernte die Härten und Gefahren der Polarforschung aus eigener Anschauung kennen und gelangte zu der Überzeugung, dass sie allein durch die militärische Disziplin der Royal Navy zu meistern waren. Auch wenn er persönlich diese Disziplin nicht ertrug und die Navy daher frühzeitig verließ, um das Leben eines Geographen und Forschungsreisenden zu führen, das ihn nach Indien, Peru und ins Mittelmeer, aber nur noch ein einziges Mal in arktische Gewässer verschlug. Als er ein halbes Jahrhundert später – mittlerweile zum Präsidenten der einflussreichen Royal Geographical Society avanciert – einen langgehegten Traum verwirklichen und seine eigene Polarexpedition aussenden durfte, erinnerte sich Sir Clements an seine arktische Initiation mit derselben verklärenden Nostalgie wie ein alter Soldat an den Krieg.

Es war mühsam gewesen, das Geld für die Expedition aufzutreiben; die Regierung hatte lange keinen Penny rausrücken wollen, die Navy es bei lauwarmen Absichtserklärungen belassen. Und dann hatte dieser dahergelaufene norwegische Windhund, dieser Lügenbold Borchgrevink, ausgerechnet in London, unmittelbar vor Markhams Nase, 35 000 Pfund an Land gezogen und war mit seinem abgetakelten Walfänger nach Süden gedampft. Erst mussten die Deutschen eine Antarktis-Expedition ankündigen, damit die Regierung zu Verstand kam und Mr Balfour nennenswerte Mittel in Aussicht stellte, die aber letztlich nur angemessen waren angesichts der Ehre, die seine, Markhams, Expedition der Nation einbringen würde!

Nachdem die Finanzierung also gesichert schien, fehlte nur noch ein geeigneter Anführer. Es verstand sich von selbst, dass einzig ein Navy-Offizier diese Rolle übernehmen konnte. Jung musste er sein, denn im Eis war die Kraft der Jugend mehr wert als die Erfahrung des Alters, zudem aus gutem Hause, gebildet und präsentabel, denn der zukünftige Held sollte eine gute Figur machen vor der Ahnengalerie britischer Seefahrer und Entdecker, die über Franklin, Ross und Cook bis zu Francis Drake zurückreichte.

Diese Dinge – und noch andere, denn Sir Clements war ein Mann mit breitgefächerten Interessen – gingen ihm durch den Kopf, während er die Buckingham Palace Road entlangschritt. Mit seiner hohen Stirn und dem schneeweißen Backenbart bot der Präsident eine würdevolle Erscheinung.

Wenn Sie gestatten, Sir …?

Ein Navy-Lieutenant stand vor ihm. Das war an sich nichts Ungewöhnliches, denn Sir Clements kannte viele junge Marine-Offiziere. Er schätzte ihre Gesellschaft. Mit Wohlgefallen musterte er sein Gegenüber. Der andere war nicht sonderlich groß, aber sehr kräftig gebaut. Seine Uniform wirkte etwas abgetragen, sonst aber untadelig. Unter der blauen Jacke mit den zwei Streifen am Ärmel stach blütenweiß das Hemd hervor, die Krawatte saß perfekt. Aus einem ovalen, gebräunten Gesicht leuchteten zwei dunkelblaue, fast violette Augen, der Mund verriet Entschlossenheit. Sir Clements war augenblicklich von der Erscheinung des Mannes eingenommen. Aber offenbar hatte er ihn etwas zu lange angesehen, denn der andere sagte: Lieutenant Scott, Sir. Sie erinnern sich …?

Natürlich tue ich das! Lieutenant, wie geht es Ihnen?

Sir Clements und Lieutenant Scott schüttelten einander die Hände, und mit der ruhigen, doch kraftvollen Wellenbewegung, die von der Hand des Jüngeren ausging, kam die Erinnerung zu dem alten Mann und umspülte ihn wie eine warme Woge. Ein Abend in der Karibik, auf dem Schiff von Cousin Albert, der ihn eingeladen hatte, an einem Törn des Ausbildungsgeschwaders teilzunehmen. Markham hatte unzählige selige Stunden im Vorschiff gesessen, nur scheinbar in seine Studien vertieft, und sich an den ausgelassenen Spielen der Knaben erfreut, an den Bewegungen ihrer schlanken Körper, ihrem Geruch … An jenem Abend, einem lauen Märzabend, gab der Cousin ein Dinner an Bord. Unter den Gästen befand sich ein Seekadett, ein überaus charmanter

Junge, der wenige Tage zuvor mit seinem Kutter eine Regatta gewonnen hatte: ebendieser Scott. Wie lange war das wohl her? Zwölf Jahre? Sir Clements legte seine Hand auf den Arm des Navy-Lieutenants: Wollen Sie mich nicht begleiten? Ich bin auf dem Weg nach Hause. Es sind nur ein paar Schritte.

Scott lächelte: Es ist mir ein Vergnügen, Sir. – Er hatte nichts von seinem jugendlichen Charme eingebüßt.

Auf dem Weg zum Eccleston Square, wo Sir Clements eines der großen Häuser mit weißer Stuckfassade bewohnte, entspann sich eine angenehme Plauderei zwischen den beiden Männern. Der Präsident erfuhr vom beruflichen Fortkommen des Lieutenants und erzählte seinerseits von der Sitzung der Royal Geographical Society, von der er gerade kam und auf der, wieder einmal, über das große Projekt gesprochen worden war: die Nationale Antarktis-Expedition. Sir Clements besaß die Gabe, in seinen Zuhörern dieselbe Begeisterung für den Gegenstand seiner Worte zu entfachen, die er selbst empfand und die, indem er redete, in schwindelnde Höhen emporlodern konnte.

In wenigen Sätzen breitete er vor Scott die ungelösten geographischen Probleme der Polarregionen aus, erinnerte an die große Tradition britischer Polarforschung, an Cook, Parry, Ross, Franklin, strich die Rolle heraus, die die Royal Navy bei der Erforschung der Arktis und Antarktis gespielt hatte und ohne jeglichen Zweifel auch in Zukunft spielen werde. Denn wer, wenn nicht ein Trupp britischer Seeleute, unter der Führung eines entschlossenen jungen Offiziers – während er dies sagte, blieb Sir Clements stehen und sah dem Lieutenant in die Augen –, wer wäre imstande, die großen Rätsel der Wissenschaft, die an den Polen ihrer Lösung harrten, in Angriff zu nehmen? Ihre Lösung sei nicht allein ein dringendes Anliegen der Menschheit, nein, sie würde auch der britischen Nation, die in den langen Jahrzehnten des Friedens allzu bequem geworden sei, zu neuem Selbstvertrauen und internationalem Ansehen verhelfen. In Zeiten wie diesen, in denen der Kampf der Nationen ums Dasein nicht auf dem Schlachtfeld, sondern auf den Gebieten der Wissenschaft, der Industrie und des Handels gewonnen werde, sei es da nicht umso wichtiger, dass die mächtigste Nation der Welt ihren Platz an der Spitze der Völker behaupte und sich auf ihrem angestammten Terrain, der Polarforschung, bewähre? Schon rüsteten andere sich, ihr diesen Platz streitig zu machen. Belgien habe eine Expedition in die

Antarktis entsandt, die Deutschen, die Schweden und sogar die Schotten schickten sich an, das Gleiche zu tun, und ein Amerikaner, Peary, unternehme Jahr um Jahr neue Vorstöße in Richtung Nordpol. Nein, es wäre eine Schande, wenn Britannien in diesem Kampf zurückstände! Aber Gott sei Dank zeige die Regierung inzwischen Einsicht. Es sei noch nicht offiziell, aber zu ihm, Scott, könne er ja offen sprechen: Der First Lord of the Treasury habe eine öffentliche Zuwendung in Aussicht gestellt für eine Antarktis-Expedition, die Britanniens Vergangenheit würdig sei. Er, Markham, empfinde persönliche Genugtuung deswegen, denn er kämpfe seit mehr als zehn Jahren für dieses Projekt. Die größte Freude aber bereite ihm, dass junge Briten endlich die Gelegenheit erhielten, ihren Wagemut zu beweisen und in den endlosen Weiten des südlichen Eises zu demonstrieren, dass die englische Rasse nichts von dem Mut und der Willenskraft eingebüßt habe, die das Empire hervorgebracht hätten und es bis zum gegenwärtigen Tag erhielten ...

Zwei Tage später, am 5. Juni 1899, erhielt Sir Clements Markham, Präsident der Royal Geographical Society, einen Brief von Lieutenant Robert Falcon Scott, R.N., in dem sich dieser um die Leitung der nationalen Antarktis-Expedition bewarb.

Die Bresche_ _ _ _ _ _ _ _ _ _ _ _ _*Ross-Meer, 11. bis 15. Februar 1900*

Die *Southern Cross* segelte einen Tag lang im Nebel nach Südosten. Der Nebel legte sich als Reif auf Masten und Takelage und verlieh dem Schiff das Aussehen einer kandierten Frucht. Nur die Mastspitzen ragten aus dem Dunst und bescherten dem Mann im Krähennest einen Ausblick wie einem Bergsteiger, der von einem sonnigen Gipfel auf wolkenverhangenes Land schaut. Dann hüllte der Nebel auch den Ausguck ein, ein Nebel so dicht, dass man nur wenige Schritte über den Bug hinaussehen konnte und dem Steuermann trotz Temperaturen von 20° Frost der Schweiß ausbrach. Eisberge – ungeheuer große Eisberge, wie man sie in der nördlichen Hemisphäre niemals zu Gesicht bekam, drifteten in dieser Suppe umher, siebzig Fuß hoch und höher, höher jedenfalls als die Mastspitzen der *Southern Cross*, die sich neben diesen Kolossen ausnahm wie ein Kiesel zwischen Marmorblöcken. Manche Eisberge schienen meilenlang; ihre Seitenwände fielen durchweg senkrecht ab. Wie sie lautlos im Nebel trieben, ging ein unwirkliches Grauen von ihnen aus; sie glichen schlafwandelnden Riesen, die man um keinen Preis berühren durfte, wollte man nicht zermalmt werden. Und das war nicht einfach bei diesen Sichtverhältnissen. Niemand an Bord der *Southern Cross* schlief gut.

Schon James Clark Ross war der Zusammenhang zwischen der Form der Eisberge und der Großen Barriere aufgefallen, die geraden Seiten, die ebenen Oberflächen. Aus dieser Ähnlichkeit hatte er geschlossen, dass die großen, tafelförmigen Eisberge der Antarktis von der Barriere abbrachen wie von einem Gletscher, der kalbte, und aufs Meer hinaustrieben. War die Barriere womöglich nichts anderes als ein ungeheurer Gletscher, der auf dem Meer schwamm? Seit Ross erstmals von ihr berichtet hatte, zerbrachen Wissenschaftler sich die Köpfe über dieses geheimnisvollste aller Kunstwerke, das die Natur geschaffen hatte.

Viele hielten es mit der These, dass über dem Südpol eine riesige Eisdecke lag, drei bis zwölf Meilen dick, durch deren Gewicht die unteren Schichten nach Norden weggedrückt wurden. Bernacchi, der australische Physiker, vertrat eine andere Meinung. Er war überzeugt, dass die Barriere eine außergewöhnlich lange Gletscherzunge darstellte, wie es mehrere in Victoria-Land gab. Manche Gletscher, die von den Bergen herabflossen, stießen als schmale Zungen meilenweit ins Meer vor. Auch die Große Barriere sei eine solche Gletscherzunge, aber eine, die statt einigen Dutzend gleich Hunderte von Meilen lang war; sie erstrecke sich in westöstlicher Richtung. Auf der Südseite der Barriere erwartete Bernacchi daher, offenes Meer vorzufinden.

Borchgrevink nicht. Er glaubte, dass die Große Barriere aus dem Zusammenfluss vieler Gletscher gespeist wurde, die von Bergen weiter im Süden herabflossen und deren Zungen im Wasser sich vereinigten und so diese enorme Eisklippe bildeten. Die Barriere reichte vermutlich noch viel weiter nach Osten, womöglich bis Grahamland, wie jener Teil der Antarktis genannt wurde, der südlich von Kap Hoorn lag.

Expeditionsleiter und Wissenschaftler gerieten sich, wieder einmal, in die Haare. Borchgrevink bekam einen seiner Wutanfälle.

Anstatt weiter zu theoretisieren, schrie er, werde er sich die Barriere aus der Nähe anschauen, nein, nicht bloß anschauen, er werde sie mit seinen eigenen Füßen erklimmen. Und dann werde man ja sehen. Sie

seien doch nicht hergekommen, um den zahllosen in Studierstuben aus-
gebrüteten Theorien weitere hinzuzufügen, sondern um die letzten Probleme der Geographie durch Anschauung zu lösen!

Blieb nur ein weiteres Problem: Das Objekt der Anschauung hatte
sich in Luft aufgelöst. Nachdem in der Nacht ein kräftiger Südwind ge-
weht hatte, lichtete sich am Vormittag der Nebel, und zur Mittagszeit
reichte die Sicht für eine Positionsbestimmung. Sie ergab 78° 4' 30". Das
entsprach etwa der südlichsten Position, die Ross im ersten Jahr seiner
Expedition erreicht hatte. Aber während der Engländer 1841 vor der
Großen Barriere abdrehen musste, war jetzt an derselben Stelle nichts
mehr von der mysteriösen Eiswand zu sehen, nur das offene graue Meer,
in dem vereinzelte Eisberge drifteten. Hatte Ross sich vermessen? Oder
waren seither so große Teile von der Barriere abgebrochen, dass ihre
Kante sich meilenweit nach Süden verschoben hatte?

Nun, das würde man überprüfen. Kurs Süd, befahl Borchgrevink,
Volldampf voraus! In ihm stieg das Vorgefühl des Triumphs auf. Ohne
Barriere war der Weg frei für die *Southern Cross*, eine südlichere Breite zu
erreichen als seinerzeit *Erebus* und *Terror*. Und so dampfte der umge-
baute Walfänger geradewegs in den Nebel, der sich wieder über das
Meer gelegt hatte.

Um sechs Uhr abends koppelte Jensen, der Kapitän, die Position, indem er die Geschwindigkeit des Schiffes mit den gefahrenen Stunden
multiplizierte, und kam zu dem Ergebnis, dass die *Southern Cross* sich auf
78° 21' südlicher Breite befand. Ein neuer Rekord! Zur Feier des Tages
ließ Borchgrevink den Salon mit Flaggen schmücken und den Seeleuten
eine Sonderration Grog ausschenken. Der Expeditionsleiter wollte gerade zu einer Ansprache ansetzen, als die erregte Stimme des zweiten
Steuermanns in die Kajüte drang: «Steuerbord! Hart Steuerbord!» Die
Ruderkette rasselte, und das Schiff legte sich prompt wie eine Yacht auf
die Seite. Borchgrevink und Jensen steckten die Köpfe aus der Kajüten-
tür, gerade rechtzeitig, um zu sehen, wie die untere Rahe des Haupt-
masts an der Wand eines turmhohen Eisbergs entlangkratzte, an dem
der Steuermann das Schiff im letzten Moment vorbeigelenkt hatte.

Sie stoppten die Maschine und drehten bei, bis der Nebel sich verzog.
Dem Nebel aber folgte ein Schneesturm, der so schwere Sturzwellen
über das Deck der *Southern Cross* spülte, dass binnen weniger Stunden
eine fußdicke Eisschicht das Schiff bedeckte. Die Brücke war eine

Rutschbahn. Borchgrevink, der im Lauf eines Vormittags zweimal so durchnässt wurde, dass er seine komplette Kleidung hatte wechseln müssen, verzweifelte. «Nirgends gibt es eine Ruhestätte, überall ist es kalt und rauh», klagte er seinem Tagebuch. «Hoffentlich bekommen wir bald gutes Wetter. Die Große Barriere müssen wir unter allen Umständen untersuchen. Geduld – Geduld!»

Dreieinhalb Tage stellte der Sturm die Geduld des Polarforschers auf die Probe, dann konnte die *Southern Cross* endlich ihre Fahrt nach Süden fortsetzen. Bald begann der Himmel über dem Horizont zu leuchten, ähnlich wie bei einer großen Stadt, der man sich in der Nacht nähert: Eisblink! Dem erfahrenen Seefahrer verriet dieses Leuchten, dass das Meer hinter dem Horizont von Eis bedeckt war. Nun wusste Borchgrevink, dass die Barriere nicht mehr weit sein konnte. Und tatsächlich, bald darauf kam sie in Sicht, eine weiße Linie vom einen Ende des Horizonts zum andern, geheimnisvoll und abweisend wie eh und je.

Ross hatte etwas von einer Bucht geschrieben. Den ganzen Tag fuhr die *Southern Cross* an der Eisklippe entlang nach Südosten, bis die Entdecker bei 164° West fanden, was sie suchten. In der Barriere tat sich eine Bresche auf. Sie mochte eine Meile breit sein und wurde von zwei auffallenden Landspitzen oder vielmehr Eisspitzen begrenzt – zwei steil abfallenden Kaps aus Eis, gut hundert Fuß hoch, so hoch wie die Barriere eben, die sich auf der gegenüberliegenden Seite weiter fortsetzte, ohne dass man ihr Ende hätte absehen können.

Aufgeregt kletterte Borchgrevink ins Krähennest, um weiter nach Süden spähen zu können. Was er sah, steigerte seine Erregung noch: ein ovales Bassin, vier oder fünf Meilen im Durchmesser, ringsum von Eiswänden eingeschlossen, die im Westen so hoch und steil wie die äußere Barriere waren, aber nach Süden hin und im Osten so weit abfielen, dass die Oberkante nur wenige Fuß über dem Meeresspiegel lag. Das Bassin war eisfrei – ein idealer Hafen. Auch wenn die Landung nichts weniger als risikolos war. Sollte Packeis die Einfahrt verschließen, würde der Hafen zur tödlichen Falle. Und wenn größere Stücke von der Eiswand abbrächen und ins Wasser fielen, dann würde es der *Southern Cross* in dem Bassin ergehen wie einem Spielzeugschiff in der Badewanne eines planschenden Kindes.

Rasch kletterte Borchgrevink hinunter und eilte in die Kapitänskajüte, um sich mit Jensen zu besprechen. Kurz darauf tuckerte das Schiff durch die Lücke, durchquerte langsam, unter ständigem Ausloten der Wassertiefe, das Bassin und erreichte schließlich die südliche Eiskante. Selbstverständlich ging Borchgrevink als Erster von Bord. Diesmal sollte ihm kein anderer zuvorkommen!

III *RRS DISCOVERY*

Anziehungskräfte_ _ _ _ _ _ _ _ _ _ _*Hut Point, Ende August 1902*

Louis Bernacchi zog die Fellhandschuhe aus. Er schloss die Blende des Magnetographen, las die Uhrzeit ab, dann das Thermometer. Es zeigte $-24°$ F* an. Um die Temperatur in der kleinen, mit Asbest verkleideten Hütte gleichmäßig zu halten, hatte er eine Heizlampe aufgestellt, aber die hatte mit ihrem Rauch die andere Lampe erstickt, die das Licht für die Aufzeichnung der Messergebnisse erzeugte. Außerdem hatte der Commander über den Ölverbrauch geklagt. Also hatte der Forscher rund um die Hütte Schnee aufgehäuft. Seither blieb die Temperatur im Innern konstant. Bernacchi öffnete den Holzkasten, nahm die belichtete Filmrolle heraus und legte eine neue ein. Er zog das Uhrwerk auf, das die Rolle drehte, und füllte die Öllampe, deren Licht die Position der Nadeln auf den Film projizierte. Den Magnetographen hatte ihm ein Professor aus Potsdam überlassen – dummerweise ohne Betriebsanleitung. Aber nicht umsonst arbeitete Bernacchi seit sieben Jahren, seit seinem Studium am Observatorium Melbourne, mit den verschiedenen Apparaten, die Wissenschaftler ersonnen hatten, um das Rätsel des Erdmagnetismus zu lösen. Er hatte unter Borchgrevink auf Cape Adare überwintert; seine Messungen waren der einzige nennenswerte Ertrag dieses Unternehmens gewesen. Das hatten auch die Briten erkannt und ihn bald nach seiner Rückkehr in den Kader ihrer Nationalen Antarktis-Expedition aufgenommen.

Es war schon merkwürdig: Der Südpol übte auf Bernacchi eine ebenso widersprüchliche Kraft aus wie auf die Magnetnadel. So, wie die Nadel vom magnetischen Pol angezogen und zugleich abgestoßen wurde, so hatte Bernacchi es nicht erwarten können, in die Antarktis zurückzukehren, deren eiskalte Schönheit ihn bezaubert hatte. Gleichzeitig hatte es ihn vor der Rückkehr gegraut. Die lange Nacht auf Cape Adare steckte ihm noch in den Knochen.

Seine Befürchtungen hatten sich jedoch als unbegründet erwiesen,

---

* Vgl. die Anmerkung zu Maßen und Daten am Ende des Buches.

obwohl sie ihr Winterquartier vierhundert Meilen weiter südlich aufgeschlagen hatten und die Polarnacht daher noch länger gedauert hatte.
Das war auch Scotts Verdienst, dachte Bernacchi. Zwar galt es als offenes Geheimnis, dass die *Discovery* sein erstes richtiges Kommando war
und Scott keinerlei Erfahrung im Eis besaß. Ratschläge hörte er nicht
gern, auch nicht von Bernacchi, der doch als einziges Mitglied der Expedition die Antarktis aus eigener Erfahrung kannte. Er hatte es einmal
gewagt, dem Commander einen Rat zu geben, und eine klare Abfuhr
kassiert. Scott war impulsiv, mitunter aufbrausend, und oft unberechenbar in seinen Entscheidungen, aber er war ohne Zweifel ein Gentleman,
und das Wohlergehen seiner Männer lag ihm am Herzen. Vor allem
aber, und das hatte ihm die Achtung des Physikers eingetragen, interes-
sierte Scott sich wirklich für die Wissenschaft, die Bernacchi und seine
Kollegen trieben. Ob nun Hodgson mit seinem Schleppnetz unbekannte
Weichtiere vom Meeresboden holte, ob Ferrar auf seinem Schlitten Ge-
steinsproben anschleppte oder Bernacchi seine Filme präsentierte, die
die Bewegungen der Magnetnadeln festhielten – stets war Scott der
Erste, der begeistert zuhörte und kluge Fragen stellte. Dieser Navy-Offizier hatte für die Bitten der Wissenschaftler immer ein offenes Ohr, solange nicht die Sicherheit oder das eigentliche Ziel der Expedition, die
geographische Erkundung der Antarktis, darunter litten.

Das Getue um die Royal Navy, das diese ach so smarten jungen Offiziere aufführten, hatte den Zivilisten Bernacchi anfangs befremdet. Die
taten schlechterdings so, als wäre Nelsons Sieg bei Trafalgar gestern gewesen. Doch im Lauf des Winters hatte er die guten Seiten der Navy-
Bräuche, auf deren Beachtung Scott so viel Wert legte, schätzen gelernt.
Die Bereiche von Offizieren und Mannschaften waren strikt getrennt,
das ersparte manche Reiberei. In der Offiziersmesse übernahm jede
Woche ein anderer den Vorsitz an der Tafel und wachte mit einem Holz-
hämmerchen über den Umgangston. Wer fluchte oder Wetten vorschlug,
musste zahlen. Es gab Fußball-Matches auf dem mondbeschienenen Eis
und Debattierabende über kontroverse Themen wie das Frauenwahlrecht oder über Poesie.

Mit steifen Fingern prüfte Bernacchi die Aufhängung der drei Nadeln – je eine für die horizontale und die vertikale Richtung der magnetischen Kraft sowie eine für deren Stärke – und las nochmals das Thermometer ab. Er schob den Rollfilm in ein Baumwollsäckchen. Nach der

Abbildung 3: Die eingefrorene RRS Discovery. Im Vordergrund die Beobachtungshütten und der Bungalow, nach dem der Platz benannt wurde: Hut Point.

Entwicklung würden mehrere Linien sichtbar werden, die sanfte Kurven und scharfe Knicke beschrieben: die Schwankungen des Erdmagnetfelds. Wenn die Linien wild über den Rand des Papiers hinausschossen, wusste der Physiker, dass ein magnetischer Sturm getobt hatte, kein seltenes Ereignis in diesen Breiten. Es ging mit Lichterscheinungen einher, die man nicht anders als überirdisch nennen konnte. Gardinen aus grünem, rotem, violettem Licht rollten in immer neuen Wellen über den Himmel und hinterließen dort ein Glimmen wie die ersterbende Glut eines großen Feuers. Bernacchi war immer wieder hingerissen von diesem Schauspiel. Es lehrte ihn, dass die Erde auch hier, wo sie erkaltet und trostlos schien, ein lebendiges Wesen war, das mit dem Universum kommunizierte, ein Himmelskörper eben. Bernacchis Messungen sollten dazu beitragen, die Regungen dieses Körpers besser zu verstehen. Seine Messstation war nur eine von vielen auf dem Globus, die in diesem Augenblick Daten über den Erdmagnetismus sammelten. Die nächste befand sich nicht weit entfernt, womöglich nur ein paar hundert Meilen, auf dem Schiff einer deutschen Expedition, die wie die Briten im Sommer 1901 in die Antarktis gefahren war.

Bernacchi verriegelte die Tür der kleinen Hütte und wandte sich der *Discovery* zu, die unter Schneeverwehungen nahezu begraben in der kleinen Bucht lag. Hinter dem Schiff breitete sich der zugefrorene McMurdo-Sund aus, an dessen gegenüberliegendem Ufer, vierzig Meilen entfernt, sich metallisch blau und majestätisch die Western Mountains erhoben. Die Sonne, die vor wenigen Tagen als gebrochene rot glühende Ellipse erstmals über dem Horizont erschienen war, lag heute hinter einer niedrigen Wolkenbank verborgen. Nur ein schwacher goldener Schimmer über den Wolken und ihr blassrosa Widerschein auf den Flanken der fernen Berggipfel erinnerten daran, dass sie wirklich zurückgekehrt war.

Die Grenzen der Unendlichkeit_ _ _ _ _*Große Barriere, 30. Oktober*
bis 25. Dezember 1902

Von den Schlitten flatterten die Fahnen, die Sir Clements eigenhändig für jeden Offizier der *Discovery* entworfen hatte. Sie waren mittelalterlichen Standarten nachempfunden, drei Fuß lang und am Ende gezackt; vor dem Wappen des Trägers prangte, wie bei den englischen Rittern von einst, das Georgskreuz. Auch die Seeleute hatten ihre Schlitten geschmückt, aber mit Flaggen, auf die sie ihre eigenen Motti gestickt hatten: «Wir werden nicht lang fort sein» oder «Hunde unerwünscht». Die Vorausabteilung zog ihre Schlitten mit eigener Muskelkraft, getreu der englischen Doktrin, dass «Man-hauling» die Königsdisziplin der Polarforschung darstellte. «Keine Skier, keine Hunde!», pflegte Sir Clements, ihr glühender Verfechter, diese Doktrin auf den Punkt zu bringen.

Zwölf Männer warfen sich in ihre Geschirre, Anfeuerungsrufe brandeten auf, und die Schlitten setzten sich knirschend in Bewegung. Sie umrundeten die Halbinsel, an deren Nordufer die Expedition ihr Winterquartier aufgeschlagen hatte, und wuchteten die Ladungen – zweihundert Pfund pro Mann – die lange Schneewechte hinauf, die auf die Große Barriere führte.

Die Vorausabteilung transportierte Proviant für die eigentliche Südgruppe, die ihr drei Tage später folgte: Commander Robert Scott, der
Arzt und Ornithologe Edward Wilson sowie ein Offizier der Handelsmarine, ein gebürtiger Ire, der an Bord der *Discovery* durch seine unbän-
dige Energie und seine Liebe zur Poesie aufgefallen war. Er hieß Ernest
Shackleton. Die drei fuhren mit einem Gespann von 19 sibirischen Hunden. Scott respektierte zwar die Tradition der englischen Polarforschung;
bei der Vorbereitung auf seine Expedition hatte er aber Gelegenheit
gehabt, in Kristiania mit Professor Nansen zu sprechen, und sich dessen
Rat, Schlittenhunde einzusetzen, zu Herzen genommen. Bereits am ersten Abend holte die Südgruppe die Vorausabteilung ein, die gerade die
Nordspitze von White Island erreicht hatte.

White Island war eine von mehreren Inseln, die sich aus der sonst
völlig ebenen Barriere erhoben. Bei einer ersten Erkundung hatten die
Briten versucht, geradewegs zwischen diesen Inseln durchzustoßen, waren jedoch in eine Sackgasse geraten – ein Labyrinth aus Verwerfungen
und Spalten im Eis, zugleich ein untrügliches Zeichen, dass die Barriere
sich nach Norden bewegte und von den Inseln in ihrem Fluss gehemmt
wurde. Der einzig gangbare Weg führte etwa dreißig Meilen nach Osten,
bis man die Spitze von White Island passiert hatte und die Route nach
Süden offen vor einem lag. Die letzte Landmarke bildete eine weitere
Insel zur Rechten, die vierzig Meilen weiter südlich aus der Eisfläche
ragte und schlicht «The Bluff», das Kliff, genannt wurde. Dahinter erstreckte sich, weiß, leer und scheinbar unendlich, die Große Barriere.
Die Grenzen dieser Unendlichkeit auszuforschen, hatten Scott, Wilson
und Shackleton sich vorgenommen. Sie wollten fortsetzen, was der Norweger Borchgrevink vor zwei Jahren begonnen hatte, als er auf der selt-
samen Eisfläche bis etwa 78° 50' nach Süden vorgestoßen war.

Die Südgruppe reiste einige Tage gemeinsam mit dem Hilfsteam.
Weil sie dank der Hunde schneller vorankamen als ihre Helfer, hatten
die drei Männer abends im Zelt Muße zur gemeinsamen Lektüre. Sie
lasen Darwins *Origin of Species*. Welch unerbittlich harter Kampf ums
Dasein auf sie selbst wartete, träumte zu diesem Zeitpunkt keinem von
ihnen. Sie gelangten ausgeruht auf die Höhe des Bluffs, wo sie bei 78°
45' Süd das Depot anlegten und sich bei strahlendem Sonnenschein von
den anderen verabschiedeten. An diesem Tag schrieb ein hochgestimm-
ter Scott in sein Journal: «Wir sind bereits über die äußerste Grenze hi-

naus, die der Mensch erreicht hat: Ab jetzt ist jeder Schritt eine Eroberung des großen Unbekannten. Voll Vertrauen in uns selbst, voll Vertrauen in unser Rudel können wir nicht anders als frohgemut sein angesichts dessen, was vor uns liegt.»

Am folgenden Tag wollte das Rudel nicht ziehen. Nur unter kraftrau-
bendem Gezerre kamen sie ein paar Meilen voran. Am nächsten Tag
ging es noch schlechter. Die Hunde brachten die Schlitten nicht vom
Fleck. Weder gutes Zureden noch die Peitsche halfen. So blieb den Männern nichts anderes übrig, als die Ladung zu halbieren. Erst schafften sie
die eine Hälfte ein Stück voran, dann kehrten sie zurück, um die andere
nachzuholen. Für jede Meile nach Süden, die sie der Barriere abrangen,
mussten sie nun drei Meilen zurücklegen. Und die Hunde wurden von
Tag zu Tag schwächer.

Es dauerte eine Weile, bis sie den Grund für die Schwäche ihrer Zugtiere herausfanden, und als sie ihn erkannten, wussten sie kein Gegen-
mittel. Der Stockfisch, den sie auf Nansens Anraten zur Verpflegung der
Tiere mitgenommen hatten, war auf der Schiffsreise durch die Tropen
verdorben. Die Hunde litten Durchfall. Als der erste verendet war, ein
gutmütiges Tier namens Snatcher, obduzierte Wilson ihn und stellte
eine akute Bauchfellentzündung fest.

Doch da hatten sie die elenden Tiere schon einen Monat lang über
die Barriere geschleift – 31 Tage, in denen sie trotz größter Anstrengung
nur neunzig Meilen zurückgelegt hatten. Umzukehren kam dennoch
nicht infrage. Damit wäre das große Ziel der Expedition, nach Süden
vorzustoßen, erledigt gewesen, denn die Saison war zu kurz, um noch
einen zweiten Anlauf zu starten.

Am 20. November hatten sie Land gesichtet, ein mächtiges Gebirge,
das die Große Barriere im Südwesten begrenzte und offenbar eine Fortsetzung der Western Mountains darstellte. Wenigstens diese Berge, die
an klaren Tagen zum Greifen nahe schienen, wollten sie unbedingt erreichen, um nach der Rückkehr nach England ein echtes Resultat vor-
weisen zu können. Doch sosehr sie sich plagten – einer vorne, der am
Gespann zog und es mit Zurufen ermunterte, der zweite, indem er von
der Seite beim Ziehen half, und der dritte hinterdrein mit der Peitsche –
und obwohl sie sich neun Stunden am Tag ins Zeug legten, kamen sie
ihrem Ziel nicht merklich näher. Und während die Hunde vor ihren
Augen zu Gespenstern aus Fell und Knochen abmagerten und einer

nach dem anderen krepierte, hinterließ die wochenlange Schinderei auch in den Körpern der Männer ihre Spuren.

Sie litten unter Kopf-, Gelenk- und Gliederschmerzen, unter Sodbrennen; Rücken und Schultern taten ihnen weh, die Füße waren wundgescheuert, die Haut im Gesicht und an den Händen von der Sonne verbrannt und rissig, die Lippen aufgeplatzt. Shackleton hatte einen trockenen Husten entwickelt, der sie nachts vom Schlafen abhielt, und alle drei hatten trotz ihrer Schutzbrillen immer wieder Anfälle von Schneeblindheit – Verbrennungen der Hornhaut, die starke Schmerzen hervorriefen. Am härtesten traf es Wilson, der nicht davon lassen konnte, das grandiose Gebirgspanorama, das sich vor ihren Augen entfaltete, Abend für Abend auf seinen Zeichenblock zu bannen. An manchen Tagen peinigten ihn solche Schmerzen, dass er mit verbundenen Augen gehen musste. Wenn er dann seine Fellstiefel durch den Schnee schlurfen hörte, schien es ihm, als spaziere er über den laubbedeckten Boden der herbstlichen Wälder von Gloucestershire.

Am ärgsten aber war der Hunger, der sich von Tag zu Tag weiter in ihr Bewusstsein fraß, bis er alles Denken und Fühlen beherrschte. Da die Ernährungsphysiologie zu jener Zeit noch in den Kinderschuhen steckte, hatte Scott sich bei der Planung nur an die Erfahrungen anderer Polarforscher halten können. Fast alle waren hoffnungslos unterernährt gewesen, weil mehr Nahrungsmittel zwangsläufig mehr Transportgewicht bedeuteten, jedes Pfund aber den Aktionsradius einschränkte. Die drei Männer ernährten sich hauptsächlich von Zwieback und Pemmikan – einer zähen Paste aus getrocknetem und gemahlenem Fleisch gemischt mit Fett, die Indianer in Nordamerika erfunden hatten –, außerdem von Zucker, Schokolade, Milchpulver und etwas Robbenfleisch, alles zusammen etwa anderthalb Pfund pro Mann und Tag. Sie wussten nicht, dass sie ihren Körpern damit weniger als die Hälfte der Kalorien zuführten, die sie verbrannten. Aber sie spürten es. Ihre Gedanken und Gespräche kreisten nur noch um das Eine; selbst in der Nacht träumten sie von Festmählern, von Rinderfilet und Gemüsesuppen, Töpfen voll von Honig, von Creme- und Sahnetorten, nur um jedes Mal zu erwachen, bevor sie ihren Hunger wenigstens im Traum gestillt hatten, mit leerem Magen und vor sich Stunden bis zum mageren Frühstück, von dem sie doch hungriger aufstanden, als sie sich hingesetzt hatten. Bei der Verteilung der Mahlzeiten spielten sie ein Spiel, das Shackleton ersonnen hatte und das sie «Schließ die Augen» nannten: Einer wandte sich ab, und während ein anderer mit dem Finger auf eine Portion Essen zeigte, sagte der, der sich abgewandt hatte, den Namen dessen, der die betreffende Portion erhalten sollte. So konnte sich niemand benachteiligt fühlen.

Als Weihnachten nahte, waren sie auch den Bergen näher gekommen. Schon eine ganze Weile gingen sie parallel zu dieser Landmarke. Die Eismassen verformten sich am Übergang zum festen Land, zunächst in kaum merklichen Wellen, aber schließlich bildeten sie dasselbe unüberwindliche Gewirr von Gräben und Graten, das sie schon aus der Gegend um White Island kannten.

Und dann war er da, der Tag des Festmahls, Halleluja! Seit der Kindheit hatten sie sich nicht mehr so auf Weihnachten gefreut. Mit sonnengebleichten Haaren und verbrannten Gesichtern, aber frisch gebürstet und nach Seife duftend, setzten sich die drei um den Petroleum-Kocher. In dem Blechtopf brodelte an diesem Abend eine doppelte Portion «Hoosh», wie sie den Brei aus Pemmikan und Zwieback-Krümeln nannten, ausnahmsweise dick genug, dass der Löffel darin stecken blieb; in einem zweiten Topf, der den inneren ringförmig umschloss, wurde Wasser für Kakao erhitzt. Aber während die Wärme, die in den äußeren Topf abstrahlte, für gewöhnlich nur ausreichte, um den Schnee aufzutauen, so dass der Kakao eine kalte, klumpige Soße blieb, hielten sie den Brenner diesmal so lange in Gang, bis auch das Wasser den Siedepunkt erreicht hatte. Und als dann Shackleton noch eine zerbeulte Kugel von der Größe eines Cricket-Balls aus seinem Bündel hervorkramte, die sich als echter Plum Pudding entpuppte, waren für diesen Abend alle Sorgen vergessen. Die Sonne umkreiste langsam ihr kleines Zelt. Der Commander machte es sich vor dem Eingang gemütlich, stopfte seine Pfeife, zur Feier des Tages mit Tabak statt mit Teeblättern, und schrieb in sein Journal: «… die Luft ist warm und still, alles um uns herum ist angenehm, und im Innern spüren wir eine Behaglichkeit, die wir lange nicht gekannt haben. Wir werden gut schlafen heute Nacht – ohne Träume, ohne den Gürtel enger schnallen zu müssen.»

Am nächsten Morgen, als sie ihr Lager abbrachen, um dem 82. Breitengrad entgegenzugehen, teilte Wilson seinen Gefährten mit, dass beider Zahnfleisch geschwollen war, ein Symptom, das auf eine unter Seefahrern und Polarforschern ebenso verbreitete wie gefürchtete Krankheit hindeutete: Skorbut.

Fluch der Polarforschung

Schätzungen zufolge sind im Zeitalter der Entdeckungen mehr Seeleute an der «Pest der Meere» gestorben als durch sämtliche Seeschlachten und Schiffbrüche zusammen – allein zwischen 1500 und 1700 etwa zwei Millionen. Das Leiden begann, wenn die Schiffe mehrere Monate auf See waren, und äußerte sich zunächst in Schwellungen und Blutungen des Zahnfleisches, zu denen sich bald andere Symptome gesellten: steife Knie, großflächige Blutergüsse, Gelenkschmerzen, Schwäche, Niedergeschlagenheit, schließlich Zahnausfall, innere Blutungen, Durchfall, Fieber, Muskelkrämpfe und Ohnmacht. Am Ende stand ein qualvoller Tod durch Organversagen.

Von den verschiedenen Mitteln, die Schiffsärzte gegen Skorbut verabreichten, bewährten sich vor allem Zitrusfrüchte und deren Säfte. Niederländische, spanische und englische Ostindienfahrer schützten sich auf diese Weise bereits seit dem 17. Jahrhundert gegen die Pest der Meere. 1795 verschrieb auch die Royal Navy ihren Seeleuten eine Unze Zitronensaft, unter die tägliche Ration Rum gemischt. Hatte allein die Kanalflotte im Frühjahr 1780 noch 2400 Skorbutfälle zu vermelden, war es 1806 in der gesamten Navy nur noch ein einziger. Der Seekrieg gegen Napoleon, meinte gar ein zeitgenössischer Beobachter, war ebenso mit Zitronen gewonnen worden wie mit Kanonenkugeln.

Allmählich geriet der Skorbut auf den Weltmeeren in Vergessenheit. Als die britische Admiralität 1867 den Zitronensaft durch Limettensaft ersetzte, der billiger, aber auch schwächer in seiner antiskorbutischen Wirkung war, hatte das keine fatalen Folgen für die Gesundheit der Matrosen, weil sich dank schnellerer Schiffe die Fahrtzeiten erheblich verkürzt hatten. Wohl aber für die Teilnehmer einer Expedition, der ersten seit langem, die die Navy 1875 in die Arktis entsandte. Nach einem Winter im Eis und einem missglückten Vorstoß zum Nordpol musste die Expedition eilends heimkehren, weil viele der Männer Skorbutsymptome entwickelt hatten. Sie entgingen nur knapp einem Desaster. Aus der Pest der Meere war der Fluch der Polarforschung geworden.

In jener Zeit aber machte die Mikrobiologie bahnbrechende Fortschritte. Louis Pasteur, Robert Koch und andere wiesen nach, dass Krankheiten von Mikroben hervorgerufen werden, die der Mensch mit der Luft oder der Nahrung aufnimmt. Ihre Erkenntnisse ließen auch den Skorbut in neuem Licht erscheinen. Um 1900 hatte sich bei vielen Fachleuten die Ansicht durchgesetzt, er werde durch den Verzehr verdorbenen Fleisches verursacht. Während die Luft auf hoher See und in hohen Breiten kaum Erreger enthielt, war das Büchsenfleisch, von dem Polarforscher sich überwiegend ernährten, nicht selten angefault. Dazu passte die Beobachtung, dass die Ureinwohner Grönlands und Nordkanadas, die ausschließlich von Frischfleisch lebten, nie an Skorbut erkrankten. Vieles sprach mithin dafür, dass es sich bei dieser Krankheit um eine Fleischvergiftung handelte.

Zu den Anhängern dieser Theorie gehörte, neben prominenten Vertretern wie Fridtjof Nansen, auch Reginald Koettlitz. Als Expeditionsarzt auf der *Discovery* hatte Koettlitz wenig zu lachen. Er stand bereits in fortgeschrittenem Alter – immerhin schon vierzig – und war mit einer Humorlosigkeit gesegnet, die manche seinen deutschen Vorfahren zuschrieben. Der gute «Kotelett», wie er hinter vorgehaltener Hand genannt wurde, musste die Späße der jüngeren Offiziere über sich ergehen lassen. Seine fachlichen Qualitäten jedoch standen außer Zweifel. In den 1890er Jahren hatte der Arzt an einer Expedition nach Spitsbergen teilgenommen und dort eine interessante Beobachtung gemacht, die für die Theorie der Fleischvergiftung sprach: Männer, die sich von Büchsenfleisch ernährten, litten an Skorbut, auch wenn sie täglich Limettensaft zu sich nahmen; andere, die keinen Limettensaft tranken, aber frisches Fleisch von Bären und Vögeln verzehrten, blieben hingegen verschont.

Als am Ende des Winters die ersten Männer in der eingefrorenen *Discovery* an Skorbut erkrankt waren, hatte Doctor Koettlitz daher dem besorgten Commander geraten, jeden Tag Robbenfleisch auf den Speiseplan zu setzen, anstatt wie bisher nur jeden zweiten. Robben gab es im McMurdo-Sund zur Genüge; mit dem beginnenden Frühjahr kehrten sie in Scharen auf das Eis zurück. Koettlitz' Therapie zeitigte den erhofften Erfolg. Nach wenigen Wochen war die Mannschaft wieder in bester körperlicher Verfassung.

Die Therapie schlug aber nicht an, weil Skorbut tatsächlich eine Fleischvergiftung wäre, sondern weil Robbenfleisch eine bestimmte Substanz enthält, eine Säure, die sonst vornehmlich in Pflanzen, vor allem in Zitrusfrüchten, vorkommt und die der menschliche Körper benötigt, um Bindegewebe zu erzeugen. Wird sie ihm längere Zeit vorenthalten, beginnt der Körper sich zu zersetzen: Der Mensch erkrankt an Skorbut, ein Schicksal, das außer ihn nur Affen und Meerschweinchen ereilt. Andere Tiere können diese Substanz – die Wissenschaftler nach dem Ersten Weltkrieg entdeckten und die sie ihrer antiskorbutischen Wirkung wegen Ascorbinsäure oder Vitamin C nannten – selbst produzieren. Daher blieben die Einwohner Nordgrönlands, die sich überwiegend von frischem Fleisch ernährten, von Skorbut verschont, und daher war auch die Mannschaft der *Discovery* nach der Robbendiät bald wieder auf den Beinen. Denn selbst im fortgeschrittenen Stadium lässt sich Skorbut schnell und restlos heilen, wenn dem Körper wieder ausreichend Vitamin C zugeführt wird.

Genau das aber war schwierig auf einer Schlittenreise tief ins Innere der Antarktis, wohin sich außer einer seltenen Möwe kein anderes Lebewesen verirrte, das man hätte essen können. Man konnte zwar frisches Fleisch mitnehmen, das sich dank der Kälte auch hielt, aber nicht viel, weil es wegen seines hohen Gehalts an Wasser als Marschproviant zu schwer war. Deshalb hatten Scott, Wilson und Shackleton nur eine magere Ration Robbenfleisch auf ihre Schlitten gepackt, von der sie nun zehren mussten, nachdem Wilson ihnen seine alarmierende Beobachtung mitgeteilt hatte.

Mount Markham _ _ _ _ _*Große Barriere, 25. bis 30. Dezember 1902*

Es war Wilsons Idee, die verendeten Hunde an die anderen zu verfüttern. Als die Männer sahen, dass den Tieren das Fleisch ihrer Artgenossen bekam, warteten sie nicht mehr, bis ein Hund tot umfiel. Wenn einer nicht mehr laufen konnte, führten sie ihn abends vom Lager weg und töteten ihn. Ohne Revolver blieb ihnen nichts übrig, als das Opfer abzustechen – ein brutales Geschäft, das allen zuwider war. Am Anfang übernahm Wilson diese Aufgabe, doch als ihn wenige Tage nach Weihnachten neuerlich eine Attacke von Schneeblindheit heimsuchte, so dass sie frühzeitig kampieren mussten und der Arzt sich den Rest des Tages im Schlafsack wand, unter Schmerzen, die auch kein Kokain lindern konnte, da sprang Shackleton für ihn ein und schlachtete Brownie.

Brownie war ein zarter Hund gewesen, ein schönes Tier und eigentlich zu fein für die Arbeit, die sie ihm wochenlang zugemutet hatten. Oft

Abbildung 4: 82° 17' Süd: Ernest Shackleton, Robert F. Scott und Edward Wilson, 30. Dezember 1902.

genug hatte er versucht, sich ihr zu entziehen, indem er seinen Charme ausspielte. Brownie folgte seinem Schlächter willig, bis zum letzten Moment nicht ahnend, was ihn erwartete, während seine Kameraden schon jaulten in Vorfreude auf das bevorstehende Mahl.

«Habe gleich beim ersten Mal ins Herz getroffen», schrieb Shackleton am Abend erleichtert in sein Tagebuch und fügte hinzu: «Auf weichem Schnee zerlegt es sich schlecht.» Von da an wechselten Wilson und Shackleton sich in diesem bedrückenden Amt ab. Nur Scott vermochte sich nicht zu überwinden. Der Commander schämte sich dafür, aber er konnte kein Blut sehen.

Am nächsten Tag musste Wilson sich wieder mit verbundenen Augen vor die Schlitten spannen. Scott, der auf der anderen Seite zog, beschrieb ihm die gebirgige Küstenlandschaft, die sich in zehn Meilen Entfernung rechterhand aus dem Schnee erhob. Sie umrundeten ein steiles Kap, auf das sie schon längere Zeit zugegangen waren und das nun den Blick freigab auf etwas, das aussah wie ein Fjord, der sich zwischen den Bergen verlor, vielleicht sogar eine Meerenge. Auf der entfernten Seite wuchs ein Gebirgsstock in den Himmel, von solcher Mächtigkeit, dass sich die Stimme des Commanders vor Erregung überschlug.

Abends im Lager kreiste ihr Gespräch ausnahmsweise nicht um Essen, sondern um das Gebirgsmassiv, das sie entdeckt hatten und dem sie den Namen jenes Mannes geben wollten, der ihre Expedition ins Leben gerufen hatte. Mount Markham bildete anscheinend die Nordspitze eines neuen Landes, dessen gebirgige Züge weit nach Südosten reichten, wo sie sich im Schemenhaften verloren. Trotz seiner Schmerzen nahm Wilson die Bandage vom Gesicht und zeichnete mit nur einem Auge das Panorama – um sicherzugehen, dass sie etwas vorzeigen konnten, falls man auf den Photographien, die Shackleton aufnahm, nichts erkennen würde.

Scott und Shackleton konnten ihre tränenden Augen nicht von dem Land abwenden, das zu sehen sie als Erste unter den Menschen die Ehre hatten. Genauso hatten sie nach dem Ende des Winters oft auf der Halbinsel oberhalb ihres Schiffes gestanden und auf die Barriere im Süden geblickt. Jedes Mal hatte sie der Anblick in freudige Unruhe versetzt. Auch wenn dort nichts anderes auf sie wartete als Schnee, Eis und wieder Eis und bestenfalls nackter, unwirtlicher Fels, so war ihnen dieser Süden doch vorgekommen wie das Land der Verheißung, denn sie würden die ersten Menschen sein, die in ihm ihre Spuren hinterließen. Und wenn ihnen das Glück zuteil werden sollte, den Südpol zu erreichen, dann konnten sie gewiss sein, dass die Menschheit ihre Namen niemals vergessen würde, dann wäre Unsterblichkeit ihr Lohn. Ganz abgesehen davon, welche Annehmlichkeiten ihnen zu Lebzeiten zuteil würden. Sie wären gemachte Männer. Weder Scott noch Shackleton kamen aus wohlhabenden Verhältnissen, das heißt, Scott war wohl in solchen aufgewachsen, aber er hatte zusehen müssen, wie das Vermögen der Familie unter den Händen eines sorglosen Vaters zerronnen war. Der Vater hatte den Bankrott nicht lange überlebt; kurz darauf war auch Scotts jüngerer Bruder Archie gestorben, vom Typhus dahingerafft, und hatte den mittellosen Lieutenant allein mit der Sorge für seine Mutter und vier unverheiratete Schwestern zurückgelassen. Auch Shackleton wäre der Ruhm des eroberten Südpols gelegen gekommen. Er wollte heiraten, ein Mädchen aus gutem Hause, und die Eltern seiner Braut betrachteten den Beruf eines Offiziers in der Handelsmarine als zweifelhaftes Fundament für die Gründung einer Familie.

Und da war nun die Verheißung. Vor ihnen lag das Land, zum Greifen nah. Es hatte Gestalt angenommen und schien verlockender denn je.
Aber sie mussten ihm den Rücken kehren. Ach, wenn die Hunde nicht
versagt hätten! Wenn sie mehr Proviant mitgenommen hätten! Wenn,
wenn. Es half nicht zu hadern. Sie hatten ihre Möglichkeiten ausgereizt.
Das Wetter durfte sich nicht verschlechtern, es durfte sich niemand ver-
letzen, der Skorbut durfte sich nicht verschlimmern. Immerhin, das
Robbenfleisch zeigte Wirkung: Die Schwellung des Zahnfleischs war bei
beiden zurückgegangen.

Den nächsten Tag verbrachten sie im Zelt, weil aus Süden ein
Schneesturm blies, der alles in undurchdringliches Weiß einhüllte. Weil
sie nicht marschierten, gönnten sie sich auch keinen warmen Hoosh,
und Scott fand es «wenig inspirierend, Stunde um Stunde im Schlafsack
zu liegen, frierend und hungrig und im Bewusstsein, dass man so weit
weg ist vom Land der vollen Fleischtöpfe». Als das schlechte Wetter auch
am folgenden Tag anhielt, machten Scott und Wilson einen letzten Vorstoß nach Süden auf Skiern, während Shackleton die Hunde bewachte.
Doch sie sahen sich bald zur Umkehr gezwungen, weil Störungen im Eis
ihr Vorwärtskommen erschwerten und weil sie im Nebel kein anderes
Hilfsmittel besaßen, um das Lager wiederzufinden, als ihre Spuren im
Schnee, die der Wind leicht verwehen konnte. So erreichten sie irgendwo
zwischen 82° 16' und 82° 17' ihre südlichste Position. Es war der vorletzte Tag des Jahres, und Scott schlug in seinem Journal ein neues Kapitel auf: «HEIMWÄRTS».

Keine Skier, keine Hunde_ _ _ _ _*Große Barriere, 30. Dezember 1902*
bis 12. Januar 1903

So erbärmlich ihr Zustand auch war, sobald der Ruf «Futter!» ertönte,
hatten die Hunde bislang noch immer einen Funken Begeisterung gezeigt und mitunter sogar die Energie aufgebracht, sich um das Futter zu
streiten. Doch nun reichten ihre Kräfte selbst dafür nicht mehr aus.
Manche mussten morgens auf alle Viere gestellt und minutenlang gehalten werden, bis sie in der Lage waren, auf eigenen Beinen zu stehen. Der
große schwarze Spud brach am Neujahrstag auf dem Marsch zusam-

men. Sie legten ihn auf den Schlitten. Sein letztes Lebenszeichen war ein Winseln, als zum Abendessen gerufen wurde. Als Nächste ging die schöne Nell, eine der wenigen Hündinnen im Rudel. Ihr folgten Gus und, zum großen Kummer der drei Männer, bald auch der brave Kid, der trotz seiner kurzen Beine ein unermüdlicher Arbeiter gewesen war, bis zum letzten Atemzug. Da waren es nur noch sieben.

Den Verlust an Zugkraft machte der vorherrschende Südwind wett, den sie mit einem Segel einfingen. Es bestand aus einer Bambusstange, die der Commander an einen der Schlitten gebunden hatte, dem Zeltboden und zwei Skistöcken und erwies sich bald als unverzichtbare Hilfe. Als der Wind einmal nach Norden drehte und die Temperatur um etliche Grade fiel, machten sie die niederschmetternde Erfahrung, dass sich die Schlitten kaum noch von der Stelle bewegen ließen. Sie polierten die Kufen, doch vergebens, die Schlitten blieben im Schnee stecken, als liefen sie durch Sand. Wegen der Kälte bildete sich unter den Kufen nicht mehr jener feine, durch Reibung erzeugte Wasserfilm, der sie gleiten ließ. Immer wieder mussten sie ihr ganzes Gewicht in die Gurte werfen, die ihnen, durch die Burberry-Jacken hindurch, in die Haut schnitten. Nach drei Stunden, in denen sie bloß eineinviertel Meilen zurückgelegt hatten, gaben sie auf. Die Strecke lag weit unter dem, was sie täglich leisten mussten, um das nächste Depot zu erreichen.

Skier hätten geholfen. Mehrere Zentner schwere Schlitten auf Skiern zu ziehen erforderte jedoch eine sportliche Technik, die die Briten nicht beherrschten, beziehungsweise eine spezielle Ausrüstung, die sie nicht besaßen, wie Felle unter den Skiern und zwei Skistöcke pro Mann. Scott, Wilson und Shackleton kannten nur die traditionelle Methode, bei der ein einziger, langer Stock verwendet wurde. Und so lagen die Skier meistens auf den Schlitten, nutzloser Ballast, den sie irgendwann abwarfen. Nur ein Paar behielten sie, für alle Fälle.

Mangels praktischer Kenntnisse hatte Scott sich sein Wissen in Sachen Polarforschung durch Lektüre erwerben müssen. Als er an die Spitze der Nationalen Antarktis-Expedition berufen wurde, leitete er die Torpedo-Abteilung von Britanniens größtem Schlachtschiff, *H.M.S. Majestic*. Eine anspruchsvolle Aufgabe war das, die technischen Verstand und die Fähigkeit erforderte, Menschen zu führen. Aber das Überleben in Schnee und Eis hatte sie ihn nicht gelehrt. Das eine Jahr zwischen

Scotts Ernennung und der Abreise in den Süden war so gefüllt gewesen mit organisatorischen Aufgaben, dass ihm kaum Zeit zum Lesen blieb. Erst auf der monatelangen Schiffsreise von England in die Antarktis und dann im Winterquartier hatte er Gelegenheit gefunden, seine Hausaufgaben zu machen. Sir Clements hatte für seine Expedition eigens ein *Antarctic Manual* schreiben lassen, in dem alles stand, was man über die Antarktis wusste – es war nicht sehr dick –, und die Bordbibliothek enthielt viele Expeditionsberichte aus der Arktis, aber ausgerechnet die allerneuesten Werke von Peary und Nansen wurden schmerzlich vermisst. So hatten die Expeditionsteilnehmer vieles auf dem Weg des trial and error herausfinden müssen. Sie hatten ihre Unerfahrenheit teuer bezahlt. Noch im Herbst, bei einer ihrer ersten Exkursionen, hatte sich eine Gruppe im Schneegestöber verirrt. Ein junger Seemann war mit seinen Fellstiefeln auf einem steilen, vereisten Hang ins Rutschen geraten. Diese Fellstiefel – aus weichem, strapazierfähigem Rentierleder in Lappland gefertigt und mit trockenem Gras gefüllt – waren das einzige Schuhwerk, das wirklich warm hielt. Aber sie besaßen den Nachteil, dass sie keinen Halt fanden auf eisigem Grund – eine Erkenntnis, die Seemann George Vince mit dem Leben bezahlte. Er stürzte ins Eismeer und tauchte nie wieder auf.

Auch für ihre Unerfahrenheit mit den Schlittenhunden zahlten Scott, Wilson und Shackleton ein hohes Lehrgeld. Ein Hund nach dem anderen – Lewis, Birdie, Bismarck – starb. Schließlich traf es auch Joe, Bernacchis Hund. Als Schlittenhund auf Cape Adare zur Welt gekommen, hatte Joe den Physiker nach London begleitet und dort gelernt, sich wie ein englisches Haustier zu benehmen. Nun war er in die Antarktis zurückgekehrt, um als Schlittenhund zu enden.

An dem Tag, als Boss für immer zurückblieb, nahmen die Männer die restlichen Hunde aus dem Geschirr und zogen von da an die Schlitten allein. Was für eine Erleichterung das war! «Kein Anfeuern und Anziehen mehr von vorn», schrieb Scott in sein Journal, «kein Schreien und Rufen mehr von hinten, kein Entwirren verknoteter Leinen, kein plötzliches Anhalten, und keine Peitsche.» Es war nicht kalt an jenem Tag, die Oberfläche war günstig, so dass sie gute zehn Meilen zurücklegten. Obwohl sie ihre Lasten nun selber zogen, fühlten sie sich von einer schweren Last befreit. Wenn schon nicht auf die Hunde, auf sich selbst konnten sie sich verlassen. So zumindest empfanden es Scott, Wilson und Shackleton, die am Ende aus eigener Erfahrung Sir Clements' altes Dogma bestätigt fanden: Keine Skier, keine Hunde.

Ihre Freude über die Erleichterung währte nicht lange. Das Wetter schlug um; Schnee und Nebel raubten ihnen die Sicht, was es nicht bloß schwierig machte, einen geraden Kurs zu halten, sondern noch ein anderes Problem aufwarf: Wie sollten sie unter diesen Bedingungen ihr Depot finden? Das Depot war ein kleiner Hügel mit einer Fahne in einem Ozean aus Schnee. Als sie es angelegt hatten, war die Sicht gut gewesen, und sie hatten seine Position anhand einiger Berggipfel fixiert. Doch von denen war nun keine Spur zu sehen. «Ohne Landmarken in Sicht und nichts um einen herum als gleichbleibendes Grau lässt sich ein Gefühl der Verlorenheit nicht abwehren», klagte Scott seinem Journal. «Bisher haben wir das Land nie für mehr als 24 Stunden hintereinander aus den Augen verloren, und wenn wir in unsere schrumpfenden Proviant-Säcke schauen, müssen wir uns eingestehen, dass es eine sehr knappe Sache wird.»

Im Prinzip bereitete es dem Commander keine Schwierigkeiten, sich auf der Barriere zu orientieren. Eben und weit wie sie war, glich sie dem Meer. In Sichtweite der Küste richtete er seinen Kurs nach Landmarken aus; weiter draußen wandte er die Techniken der astronomischen Navigation an, die er seit seiner Kadettenzeit tausende Male praktiziert hatte. Maß er zur Mittagszeit mit einem Sextanten oder Theodoliten – den Scott bevorzugte, weil sich mit ihm auch horizontale Winkel bestimmen ließen – die Höhe der Sonne über dem Horizont, so kannte er seine geographische Breite. Aus einer zweiten Messung zu einer anderen Tageszeit ließ sich, mit Hilfe einer genauen Uhr, eines nautischen Almanachs und ein wenig Rechnerei, auch der Längengrad hinreichend genau fixieren. Probleme gab es nur, wenn die Sonne sich tagelang nicht zeigte. Dann blieb ihm nur übrig, ihre Position zu schätzen, indem er die Entfernung, die sie seit der letzten exakten Ortsbestimmung zurückgelegt hatten, mit der Himmelsrichtung koppelte, in die sie gegangen waren. Hinten am Schlitten war ein Rad befestigt, das während der Fahrt mitlief. Ein Zählwerk verzeichnete die Radumdrehungen, und das ergab die zurückgelegte Entfernung. Die Himmelsrichtung versuchte Scott ein paar Mal mit dem Kompass zu bestimmen, doch das war zeitraubend und brachte nur ungenaue Resultate, weil das Magnetfeld der Erde so nah am magnetischen Pol stark gekrümmt war und die Nadel daher lange brauchte, um ihre Position zu finden. Da war es praktischer, sich am Wind zu orientieren. Weil er meist aus Südost blies, verliefen die rillenartigen Verformungen, die er auf der Oberfläche hinterließ, die so genannten «Sastrugi», gewöhnlich in nordwestlicher Richtung. Doch zum Auffinden eines Schneehaufens auf einer tausende Quadratmeilen großen Fläche reichten solche ungenauen Methoden nicht aus. Und so wussten die drei ausgehungerten Männer zwar, dass sie nur wenige Meilen von ihrem Depot entfernt sein konnten. Wo genau aber es sich befand, mochte der Himmel wissen. Und der lag, so wie die Berge im Westen, seit Tagen hinter dichten Wolken verborgen.

Drei sind einer zu viel _ _ _ _ _ _ _ _ _ *Große Barriere, 12. Januar*
bis 3. Februar 1903

Welcher Idiot war das?

Shackleton und Wilson ließen das Zelt, das sie gerade abbauten, und gingen zu ihrem Anführer, der auf eine nicht ordnungsgemäß verschlossene Kiste zeigte.

Haben Sie mit mir gesprochen?, fragte Wilson leise.

Nein, Bill, sagte Scott.

Dann muss wohl ich gemeint gewesen sein, sagte Shackleton.

Scott gab keine Antwort.

Ganz recht, rief Shackleton erbost: der größte Idiot hier sind Sie, und jedes Mal, wenn Sie es wagen, so mit mir zu sprechen, werde ich es Ihnen mit gleicher Münze heimzahlen!

Es war nicht das erste Mal, dass Scott und Shackleton aneinandergerieten. Zum Glück gelang es Wilson meistens schnell, die Streithähne zu versöhnen. Wie früher unter den Kommilitonen fiel ihm auch unter den Zeltkameraden die Rolle des Vermittlers zu. Doch war es im College in Cambridge nur um den Hausfrieden gegangen, so hing auf der Barriere ihr aller Leben davon ab, dass sie ihre Kräfte nicht in Streitereien vergeudeten. Scott schätzte Wilsons ausgleichende Art so sehr, dass er ihn gebeten hatte, auf dem Marsch nach Süden sein Gefährte zu sein – und das, obwohl der Arzt sich vor einigen Jahren bei der Arbeit in den Slums von Battersea, einem industrialisierten Vorort von London, Tuberkulose zugezogen hatte. Den Commander hatte sein Instinkt nicht getrogen. Die antarktische Luft bekam Wilsons Lungen wohl. Wie Scott schien er eine eiserne Konstitution zu besitzen. Shackleton hingegen zeigte nicht nur die stärksten Symptome von Skorbut, sondern litt auch an Kurzatmigkeit; er erklärte, sein Hals fühle sich an wie zusammengeschnürt, und immer wieder schüttelten ihn krampfartige Hustenanfälle, bei denen er manchmal Blut spuckte.

Seine Schwäche machte Shackleton selbst am meisten zu schaffen; mehr noch als am Körper nagte die Schwäche an der Seele eines Mannes, der viel auf seine Fitness hielt. Aber sein Zustand belastete auch seine Gefährten, die sich nun mit der Aussicht konfrontiert sahen, für einen Kranken sorgen zu müssen – eine Aufgabe, die ihnen rasch über den Kopf wachsen konnte.

Es war auch die Sorge um Shackleton, die Wilson und Scott zusammenrücken ließ, aber da war noch mehr. Scott zog Wilson immer stärker ins Vertrauen, und so begann der Arzt hinter die Fassade des Commanders zu blicken. Er sah einen Mann, der von demselben hohen Anspruch an sich angetrieben schien wie er selbst. Bei Wilson entsprang dieser Anspruch einem tiefen christlichen Glauben; Scott hingegen war, wenn überhaupt, Agnostiker. Und dennoch fand Wilson bei Scott dieselbe Hingabe an das, was er tat, dasselbe Streben, über sich hinauszuwachsen, denselben Idealismus bis zur Selbstaufgabe, gepaart mit einer Portion Selbsthass. Er sah auch Scotts Schwächen, seine Verschlossenheit und Reizbarkeit. Er schrieb sie einem Gefühl des Ungenügens an sich selber zu, das ihm nur zu vertraut war, und versuchte sie abzumildern.

Jungs!

Wieder hörten Wilson und Shackleton ihren Anführer rufen. Sie lagen im Zelt, es war kurz nach Mitternacht. Als Scott die Sonne auf die dunkelgrüne Leinwand hatte scheinen sehen, war er nach draußen gekrochen. Er hatte den Theodoliten aufgestellt und eine Messung versucht, doch Wolken hatten ihm den Blick durchs Fernrohr erschwert. Mal war die Sonne kaum zu erkennen, dann blendete sie ihn. Am Ende ließ er den Theodoliten einmal rund um den Horizont kreisen. Halt, was war das? Ein schwarzer Punkt … Langsam, mit klopfendem Herzen drehte Scott das Rad wieder zurück. Und wirklich, der schwarze Punkt war immer noch da und – er flatterte im Wind.

Jungs, da ist das Depot!

Wilson und Shackleton stürzten aus dem Zelt und überzeugten sich selbst. Und dann tanzten drei hagere, bärtige, sonnenverbrannte Gestalten in zerschlissener Kleidung auf der Großen Barriere und stimmten ein Freudengeheul an, das gar nicht zu englischen Gentlemen passen wollte.

Mit gefüllten Mägen und Proviant für drei Wochen versprachen die 130 Meilen bis zum Depot am Bluff ein Klacks zu werden. Die drei Wanderer fanden sogar Muße, die perfekte sechseckige Form von Eiskristallen oder das Spiel der Wolken im Wind zu bewundern. Doch schon bald drehten sie sich wieder im Mühlrad der endlosen Märsche über die immer gleiche Ebene. Und dann brach Shackleton zusammen. Sie hatten es seit Tagen kommen sehen und sich bemüht, ihn wo immer möglich zu entlasten, doch es widersprach seinem Charakter, sich zu schonen. Er wollte um jeden Preis seine Arbeit tun. Bis er eines Nachmittags keine Luft mehr bekam und sie überstürzt kampieren mussten. Shackleton wand sich in Hustenanfällen und brachte die ganze Nacht kein Auge zu.

Sie mussten so schnell wie möglich das Depot am Bluff erreichen, und dafür mussten sie sich allen überflüssigen Gewichts entledigen. Einen Moment lang überlegte Scott, ob er die schwere Kiste mit den Instrumenten zurücklassen sollte, den Theodoliten, die Barometer, die Kamera, aber dann entschieden sie sich, die letzten Hunde zu opfern und das restliche Futter wegzuwerfen. Von den ursprünglich 19 waren ohnehin nur noch zwei übrig: der frühere Leithund Nigger und Jim, ein durchtriebener Schurke, der jede Gelegenheit genutzt hatte, sich vor der Arbeit zu drücken – durchaus mit Erfolg, wenn man bedachte, dass er diesen Marsch länger überlebt hatte als fast alle anderen. Doch jetzt kam die Reihe auch an Jim, unter Wilsons Tomahawk zu sterben. «Es war der traurigste Anblick überhaupt», schrieb Scott an diesem Tag in sein Journal, «ich denke, wir hätten alle heulen können. Das ist nun das Ende unseres Rudels, das Finale einer Tragödie; ich mag kaum davon schreiben.»

Shackleton durfte von jetzt an keine schwere Arbeit mehr tun. Er empfand diesen Befehl als Erniedrigung, aber er fügte sich und schlurfte neben den Schlitten her, unter seinen Füßen das letzte Paar Skier, das sich auf diese Weise doch als nützlich erwies, weil es dem Kranken das Gehen in weichem Schnee und brüchigem Harsch erleichterte. Scott und Wilson zogen jeder an die 270 Pfund, zum Glück oft unterstützt durch eine südliche Brise. Morgens ließen sie dem Kranken eine halbe Stunde Vorsprung, während sie das Zelt abbrachen und die Schlitten packten, und wenn der Wind stark genug wehte, konnte Shackleton sich auf einen Schlitten setzen und mitfahren – natürlich nicht, um auszuruhen, sondern um das Fahrzeug zu stabilisieren, wie Wilson dem Patienten erklärte.

Sie gaben ihm Robbenfleisch zu essen, zu dem sie auch selber griffen, um den Skorbut zu bekämpfen. An dem gefrorenen Fleisch klebte noch Blubber. Wenige Wochen zuvor hatten sie den Schiffskoch dafür verflucht, dass er das tranig schmeckende Fett nicht entfernt hatte, jetzt war Scott ihm dankbar: «Ich hätte es nie für möglich gehalten, dass ich jemals Geschmack an Blubber finden würde; dass ich es jetzt tue, spricht Bände über unseren verhungerten Zustand.» Selbst der Geschmack von Petroleum konnte ihnen nicht den Appetit verderben. Obwohl sie die Kanister immer fest zustöpselten, mussten sie mehrmals feststellen, dass aus unerfindlichen Gründen etwas von der öligen Flüssigkeit ausgelaufen war und den Proviant beschmutzt hatte.

Was für eine Freude daher, als sie, an einem sonnigen Tag, zum ersten Mal vor sich den Bluff sahen. Über der Klippe schwebte, wie Rauch über Hügeln der fernen Heimat, ein Wölkchen: die Rauchfahne des Mount Erebus. Nach einer Weile geriet auch der Krater des Vulkans selbst in ihr Blickfeld. Je näher sie dem Depot kamen, desto ungeduldiger wurden sie. Wie fluchten sie, als das Wetter sich abermals verschlechterte und der Wind nach Westen drehte, ungünstig für ihr Segel. Mehrmals warfen Böen die Schlitten um. Endlich entdeckte Shackleton die schwarze Fahne. Endspurt, ein letztes Aufbieten der Kräfte, und dann wühlten sie sich mit kindlicher Freude durch den Schnee, bis sie sich in ihr Schlaraffenland gegraben hatten: mehrere Gallonen Petroleum, ein Monatsvorrat an Zwieback und ein großer brauner Sack mit Spezialitäten: zwei Dosen Sardinen, Marmelade, Suppenwürfel, Erbsensuppe und, neben manch anderem, ein Päckchen Tabak für den Commander und – ein Stapel Briefe.

Scott merkte als Erster, dass etwas mit ihm nicht stimmte. Seine Kleidung fühlte sich eng an. Wenig später lag er auf dem Zeltboden und wand sich in Bauchkrämpfen. Um Himmels willen, öffnet den Eingang, japste er und stürzte ins Freie, wo er begann, in gekrümmter Haltung das Zelt zu umrunden. Drei Mahlzeiten hatten sie innerhalb von Minuten verschlungen – zu viel für seinen ausgezehrten Körper. Noch nie war ihm so übel gewesen. Dass Wilson nicht für die Schwelgerei büßen musste, machte es Scott nicht leichter, zumal der Tonfall, in dem seine Kameraden sich aus dem Zelt heraus nach seinem Befinden erkundigten, mehr Erheiterung als Mitgefühl verriet. Doch als die Krämpfe nach einer Weile nachließen und er ins Zelt zurückkehren konnte, wurde ihm Trost zuteil: Wer stolperte ihm da mit giftgrünem Gesicht entgegen? Der gute alte Bill …

Drei Tage später schleppten sie sich über die Eisfläche zwischen White Island und der Halbinsel, die mit ihren vertrauten Konturen grüßte, dem kantigen Basaltbrocken, den sie «Castle Rock» genannt hatten, und dem kegelförmigen «Observation Hill» an der äußersten Landspitze. Hier waren viele ihrer Leute hin- und hergegangen, so viele, dass der Schnee auf einem Streifen, breit wie eine Landstraße, niedergetrampelt war.

Da sichteten sie in der Ferne zwei Punkte: Pinguine? Doch es waren Louis Bernacchi und Reginald Skelton: das Empfangskomitee. «Sie kamen ohne Hunde», schrieb Ingenieur Skelton an jenem Abend in sein Tagebuch, «Wilson und der Skipper zogen zwei Schlitten zu Fuß, Shackleton ging daneben auf Skiern. Sie sahen aus, als hätten sie harte Zeiten hinter sich – der Skipper und Wilson sahen fit aus, aber Shackleton sah sehr schwach aus und heruntergekommen und sein Haar sehr ausgebleicht. Die erste Frage des Skippers galt dem Schiff und ob alle gesund und munter seien; er wirkte besorgt und war ungemein erfreut, als er hörte, dass alles in Ordnung sei.»

Schnell war das Zelt errichtet, Kakao aufgesetzt, und die drei Heimkehrer erfuhren das Neueste. Ein Schiff war eingetroffen, die *Morning*, und hatte Nachrichten von jenseits des Polarkreises mitgebracht. Der Burenkrieg war zu Ende, Balfour war Premierminister, und die Navy hatte ihr erstes U-Boot zu Wasser gelassen. Nach mehr als neunzig Tagen auf der Barriere waren sie zurück in der Welt der Lebenden.

IV IN DIE KÄLTE

Die Liebe im Land der Eskimo___ *Gjøahavn, Mitte September 1904*

Der Mann trat vor die Tür der würfelförmigen Hütte, streckte sich und blinzelte in den wolkenverhangenen Himmel: ein mieser Sommer in seinen letzten Zügen. Es ging auf Mitte September zu, der erste Schnee war schon gefallen. In der Bucht unten lag das Schiff, reglos, geschützt und bereit für einen zweiten Winter im Eis. Gustav Wiik schaute nach links, über die moosbewachsenen Hügel, denen der Gouverneur die Namen deutscher Professoren gegeben hatte – Hellmann Hügel, Edler Hügel, Adolph Schmidt Höhe –, und weiter über das arktische Meer, in dem einzelne Eisschollen trieben, Reste noch des vergangenen Winters. Wiik hielt Ausschau nach dem Boot des Gouverneurs.

Nicht dass sie ihn vermisst hätten. In der «Villa Magneten» – die Grundfläche ihrer Behausung betrug zwei mal drei Schritte, die Wände bestanden aus mit Sand gefüllten Vorratskisten, das Dach aus einer Plane – kamen sie gut ohne den Gouverneur aus. Die Arbeit musste Wiik sowieso allein erledigen, denn Amundsen hatte jedes Interesse an den magnetischen Studien verloren, um deretwillen sie doch in diese gottverlassene Gegend gekommen waren. Sie hatten ihr Leben riskiert, waren mit der kleinen *Gjøa* über den Atlantik und durch das Packeis der Baffin Bay geschippert und durch die Meerengen des nordkanadischen Archipels, die mehr einem Labyrinth von Schären glichen als schiffbaren Gewässern. Einmal waren sie im Sturm auf Felsen gelaufen und nur um Haaresbreite davongekommen. Das alles mit dem Ziel, die Position des magnetischen Pols zu studieren, der sich etwa hundert Meilen von hier befand. Doch der Pol schien seine Anziehungskraft auf Amundsen verloren zu haben. Stattdessen ging der Gouverneur im Verkehr mit seinen neuen Freunden auf.

Stunden, Tage, ganze Wochen verbrachte er in Gesellschaft der Eskimo, und Peder Ristvedt, der Ingenieur, musste immerfort Nadeln, Haken, Schnallen, Pfeilspitzen, Messer schmieden, die der Gouverneur gegen Felle, Rentier-Unterwäsche und andere Utensilien eintauschte. Besonders hatte er es auf Überbleibsel der Franklin-Expedition abgesehen, die nicht weit von hier ihr schauriges Ende gefunden hatte. Derweil durfte Wiik sich allein um den Magnetographen kümmern. Jeden Tag um dieselbe Zeit und an den Fristtagen – wenn alle magnetischen Messstationen der Erde, von der britischen Antarktis-Expedition bis zur *Gjøa* in Kanada, gleichzeitig das Erdmagnetfeld maßen – sogar rund um die Uhr. Dass die Hügel die Namen jener Potsdamer Professoren trugen, die Amundsen und Wiik in die Handhabung der magnetischen Messinstrumente eingewiesen hatten, kam dem jungen Mann fast wie Hohn vor. Wiik war niedergeschlagen.

Er wandte sich um und sah wieder in die schmale Bucht hinunter. Da tat sich etwas. He, Ristvedt!, rief Wiik in die Hütte, schau dir das an … Und bring das Fernglas mit!

Die Villa Magneten lag auf einem Hügelkamm, etwa hundert Fuß über der Bucht. Sie war ein vorzüglicher Beobachtungsposten. Man überblickte sowohl das Meer im Süden als auch das endlos flache Hügelland der King-William-Insel im Norden mit seinen ungezählten Seen, Teichen und Tümpeln, in denen die rotgoldene Mitternachtssonne manchmal gefunkelt hatte wie in einem in tausend Stücke zerbrochenen Spiegel. Von hier sah man die Karibu-Herden, wenn sie im Herbst über das junge Eis nach Süden zogen, und von hier hatten Ristvedt und Wiik die erste Begegnung zwischen dem Gouverneur und den Eskimo mitverfolgt. Das war am 29. Oktober 1903 gewesen – ein wahrhaft historischer Moment.

Amundsen war vorangegangen, aufrecht wie ein Feldherr, der seine Armee gegen den Feind führt. Seine Armee, das waren die Schiffsoffiziere Anton Lund und Helmer Hanssen, die ihm mit wenigen Schritten Abstand folgten, die geladenen Krag-Jørgensen-Büchsen über den Schultern. Der Feind: eine Schar Eskimo, in Felle gekleidete Steinzeitkrieger, bis an die Zähne mit Speeren und Bogen bewaffnet. Der Gouverneur hatte die Arme geschwenkt und irgendwas gerufen. Die Eskimo, ganz Herren der Lage, waren im Schwarm vorgerückt und hatten zurückgeschrieen. Es musste freundlich geklungen haben, denn der Gouverneur hatte seine beiden Kämpen mit einer theatralischen Geste angewiesen, ihre Flinten in den Schnee zu werfen. Dann waren die beiden Gruppen aufeinander zugeeilt. Die Eskimo hatten ein unbeschreibliches Geheul ausgestoßen, sie hatten den Norwegern auf Rücken und Brust geklopft, und die Norweger hatten sich große Mühe gegeben, es ihnen in allem gleichzutun. Man hatte sich umarmt und die Nasen gerieben und wieder umarmt: Die Freundschaft zwischen den Völkern war besiegelt. Ristvedt und Wiik, oben in der Villa Magneten, hatten sich die Bäuche gehalten vor Lachen. Seither gingen die Eskimo bei ihnen ein und aus. Weihnachten hatte der erste sein Iglu neben der *Gjøa* aufgestellt, andere kamen dazu, und mit der Zeit war eine richtige Kolonie entstanden. Die Meinungen über diese Gesellschaft waren geteilt. Lindstrøm, der Koch, hasste sie; der Gouverneur hingegen war ganz vernarrt in seine neuen Freunde. Niemand bestritt indes, dass die Gäste einige Attraktionen zu bieten hatten. Dazu gehörten nützliche Fertigkeiten wie zum Beispiel die, ein Iglu zu bauen oder aus Rentierfell Unterwäsche zu nähen, die selbst bei minus fünfzig Grad noch wärmte. Ihre Körperkraft ließ sich für Hilfsarbeiten einsetzen. Die Eskimo waren allesamt hervorragende Jäger. Sie boten Pelze, Fisch, Fleisch, Blubber zum Tausch gegen Holz und Eisen an. Und manche auch ihre Frauen.

Was gibt's? Ristvedt hatte sich auf Wiiks Ruf hin von seinen meteorologischen Tabellen losgeeist. Er trat neben seinen Bettgenossen – Wiik und Ristvedt teilten aus Platzmangel und der Wärme wegen das Lager – und fuhr sich mit der Hand über das lichter werdende Haar. Als er sah, worauf Wiik zeigte, stieß er einen vielsagenden Pfiff aus.

Schau mal einer an, sagte Ristvedt, unsere beiden ehrenwerten, unentbehrlichen und verheirateten Eingeborenen aus Nordnorwegen, auf dem Weg nach Rentierhausen …

Ristvedt und Wiik sahen von der Höhe aus zu, wie Lund und Hanssen sich offenbar für einen größeren Ausflug rüsteten. Zelt, Gewehre, Munition, Proviant landeten mit Schwung im Beiboot.

Das geht zu weit, knurrte Wiik.

Er hatte bereits gestern Lunte gerochen, als Lund und Hanssen zu langwierigen Verhandlungen ins Eskimo-Zelt verschwunden waren. Die bereiteten keinen Jagdausflug vor, sondern eine Herrentour. Er verfolgte die Abreise der beiden mit dem Fernglas. Und tatsächlich: Kurz hinter der Landspitze warteten schon die Kajaks. Norweger und Eskimo verschwanden in ein arktisches Tahiti.

Wiik setzte das Fernglas ab. Das geht zu weit, stieß er abermals hervor, die sind doch beide Familienväter!

Ristvedt legte ihm die Hand auf die Schultern. Er ahnte, was in dem

Jüngeren vor sich ging. Wiik plagte die Eifersucht, denn Wiik war ver-
liebt. In Kimaller, die nach einhelliger Meinung als Schönste unter den
Eskimo-Frauen galt. Die zierliche Kimaller war mit zwei Freundinnen
im Sommer, während ihr Ehemann auf der Jagd war, auf Besuch in die
Villa Magneten gekommen, ein unschuldiges Rendezvous, aber seither
war es um Wiik geschehen. Er drückte Ristvedt das Fernglas in die Hand
und verschwand in der Hütte.

Man hörte ihn die Geige stimmen, und kurz darauf erklangen, zor-
nig zuerst und dann traurig, die Töne einer Melodie, schwebten einen
Augenblick über Gjøahavn, bevor sie in der arktischen Weite verwehten.
Der unmusikalische Ristvedt wusste nicht, wie das Stück hieß, aber er
lauschte andächtig, als sein Kamerad den Brautraub aus den Peer-Gynt-
Suiten spielte.

Captain Amundsen hält Vortrag_ _ _ _ _*London, 11. Februar 1907*

Sir George Goldie, hochgewachsen, Begründer der britischen Kolonie
am Niger und seit kurzem Präsident der Royal Geographical Society,
trat ans Pult des Hörsaals im Londoner Stadtteil Mayfair, den die Gesellschaft für den Abend gemietet hatte. Der Saal war nicht eben groß, und
mit seinem durchgesessenen Gestühl wirkte er etwas schäbig, aber sie
hatten ihn hübsch dekoriert, mit norwegischen Fähnchen, und er war
bis zum letzten Platz gefüllt. In der ersten Reihe saßen die großen alten
Männer der britischen Polarforschung, Admiräle mit schneeweißen Ba-
ckenbärten, die noch selbst in die Arktis gefahren waren, um nach John
Franklin zu suchen. Auch Nansen war da, der inzwischen als Botschafter
des neuen Staates Norwegen in London wirkte. Es waren die Helden
seiner Jugend, dieselben Männer, die seinem Schulkameraden Borchgrevink die kalte Schulter gezeigt hatten, als er aus der Antarktis zurückgekehrt war, und die nun ihm, Roald Amundsen, ihre Reverenz erwiesen. Der Präsident räusperte sich, und es wurde still im Saal:

Ich werde wenig sagen über den Inhalt von Captain Amundsens sehr
bemerkenswerten Entdeckungen, weil sein Referat für sich selbst sprechen wird. Aber es erscheint mir außergewöhnlich, dass nur sieben
Mann in einem kleinen Schiff aufbrechen und mehrere Jahre in den

Abbildung 5:
Kaptein Roald Amundsen,
1907.
Foto: Anders Beer Wilse.

arktischen Regionen leben und diese bemerkenswerte Arbeit verrichten, die sie getan haben ...

Dazu musste man wissen, dass britische Polarexpeditionen stets mit hohem Personalaufwand ins Werk gesetzt wurden. Franklin hatte auf der Suche nach einer Nordwest-Passage 128 Männer ins Eis geführt. Und in den Tod.

Zum Schluss muss ich darauf hinweisen, sagte Goldie, dass Captain Amundsen, sozusagen als Nebenprodukt seiner jüngsten Entdeckungen, die Nordwest-Passage passiert hat im ersten Schiff, das jemals ganz hindurchgesegelt ist. Ich frage mich, was geschehen wäre, wenn vor hundert Jahren jemand angekündigt hätte, er würde einen Vortrag halten über seine Durchquerung der Nordwest-Passage? Ich glaube nicht, dass die Albert Hall, wenn es sie damals schon gegeben hätte, groß genug gewesen wäre. Ich bitte nun Captain Amundsen um sein Referat.

Amundsen erhob sich. Das war es, was ihn zum Held, wenn nicht der Massen, so doch der guten Gesellschaft gemacht hatte. In zwei Wochen würde er vor der Société de Géographie sprechen, Anfang März in Berlin vor dem Kaiser. Nicht die Erforschung des magnetischen Pols hatte ihn berühmt gemacht, sondern der Segeltörn durch die Nordwest-Passage, der vierhundert Jahre alte Traum aller seefahrenden Völker. Doch die Ära der Entdeckungen ging zu Ende. Wissenschaft hieß das Credo der Zeit. Ihr musste man huldigen. Das hatte Amundsen begriffen. Deshalb hatte er damals, in seinem ersten Gespräch mit Nansen, den magnetischen Pol vorgeschoben – und auf diese Weise den größten lebenden Polarforscher für sich und seine Pläne gewonnen.

Alles blickte auf den Mann, der sich hinter dem Pult aufgestellt hatte. Er war groß, athletisch, besaß eine hohe Stirn und eine markante Hakennase, unter der ein englisch getrimmter Schnurrbart stand. Der Saaldiener löschte die Lampen, bis nur noch die Laterna Magica den Saal erhellte. In ihrem Rechteck leuchtete blau und beige eine Karte: die Erde von oben, in der Mitte ein Punkt und die Worte «North Pole», drumherum der arktische Ozean, Russland, Grönland und eine lange rote Linie, die sich von Skandinavien über den Atlantik und durch Kanada nach Alaska wand: die Fahrtroute der *Gjøa*.

Amundsen sprach mit starkem Akzent und mit einer kreischenden Stimme, die in merkwürdigem Kontrast stand zu seiner virilen Statur: «Sir John Franklin gebührt die Ehre, die Nordwest-Passage entdeckt, und Admiral Sir Robert McClure die, sie als Erster durchquert zu haben, teilweise in seinem Schiff *Investigator*, teilweise zu Fuß. Auf der Basis der glänzenden Vorarbeiten und des reichen Fundus an Erfahrungen, den englische Seefahrer in diesen Gegenden erworben haben, war es mir beschieden, mit der *Gjøa* die Gegend um den magnetischen Nordpol der Erde zu erreichen und, des Weiteren, die Nordwest-Passage in ihrer Gesamtheit zu durchfahren. Wenn ich also der Erste bin, der durch die Nordwest-Passage gesegelt ist, so ist es mir ein Vergnügen, diese Ehre mit diesen tapferen englischen Seeleuten zu teilen – den Seeleuten, die hier wie in fast allen Teilen der Welt die Führung übernommen und uns den Weg gewiesen haben.» Die Einleitung hatte Nansen formuliert. Durch den Entdecker sprach der Diplomat.

Nachdem er den Expeditionsplan dargelegt und sich pflichtgemäß bei den Sponsoren bedankt hatte – dass er im Juni 1903 buchstäblich bei Nacht und Nebel davongesegelt war, um dem Zugriff seiner Gläubiger zu entkommen, verschwieg Amundsen vornehm – und nachdem er sein

Schiff beschrieben hatte, die einmastige, 47 Fuß kurze *Gjøa*, ein ehemaliges Fischerboot aus Tromsø, stellte er sein Team vor:

«Als Ersten muss ich den Mann nennen, der sein Leben im Dienst der Expedition geopfert hat: Gustav Juel Wiik. Er wurde 1878 geboren, in Horten, und folglich nur wenig mehr als 27 Jahre alt …»

Die meisten Zuhörer würden sich am Ende des Vortrags nur an Amundsen erinnern, den Bezwinger der Nordwest-Passage. Wiiks Namen würden sie vergessen haben, ebenso die der anderen Mitfahrer, Ristvedt, Lund, die beiden Hansens und, last but not least, Adolf Henrik Lindstrøm, den Amundsen nicht nur in seiner Rolle als Schiffskoch, sondern auch als emsigen Botaniker und Zoologen würdigte. Die Laterna Magica zeigte dazu das fleischige Gesicht eines gutmütig dreinblickenden Mannes mit Schnauzbart. Es folgten Bilder von Schlittenhunden, die sich an Deck tummelten, von einem Walfängerdorf in Grönland, einem Eisberg. Man sah die Crew bei schwerer körperlicher Arbeit: Männer in Wolljacken und mit Schirmmützen hingen am Flaschenzug, hievten große Holzfässer, und das Publikum begriff: Ein Polarforscher zu sein war kein Zuckerschlecken.

Als das Denkmal auf der Leinwand erschien, das Lady Franklin für ihren verschollenen Gatten auf einer Geröllinsel im Nordmeer hatte errichten lassen, ging ein Raunen durch den Saal. John Franklin, den tragischen Helden der britischen Polarforschung, kannte in England jedes Schulkind. Amundsen war selbst noch zur Schule gegangen, als er zum ersten Mal Franklins *Narrative of a Journey to the Shores of the Polar Sea* gelesen hatte. Die Lektüre hatte ihn gefesselt wie keine zuvor. Auch der junge Roald Amundsen wollte ein Held sein, der sich für eine große Sache aufopferte – die Entdeckung des Nordpols. Seither war er älter und klüger geworden. Ein Held zu sein war gut, aber noch besser war es, ein lebender Held zu sein, der sich nicht nur aufopferte, sondern auch triumphierte. Der den Triumph auskostete, wie er es als junger Mann miterlebt hatte, an einem schönen Maitag, als Nansen von seiner Grönland-Expedition in die Heimat zurückgekehrt war und Zehntausende dem strahlenden Helden einen jubelnden Empfang bereitet hatten.

Mit wohlbemessenem Understatement berichtete der Vortragende von seiner Fahrt durch den nordkanadischen Archipel, erzählte, wie einmal aus dem Maschinenraum der Ruf «Feuer» geschallt war – «Ich wusste, was das bedeutete auf einem kleinen Schiff, das 7000 Gallonen

Öl, große Mengen Schwarzpulver und Sprengstoff geladen hatte und dessen gesamter Rumpf außerdem mit Pech getränkt war» – und wie sie ein andermal mit der *Gjøa* im Sturm über ein zweihundert Schritt langes Riff gerutscht waren und das Schiff dabei wie durch ein Wunder kaum Schaden genommen hatte. Dann, endlich, fanden sie den rettenden Hafen in Form einer geschützten Bucht an der Südostküste der King-William-Insel. Hier, in «Gjøahavn», richteten sie für zwei Jahre ihr magnetisches Observatorium ein.

Was nun folgte, war für alle Beteiligten – bis auf Nansen und eine Handvoll Experten im Publikum – todlangweilig, aber Amundsen wusste, wenn er die Maske des Wissenschaftlers nicht fallen lassen wollte, mussten seine Zuhörer da durch. Also sprach er von den Schwankungen des Erdmagnetfelds, von dessen Kartierung, von Gauß' Theorien, von Deklination und Inklination, von horizontaler Intensität, vom Dip-Kompass und anderen Instrumenten zur Messung der magnetischen Kräfte, die sie während der Expedition verwendet hatten.

Erst als der Redner sich den Eskimo zuwandte, gewann sein Vortrag wieder an Schwung: «Es waren edle Gestalten, groß und stark gebaut. In ihrer Erscheinung erinnerten sie mich mehr an Indianer als an Eskimo, auch weil sie dieselbe Art Teint besaßen wie die Rothäute; außerdem waren sie schlank und, wie gesagt, groß. Die gewöhnlich breite und fleischige Eskimo-Nase war durch eine besser geformte, ein wenig hakenförmige ersetzt.»

Nicht ohne Selbstironie schilderte der Norweger die Begegnung mit diesen exotischen Menschen und nicht ohne Bewegung die Freundschaft, die er mit ihnen geschlossen hatte. Er, der zivilisierte Europäer, hatte bald erkannt, dass die Eskimo ihm in vieler Hinsicht überlegen waren. Von ihnen konnte ein Polarforscher viel lernen. Und so waren die Eskimo seine Lehrmeister geworden. Sie hatten ihm gezeigt, wie man Iglus baute, wie man sich in Felle kleidete, wie man ein Hundegespann führte und wie man die Kufen der Schlitten mit einer hauchdünnen Schicht Eis bedeckte, so dass sie auch bei widrigen Schneeverhältnissen glitten. Aber Amundsens Interesse ging über praktischen Nutzen hinaus. Ihn faszinierten diese Menschen; er studierte sie mit ethnologischer Akribie, ja, der Norweger erwies sich nachgerade als geborener Ethnologe. Das merkten auch seine Zuhörer in London, als sie mit Hilfe der Laterna Magica in das Innere eines Iglus geführt wurden, den Alltag einer Eskimo-Familie und ihre Bräuche miterlebten, ihre Ernährung, die Aufzucht der Kinder, als sie an einem winterlichen Fest und einer magischen Zeremonie teilnahmen und sogar mit einigen persönlich bekannt gemacht wurden, unter anderem mit «Alo-Alo, eine junge und attraktive Frau. Die scharfe Kälte hat ihr eine frische Farbe verliehen, und die hübschen braunen Augen erwecken den Eindruck, als könnten sie etwas verbergen …»

Es war ein trauriger Abschied, als die *Gjøa* nach fast zwei Jahren ihren Hafen für immer verließ. Der Rest war schnell erzählt: die vierzehntägige Fahrt durch die Simpson-Straße und um Cape Colborne herum, durch Untiefen und Engstellen, so flach und so schmal, dass nur ein kleines Schiff wie die *Gjøa* durchkam, 14 Tage, in denen Amundsen vor Anspannung kaum schlafen konnte und fast keinen Bissen hinunterbekam – aber diese Details behielt der Vortragende für sich. Und dann der unvergessliche Augenblick, als sie wieder offenes Meer erreicht hatten und das erste Schiff sichteten, einen amerikanischen Walfänger, dessen Kapitän ihn mit den Worten begrüßte: «Sind Sie Captain Amundsen?»

Auf halbem Weg zur Bering-Straße legten sie an, und Jäger, die in der Nähe kampierten, erzählten, dass zwischen Norwegen und Schweden Krieg ausgebrochen war. Während die *Gjøa* sich für den dritten Winter in der Arktis rüstete, brach Amundsen mit einem Eskimo-Ehepaar und einem gestrandeten amerikanischen Kapitän zum Yukon auf, eine Reise von mehr als fünfhundert Meilen auf Skiern durch tiefverschneite kanadische Wälder, die ihn zur nächsten Telegraphenstation führte, nach Eagle City an der Grenze zwischen Kanada und Alaska, wo er erfuhr, dass in seiner Heimat zwar kein Krieg ausgebrochen, aber Norwegen von der schwedischen Krone unabhängig geworden war. Und die Welt wiederum erfuhr, was Roald Amundsen und seine Männer vollbracht hatten: die Nordwest-Passage über ein und demselben Kiel durchsegelt. Die junge norwegische Nation hatte ihre ersten Helden.

Im Frühjahr kehrte Amundsen zurück zur *Gjøa*, auf demselben Weg, auf dem er gekommen war, und gerade noch rechtzeitig, um Wiik an einer mysteriösen Krankheit sterben zu sehen. In der Wildnis gab es keinen Arzt weit und breit, sah man einmal von Amundsen ab, der seiner Mutter zuliebe ein paar Semester Medizin studiert, aber nie eine Vorlesung besucht hatte. Am 11. Juli 1906 «nahmen wir Abschied von unserem Kameraden, den wir dort draußen zurückließen, und als wir an seinem Grab vorbeifuhren, holten wir ihm zu Ehren unsere Fahne ein. Bereits bei der Herschel-Insel blockierte Eis unseren Weg und hielt uns für einen Monat auf. Nach manch engen Passagen und abrupten Kehrtwenden fuhren wir am 30. August in die Bering-Straße ein. Einen Tag später erreichten wir Nome, eine Goldgräberstadt in Alaska. Den Empfang, den man uns dort gab, und die Begeisterung, die unser Unternehmen dort ausgelöst hatte, werden wir nie vergessen. Vielen Dank für ihre Aufmerksamkeit.»

Kraftvoller Applaus brandete dem Redner entgegen, während die Saalbeleuchtung wieder angezündet wurde. Anscheinend nahmen die Briten es dem Norweger nicht übel, dass er vollbracht hatte, was über Jahrhunderte hinweg ihre besten Männer vergeblich versucht hatten. Amundsen verneigte sich ein wenig steif. Doch dann musste er irritiert zur Kenntnis nehmen, dass der Applaus noch anschwoll, als Nansen neben ihn ans Pult trat.

Fridtjof Nansen, der Athlet, gutaussehend, blond, die Reinkarnation eines Wikingers, aber auch der Gönner Amundsens, ohne den dieser hier nicht gestanden hätte. Doktor Nansen, der brillante Wissenschaftler und Revolutionär der Polarforschung, vor dessen Genius selbst die hochmütigen Briten den Hut zogen. Und jetzt: Seine Exzellenz Nansen, der Staatsmann, der die Polarforschung in den Dienst der wiedergeborenen norwegischen Nation stellte, weil er wusste, dass die polaren Wüsteneien eine Spielwiese des Nationalismus waren, weil er wusste, dass Siege, die im Eis gewonnen wurden, sich auf dem internationalen Parkett widerspiegelten und dass darin eine Chance für das kleine Norwegen lag, seinen Platz zwischen den Großen zu behaupten:

Wie Captain Amundsen bereits selbst ausgeführt hat, verdankt sich der Umstand, dass er diese große Tat vollbringen konnte, gänzlich der Vorarbeit britischer Seeleute. Das scheint uns ein gutes Beispiel für die Art und Weise, wie sich die Arbeit britischer und norwegischer Seefahrer ergänzt.

Nansen, der das Englische zwar nicht akzentfrei, aber im Gegensatz zu Amundsen fließend sprach, erinnerte an die Besiedelung Islands durch irische Mönche und die Fahrten der Wikinger nach Grönland und Labrador. Die Entdeckung des Nordmeeres war ein Gemeinschaftswerk von Briten und Norwegern, dessen Schlussstein lediglich Letztere gesetzt hatten.

Aber am schönsten ist die Art und Weise, schwärmte der Botschafter des Königreichs Norwegen, wie Sie heute den kleinen Beitrag würdigen können, den wir geleistet haben, und ich denke, wir dürfen sagen, wir gehören derselben Rasse an.

Und dann rezitierte Seine Exzellenz den großen englischen Dichter Alfred Tennyson:

> *«Ein gleiches Geschlecht heroischer Herzen*
> *Geschwächt durch Zeit und Fügung, doch stark im Wunsch*
> *Zu streben, suchen, finden und nicht zu weichen.»*

Das waren die letzten Zeilen von Tennysons «Odysseus». Als einen der Letzten vom Schlage des rastlosen Seefahrers pries Nansen damit seinen jüngeren Kollegen. Die Art und Weise, wie er die Expedition vorbereitet habe, sei sehr charakteristisch für den Mann. Zuerst habe Amundsen das wissenschaftliche Beobachten erlernt, dann die Instrumente beschafft und danach erst das Schiff. Und als sich ihm die Möglichkeit bot, die Nordwest-Passage zu durchfahren, habe er dieser Versuchung widerstanden und zuerst sein wissenschaftliches Programm zu Ende geführt.

Der Botschafter hob die Stimme: Das Meer nach Westen war offen, die Nordwest-Passage lag offen vor ihm, doch er hielt für zwei Jahre inne und tat, wofür er gekommen war – seine magnetischen Messungen in der Umgebung des magnetischen Pols durchzuführen; und dann, nachdem er diesen Teil beendet hatte, wurde ihm das Glück zuteil, die Nordwest-Passage zu durchfahren.

Amundsen, erklärte Nansen, sei daher der richtige Mann, um künftige Expeditionen zu führen. Denn er wisse, was wichtig sei und was nicht; er sei besonnen genug, nicht einer Sensation hinterherzujagen, wenn sich ihm die Gelegenheit zu wissenschaftlicher Arbeit biete, aber gleichzeitig wisse er eine Sensation zu schätzen, wie er bewiesen habe.

Der Laudator hob die Hand und deutete auf den Gelobten, der reglos und mit gefalteten Händen neben ihm stand: Womöglich werden wir diesen Mann bald zu einer neuen Entdeckungsfahrt aufbrechen sehen, und ich bin sicher, dass er nicht nur in seiner Heimat, sondern auch in diesem Land viele finden wird, die ihm Glück wünschen.

Revierkämpfe _ _ _ _ _ _ _ _ _ _ _ _ _ _ *London, Frühjahr 1907*

Amundsens Freude über den herzlichen Empfang, den ihm die Royal Geographical Society bereitet hatte, wurde getrübt durch die britische Presse, die sich über seine Heldentat weitgehend ausschwieg – eine Unaufmerksamkeit, die dem Norweger auch finanziell schadete. Ohne große Berichterstattung konnte er von einer Vortragstournee durch das Königreich absehen.

Dafür bereitete der Norwegische Klub in London ihm zwei Tage nach dem Vortrag die Genugtuung eines festlichen Dinners zu seinen Ehren, das im monumentalen Neobarockbau des «Cecil» stattfand, dem seinerzeit größten Hotel der Welt. In einem verspiegelten Saal, zwischen Marmorsäulen und Zimmerpalmen, huldigten an diesem Abend 150 Angehörige der norwegischen Gemeinde ihrem mutigen Landsmann, und Amundsen huldigte Nansen mit einem überschwänglichen Toast.

Es war nicht nur Dankbarkeit für seinen Gönner, die den Bezwinger der Nordwest-Passage zu dieser Huldigung trieb. Amundsen wollte etwas von Nansen: die *Fram*, das Polarforschungsschiff, das nach Nansens Plänen gebaut worden war. Es gab auf der ganzen Welt kein besseres Seefahrzeug für Eismeerfahrten. Amundsen wollte die *Fram* für seine nächste Expedition, die ihn ins Nordmeer und hoffentlich zum Nordpol führen sollte. Aber Nansen, obwohl sehr in Beschlag genommen von seinen politischen Aufgaben, hatte mit der Polarforschung noch nicht abgeschlossen. Nansen hegte noch einen Traum: als erster Mensch den Südpol zu erreichen. Es war ein eitler Traum, wie er sich selbst eingestand, und wissenschaftlich nicht zu rechtfertigen. Aber die Verlockung war groß. Im Vergleich zu den wechselhaften Gegebenheiten im Nordmeer wirkte das, was er über die Antarktis gehört hatte, vor allem über die Große Barriere, erfrischend unkompliziert. Es schien alles nur eine Frage der Organisation. Doch Nansen war 45 Jahre alt. Wenn, musste er es bald angehen. Er bat sich von Amundsen ein halbes Jahr Bedenkzeit aus.

Zur Feier der Norweger im Hotel Cecil waren auch einige wenige britische Gäste geladen, darunter der Mann, der von sich sagen konnte, am weitesten nach Süden vorgestoßen zu sein: Robert Falcon Scott. Der berühmte Antarktisforscher hatte sich jedoch entschuldigen müssen, weil ihn seine Pflichten als Kapitän eines Schlachtschiffs der Royal Navy hinaus auf den Atlantik riefen. In einem Brief an den Klub drückte er seine Bewunderung für Captain Amundsen aus und für eine Expedition, «der die ganze Welt applaudieren muss».

Scott, nunmehr zum Captain befördert, war nach seinen Abenteuern in der Antarktis in das ruhigere Fahrwasser einer Navy-Karriere zurückgekehrt. Nach der langen Abwesenheit galt es für ihn, aufzuholen und Seezeit zu sammeln, das hieß, möglichst viele Tage auf der Kommandobrücke zu stehen, was Voraussetzung war, wenn ein Offizier in der Hierarchie aufsteigen wollte. Und das wollte der Captain nicht nur, er musste es, denn die Navy war zwar ein prestigeträchtiger Arbeitgeber, aber sie zahlte nur mäßig. Scott jedoch brauchte das Geld. Da war einmal seine Mutter, für deren Unterhalt er aufkommen musste. Und dann wollte er sich gern privat verändern. Scott, inzwischen Ende dreißig, suchte eine Frau.

Doch seine Karriere und die Suche nach einer Gattin waren nicht alles, was ihn umtrieb. Immerzu schweiften seine Gedanken ans andere Ende der Welt, zu den Gestaden des McMurdo-Sunds, wo er mehr als zwei Jahre verbracht hatte, zur vertrauten Silhouette des Mount Erebus und nicht zuletzt zu dem Land, das Wilson, Shackleton und er jenseits der Barriere gesehen hatten. Das Bild jener Kette ehrfurchtgebietender Gipfel, die sich hinter dem Schleier des unbekannten Südens verlor, ging ihm nicht aus dem Kopf.

Er hatte sich oft gefragt, was es war, das ihn zurück in die menschenfeindliche Antarktis zog. War es die unberührte Schönheit jenes Landes, dessen Reinheit und das Gefühl, es allein zu besitzen? War es die Gemeinschaft mit einer Schar treuer Gefährten, das Gefühl erlebter Kameradschaft mit jenen, die an seiner Seite der Kälte und den Winden trotzten? Oder das Gefühl der Freiheit? Das Leben im Eis war hart, aber in vieler Hinsicht auch einfacher als das in London und in der großen Maschinerie der Navy mit ihren zahllosen Regeln, wo jeder, selbst ein Admiral, letztlich nur ein Rädchen war. In Scott aber lebte der Wunsch, mehr zu sein als ein Rädchen, etwas Großes zu vollbringen – ein Gedanke, der ihn seit seiner Jugend verfolgte –, sich aus dem Korsett des Berufsoffiziers zu befreien, etwas beizutragen zur Erweiterung des menschlichen Horizonts. Doch das, was er im Süden erreicht hatte, war allenfalls ein Anfang gewesen. Zu viele wissenschaftliche Fragen waren offengeblieben, und nicht zuletzt lockte das letzte große Rätsel der Geographie – der Südpol.

Seine Rückkehr nach London hatte Scott einen Vorgeschmack gegeben, welchen Ruhm den Eroberer des Südpols erwartete. Die Reise der *Discovery* hatte ihn von einem namenlosen Lieutenant in eine nationale Berühmtheit verwandelt. Seither war er ein Entdecker, den man mit Medaillen behängte, den die Zeitungen interviewten, dessen Vorträge siebentausend Menschen in die Albert Hall lockten und dessen Buch über die Expedition ein Bestseller war. Die Londoner Gastgeber rissen sich um ihn, Schriftsteller und Künstler suchten seine Freundschaft, und der König hatte ihn zur Moorhuhnjagd auf Schloss Balmoral geladen.

Aber nichts von dem hätte allein ausgereicht, um ihn ins Eis zurückzulocken: nicht der Pol und nicht der Ruhm, nicht die Schönheit der Antarktis, nicht die Kameradschaft und auch nicht die Freiheit von den Zwängen der Zivilisation, von denen Scott sich mehr als andere eingeengt fühlte. Nein, es war die Summe all dessen, und wenn er diesem Komplex von Sehnsüchten einen Namen geben sollte, dann passte eigentlich nur einer: Heimweh.

Vor der Navy und der Öffentlichkeit hatte Scott seine Gedanken wohlweislich geheim gehalten. Nur einige Gefährten aus der *Discovery*-Mannschaft hatte er ins Vertrauen gezogen, und erst im Januar hatte er sich so weit vorgewagt, dass er dem Sekretär der Geographical Society unter dem Siegel der Verschwiegenheit seine Absichten offenbart hatte. Da traf ihn eine Nachricht aus heiterem Himmel, die seine Pläne völlig über den Haufen zu werfen drohte. Just am 11. Februar 1907 – an demselben Tag, an dem Amundsen von seiner Fahrt durch die Nordwest-Passage berichtete – verkündete Ernest Shackleton in der Geographical Society, er wolle noch in diesem Jahr in die Antarktis aufbrechen. Ausgehend vom einstigen Winterquartier der *Discovery* im McMurdo-Sund wolle er den Südpol erobern.

Scott, der in der Zeitung von der Ankündigung las, fiel aus allen Wolken. Ausgerechnet Shackleton, der auf ihrem Marsch über die Barriere zusammengebrochen war und den Scott deshalb mit dem Unterstützungsschiff nach Hause geschickt hatte, während die *Discovery* ein zweites Jahr in der Antarktis geblieben war, ausgerechnet Shackleton wollte eine eigene Expedition zum Südpol führen! Und das, ohne ihn, seinen früheren Chef und Gefährten, vorher zu informieren! Scott fühlte sich hintergangen.

Das Verhältnis der beiden Männer war schon länger belastet. Shackleton hatte die *Discovery* im Februar 1903 nicht verlassen wollen, und Scott hatte den Kranken gegen dessen Willen mit der *Morning* heimschicken müssen. Später hatte die Art und Weise, wie Scott Shackletons Zusammenbruch in seinem Buch über die Expedition dargestellt hatte, zu Missverständnissen geführt. Aber sie hatten sich nicht überworfen. Doch nun meinte John Scott Keltie, Sekretär der Royal Geographical Society und geheimer Mitwisser von Scotts Plänen, Shackleton gehe in den Süden, «wahrscheinlich, um zu beweisen, dass er, obwohl man ihn nach Hause geschickt hat, ebenso gut ist wie die, die geblieben sind».

Im ersten Zorn schrieb Scott seinem ehemaligen Untergebenen einen Brief, in dem er ihm mitteilte, dass auch er plane, in die Antarktis zurückzukehren, dass er, Scott, ein Anrecht auf das alte Winterquartier der *Discovery* besaß und dass nur die Unkenntnis dieser Pläne Shackleton veranlasst haben konnte, den McMurdo-Sund anzusteuern, ohne Scott zuvor zu konsultieren. Gleich darauf schrieb er einen zweiten Brief, in dem er sich deutlicher ausdrückte:

«Ich kann nicht anders, als dieses Gebiet als mein eigenes anzusehen, so lange, bis ich meine Absicht kundtue, es aufzugeben – ich denke nicht, dass dies die Haltung eines Spielverderbers ist, denn immerhin kenne ich diese Gegend besser als sonst jemand, alles dort wurde von unserer Expedition entdeckt, und es ist das natürliche Recht des Anführers, auf dem Weg weiterzugehen, den er eingeschlagen hat … Die Ausländer haben das stets zugestanden, oder vielmehr: Sie haben zugestanden, dass das Ross-Meer eine englische Interessensphäre ist, weil ein Engländer sie entdeckt hat. Und wenn ein Ausländer so viel Anstand hat, dieses Gebiet dem Land zu überlassen, das die Arbeit dort getan hat, dann sollten Engländer unter sich dieselben Argumente gelten lassen.»

Nun war es an Shackleton, aus allen Wolken zu fallen. Keltie meinte, Shackleton sei derart bestürzt gewesen, dass er vier Nächte nicht schlafen konnte. Rein juristisch war Scotts Argumentation zwar haltlos. Die Antarktis war Niemandsland, was aber nicht hieß, dass sie ein rechtsfreier Raum war. An den Polen ging es, wie auf jedem Schlachtfeld, nicht nur um Erfolg oder Niederlage, sondern auch um die Ehre der Beteiligten und ihrer Staaten. Es galten die ungeschriebenen Gesetze der

Ritterlichkeit, über deren Einhaltung die Öffentlichkeit mit Argusaugen wachte.

Das wusste auch Shackleton. Er bat Edward Wilson, ihren gemeinsamen Freund und Leidensgenossen auf dem Marsch nach Süden, um Vermittlung. Doch der stellte sich offen auf Scotts Seite. «Ich denke, wenn Sie den McMurdo-Sund ansteuern würden», schrieb Wilson an Shackleton, «und selbst wenn Sie den Pol erreichen würden – der Sieg wäre getrübt, denn gewiss wären viele Leute der Ansicht, dass Sie Scott zuvorgekommen sind, der ältere Rechte auf die Basis im McMurdo-Sund hat.»

Das waren harte Schläge für den künftigen Expeditionsleiter Ernest Shackleton. Nicht nur, dass er gehofft hatte, Wilson würde ihn in die Antarktis begleiten, was dieser, wie die meisten der *Discovery*-Veteranen, ablehnte. Schwerer noch wog, dass alle Welt sich hinter Scotts Besitzansprüche stellte. Eine Phalanx von Eisbergen hätte Shackletons Weg in den McMurdo-Sund nicht wirkungsvoller versperren können. Seine Aussichten, den Südpol zu erreichen, reduzierten sich dadurch gegen null, denn einen anderen günstigen Stützpunkt kannte er nicht. Dieser Rückschlag aber brachte ihn gegenüber seinem Geldgeber in Nöte, dem schottischen Stahlbaron und Großindustriellen Sir William Beardmore, der für die Expedition bürgte in der Erwartung, die Eroberung des Südpols würde auch für ihn eine Rendite abwerfen. Aber es half nichts. Gegen das Establishment von Royal Navy und Geographical Society war ein Außenseiter wie Shackleton machtlos. Das hatte der Fall Borchgrevink gezeigt.

Nach langem Hin und Her kam es im Mai 1907, durch Wilsons Vermittlung, in London zu einem Treffen zwischen den Rivalen, bei dem Shackleton eine von Scott vorbereitete Erklärung unterzeichnete: Er werde seinem früheren Chef den McMurdo-Sund überlassen und seine Basis östlich des 170. Längengrades aufschlagen, entweder in jener schmalen Einbuchtung in der Barriere, wo schon Borchgrevink gelandet war. Oder noch weiter östlich, wo Ross seinerzeit «Anschein von Land» wahrgenommen hatte, das aber noch niemand betreten hatte: «Ich denke, das umreißt meinen Plan, den ich rechtmäßig verfolgen werde, und ich hoffe, dass dieses Schreiben Ihnen in allen Punkten entgegenkommt, die Sie für sich reklamieren.» Scott war zufrieden. Der Platzhirsch hatte sein Revier verteidigt. Glaubte er zumindest.

Shackletons Expedition stach am 7. August 1907 in See, nach wenigen Monaten fieberhafter Vorbereitungen und nach einem Zwischenstopp bei der Isle of Wight, wo der König ihr im Rahmen der Regatta von Cowes auch offiziell den Segen erteilte. Neben der königlichen Yacht und den herausgeputzten Booten nahm sich das Expeditionsschiff freilich mehr als armselig aus. Etwas Besseres als die *Nimrod*, einen vierzig Jahre alten, 136 Fuß langen Robbenfänger mit Hilfsmotor, hatte Shackleton sich nicht leisten können. Auf der *Nimrod* fuhren dreißig Männer in den Süden, im Laderaum eine vorgefertigte Holzhütte und ein 15 PS starkes Automobil der schottischen Marke Arrol-Johnston. In Neuseeland würden sie noch zwei Wissenschaftler und weitere 15 Pferdestärken an Bord nehmen – mandschurische Ponys, die anstelle von Hunden die Schlitten der Expedition zum Südpol ziehen sollten.

Fram _*Horten, 1. Juni 1908*

Als der Besucher des Werftgeländes seinen Namen nannte, horchte der wachhabende Leutnant auf. Vor ihm stand ein rüstiger Herr mit weißem Bart, gewiss jenseits der siebzig. Er trug einen hellen, etwas verknitterten Sommeranzug, einen Panamahut und hatte eine lederne Aktentasche unter den Arm geklemmt. Jeden, der in Norwegen etwas mit Schiffen zu tun hatte – und das waren nicht wenige in einem Land mit geschätzten zwölftausend Meilen Küstenlinie, dessen bescheidener Wohlstand sich nicht zuletzt dem Seehandel verdankte –, jeden hätte dieser Name aufhorchen lassen, erst recht also einen Offizier der Marinewerft Horten. Vor dem wachhabenden Leutnant stand kein Geringerer als Colin Archer.

Archer stand im Ruf, der genialste Bootskonstrukteur Norwegens zu sein. Der Sohn schottischer Einwanderer besaß selbst eine Werft, in Larvik, einige Meilen weiter südlich an der Mündung des Kristianiafjords in den Skagerrak. Er hatte nicht nur die unsinkbaren Boote der nationalen Seenotrettungsorganisation entworfen, sondern auch die *Fram* gebaut, das legendäre Polarforschungsschiff, mit dem Nansen ins Nordmeer gesegelt war. Die *Fram* lag nun schon länger in Horten im Dock.

Willkommen, Herr Archer. Kommandør Blom erwartet sie bereits.

Der Leutnant stand von seinem Schreibtisch auf, um den Besucher persönlich zu geleiten. Sie traten aus dem niedrigen Torbogen und schritten durch eine breite, von alten Kastanien gesäumte Allee. Die warme Junisonne drang kaum durch die Blätter. Weit mussten sie nicht gehen. Am Ende der Allee stand das Verwaltungsgebäude, ein klassizistischer Quader aus den Anfangsjahren der Marinewerft mit großen Fenstern und einem breiten Tympanon, das auf vier haushohen Säulen ruhte. Vizedirektor Christian Blom war nicht allein in seinem Büro. Als Archer eintrat, erhob sich gleichzeitig ein anderer Mann, dessen wettergegerbtes Gesicht über sein wirkliches Alter hinwegtäuschte.

Ich muss die Herren einander wohl nicht vorstellen?, fragte Blom.

Wir haben korrespondiert, sagte der andere Besucher, dessen schrille Stimme nicht ganz zu seiner stattlichen Erscheinung passte. Vielen Dank, dass Sie gekommen sind, mein Herr. Es ist mir eine große Ehre, den Konstrukteur der *Fram* kennenzulernen.

Keine Ursache, antwortete Archer. Ich musste doch einmal nach meinem Kind schauen.

Wie Sie wissen, erklärte Blom, hat Professor Nansen unserer Regierung empfohlen, Kaptein Amundsen die *Fram* zur Verfügung zu stellen, um eine Expedition ins Nordpolarmeer zu führen. Er will sich mit ihr im Eis einschließen lassen und mit dem Eis driften.

Archer zog die Augenbrauen hoch. Das ist derselbe Plan wie der von Nansen vor 15 Jahren. Allerdings hat Nansen den Pol damals nicht erreicht …

Ich bin kein Poljäger, erwiderte Amundsen, sondern Wissenschaftler. Trotz Nansens Pioniertat sind viele ozeanographische und meteorologische Probleme des Nordpolarbassins ungelöst.

Aber es würde der norwegischen Nation natürlich zur Ehre gereichen, wenn einer ihrer Söhne als Erster den Pol erreichte, betonte Blom. So oder so ist die *Fram* das ideale Schiff für das Vorhaben von Kaptein Amundsen. Vorausgesetzt, sie erfüllt nach allem, was sie mitgemacht hat, noch ihren Zweck. Um diese Frage zu klären, haben wir Ihre Hilfe erbeten.

Und hier bin ich. Meine Herren, machen wir uns an die Arbeit!

Mit Vergnügen, sagte Blom. Wenn Sie mir bitte folgen wollen.

Sie gingen zu Fuß über das Werftgelände, das auf einer Halbinsel lag, ein Labyrinth aus Hallen, Speichern und Werkstätten. Aus offenen

Toren drangen Hammerschläge und das Zischen von Dampfmaschinen. Arbeiter mit Werkzeugen in der Hand grüßten im Vorbeigehen. Schwere Kaltblutpferde zogen Loren über Geleise. Lastkräne drehten ihre stählernen Arme, überragt von einem Schornstein, aus dem schmutzigweißer Rauch quoll. Horten war seit der Mitte des vergangenen Jahrhunderts zum Hauptstützpunkt der norwegischen Marine ausgebaut worden. Seit der Auflösung der Union mit Schweden hatten die Aktivitäten auf der Werft noch zugenommen. Hier arbeiteten mehr als 1500 Leute.

Blom schlug einen Umweg ein und zeigte seinen Gästen die Neuerungen. Er deutete auf zwei mit Blech verkleidete Langschuppen mit runden Dächern: Hier werden seit 1903 Torpedos gefertigt.

Blom selbst galt als Spezialist für U-Boote.

Was glauben Sie, fragte er den Polarforscher, wird man einst mit U-Booten unter dem Eis bis zum Nordpol fahren?

Interessante Idee, meinte Amundsen, den technische Neuerungen stets begeisterten. Er verfolgte mit Interesse die Flugversuche, die der Brasilianer Alberto Santos-Dumont in Frankreich unternahm. Und er hatte natürlich aufmerksam registriert, dass dieser Shackleton ein Automobil in die Antarktis mitgenommen hatte. Auch wenn Amundsen der Meinung war, dass ein Polarforscher auf Schlittenhunde vorerst nicht verzichten könne, denn die neuen Transportmittel waren technisch nicht ausgereift. Nachdem er aber vor kurzem in Hamburg Hagenbecks Tierpark besucht hatte, dachte Amundsen ernsthaft darüber nach, ob man statt der aufsässigen Hunde nicht gezähmte Eisbären vor die Schlitten spannen sollte. Carl Hagenbeck hatte ihn davon überzeugt, dass Eisbären nach entsprechender Abrichtung hervorragende Zugtiere abgeben würden. Die *Fram* wäre jedenfalls groß genug, um diese Tiere zu transportieren.

Und da lag nun das berühmte Schiff. Sein bauchiger Rumpf ruhte nackt und entblößt im Granitbett des Trockendocks. Zahllose Pfosten auf beiden Seiten hielten es aufrecht. Die Masten und fast alle Decksaufbauten fehlten. Mit ihrem hölzernen Körper und der rundlichen Form wollte die *Fram* nicht so recht ins Industriezeitalter passen, das ringsherum auf der Werft längst angebrochen war. Hinten in der Bucht blitzten – schwimmende Festungen aus Stahl – die neuen Panzerschiffe der norwegischen Marine in der Sonne.

Doch keines dieser hochmodernen Schiffe hätte es im Kampf gegen das Packeis mit der *Fram* aufnehmen können. Sie war Nansens Geniestreich gewesen, und in Archer hatte der Polarforscher einen kongenialen Konstrukteur gefunden: Es ging darum, ein Schiff zu bauen, das nicht nur stark genug war, dem Eis standzuhalten, sondern eines, das ihm elegant auswich. Der Rumpf sollte so geformt sein, dass das Schiff vom Eis emporgedrückt wurde, bis es sicher auflag. Ausgerüstet mit einem solchen Fahrzeug und genügend Proviant wollte Nansen geradewegs ins Packeis steuern, sich von dessen Drift über das Polarmeer tragen lassen, möglicherweise sogar bis zum Nordpol oder zumindest nah an ihn heran. Wie viel Hohn hatte der Norweger für diesen Plan einstecken müssen! Die Polarforscherelite beiderseits des Atlantiks hatte ihn rundweg für verrückt erklärt. Doch seine Landsleute hatten an die Idee geglaubt. Sie hatten die – zumal für ein kleines Land – stolze Summe von 200 000 Kronen aufgebracht, und Archer hatte die Herausforderung angenommen, das Schiff zu bauen.

Er hatte die besten Holzarten ausgewählt, amerikanische Ulme für den Kiel, für die Spanten alte Eichen, die gut abgelagert waren. Für die innere Beplankung und das Kielschwein hatte er Pechkiefern genommen, die auch für die Balken des Unter- und Poopdecks verwendet wurden, während die Balken des Hauptdecks wieder aus deutscher oder amerikanischer Eiche bestanden. Sämtliche Decksbohlen wurden aus norwegischer Kiefer gesägt. Aus demselben Holz waren, der Elastizität wegen, die sogenannten Knie gefertigt worden, die Balken und Spanten miteinander verbanden. Die äußere Beplankung war wieder komplett in Eiche ausgeführt, und zwar doppelt, die unteren Plankengänge drei und die darüber vier Zoll stark. Jede Lage wurde kalfatert und gekittet, bevor die nächste angebracht wurde. Über die Planken kam noch ein drei bis sechs Zoll dicker Panzer aus grünem Ebenholz, einem extrem harten Tropenholz, das aus Britisch-Guyana importiert wurde und das imstande war, dem Druck und der Reibung des Eises zu widerstehen. Neben dieser außergewöhnlich massiven Konstruktion beeindruckte ein weiteres Merkmal der *Fram* – ihre Isolierung gegen Kälte, die es der Besatzung erlauben sollte, mehrere arktische Winter auf dem Schiff auszuharren, ohne zu frieren. Als Dämmstoffe kamen feingehackter Kork, Filz und Rentierhaar zum Einsatz, die in Hohlräume rund um die Kabinen gefüllt wurden; außerdem wurden Böden, Decken und Wände mit Kork und Linoleum verkleidet. Ein Schleusensystem aus drei Türen mit

Abbildung 6: Moderne Wikinger: Die Fram verlässt die Marinewerft Horten, Januar 1910. Foto: Anders Beer Wilse.

erhöhten Schwellen sollte verhindern, dass die Kälte von außen in die Wohn- und Schlafräume drang.

Allen Unkenrufen zum Trotz übertraf die *Fram* sogar die Erwartungen ihrer Schöpfer. Das galt auch für ihr Verhalten auf See. Da der Kiel kaum aus dem Rumpf ragte, war es zwar unmöglich, hart am Wind zu segeln. Rund wie der Rumpf war, spielten die Wellen mit dem Schiff wie mit einem Stück Kork, so dass bei hohem Seegang selbst gestandene Seeleute sich die Seele aus dem Leib spieen. Doch einmal im Eis eingefroren, erwies sich die *Fram* als das gemütlichste Winterquartier, das Polarforscher je besessen hatten. Wie beabsichtigt, ließ sie sich vom Eis anheben und kam sicher darauf zu liegen. Nach drei Wintern, nachdem sie mehrere hundert Meilen auf dem Packeis durch das Polarmeer gedriftet war, brachte Kapitän Otto Sverdrup Schiff und Mannschaft im August 1893 wohlbehalten zurück nach Tromsø, wo auch Nansen wieder zu ihnen stieß; er hatte die *Fram* zwischenzeitlich verlassen und war gemeinsam mit seinem Gefährten Hjalmar Johansen auf Hundeschlitten und Kajaks zuerst in Richtung Nordpol und dann nach Kaiser Franz Josef Land gereist – ein Abenteuer, das ihn endgültig zum Volkshelden machte.

Nicht lange nach ihrer Rückkehr war die *Fram* zu einer zweiten Reise ins Polarmeer ausgefahren, diesmal unter der Leitung von Otto Sverdrup und mit dem Ziel, einen Seeweg zwischen Kanada und Grönland nach Norden zu finden. Den fanden sie zwar nicht, weil Eis ihnen den Weg versperrte, aber Sverdrup und seine Mannschaft entdeckten einige bisher unbekannte Inseln im arktischen Ozean und kartierten rund 260 000 Quadratmeilen Land, mehr als jede Polarexpedition vor ihnen. Wieder erfüllte die *Fram* alle Erwartungen, doch als sie von dieser Reise zurückkam, nach nunmehr sieben Wintern im Eis, war sie reif für das Dock.

Blom rief einen Vorarbeiter aus dem Pumpenhaus, einem Ziegelbau mit Schornstein. Zu viert enterten sie über eine Gangway das aufgebockte Schiff und stiegen über steile Leitern hinab in seinen dunklen Bauch. Alle kannten sich hier aus, auch Amundsen, der die Pläne der *Fram* und die Photographien in Nansens Buch wohl hundertmal studiert hatte. Das Innere war freilich kaum wiederzuerkennen. Das sollte der Salon sein, wo Nansen so viele Abende gesessen hatte? Sämtliche Verkleidungen waren von den Wänden gerissen. Moder hing in der Luft, überlagert von beißendem Teeröl-Geruch.

Wir haben den Großteil der Isolierung entfernen müssen, weil er von Schimmel befallen war, erklärte Blom. Leider hat der Pilz auch das angrenzende Holz angegriffen. Was möglich war, haben wir entfernt und die benachbarten Bereiche mit Karbolineum behandelt, aber sehen Sie zum Beispiel hier, diesen Decksbalken.

Blom hielt seine Karbidlampe hoch. Der Lichtschein fiel auf ein gammeliges Stück Holz.

Offenbar hat die Isolierung Kondenswasser aufgenommen, das nicht abtrocknen konnte, diagnostizierte Archer.

Amundsen hustete. Puh, sieht das überall so aus?

Nein, Gott sei Dank nicht, sagte Blom. Nur im Kabinenbereich, und eigentlich ist nur das Weichholz betroffen.

Das heißt, das Unterdeck ist in besserem Zustand?, fragte Archer.

Sieht so aus, sagte Blom. Aber überzeugen Sie sich selbst.

Sie stiegen in die Laderäume, wo die Decke niedrig war, die Außenwände schräg und wo Querverstrebungen im Weg standen. Amundsen, größer als die anderen, musste sich bücken. Sie inspizierten die Balken und Spanten, das Kielschwein, die Bodenwrangen, die Wegerung und die Knie, jeden Zapfen, jeden Bolzen, und als sie mit den Laderäumen und den Kohlebunkern fertig waren, machten sie im Maschinenraum weiter. Vertieft in ihre Arbeit und im dunklen Bauch des Schiffes merkten die Männer nicht, wie draußen die Sonne ihren Zenit überschritt. Amundsen löcherte Archer mit technischen Fragen. Er wollte sein Schiff, dessen Stärken und Schwächen, genau kennen. Der alte Bootsbauer beeindruckte ihn, weil er jede einzelne Nut und jeden Bolzen des Schiffes kannte. Archer musterte alles mit ernstem Blick, verglich den aktuellen Zustand mit den Konstruktionsplänen von einst und notierte hin und wieder etwas in einem Büchlein. Am Ende konnte der alte Mann seine Genugtuung nicht verhehlen.

Ich hätte nicht gedacht, dass sie noch so gut in Schuss ist, sagte er.

Als Blom, Archer und Amundsen später im Büro des Vizedirektors bei belegten Broten, Kaffee und Zigarren zusammensaßen, wussten sie, dass der Schiffskörper der *Fram* noch genauso widerstandsfähig war wie bei ihrem Stapellauf vor mehr als 15 Jahren. Am Innenleben aber und an den Decksaufbauten war einiges zu richten, ebenso an den Masten; Segel und Takelage mussten komplett neu beschafft werden, weil sie bei einem Lagerbrand zerstört worden waren. Dazu kamen Sonderwünsche des neuen Kapitäns. Amundsen wollte die Dampfmaschine der *Fram* durch einen Ölantrieb ersetzen, weil dieser effizienter und schneller startbereit sei. Auf einer langen Reise durch Packeis war beides von Vorteil. Ob die Experten das für machbar hielten? Blom meinte, ja. Die Diesel-Fabrik in Stockholm baue Ölmotoren für Schiffe – eine technische Revolution. Aber nach allem, was er wisse, sei das System ausgereift. Freilich würde der Einbau eines solchen Motors erhebliche Änderungen erforderlich machen, gegebenenfalls sogar Eingriffe in die innere Konstruktion des Schiffes, die womöglich dessen Stabilität gefährden könnten. Was Herr Archer dazu meine?

Er könne momentan nichts dazu sagen, wolle aber gern einen Entwurf machen, wenn die nötigen Daten zu Größe, Gewicht, Verbrauch et cetera einer solchen Maschine vorlägen.

An gutem Willen und den technischen Möglichkeiten fehlte es also nicht. Auf der Horten-Werft gab es Fachleute, die sich noch auf den Bau großer Holzschiffe verstanden, und Archer stellte seine Expertise zur Verfügung. Letztlich aber war das Ganze auch, man kam nicht um das leidige Thema herum, eine Frage des Budgets.

Die Regierung hat mir die *Fram* gewiss nicht überlassen, damit sie verschimmelt, meinte Amundsen ausweichend.

Tatsächlich war es alles andere als geklärt, wer seine nächste Unternehmung bezahlen würde. Amundsen wusste nur, dass das Geld irgendwo herkommen musste; die Norweger konnten ihm schwerlich ihre Unterstützung versagen, gereichte doch sein Vorhaben dem Vaterland zur Ehre. Spätestens bei seiner Rückkehr, wenn sich ganz Norwegen im Glanz seiner Taten sonnen würde, hätte sich die lästige Frage nach dem Geld von allein erledigt. Bis dahin musste eben Leon dafür sorgen, dass die roten und schwarzen Zahlen in den Büchern der Expedition im Gleichgewicht blieben. Roald Amundsen war der jüngste von vier Brüdern. Alle vier waren Geschäftsleute. Der älteste war zudem ein hervorragender Skiläufer, allemal ein besserer als Roald; der zweite besaß wie dieser das Kapitänspatent. Aber nur Leon, der dritte, war imstande, die komplizierten Geschäfte einer Polarexpedition zu führen, ohne dass sie finanziellen Schiffbruch erlitt.

Bis auf 97 Meilen_ _ _ _ _ _ _ _ _*London & South Western Railway,*
24. März 1909

Scott würde Klinken putzen müssen – eine würdelose Aufgabe, vor der ihm graute. Andere Polarforscher taten sich leichter als er. Sie gaukelten potentiellen Geldgebern vor, dass an den Polen ungeahnte Reichtümer warteten. Und das, obwohl sie wussten, dass es dort nichts gab, was sich schnell ausmünzen ließ, jedenfalls nichts Materielles, denn selbst wenn die antarktischen Gebirge wertvolle Erze enthielten, so wäre doch ihr Abbau so aufwendig, dass er nicht lohnte. Der Ruhm aber, der auf den weißen Schlachtfeldern zu ernten war, ließ sich durchaus in klingende Münze verwandeln – solange das Vorhaben nur ehrgeizig genug war und der Polarforscher es verstand, die Fantasie der Massen zu erregen. Dann zückten reiche Privatiers ihre Brieftaschen, fanden sich Firmen zu Sachspenden bereit, Hersteller von Brühwürfeln etwa oder von Unterwäsche, die damit werben wollten, dass ihre Erzeugnisse auch am Pol von Nutzen waren. Und der heimkehrende Entdecker durfte hoffen, aus Presserechten, Vorträgen und Veröffentlichungen Einnahmen zu erzielen, die oft jedoch nur ausreichten, um seine Schulden zu begleichen.

Bevor Scott aber seine Spendenkampagne einläuten konnte, musste er wissen, was Shackleton erreicht hatte. Seit dessen Abreise im August 1907 hielt zum zweiten Mal der Frühling Einzug in Englands Gärten. Jeden Tag konnten Nachrichten von der *Nimrod* eintreffen. Sollte Shackleton den Pol erreicht haben, wären Scotts Pläne hinfällig. Nicht dass er ernsthaft damit rechnete. Aber die Möglichkeit allein beunruhigte ihn. Shackleton war alles zuzutrauen. Hatte der Halunke nicht sein Versprechen gebrochen und sein Quartier am McMurdo-Sund aufgeschlagen, in Scotts angestammtem Operationsgebiet?

Gar so pauschal ließ sich Shackletons Verhalten nicht moralisch verurteilen. Shackleton hatte im Januar 1908 wie vereinbart das östliche Ende der Barriere angesteuert und dort, Hunderte von Meilen vom McMurdo-Sund entfernt, nach einem Landeplatz gesucht. Zuerst beabsichtigte er jene Einbuchtung in der Barriere aufzusuchen, wo Borchgrevink als Erster und 1902 auch kurz die *Discovery* gelandet war. Doch als Shackleton sechs Jahre später mit der *Nimrod* wiederkam, wartete auf ihn eine Überraschung; die Bresche von einst hatte sich in eine meilenweite Bucht verwandelt. Offenbar war ein riesiges Stück aus der Barriere gebrochen und hatte den Eishafen zerstört. Eine große Enttäuschung, und doch war Shackleton froh und dankbar, dass die Barriere zerbrochen war, bevor sie auf ihr ihr Lager errichtet hatten.

Die *Nimrod* verließ die Bucht, die Shackleton wegen der vielen Meeressäuger darin «Bucht der Wale» nannte, und fuhr weiter nach Osten, dahin, wo die *Discovery* die Existenz des von Ross erahnten Landes bestätigt hatte. Shackleton selbst hatte es damals zuerst gesichtet. «Edward VII Land» hatten sie es genannt, nach ihrem König. Betreten hatte es jedoch niemand, weil ein Labyrinth aus Packeis und Eisbergen ihnen den Weg versperrt hatte. In dieses Labyrinth ließ Shackleton die *Nimrod* einfahren, und bald sah sich die Expedition von Eisbergen umringt, manche so groß und hoch wie die Royal Exchange, andere so lang wie Fleet Street. Sie drohten das kleine Schiff zwischen sich zu zermalmen. Endlich wurde es dem Kapitän zu viel. Lieutenant Rupert England von der Royal Naval Reserve wollte nicht länger das Leben der Besatzung und auch nicht die Rückkehr nach Neuseeland aufs Spiel setzen – jeder Tag im Packeis schmälerte ihren Kohlevorrat um sechs Tonnen – und schon gar nicht wegen eines Versprechens, dessen Absurdität jedem klar sein musste, der mit den Verhältnissen im Ross-Meer vertraut war. England und Shackleton führten eine erregte Diskussion in der Kajüte, an deren Ende der Expeditionsleiter widerwillig einlenkte. Schweren Herzens setzte Shackleton sich über sein Abkommen mit Scott hinweg und befahl, den McMurdo-Sund anzusteuern.

Scott wusste im Grunde, dass er dem einstigen Gefährten ein unmögliches Versprechen abgenommen und ihm für den Fall, dass er es brechen musste, eine schwere moralische Last aufgebürdet hatte. Doch sein Wunsch, in die Antarktis zurückzukehren, machte ihn blind für Shackletons Nöte. Als Scott im Frühjahr 1908 erfuhr, dass Shackleton sein Quartier doch im McMurdo-Sund aufgeschlagen hatte, schäumte er vor Wut. Er konnte nicht umhin, dem anderen Hinterhältigkeit zu unterstellen. Ein Jahr später hatte sich die Wut zu einem sorgsam gehegten Groll abgemildert; doch seine Unruhe darüber, was Shackleton aus dieser Position vielleicht gelungen sein könnte, war eher noch gewachsen.

Einstweilen musste er sich in Geduld üben und seine Pläne im Stillen verfolgen. Demnächst würde er die Kommandobrücke gegen ein Büro in Whitehall eintauschen. Er hatte eine Stelle bei der Admiralität angenommen, als Assistent des Zweiten Seelords. Das brachte den Vorteil, dass er unter der Woche in London war und nach Feierabend Leute treffen konnte, die für die Realisierung seiner Expeditionspläne nützlich sein könnten. Außerdem würde er näher bei seiner Frau sein. Er und Kathleen erwarteten seit Januar ein Kind.

Am 24. März 1909 ließ Scott sein letztes Kommando, *H.M.S. Bulwark*, im Kriegshafen von Portland zurück und trat mit der Bahn die Reise nach London an. Ihn begleitete Petty Officer Tom Crean, ein Veteran der *Discovery*.

Crean war Ire, ein stattlicher Kerl mit einem breiten, sympathischen Gesicht, dessen Züge entfernt an den Herzog von Wellington erinnerten. Auf die *Discovery* war er durch Zufall gekommen. Der damals 24-jährige versah seinen Dienst auf einem Kriegsschiff der Royal Navy in Neuseeland, als Scotts Expedition im Dezember 1901 dort Station machte. Kurz vor ihrer Abreise desertierte einer von Scotts Seeleuten wegen einer Schlägerei. Um die Lücke zu füllen, wandte sich Scott an den Kommandanten von Creans Schiff, und der überließ ihm den Petty Officer – ein Glücksfall für die Antarktis-Forschung, denn der Neuzugang erwies sich als ausdauernder Arbeiter. Creans persönliche Bilanz belief sich auf 149 Tage «Man-hauling», wie die Briten die knochenbrecherische Disziplin des Schlittenziehens nannten – eine Leistung, die nur von wenigen seiner Mitstreiter übertroffen wurde. Creans wertvollste Eigenschaft aber, zumal unter den extremen Bedingungen der Antarktis, war sein unverwüstlicher Humor, der ihn auch in widrigen Situationen nicht verließ und der ihm die Sympathie aller an Bord eintrug. Nach der Rückkehr der *Discovery* sorgte Scott dafür, dass der Ire in seiner Nähe blieb. Auf der *Bulwark* diente Crean ihm als Coxswain, als Steuermann seiner Kapitänsbarkasse. Und nun fuhren die beiden gemeinsam nach London, von wo aus Crean zur Marinewerft Chatham weiterreisen würde, seiner nächsten Stationierung, denn Scott hatte in der Admiralität keine Verwendung für ihn.

In Weymouth mussten sie umsteigen. Es war Mitte der Woche und das Gewimmel auf dem Bahnhof überschaubar. Viele Reisende trugen Navy-Uniform. Scott wollte noch rasch Tabak besorgen und drückte Crean ein paar Pence in die Hand, damit der eine Zeitung holte. Sie würden sich am Waggon treffen. Als Scott auf den Bahnsteig trat, stand der Zug schon zur Abfahrt bereit; die Lokomotive zischte und stieß Dampfwolken gegen das Hallendach. Crean lief auf ihn zu. Er war sichtlich aufgeregt und schwenkte eine Zeitung, den *Daily Mail*, und da las Scott auch schon die Schlagzeile: «Südpol fast erreicht», prangte es in dicken Lettern auf der ersten Seite.

Sir, sagte Crean atemlos und hielt ihm die Zeitung hin, sehen Sie sich das an!

Noch auf dem Bahnsteig, während der Schaffner schon zur Abfahrt rief, überflog Scott den Artikel. Neben einer Glückwunsch-Adresse von Königin Alexandra stand ein Bericht aus Shackletons Feder, den dieser von Neuseeland aus an die Zeitung telegraphiert hatte. Allein die Untertitel boten jeder für sich eine Sensation: Lieut. Shackleton erreicht Punkt 97 Meilen entfernt. Magnetischer Pol gefunden. Mount Erebus, 13 120 Fuß hoch, zum ersten Mal bestiegen. Unvorstellbare Härten. Schneebedeckten Eisspalten nur knapp entronnen. Proviant mehrfach ausgegangen.

Der sparsame Scott fuhr mit Crean dritter Klasse. So konnten sie sich zu zweit über die Zeitung beugen. An den Fenstern zog die Grafschaft Dorset vorbei, Felder, Wiesen, Wälder, über die der einsetzende Frühling ein Kleid von jungem Grün geworfen hatte, doch vor Scott und Crean breiteten sich die weißen Gefilde der Antarktis aus. Kein anderer Leser des *Daily Mail* hätte sich eine plastischere Vorstellung von Shackletons Heldentat machen können als diese beiden Männer.

Und eine Heldentat war es zweifellos, die Shackleton da vollbracht hatte, das musste Scott seinem Rivalen zugestehen. Zu viert waren sie am 3. November 1908 vom McMurdo-Sund aufgebrochen, Shackleton, Adams, Marshall und Wild …

Der gute alte Wild!, rief Crean, der seinen Kameraden aus dem Vorschiff der *Discovery* in guter Erinnerung hatte.

… in Begleitung eines Unterstützungsteams von vier Mann, vier Ponys und mit Proviant für 91 Tage. Am 7. November kehrte das Unterstützungsteam um. Bei 81° 4' S erschossen sie das erste Pony und deponierten einen Teil des Fleisches; den Rest nahmen sie mit.

Allemal besser als Hundefleisch, meinte Crean.

Wie viel Pfund Fleisch gibt so ein Pony?, fragte sich Scott. Das würde man einmal genau durchrechnen. Er las weiter: «Am 26. Nov. erreichten wir die südlichste Breite der *Discovery*-Expedition.»

Ich kann mir Shackles Triumphgeheul lebhaft vorstellen, knurrte Scott.

Ende November näherten sich die vier Männer «einer hohen Kette neuer Berge, die nach Südosten tendierte». Kurz darauf kamen sie an den Übergang der Barriere zum Land, der durch starke Verwerfungen markiert war. Und dann machten sie die entscheidende Entdeckung: «Wir stießen auf einen Gletscher, 120 Meilen lang und ungefähr 40 Meilen weit, der sich in süd-südwestlicher Richtung erstreckte. Am 5. Dez. begannen wir den Gletscher zu erklimmen bei Breite 83 Grad 33 Minuten, Länge 172 Grad.»

Den Gletscher hinauf?, rief Crean mit einer Mischung aus Unglauben und Bewunderung. Diese Teufelskerle!

Er schreibt nichts darüber, wie sie den Übergang geschafft haben, sagte Scott, der an den Bergschrund dachte, der zwischen Barriere und Festland klaffte.

Wie zu erwarten, war der Gletscher im unteren Bereich stark zerklüftet. An einem Tag kam die Gruppe wegen der vielen Spalten nur sechshundert Yards voran. Dann brach Socks, das letzte Pony, durch eine Schneebrücke und verschwand auf Nimmerwiedersehen. «Das Zugscheit brach, das rettete Mr Wild und den Schlitten, der beschädigt war.»

Heilige Jungfrau!, rief Crean.

Von da an mussten Shackleton und seine Männer die Schlitten selber ziehen, 250 Pfund pro Mann. 14 Tage quälten sie sich den Gletscher hinauf, über trügerische Schneebrücken und messerscharfe Eisgrate. Immer wieder gab der tückische Untergrund unter einem Mann nach, und nur durch sein Geschirr und das Gewicht der Schlitten wurde der Betreffende vor dem sicheren Tod bewahrt. Auch entdeckten sie viele neue Berge. Bei 85° 10' 3" legten sie ein Depot an und nahmen nur das Nötigste weiter mit. Ihre Rationen reduzierten sie auf zwanzig Unzen pro Mann und Tag.

Die Zahl allein reichte, damit Scott unwillkürlich stärker an seiner Pfeife zog.

«Am 26. Dez. erreichten wir ein Plateau, nachdem wir Eisfälle überquert hatten, auf einer Höhe von 9 000 Fuß, das von dort schrittweise, in langen Höhenrücken bis 10 500 Fuß anstieg ...» Vor Scotts innerem Auge breitete sich eine Hochebene aus, die er im zweiten Jahr der *Discovery*-Expedition erklommen und mit einem Schlittenteam bereist hatte, hunderte Meilen weiter nördlich als Shackletons Route, in Victoria-Land jenseits der Western Mountains. Sie war genauso hoch gelegen wie

Shackletons Plateau. War es möglich, dass das gesamte Innere der Antarktis aus einer einzigen, unermesslich weiten Hochebene bestand?

Scott wandte seine Aufmerksamkeit wieder der Zeitung zu. Auf ihrem Marsch über das Plateau wurden die vier Männer mehrmals von Schneestürmen aus südlicher Richtung aufgehalten, die mit Windgeschwindigkeiten von siebzig Meilen pro Stunde heranrasten – und das bei Temperaturen zwischen 37 und 72 Grad Frost. «Mitglieder der Gruppe erlitten wiederholt Erfrierungen in ihren Schlafsäcken», stellte der Bericht lapidar fest.

Crean schüttelte den Kopf: Zwanzig Unzen pro Tag …

Wenn das alles stimmt, war das eine sehr beachtliche Leistung, sagte Scott. Ich muss zugeben, das hätte ich ihm nicht zugetraut.

Er fuhr fort zu lesen: «Am 9. Jan. verließen wir das Lager und erreichten Breite 88 Grad 23 Minuten, Länge 168 Ost. Das ist der südlichste Punkt, der jemals erreicht wurde. Hier hissten wir den Union Jack, den uns ihre Majestät, die Königin, überreicht hatte. Keine Berge waren zu sehen. Wir sahen nun eine Ebene, die sich nach Süden erstreckte. Wir drehten um, um unser Depot auf dem Plateau aufzusammeln.»

Der Zeitungsbericht verriet mit keinem Wort die Gefühle, die den Verfasser in dem Moment bewegt hatten, als er so wenige Meilen vor dem Ziel umkehren musste. Doch Scott konnte sie erahnen und empfand Mitgefühl mit dem Rivalen.

Was für ein Pech, sagte er. Die Enttäuschung muss ihn hart getroffen haben.

Ein lebender Esel sei besser als ein toter Löwe, sollte Shackleton später erklären. Er und seine Begleiter besaßen nur noch so wenig Proviant, dass jede Meile weiter nach Süden den sicheren Tod bedeutet hätte. Der Rückweg wurde ein Wettlauf gegen schwindende Vorräte. Mehrmals erreichten sie ihre Depots mit leeren Proviantsäcken. Und ihre Hungerfantasien stellten alles in den Schatten, was Shackleton 1902 und 1903 mit Scott und Wilson auf dem Marsch über die Barriere erlebt hatte. Doch darüber schwieg der Zeitungsbericht. Dafür erwähnte Shackleton die Durchfälle, die das Ponyfleisch bei Frank Wild und dann auch bei den anderen hervorgerufen hatte, die Stürme, die sie tagelang im Zelt festgehalten hatten, und die unerwartet niedrigen Temperaturen auf der Barriere im Februar.

Shackleton, Adams, Marshall und Wild erreichten die Hütte am Hut Point Anfang März. Ausgemergelt und unrasiert stolperten sie ins Lager, gerade noch rechtzeitig, um mit der *Nimrod* aus dem gefrierenden McMurdo-Sund zu entkommen. «Die Gesamtdistanz der Reise betrug 1708 Meilen, die Zeit 126 Tage», so die beeindruckende Bilanz. Auch die anderen Ergebnisse von Shackletons Expedition konnten sich sehen lassen, allen voran die Besteigung des Mount Erebus und der Vorstoß zum magnetischen Pol, den zwei Australier angeführt hatten. Der Bericht schloss mit einem Fazit zur Leistung des Automobils: «Die Oberfläche der Barriere stellte sich als unbrauchbar für den Motorschlitten heraus, aber der Motor leistete nützliche Arbeit über das Meereis beim Anlegen von Depots. Er schaffte mehr als 400 Meilen.»

Scott ließ die Zeitung sinken und sah aus dem Waggonfenster. Er nahm die Pfeife aus dem Mund. Bis auf 97 Meilen … sagte er bedächtig. Dann wandte er abrupt den Kopf und sah Crean aus blitzenden Augen an:

Ich denke, wir sollten besser als Nächste zum Schuss kommen.

V EIN ANTARKTISCHER HERBST

Abschied_ _ _ _ _ _ _ _ _ _ _ _ _*Port Chalmers, 29. November 1910*

Der Dampfschlepper schaukelte auf der Dünung, die hier im Pazifik höher wogte als im Schutz des Otago Harbour. Eine salzige Brise strich über das Meer, verfing sich in den bunten Wimpeln, mit denen das Boot geschmückt war, und unter dem breitkrempigen Hut der Frau. Kathleen Scott verspürte eine leichte Übelkeit. Sie stand auf der Brücke des Schleppers und sah zur *Terra Nova* hinüber, wo aus der Crew, die sich zum Abschied an der Reling versammelt hatte, das Gesicht ihres Mannes herausstach. Über die sich vergrößernde Wasserfläche hinweg sah Mrs Scott sein Gesicht, sah die Zärtlichkeit darin, und plötzlich packte sie ein heftiges Begehren. Es traf sie wie ein Schlag in die Körpermitte, ließ sie erbeben, drohte ihren Magen umzukrempeln. Das Gefühl hatte sie für einen Moment in der Gewalt, dann gewann sie die Kontrolle zurück. Sie atmete tief und lockerte den Griff ihrer Hand, die sich unwillkürlich um die Reling gekrallt hatte.

Es war, als hätte ihr Körper in diesem Moment begriffen, dass Er wirklich weg war und dass von nun an jeder Wunsch nach seiner Nähe, und sei es auch nur, seine Stimme zu hören oder diesen zärtlichen Ausdruck auf seinem Gesicht zu sehen, dass dieser Wunsch lange, zu lange auf seine Erfüllung würde warten müssen – wenigstens anderthalb Jahre, vielleicht zweieinhalb Jahre, womöglich aber auch für immer.

Für immer? Unsinn! Mrs Scott schob den Gedanken gleich beiseite. Con war stark, er war stärker als jeder andere Mann, den sie kannte. Er würde über alle Hindernisse triumphieren. Sie war sich bewusst, dass dort unten Gefahren lauerten, vielleicht sogar der Tod. Trotzdem hatte sie ihren Gatten darin bestärkt, dieses Unternehmen zu wagen. Sie verstand, dass dieses eisige Land im Süden *sein* Land war. Es gehörte ihm von Schicksals wegen, es rief nach ihm, und er würde erst Ruhe finden, wenn er dem Ruf bis zum Ende gefolgt war. «Du wirst zum Pol fahren», hatte sie Con während eines seiner Anfälle von Melancholie geschrieben, als er wieder einmal an der Verwirklichung seiner Expedition verzweifelt war, «du lieber Himmel, wozu hat man Kraft und Unternehmungsgeist, wenn man nicht einmal so eine Kleinigkeit zustande bringt. Es muss getan werden, also beeil dich und lass nichts unversucht.»

Diese Anfälle hatten sie verstört. Sie sprachen der männlichen Gestalt Hohn, dem Bild des glattrasierten, strammen Offiziers und Polarforschers, das alle Welt wahrnahm. Auch sie hatte zuerst nur dieses Bild gesehen.

Kathleen war eine kleine, kräftige Frau, mit sonnengebräuntem Gesicht und unbändigem Haar, nicht im konventionellen Sinne hübsch – konventionell war wenig an ihr: ihre Art, sich zu kleiden, lästerte man in London, sei von aggressiver Geschmacklosigkeit –, aber Männer fanden sie anziehend, und sie genoss es, von Männern bewundert zu werden. Keinem ihrer Verehrer hatte Kathleen jedoch gestattet, sie zu besitzen. Bis sie vor drei Jahren Scott begegnet war, bei einer Teeparty, und sogleich gewusst hatte, dass dieser Navy-Offizier für mehr zu gebrauchen war als für lange Spaziergänge durch einsame Wälder und nächtliches Baden im Meer. Dieser war anders als ihre flatterhaften Künstlerfreunde. Dieser wirkte stark und beständig wie ein Fels, auf den man bauen konnte. Er sollte der Vater des Sohnes sein, den sie sich wünschte.

Dann hatte Con ihr seine andere, innere Seite gezeigt, die Schwermut, den Selbstzweifel, seine niemals endende Sorge, im Kampf ums Dasein nicht zu bestehen, und Kathleen hatte ihrerseits zu zweifeln begonnen, ob er wirklich der Richtige war. Doch schließlich hatte sie begriffen, dass Cons Schwäche zugleich der Grund für seine außergewöhnliche Stärke war. Und dass er sie, Kathleen, brauchte, um das Große zu vollbringen, nach dem er strebte. Und so hatten sie geheiratet.

Für Kathleen Scott, die als Waise aufgewachsen und als junges Mädchen allein nach Paris gegangen war, um bei Rodin Bildhauerei zu studieren, war Glück kein Schicksal, sondern eine Pflicht. Als die *Terra Nova* vorhin die äußerste Landspitze passiert hatte und der Schlepper längsseits kam, um sie und die übrigen Gäste an Bord zu nehmen und an Land zurückzubringen, da hatte Mrs Scott ihrem Gatten keine Szene gemacht, sondern ihn nur mit einem flüchtigen Kuss verabschiedet, als ob er für ein Wochenende nach Schottland führe. Sie hatte sich ihres Mannes würdig erwiesen, und das Wissen darum erfüllte Mrs Scott mit Befriedigung. Wenn nur die Übelkeit nicht gewesen wäre.

Die *Terra Nova* wurde kleiner, längst konnte man die Figuren an Deck nicht mehr unterscheiden, und schließlich drehte sie ab und wandte ihnen das runde Heck zu. Die Boote und Schlepper, die die Expedition aus dem Hafen geleitet hatten, drehten ebenfalls, doch sie lenkten den Bug zurück nach Norden, während der schwerbeladene alte Walfänger allein nach Süden fuhr, hinaus auf den Ozean, dem Eis entgegen. Auf einem der Boote stimmte eine Blaskapelle ein Abschiedslied an. Fetzen der Melodie erreichten Mrs Scotts Ohr, doch sie genügten ihr, um das Lied zu erkennen: *Auld Lang Syne*. Sie hatte es oft genug gehört in den vergangenen Wochen.

In London, wo die *Terra Nova* Mitte Juni abgereist war, und in allen Häfen, wo sie Station gemacht hatte, in Portland, Cardiff, Cape Town, Melbourne, Lyttelton und jetzt in Port Chalmers, hatten sich dieselben Szenen abgespielt: Menschenmassen auf den Anlegern, die Frauen angetan mit ihren besten Kleidern und ausladenden Hüten, Lausebengel auf den Laternen, Festgottesdienste, Ehrentribünen und Ansprachen, Blasmusik und Flottillen geschmückter Ausflugsdampfer und Schlepper, die das Expeditionsschiff unter Hurra- und Hochrufen aufs Meer geleiteten – auf diese Weise hatten die Bewohner des Empire ihnen gezeigt, wie stolz sie waren, dass Männer aus ihrer Mitte auszogen, um den Südpol zu erobern. Es schien fast, als bedürften sie dieses Abenteuers ebenso wie Con, um sich ihrer selbst zu vergewissern.

Wie gerne wäre Kathleen Scott mit der *Terra Nova* gefahren! Sie hatte ihren Mann von London bis nach Neuseeland begleitet, obwohl sie unter chronischer Seekrankheit litt und obwohl sie ihren zehn Monate alten Sohn für diese Reise in der Obhut der Schwiegermutter hatte zurücklassen müssen. Es hatte ihr das Herz zerrissen, als sie den Griff der kleinen, kräftigen Hand gelöst hatte, die ihre Finger umklammerte. Peter Markham hieß ihr Sohn, nach seinen Paten Sir Clements und «Peter Pan», dessen Schöpfer, J.M. Barrie, ein Freund von Con war. Kathleen liebte den kleinen Kerl abgöttisch und durch ihn und mit ihm und in ihm liebte sie auch seinen Vater, ihren Mann.

Während die *Terra Nova* quälend langsam über die Weltmeere gestampft war, hatten der Expeditionsleiter und seine Gattin den Postdampfer genommen, um Zeit zu gewinnen für Fundraising, Pressetermine und andere organisatorische Dinge, die unerledigt geblieben waren. Scotts Stellvertreter, Lieutenant Edward «Teddy» Evans, hatte derweil das Schiff kommandiert. Nur zwischen Cape Town und Melbourne hatte Scott selbst das Ruder an Bord übernommen, um die Mannschaft kennenzulernen. Da hatte Mrs Scott natürlich nicht mitgedurft. Aber sonst war sie immer an der Seite ihres Mannes gewesen. Sie hatte an allen Empfängen, Dinners und Vorträgen teilgenommen, an denen der Leiter einer Britischen Antarktis-Expedition teilnehmen musste, sie hatte dem Stauermeister bei der Buchführung geholfen und den Männern ihre Initialen in die Winterkleidung gestickt. Sie fühlte sich als Teil der Crew, auch wenn ihre Gefühle nur von den wenigsten Mitgliedern der Expedition geteilt wurden und manche unter der Hand murrten, dass eine Frau sich nicht in die Angelegenheiten ihres Mannes einmischen sollte. Mrs Scott hatte den Widerwillen gespürt, den ihre Anwesenheit hervorrief; ihr war nicht entgangen, dass Gespräche verstummten, wenn sie hinzutrat, aber sie hatte sich darüber wie über so vieles hinweggesetzt, was sich ihr im Lauf ihrer 32 Lebensjahre entgegengestellt hatte. Für sie war einer der Höhepunkte der Reise ein Dinner gewesen, das der Oberbefehlshaber der Navy in Australien auf seinem Flaggschiff zu Ehren der Expedition gegeben hatte und an dem Kathleen Scott teilnehmen durfte – als einzige Frau. «Das war ein wundervoller Ausflug», hatte sie in jener Nacht in ihr Tagebuch geschrieben, «eine liebliche Vollmondnacht, eine offene Admiralsbarkasse, eine sehr nette Partie Männer & ich – so sollten Partys immer sein!»

Kathleen Scotts Ideal war eine Welt, die nur von Männern und Babys bevölkert wurde. Und von ihr selbst, natürlich.

Die reale Welt musste sie sich leider mit Oriana Wilson und Hilda Evans teilen, den Ehefrauen des wissenschaftlichen Direktors und des stellvertretenden Kommandanten der Expedition, die gleichfalls bis Neuseeland hatten mitreisen dürfen. Mit der frommen Mrs Wilson war Kathleens scharfe Zunge schnell fertiggeworden: Sie war eine graue Maus, genauso langweilig wie ihr Tugendbold von Ehemann. Mehr machte ihr Hilda Evans zu schaffen. An sich ein furchtbar naives Ding, das bei jedem Anlass zu heulen anfing, war Mrs Evans zugleich eine bildhübsche Frau, die für ihren Mann ehrgeizige Pläne hegte. Mehrmals hatte Mrs Evans ihren Teddy gegen Con aufgehetzt. Zuletzt war es wenige Tage vor der Abreise zum Eklat gekommen, als Scott einen Seemann, den Lieutenant Evans wegen Trunkenheit hinausgeworfen hatte, wieder aufgenommen hatte. Dieser Seemann hieß zufällig auch Evans und war ein Veteran der *Discovery*-Expedition. Scott schätzte ihn wegen

Abbildung 7: Mit Gönner und Gattin: Sir Clements Markham, Kathleen und Capt. Robert Scott an Bord der Terra Nova, 1910.

seiner Körperkraft und seines handwerklichen Geschicks. Am Ende hatten Con und Teddy die Sache unter sich bereinigt. Sollte ihr Mann nochmals eine Expedition organisieren, fand Mrs Scott, dann müssten die Ehefrauen sorgfältiger ausgewählt werden als die Männer, oder – das wäre freilich am besten – diese sollten gar keine Frauen haben.

Der Dampfschlepper hatte unterdessen wieder die Mündung des Otago Harbour erreicht. Gleich würde die *Terra Nova*, nur mehr ein schwarzer Fleck auf der weiten blauglänzenden Fläche, hinter der Landspitze verschwinden. Mrs Scott löste sich von der Reling und wandte sich den beiden anderen Frauen zu, die die ganze Zeit neben ihr gestanden und wie sie dem Schiff hinterhergestarrt hatten. Beide trugen lange, bis über die Füße reichende Kleider mit eng geschnürter Taille und flache, mit Rüschen und Federn verzierte Hüte. Hilda Evans' Gesicht war schreckensbleich, das von Oriana Wilson so undurchdringlich wie das einer Sphinx.

Ich glaube, ich bekomme einen hysterischen Anfall, sagte Mrs Evans. Ihre Stimme klang schrill.

Kathleen Scott fasste die andere beim Arm, der in einem langen, hautengen Handschuh steckte. Sie stellte fest, dass sie in diesem Moment keine Abneigung gegen Mrs Evans verspürte. Die jüngere Frau tat ihr vielmehr leid. Sie fühlte sich mit ihr im Schmerz des Abschieds verbunden.

Südliche Idylle _ _ _ _ _ _ _ _ _ _ _ _ _ _ _ _ *Ross-Meer, Januar 1911*

Locker verstreut auf dem festen Eis räkelten sich Hunderte behäbige Weddell-Robben, darunter viele Muttertiere mit ihren Kälbern. Auch von ihren scheuen, schlankeren Verwandten, den Krabbenfressern, hatten sich einige eingefunden. Kaiser-Pinguine reckten die Hälse und starrten ungehalten in die Luft, die vom Gekreisch der Skuas und Sturmvögel zerrissen wurde. Aus dem Meer hob sich perlend der breite Rücken eines Blauwals, der aber nicht blau war, sondern braun-gelb von den Kieselalgen, die auf ihm wucherten. Daneben zeigten sich Buckelwale, Zwergwale, auch ein Finnwal-Pärchen hatte sich hierherverirrt. An der Eiskante lauerten Seeleoparden tauchenden Pinguinen auf. Eine Schule Orcas vollzog ihre Manöver.

Das Wasser war trüb vom Plankton, das unter der Mitternachtssonne in üppiger Fülle erblühte. Algen, Dinoflagellaten, Foraminiferen und andere Kleinstlebewesen reicherten sich im lichtdurchfluteten Wasser an und sorgten dafür, dass nur unmerklich größere Organismen, die sich von ihnen nährten, ebenfalls an Zahl zunahmen und dichte Schwärme bildeten: winzige Schnecken mit Flügelchen, deshalb auch Seeschmetterlinge genannt, röhrenförmige Salpen und Kleinkrebse verschiedenster Art, Ruderfußkrebse, Flohkrebse und nicht zuletzt der Krill. Dieser Reichtum war wiederum der Grund, warum Blau- und andere Bartenwale im Sommer in diese Gewässer kamen, denn die größten aller Kreaturen ernährten sich von den allerkleinsten, die sie tonnenweise verschlangen. Manche Robben taten es ihnen nach, die Krabbenfresser etwa, auch die Pinguine und die wenigen Fischarten, die der Kälte des Südlichen Ozeans widerstanden, allen voran der Antarktisdorsch und einige Eis- und Drachenfische. Violette Quallen mit Schirmen von drei Fuß Durchmesser streckten ihre langen Tentakel nach Beute aus.

Trotz so vieler hungriger Mäuler sank noch genug Plankton zum Meeresgrund, um dort eine mannigfaltige Fauna zu ernähren, die jeden, der die leblosen Eiswüsten der Antarktis geschaut hatte, nur staunen machen konnte, eine Fauna, deren Formen der Fantasie eines Hieronymus Bosch entsprungen zu sein schien: weißbläulich schimmernde Kraken, eiförmige Nacktschnecken, Asseln groß wie Kinderfüße, handtellergroße Kammmuscheln, die sich ruckartig durchs Wasser bewegten, indem sie ihre Schalen öffneten und schlossen, Schlangensterne, die auf abgespreizten Beinen über den Meeresgrund stolzierten, grazile Seespinnen, feuerrote Seesterne, stachelige Seeigel, haarige Seegurken, Armfüßer und Manteltiere, Würmer in verschiedensten Größen und Farben, einige meterlang, manche mit, manche ohne Borsten, aber alle mit gefräßigen Mäulern, und schließlich Kolonien von Moostierchen, die wie bunte, extravagante Teppiche über dem Meeresboden lagen, und eine Unzahl von Schwämmen und Anemonen in schier unüberschaubarem Formen- und Farbenreichtum.

Die scheinbar lebensfeindliche Antarktis beherbergte in ihren Küstengewässern einen Dschungel, in dem von der kleinsten Kieselalge bis zum Blauwal das Gesetz des Fressens und Gefressenwerdens regierte; einen Lebensraum, der seit Jahrmillionen bestand, seit der mythische Südkontinent Gondwana zerbrochen und auseinandergedriftet und am Südpol die antarktische Landmasse zurückgeblieben war, vom Rest der Welt geschieden durch einen unaufhörlich kreisenden Strom kalter Luft- und Wassermassen. In diesen Raum drangen nun andere, fremde Lebewesen und nahmen ihre Plätze in der Nahrungskette ein.

Jagdszenen in der Antarktis (I)_ _ _*McMurdo-Sund, 5. Januar 1911*

Ponting fühlte sich wie im Rausch. Von den vergangenen 48 Stunden hatte er keine zwei geschlafen. Das Auge seiner Kamera konnte sich nicht losreißen von der Szenerie, in die die *Terra Nova* ihn versetzt hatte. Im Osten thronte, unangefochtener König der Berge des Südens, Mount Erebus mit seinem schneebedeckten, rauchenden Krater. Der Vulkan besaß zwar nicht die perfekte Silhouette des Fujisan – des Berges, an dem Ponting alle anderen maß –, aber die Aura schroffer Unvollkommenheit, die ihn umgab, fügte sich vollendet in die Natur seines Reiches.

Und dort im Westen, jenseits des McMurdo-Sunds, erhob sich aus dem Meer das großartige Panorama der Western Mountains, ein wilder, zerklüfteter Gebirgszug mit felsigen Steilflanken und verschneiten Tälern. In der klaren Luft trat jeder Gipfel, jeder Grat gestochen scharf hervor.

Captain Scott hatte den Photokünstler von allen Pflichten freigestellt, damit er sich ganz seinen Studien widmen konnte. In der Umgebung des Schiffes lockten zahlreiche Motive, die im Licht der Tag und Nacht kreisenden Sonne immer neue Konturen annahmen. Gestern hatte er unweit ihres Anlegeplatzes einen gestrandeten Eisberg mit einer Grotte darin gefunden, die in allen Farben des Spektrums funkelte. Durch einen Zufall lag der Berg so, dass man aus seinem Innern das Schiff an der Eiskante liegen sah, die pittoreske Takelage umrahmt vom tropfenförmigen, mit Eiszapfen bekränzten Eingang der Grotte. Ponting war entzückt gewesen, als hätte er Aladins Höhle betreten.

Auch die Arbeit der Expedition bot immer wieder lohnende Szenen. Noch während die Anführer den Platz für das Winterquartier besichtigten, einen langen Basaltstrand am Fuß von Mount Erebus, wurde Befehl zum Ausladen gegeben. Mit Hilfe eines Flaschenzugs an der Großrah hievten die Männer zuerst die Ponys auf das Eis. Die Tiere wussten nicht ein noch aus vor Freude, dass sie ihrem schwimmenden Verlies entronnen waren. Stundenlang wälzten sie sich im Schnee, überglücklich, die Qual ihrer juckenden Flanken lindern zu können. Den Ponys folgten zwei der großen Kisten, in denen die Motorschlitten verstaut waren, als Nächstes das Bauholz für die Hütte, dann Heu für die Ponys, Proviant, Zelte, Werkzeug, Kohle und was sonst noch alles nötig war, damit 25 Männer, 17 Ponys und 31 Hunde ein Jahr lang in der Kälte überleben konnten. Im Moment war es freilich alles andere als kalt. Die meisten Männer arbeiteten mit aufgekrempelten Ärmeln und trugen Sonnenhüte. Auch Ponting genoss die Wärme. Photographieren bei Minustemperaturen war ein eisiges Geschäft.

Der Photokünstler fing den Eifer der Arbeitenden mit der Kamera ein. Da war niemand, der sich drückte, alle packten an, die Offiziere genauso wie die Mannschaft; sie schufteten ohne Pause von früh bis spät, damit die Ausrüstung sicher an Land kam, wo Lieutenant Bowers, der rastlose Stauermeister, sie in Empfang nahm und die Zimmerleute bereits mit dem Ausheben der Fundamente für die Hütte begonnen hatten. Anderthalb Meilen betrug die Entfernung zwischen Schiff und Ufer. Das Meereis war drei Fuß dick, allemal fest genug auch für schwere Lasten, aber man wusste ja nicht, wie lange es halten würde.

Während sie den Ponys ein paar Tage Erholung gönnten, hatte Day im Handumdrehen die Motorschlitten in Betrieb genommen. Der junge Ingenieur besaß Erfahrung mit der Materie. Vor drei Jahren hatte er sich, nur wenige Meilen weiter nördlich, um Shackletons Automobil gekümmert. Jeder der beiden Schlitten schleppte eine gute Tonne. Wie sie knatternd und qualmend über das Eis zogen, gaben sie ideale Objekte ab für Pontings Kinematographen. Kaum waren die Schlitten fort, lief ihm Nigger vor die Linse und vollführte ein paar kunstvolle Sprünge. Der pechschwarze Kater war der Liebling der Seeleute. Im Vorschiff hatte er seine eigene Hängematte, komplett mit Decken und Kissen.

Verkörperten die Motorschlitten den Triumph der Technik über die eisige Wildnis, so standen die Man-hauling-Teams für den Sieg menschlicher Willenskraft. Je vier Mann zogen an breiten Bauchgurten Lasten bis zu tausend Pfund über das Eis. Für den Rückweg hängten sie ihre Schlitten an die Motorfahrzeuge und ließen sich über das Eis schaukeln. So ging es von früh bis spät. Den Geschwindigkeitsrekord hielten jedoch Cecil Meares und Dmitrii mit ihren sibirischen Hundegespannen. Mit ihrem unerschrockenen Anführer Osman an der Spitze – damals im Sturm hatte eine Welle ihn vom Deck der *Terra Nova* und die nächste zurück an Bord gespült – stürmten die Hunde drauf los, als ob Schlittenziehen ihr liebster Zeitvertreib wäre. Nichts hielt sie auf, außer Pinguine, die sich in ihre Nähe wagten. Die Begegnung von Hund und Pinguin endete jedes Mal blutig und brachte Bilder, die kaum geeignet waren, das Publikum in England zu erbauen.

Wie die meisten Besucher der Antarktis konnte Ponting nicht umhin, etwas Menschliches in diesen drolligen Vögeln zu sehen. Vor allem die komödiantenhaften Adélie-Pinguine hatten es ihm angetan. Sie waren für ihn die eigentlichen Einwohner des großen weißen Südens – wenn auch nicht dessen Herren.

Ponting belud einen Schlitten mit seiner Ausrüstung. Er wollte einige Eisberge studieren, die etwa eine Meile entfernt im Meereis festgefroren waren. Da hörte er sie blasen. Eine Schule Orcas schwamm auf die Eiskante zu. Sie waren zu siebt oder acht. Ihre Finnen hoben und senkten sich, aus den Blaslöchern stoben weiße Wölkchen, dann tauchten sie weg. Captain Scott, der die Orcas ebenfalls bemerkt hatte, rief vom Schiff herab, Ponting solle doch eine Nahaufnahme dieser Monster versuchen. Ponting hatte denselben Gedanken gehabt. Er schnappte sich seine große Spiegelreflexkamera und hastete zur Eiskante, an die Stelle, wo die Orcas vermutlich wieder auftauchen würden. Im Laufen justierte er die Kamera. Er war vielleicht noch zwei Schritte von der Kante entfernt, als das Eis unter ihm erbebte.

Was nun geschah, dauerte vielleicht eine Minute, doch Ponting erlebte sie wie eine Ewigkeit. Er hörte ein Dröhnen und sah das feste Eis ringsum in Schollen zerbrechen, zwischen denen die Rücken der Killerwale auftauchten. Einer war keine zwei Schritte von ihm entfernt. Er spürte den Blas wie die Druckwelle eines Kompressors; warmer, öliger Dampf hüllte ihn ein. Der Photograph umklammerte seine Kamera. Er rang um sein Gleichgewicht, denn die Orcas begannen nun mit ihren Fluken das Wasser aufzuwühlen, so dass die Scholle, auf der er stand, ins Schaukeln geriet. Dann tauchten sie unter den Schollen durch und nahmen auf der anderen Seite Aufstellung wie ein Geschwader, das sich zum Angriff formierte. Ponting hörte vom Schiff die Rufe seiner Kameraden:

Pass auf! Spring doch! Lauf, Mann, lauf! Rasch!

Es hätte keiner Aufforderung bedurft. Ponting hüpfte, die Kamera fest an sich gedrückt, von seiner Scholle auf die nächste und von da wieder auf die nächste, hin zur rettenden Eiskante. Hinter sich hörte er die Orcas blasen. Ein Gedanke ging ihm durch den Kopf: Wie unangenehm würde der erste Biss sich anfühlen, aber der zweite wäre wohl kaum noch der Rede wert.

Ponting erreichte mit knapper Not die letzte Scholle vor der Eiskante, doch die Strömung hatte sie bereits so weit abgetrieben, dass er die Kluft nicht überspringen konnte. Einen Moment stand er ratlos.

Spring, Mann, spring!, schrieen die anderen panisch.

Ponting wandte den Kopf und sah die Orcas in breiter Linie auf sich zuschwimmen und auf diese Weise eine Welle erzeugen, die zweifellos den Zweck hatte, ihn von seiner Scholle zu spülen. Selbst in dieser lebensgefährlichen Situation konnte er nicht anders, als die Intelligenz dieser Raubtiere zu bewundern, die bei der Jagd so planvoll und koordiniert zu Werke gingen.

Doch diesmal sollte ihr Plan nicht aufgehen. Die Welle wurde durch die vielen Eisstücke im Wasser ausgebremst und erzeugte lediglich den Effekt, Pontings Scholle näher an die Eiskante zu treiben. Er zögerte keine Sekunde und sprang aufs sichere Eis, gerade noch rechtzeitig, denn als er sich umdrehte, stieß ein schwarz-gelber Kopf wohl acht Fuß senkrecht aus dem Wasser, krachte auf die Eiskante und zeigte sein tödliches Gebiss, zwei dicht besetzte Reihen spitzer Zähne. Schweinsaugen starrten den Photokünstler an. Der rannte – besorgt, das Eis könnte abermals zerbrechen – zu seinem Schlitten, wo Captain Scott stand, totenbleich.

Mein Gott, sagte Scott, noch nie habe ich erlebt, dass jemand so knapp davongekommen ist.

Jagdszenen in der Antarktis (II) _ _ *Bucht der Wale, 14. Januar 1911*

Ein Schlaraffenland, fand Amundsen. Er stand mit Nilsen auf der Brücke der *Fram* und ließ seinen Blick über das Meereis schweifen, wo ein Fleischberg neben dem anderen lag. In der Takelage hingen bereits mehrere tote Robben. Die Sonne erwärmte die dunklen Kadaver, und Blut tropfte auf das Deck wie Wasser aus einem undichten Hahn. Weil es die Hunde nervös machte, hatten sie die Meute wieder anketten müssen.

Die hol ich mir, sagte Nilsen und zeigte auf vier fette Robben, die es sich unweit der Eiskante bequem gemacht hatten. Das Herannahen des Schiffes schien die Tiere nicht im Geringsten zu beunruhigen.

Nur zu, sagte Amundsen. Er selber machte sich nichts aus der Jagd,

Abbildung 8: Terra Nova an der Eiskante im McMurdo-Sund, Januar 1911.
Foto: Herbert Ponting.

aber er ließ den Männern ihren Spaß. Nach den eintönigen Monaten auf hoher See tat die Abwechslung ihnen gut. Und es schadete nicht, die Fleischvorräte aufzustocken, wann immer sich die Gelegenheit bot.

Nilsen grinste verstohlen. Ihm war nicht entgangen, dass Amundsen stets die Augen zusammenkniff, wenn er in die Ferne blickte. Er wettete fünfzig Kronen darauf, dass der Chef kurzsichtig war. Das erklärte auch sein Desinteresse an der Jagd. Aber der alte Gauner ließ sich nichts anmerken. Zu Recht, fand Nilsen, denn wie sähe das aus – ein Pol-Entdecker mit Brille!

He, Beck, rief Nilsen nach hinten. Klar zum Anlegen an Steuerbord!

Ist klar, antwortete der Steuermann.

Wenn wir liegen, soll Gjertsen eine Sondierung machen, sagte Amundsen.

Kurz darauf lag die *Fram* mit zwei Eisankern vertäut an der Eiskante. Während Leutnant Gjertsen die Spule mit dem Lot in Stellung brachte, sah die Wache von der Reling aus zu, wie der Vizekommandant auf die Pirsch ging. Die lange Büchse in der Rechten schlich Nilsen gebückt durch den Schnee, bis er nur wenige Schritte von seiner Beute entfernt war. Er legte an und schoss, schoss wieder und noch ein drittes Mal, und jedes Mal zeigte das Zucken, das durch einen der mächtigen Leiber lief, einen Treffer an. Doch da geschah das Unerwartete: Die vierte Robbe blieb nicht wie die anderen seelenruhig liegen, bis auch sie das Schicksal ereilte, die Takelage der *Fram* zu schmücken. Mit einer Behendigkeit, die diesem plumpen Tier niemand zugetraut hatte, am wenigsten der Jäger selbst, ergriff es die Flucht. In einer Wellenbewegung, die durch ihren Körper zu fließen schien, glitt die Robbe davon. Nilsen brachte das Gewehr in Anschlag und drückte ab. Ein dunkelroter Streifen im Schnee bewies, dass er getroffen hatte, aber offenbar nicht richtig, denn die Robbe floh mit unvermindertem Tempo. Schon hörte Nilsen hinter sich das Gelächter seiner Kameraden. Er setzte zur Verfolgung an, aber in dem weichen Schnee kam er nicht schnell vorwärts. Nach einigen Dutzend Schritten blieb er keuchend stehen. Das Magazin seines Krag-Jørgensen enthielt noch eine Patrone. Dumpf hallte der Schuss über das Eis. Doch die angeschossene Robbe war auf und davon. Missmutig stapfte Nilsen zurück zum Schiff.

Seht her, da kommt der Großwildjäger Leutnant Thorvald Nilsen! Ein Glück nur, dass es in der Antarktis keine Eisbären gibt …

Warum er die flüchtende Robbe nicht weiter verfolgt habe, stichelte Amundsen, ob ihm etwa die Puste ausgegangen sei? Keineswegs, antwortete Nilsen, er habe dem Chef lediglich den Vortritt lassen wollen beim Wettrennen zum Pol.

Unterdessen waren auch Steuermann Beck und Helmer Hanssen, der Amundsen schon durch die Nordwest-Passage gefolgt war, von Bord gegangen. Hanssen, vor vierzig Jahren auf den Vesterålen geboren, einer Inselgruppe nördlich des Polarkreises, war ein erprobter Robbenjäger. Er und Beck sollten Nilsen helfen, die Kadaver zu bergen. Mit vereinten Kräften drehten sie ein Tier auf den Rücken. Es war eine ausgewachsene Krabbenfresser-Robbe, gut fünfhundert Pfund brutto. Hanssen stach dem Tier unterhalb des Kopfes in den Hals, um es ausbluten zu lassen. Dasselbe tat er bei den anderen beiden Robben. Er ging wieder zur ersten Robbe und schlitzte mit einem großen Schlachtermesser ihre Unterseite der Länge nach auf, wobei er die drei Zoll dicke Blubberschicht gleich mit durchtrennte. Dann begann er den Blubber säuberlich vom dunklen Fleisch darunter zu lösen. Beck und Nilsen halfen ihm, indem sie die beiden Hälften des Brustkorbs auseinanderzogen. Zu Lebzeiten der Robbe hatte der Blubber dafür gesorgt, dass ihre Körpertemperatur auch im antarktischen Klima nicht unter 100° F sank. Jetzt mussten die Schlachter sich sputen, den Kadaver zu zerlegen, bevor er gefror. Nilsen nahm die Leber an sich, die als Leckerbissen galt, und verscheuchte ein paar Skuas, die sich eingefunden hatten, um ihren Anteil an der Beute einzufordern. Dann ging er zurück zum Schiff. Er hatte die schrille Stimme des Chefs gehört.

Was trödeln die so lange herum, meckerte Amundsen.

Es dauert bestimmt nicht mehr lange, beruhigte ihn Nilsen. Er kletterte die Bordwand hoch. Seitdem sie vor zwei Tagen den Widerschein der Barriere am Horizont gesichtet hatten, war die Unruhe des Chefs nur schwer zu ertragen. Nilsen fragte sich, ob Amundsen seither überhaupt geschlafen hatte. Dabei lief doch alles nach Plan. 127 Tage hatten sie gebraucht, um die 14 000 Seemeilen von Madeira in die Bucht der Wale zurückzulegen, einen Tag weniger, als Nilsen vorausberechnet hatte.

Das Packeis, das die Antarktis im Sommer wie ein Festungsring umgab, hatten sie in der Rekordzeit von nur vier Tagen durchstoßen, sehr zur Freude des Expeditionsleiters, aber zum Bedauern der Männer, denn im Packeis war ihnen viel Wild vor die Flinte gekommen; außerdem hatten die Eisschollen die Dünung abgeschwächt.

An der unerfreulichen Neigung der *Fram* zu schlingern – und die Mägen ihrer Besatzung zu strapazieren –, hatte sich nichts geändert. Das konnten diejenigen bezeugen, die zum zweiten Mal auf ihr segelten: Schiffskoch Adolf Lindstrøm und Hundeführer Sverre Hassel, die beide mit Sverdrup gefahren waren, und Hjalmar Johansen natürlich, der schon unter Nansen dabei gewesen war. Aber letztlich hatten alle die viermonatige Passage wohlbehalten überstanden, auch die Grönlandhunde. Die hatten sich sogar vermehrt. Ihre Zahl war – nicht zuletzt dank Nilsens Fürsorge – von 97 auf 116 gewachsen. Die Tiere strotzten vor Kraft und Angriffslust, genauso wie die Männer, denen Amundsen keine ruhige Minute gegönnt hatte.

Rønne, der Segelmacher, hatte tagein, tagaus Zelte, Hundegeschirre, Schlafsäcke, Anoraks nach Art der kanadischen Eskimo und tausend andere Dinge für die Polmannschaft nähen dürfen.

Der helle Klang von Nødtvedts Schmiedehammer hatte durch die Weiten des Atlantik und über den Indischen Ozean gehallt, und er war auch im stürmischen Westwindgürtel jenseits des vierzigsten Breitengrads – den berüchtigten «Roaring Forties» – nicht verstummt. Wie Nødtvedt bei dem Seegang den Amboss zu treffen vermochte, war Nilsen allerdings ein Rätsel.

Bjaaland hatte seine Werkstatt im Vorschiff eingerichtet und an den Skiern und Schlitten herumgewerkelt. Immer hatte der Chef etwas gefunden, das ihm verbesserungswürdig erschien.

So waren alle rund um die Uhr beschäftigt gewesen – als ob es auf einem Segelschiff nicht auch so genug zu tun gegeben hätte! Zumal auf einem schwimmenden Hundezwinger wie der *Fram*. Nach einer Weile hatten sie die Hunde von den Ketten genommen und frei an Deck laufen lassen. Die Tiere hatten das sichtlich genossen, aber der Gestank hatte selbst Nilsens Tierliebe auf die Probe gestellt. In den Tropen hatten sie das Deck mehrmals pro Tag schrubben müssen.

Aber nun waren sie am ersten Ziel ihrer Reise angekommen: in jener Bucht in der Großen Eis-Barriere bei 164° West, von der alle ihre Vorgänger übereinstimmend berichtet hatten und die von ihrem letzten Besucher, Sir Ernest Shackleton, «Bucht der Wale» getauft worden war. Shackleton hatte 1908 davon abgesehen, hier zu landen, weil sich die

Abbildung 9: Schwimmender Hundezwinger: Grönlandhunde auf der Brücke der Fram. 1910.

Bucht seit seinem ersten Besuch mit Scott 1902 stark verändert hatte. Ein großes Stück der Barriere hatte sich als Eisberg selbständig gemacht. Auf solch unsicherem Grund sein Quartier aufzuschlagen, war Shackleton zu riskant erschienen. Doch Amundsen hatte alle Expeditionsberichte genau studiert und aus ihnen andere Schlüsse gezogen.

Amundsen ließ den Feldstecher sinken und reichte ihn Nilsen. Er sagte: Je länger ich diese Formation betrachte, umso überzeugter bin ich von meiner Theorie. Dahinten muss die Barriere auf Land liegen.

Während die Barriere auf der Westseite der Bucht ihr typisches Antlitz zeigte und siebzig oder mehr Fuß senkrecht abbrach, wurde sie nach Süden hin immer flacher und ging in eine unregelmäßige Hügellandschaft über. Wie Borchgrevink vor ihm interpretierte Amundsen die Unregelmäßigkeiten als Hinweis darauf, dass die Barriere an dieser Stelle nicht auf dem Wasser schwamm. Auch die Tatsache, dass alle Expeditionen seit Ross an dieser Stelle eine Bucht vorgefunden hatten, sprach für die Richtigkeit seiner Überlegungen. Irgendwas musste den Fluss des Eises hemmen – was, wenn nicht Land?

Was sagt das Lot?, wollte Nilsen wissen.

Dreihundert Faden, sagte Amundsen. Aber bis dahinten sind es sicher anderthalb Meilen. Wir müssen näher ran.

Irgendwann wird das Eis schon aufbrechen.

Irgendwann!, schnaubte Amundsen. Darauf können wir nicht warten. Wir müssen die Ostseite der Bucht erkunden, solange das Wetter hält. Wenn wir einen Platz für die Hütte gefunden haben, können wir immer noch auf die Jagd gehen.

Alles war vorbereitet für die Landung. Die Skier waren gewachst, das Bergseil lag bereit für den ersten Erkundungsgang, und am Kartenhaus hing seit Tagen der Plan, von Nilsen ausgetüftelt, der jedem Mann sagte, was er zu tun hatte, sobald der Platz für das Winterlager feststand.

Die Hütte hatte Amundsen in Norwegen vorfertigen lassen, ein solides Bauwerk aus Holz mit Linoleumfußboden und einer Isolierung aus Zellstoff. Jørgen Stubberud, ein Zimmermann aus Amundsens Nachbarschaft, hatte es entworfen und auf dessen Grundstück am Bundefjord probeweise aufgestellt. Und weil Stubberud ein tüchtiger Mann war, hatte Amundsen ihn gleich angeheuert, damit er die Hütte auch auf dem Eis zusammensetzte. Aber nicht auf dem des Nordpolarmeeres, wie Stubberud lange geglaubt hatte, sondern in der Antarktis auf der Großen Barriere, gleich hinter der Bucht der Wale.

Die Vorteile dieses Standorts lagen auf der Hand: Es gab in der Antarktis keine Stelle – zumindest war keine bekannt –, wo man mit einem Schiff weiter nach Süden und damit näher an den Südpol herankam. Die Bucht der Wale lag einen Breitengrad südlicher als der McMurdo-Sund, wo Captain Scott sein Winterlager aufschlagen wollte. Im Wettrennen zum Pol machte es einen Unterschied, ob man 680 oder 740 Meilen Luftlinie überwinden musste.

Außerdem: Wer hier seine Basis errichtete, stand bereits auf der Barriere und damit sozusagen auf der Rennbahn in Startposition – er brauchte nur loszulaufen, sobald die Temperaturen im Frühjahr es zuließen. Und zu guter Letzt lieferte die Bucht genug Nahrung für die Männer und die Hunde.

Dem stand die Gefahr gegenüber, dass die Barriere unter ihrem Winterlager zerbrach. Amundsen hielt das Risiko, zumindest in diesem Abschnitt, für sehr gering. Doch bisher hatte er ihn nur aus der Ferne mit eigenen Augen gesehen. Noch hatte er keinen günstigen Platz für sein

Lager gefunden. Und noch wusste er nicht, ob und wie er die Ausrüstung und die Hunde vom Meereis auf die Barriere schaffen würde. Die Ungewissheit zerrte an seinen Nerven.

Endlich hatten die Schlachter ihre Arbeit beendet. Sie zogen das Robbenfleisch zum Schiff. Die Männer mussten sich mit aller Kraft in die Seile legen, um den Schlitten im tiefen Schnee vorwärts zu bringen. Der Schweiß stand ihnen auf der Stirn.

Nilsen feixte von der Reling herab: Keine Müdigkeit vorschützen!

Wenn ihr die Briten im Man-hauling schlagen wollt, rief Amundsen, müsst ihr euch schon etwas mehr anstrengen …

Der Eigner _ _ _ _ _ _ _ _ _ _ _ _ _ *Cape Evans, 14. Januar 1911*

Der schwierigste Teil einer Polarexpedition, hatte Nansen ihm einmal gesagt, sei vorüber, wenn die Vorbereitungen abgeschlossen waren. Scott konnte diesen Satz bestätigen. Er hatte ihn selbst gelegentlich angebracht.

Wie wär's mit Kakao, Sir?

Der Captain legte das Schreibzeug beiseite, löste die Schnüre am Einstieg und reichte den emaillierten Becher nach draußen, der kurz darauf gefüllt zurückkam.

Danke, Nelson, und gute Nacht.

Gute Nacht, Sir.

Nelson, der Biologe, den alle nur «Marie» nannten, pflegte um Mitternacht eine Thermoskanne Kakao zu kochen und jedem, der wollte, einen Schlaftrunk einzuschenken. Scott verknotete den Eingang seines Zeltes und umfasste den heißen Becher mit den Händen. Auch er hatte längst seinen Spitznamen weg. Sie nannten ihn nach Navy-Sitte den «Eigner».

Der Eigner saß aufrecht in seinem Fellschlafsack, ohne Mütze und Handschuhe, seinen altgedienten Offiziersmantel um die Schultern gelegt, und lauschte der Zeltbahn, die im Wind knatterte. Ihm war nicht kalt. Seltsamerweise fühlte er die Kälte hier viel weniger als daheim in England, wo man oft bei Temperaturen knapp über dem Gefrierpunkt schon fröstelte.

Vor einem Jahr um diese Zeit war er durch nordenglische Städte getingelt. Mit Schaudern dachte Scott an den wolkenverhangenen Himmel, an zugige Absteigen und schäbige Stadthallen, in denen er vor spärlich besetzten Reihen um Unterstützung für seine Expedition geworben hatte. Er hatte bis dahin nicht gewusst, dass es in England so trostlose Orte gab. Oft hatten die Leute nur Almosen gegeben, zwanzig Pfund, manchmal auch gar nichts. Der Satz eines Leserbriefschreibers, in einer Provinzzeitung, war ihm im Gedächtnis geblieben: «Ich nenne es wissenschaftliche Unverfrorenheit daherzukommen, da es so viele tausend Arbeitslose gibt, und 50000 Pfund für einen solchen Zweck haben zu wollen.»

Dass sie überhaupt hier waren, verdankten sie im Grunde Peary. Der prahlerische Amerikaner hatte nach seiner Eroberung des Nordpols einen «Spurt» zum Südpol angekündigt und damit den Nationalstolz der Briten entfacht. Die Zeitungen hatten ein «Wettrennen zum Pol» ausgerufen. Scott hatte das vulgäre Spiel mitgespielt, obwohl es ihm zuwider war. Konkurrenz belebte bekanntlich das Geschäft. Und siehe da, auf einmal floss so viel Geld, dass sie die Rechnungen bezahlen und lossegeln konnten. Trotzdem musste Scott in allen Kolonien, die sie auf der Fahrt nach Süden anliefen, die örtlichen Würdenträger hofieren, damit sie ihm die letzten Löcher im Budget stopfen halfen.

Der Wind ließ nach, und Scott hörte die Männer in den Nachbarzelten schnarchen. Er lächelte. Seine Leute schliefen den Schlaf der Gerechten. Seit zehn Tagen schufteten sie wie Ackergäule. Aber das Ergebnis ihrer Anstrengungen konnte sich sehen lassen. Alle Vorräte waren sicher an Land. Nun ja, fast alle: Einer der Motorschlitten ruhte für immer auf dem Grund des McMurdo-Sunds, nachdem das Meereis beim Schiff sich doch als zu brüchig für sein Gewicht erwiesen hatte. Aber die Hütte stand fest gegründet an ihrem Platz. Scott war überzeugt, dass in diesen Breiten niemals zuvor ein so komfortables Winterquartier errichtet worden war.

Peary hatte seine Kampfansage später aus Altersgründen zurückgezogen. Dafür waren andere auf den Plan getreten, auch obskure Typen wie die Japaner oder jener Norweger, von dem alle Welt gedacht hatte, dass er auf dem Weg ins Nordmeer sei. Doch dann fand Scott in Melbourne dieses seltsam formulierte Telegramm aus Kristiania vor: «Erbitte Erlaubnis Sie zu informieren Fram vorrückt Antarktis. Amundsen.»

Nicht einmal Nansen, dem Scott umgehend telegraphiert hatte, hatte das erklären können. Die Antwort des großen Mannes war so prompt wie knapp erfolgt: «Unbekannt.» Scott schüttelte den Kopf. Wahrscheinlich würden sie nächsten Sommer am Südpol in ein Meeting des Explorer's Club platzen …

Wenn es wirklich so etwas wie ein Wettrennen zum Pol gäbe, dann besaßen sie jedenfalls die beste Startposition. Nirgendwo kam man so nah an den Pol heran wie hier im Ross-Meer, über dem, wie über allen Meeren der Welt, die Flagge des Empire wehte. Schiffe Ihrer Majestät hatten dieses Meer und seine Gestade entdeckt, seine Inseln und Gebirge trugen englische Namen, und britische Entdecker – nicht zuletzt Scott selbst – hatten den Weg von der Küste ins Landesinnere gewiesen. Nur sie, die Briten, verfügten in ihrem Sektor über eine erprobte Route nach Süden und hinauf auf das polare Plateau. Mit nur etwas Glück würde der Pol ihnen gehören.

Scott leerte den Becher und schlug sein Journal auf, ein großformatiges Notizbuch mit festem, schwarzem Einband. Im Zwielicht des Zeltes las er noch einmal die Verse auf dem Vorsatzblatt. Sie stammten aus Draytons Ode an die englischen Siedler in Virginia und erinnerten ihn stets daran, was für einer Nation er angehörte:

«Und in Gefilden fern
Ziehn solche Helden dich voran
Wie jene, von denen wir stammen,
Und pflanzen unseren Namen
Unter jenem Stern,
der unserm Norden nicht bekannt.»

Als er das neue Heft begonnen und dies hineingeschrieben hatte, am 28. Dezember des vergangenen Jahres, saß die *Terra Nova* im Packeis fest. Noch nie hatte ein Schiff so lange gebraucht, um in das Ross-Meer vorzustoßen. Drei Wochen hatte das Packeis sie festgehalten, an manchen Tagen waren sie weder unter Segeln noch unter Dampf vom Fleck gekommen, und Scott hatte Seite um Seite seines Journals mit düsteren Betrachtungen gefüllt. Wie ließ sich das eigenwillige Verhalten des Eises erklären? Das plötzliche Öffnen und Schließen der Rinnen zwischen den Schollen? Deren wechselnde Größe, Stärke und Form? Die scheinbar regellose Drift der im Eis eingeschlossenen Eisberge? Wie hingen Windrichtung und Strömung zusammen? Sollten sie besser östlich oder westlich nach dem Ausweg suchen? War es besser, das Feuer in den Kesseln in Gang zu halten, um jederzeit fahrbereit zu sein, oder es zu löschen, um Kohle zu sparen? Tag für Tag, mitunter stündlich, dieselben Fragen, dieselben unwägbaren Entscheidungen – ein endloses, nervenaufreibendes Wechselbad von Bangen und Hoffen.

Alles wäre halb so wild gewesen, wenn er nicht für das Leben der Ponys gefürchtet hätte, deren Zustand sich mit jedem Tag auf See verschlechterte, so wie jeder Tag im Packeis die Kohlevorräte bedenklich zusammenschmelzen ließ. Die ganze Verantwortung lastete auf den Schultern des Captains, und dieses Joch trennte ihn von seinen Untergebenen, die sich dem atemberaubenden Naturschauspiel des Packeises unbekümmert hingaben.

Einmal waren sie durch eine meilenlange Avenue von Tafeleisbergen gefahren, deren Seiten sechzig Fuß senkrecht abfielen, ein Anblick, als wäre ihr Schiff durch die neue Regent Street gedampft. Ein andermal fiel das Licht der sinkenden Sonne auf einen langen Eisberg am östlichen Horizont und erinnerte sie an das Leuchten am Himmel über einer großen Stadt. Davor stob der Blas von Blauwalen in die klare Luft. Wie Rauch aus Fabrikschloten, hatte Wilson nicht unzutreffend angemerkt.

Wilson war der einzige Mann im Team, mit dem Scott seine Sorgen hätte teilen können, aber seinen Freund hatte das Eis gleich doppelt gepackt: als Künstler und als Zoologen. Jede freie Minute verbrachte der Arzt mit seinem Zeichenblock im Freien oder mit seinem Aquarell-Malkasten in der Kabine und versuchte, das Kobaltblau des Meeres und das zarte Violett der Abendsonne auf dem Eis einzufangen, wenn er nicht mit seinem Assistenten Cherry-Garrard Pinguine, Sturmvögel und anderes Geflügel erlegte, um es für die Museen Englands zu präparieren. Auch die Übrigen waren nicht untätig. Die einen jagten Robben, andere entnahmen Wasserproben aus der Tiefsee, wieder andere dokumentierten Eisberge oder trainierten unter Anleitung von Tryggve Gran, ihrem norwegischen Skilehrer, auf einer Eisscholle. Wie in dem furchtbaren Sturm, der sie kurz nach dem Auslaufen in Seenot gebracht hatte, war der Crew auch in den zähen Wochen im Packeis nicht die gute Laune abhandengekommen. Und das, obwohl sie alles andere als komfortabel hausten. Die Kajüten waren eng und überfüllt. An dem schmalen Tisch in der Messe fanden nicht alle Offiziere Platz. Manche mussten mit Kisten oder Seesäcken Vorlieb nehmen, andere sogar stehen. Doch der

Abbildung 10: Antarktisches Packeis, vom Hauptmast der Terra Nova aus gesehen, Dezember 1910. Foto: Herbert Ponting.

Stimmung an Bord tat das keinen Abbruch. In der Offiziersmesse der *Terra Nova* ging es zu wie in einem Internat, aber ohne Lehrer. Die Männer sangen, blödelten, brüllten und rauften wie die Schuljungen. Nicht selten endeten Diskussionen in einem wilden Tumult, in dem jeder dem anderen die Kleider vom Leib zu reißen versuchte. «Refft die Bramsegel!» nannten sie dieses Spiel. Der Eigner machte bei dem Unfug natürlich nicht mit. Aber er tolerierte ihn mit einem wohlwollenden Lächeln.

Obwohl sie ihren unfreiwilligen Aufenthalt im Packeis in der bestmöglichen Weise genutzt hatten, war es für Scott eine Erlösung gewesen, als zum Jahreswechsel das Eis die *Terra Nova* freigab und sie endlich in das offene Ross-Meer vorstießen. Dort aber wartete die nächste Enttäuschung.

Sie hatten Cape Crozier angesteuert, in der Hoffnung, an diesem Platz ihr Winterquartier aufschlagen zu können. Es war Wilsons Wunsch gewesen, weil sich dort eine Kolonie von Kaiser-Pinguinen befand, die er erforschen wollte. Auch für die Polreise wäre Cape Crozier ein idealer Ausgangspunkt gewesen. Das Kap bildete die östliche Spitze der Ross-

Insel, jener Insel zwischen dem McMurdo-Sund und der Großen Barriere, die von den Vulkanen Mount Erebus und Terror dominiert wurde. Wer hier sein Winterquartier aufschlug, war so gut wie auf der Barriere, der direkte Weg nach Süden lag offen vor ihm, und er konnte sich den langen Schlenker um White Island ersparen. Doch sie hatten am Cape Crozier wegen starken Seegangs nicht landen können. So waren sie weitergefahren in den McMurdo-Sund, und da endlich hatte das Glück sich ihnen hold gezeigt und diese weitläufige und geschützte Bucht im Windschatten einer Landzunge bereitgehalten. Zu Ehren des Zweiten Kommandanten, der ihr Schiff durch sein beherztes Handeln vor der Havarie bewahrt und sicher durch das Packeis gelotst hatte, hatte Scott den Platz «Cape Evans» getauft.

Einen Nachteil allerdings besaß ihr Standort. Von der Barriere und damit von der Route nach Süden trennte sie eine 15 Meilen breite Bucht. Derzeit war sie zwar zugefroren, das hieß, man konnte sie mit Schlitten überqueren. Aber wie lange würde das Eis halten? Auf der *Discovery* vor zehn Jahren hatten sie den McMurdo-Sund fast eisfrei vorgefunden. Sie waren bis an sein südliches Ende vorgestoßen und hatten dort, in unmittelbarer Nähe der Barriere, auf einer Landspitze, die sie Hut Point genannt hatten, ihr Winterquartier errichtet. Im folgenden Jahr aber war das Eis nicht aufgebrochen, und die *Discovery* blieb eingefroren. Im Jahr darauf waren sie nur knapp einer dritten Überwinterung entronnen und dies auch nur durch den Einsatz von Sprengstoff und mit Hilfe zweier Entsatzschiffe, die das Eis immer wieder gerammt und auf diese Weise der *Discovery* einen Kanal gebahnt hatten. Vor dem Hintergrund dieser Erfahrungen schätzte Scott die Chancen wenigstens zwei zu eins, dass das Meereis in der Bucht halten würde.

Brach es jedoch auf, dann hatten sie ein ernstes Problem. Dann war ihnen für den Rest des Sommers der Weg nach Süden versperrt. Die *Terra Nova* würde bald wieder abfahren; über Land jedoch, um die Bucht herum und die Küste der Ross-Insel entlang, führte kein Weg. Die Küste war mit zerklüfteten Gletschern überzogen, die von den Hängen des Mount Erebus hinab in den Sund stürzten und die ein geübter Alpinist kaum überwinden konnte, ganz zu schweigen von einem großen Team mit Schlitten, Ponys, Hunden und Proviant für viele Wochen.

Scott aber wollte noch vor dem Wintereinbruch einen Vorstoß nach

*Abbildung 11: McMurdo-Sund mit Eisberg, Cape Evans mit Hütte im Vorder-
und Western Mountains im Hintergrund, 1911. Foto: Herbert Ponting.*

Süden unternehmen, um ein Depot auf der Barriere anzulegen, das im
Frühjahr als Stützpunkt für den Marsch zum Pol dienen sollte. Dieser
Trip würde ihm auch Gelegenheit geben, Männer und Tiere auf Herz
und Nieren zu prüfen. Nichts brachte die Stärken und Schwächen eines
Mannes so deutlich ans Licht wie eine Schlittenreise über das Eis. Einige
der Jungen waren dem Captain gar zu übermütig. Es wurde Zeit, dass

sie erfuhren, was es wirklich hieß, ein Polarforscher zu sein … Der entscheidende Faktor indes waren die Ponys.

Beim Entladen des Schiffes hatte er feststellen müssen, dass auf die Motorschlitten kein Verlass war. Immer wieder hatte es Pannen gegeben, nichts Dramatisches zwar, aber die Fahrzeuge waren jedes Mal für eine Weile außer Gefecht gesetzt. Und Meares und Dmitrii hatten zwar bewiesen, was erprobte Schlittenführer aus einem Hundegespann herausholen konnten, aber deren Lastkapazität war begrenzt. Blieben die Ponys. Mit ihnen stand und fiel Scotts Transport, zumindest für den ersten Teil der Reise, über die Barriere.

Scott war sich alles andere als sicher, ob die Tiere die Hoffnungen, die er in sie gesetzt hatte, erfüllen würden. Er schob sein Journal auf dem Knie zurecht und setzte den Stift an: «Einige der Ponys erweisen sich als nicht so gut, wie ich erwartet habe; sie sind langsam und werden unweigerlich die schnelleren aufhalten … Dann bin ich nicht ganz sicher, dass sie die Kälte gut aushalten werden, und auf dieser ersten Reise könnten sie sehr harten Bedingungen ausgesetzt sein. Dann, natürlich, ist da die Gefahr, sie auf dünnem Eis oder durch Verletzungen zu verlieren. Obwohl wir jetzt 15 besitzen (zwei sind Campbells Ostgruppe zugeteilt), ist es alles andere als gewiss, dass uns dieselbe Zahl zur Verfügung steht, wenn in der kommenden Saison die Hauptreise beginnt. Man kann nur vorsichtig sein und das Beste hoffen.»

Scott überflog noch einmal das Geschriebene. Noch hatte er keine klare Vorstellung, wie er die Anlage des Depots bewerkstelligen sollte. Aber für heute war es genug. Er klappte das Journal zu, verstaute es unter dem Pullover, der ihm als Kopfkissen diente, und kroch in den Schlafsack. Das monotone Knattern der Zeltwand im Ohr, schlief er ein.

Hundstage_ _ _ _ _ _ _ _ _ _ _ _ _ _ _*Framheim, 15. Januar 1911*

Nach einem halben Jahr Faulenzerei an Bord war mit den Hunden nichts anzufangen. Die Männer verpassten ihnen eine Tracht Prügel, es hagelte Flüche, Tritte und Peitschenhiebe, und dennoch dauerte es eine kleine Ewigkeit, bis sie die acht Hunde angeschirrt und vor den Schlitten gespannt hatten. Als endlich alle paarweise hintereinander an der langen Leine hingen, war es elf Uhr vormittags.

Die Hunde waren das Herzstück in Amundsens Plan. Warum erst Shackleton und nun Scott auf Ponys setzten, war dem Norweger ein Rätsel. Nach allem, was er wusste, war die Oberfläche der Barriere wie geschaffen für Hundegespanne. Aber Hund war nicht gleich Hund. Amundsen schwor auf grönländische Eskimohunde, die er auf der *Gjøa*-Expedition kennen- und deren Eigenschaften er schätzen gelernt hatte. Sie galten als ursprünglichste und wildeste Hunderasse der Welt. Intelligent, kräftig, ausdauernd und dank einem zweilagigen Fell unempfindlich gegen Kälte, dienten sie den Eskimo seit Jahrtausenden als Zugtiere und Begleiter auf der Jagd und halfen ihnen so, deren hartes Leben in der Arktis zu meistern. Hart war auch das Leben der Hunde. Gehorchte einer nicht oder war er wegen Krankheit oder Alter nicht mehr in der Lage zu arbeiten, wurde er umstandslos getötet. Im Sommer mussten die Hunde sich in der Regel selbst ernähren; ihr Jagdinstinkt war daher ausgeprägt. Nicht minder ausgebildet war ihr Rudeltrieb. Um die Hierarchie im Pack fochten sie endlose Kämpfe aus, die nicht selten tödlich endeten. Als Nutztiere standen Grönlandhunde unter starkem Selektionsdruck. Nur die zähesten überlebten. Genau das machte sie für den norwegischen Polarforscher attraktiv. Allerdings brauchte es eine harte Hand, um ihnen einzubläuen, wer Herr war und wer Knecht.

Endlich hatten sie die Hunde so weit, dass jeder an seinem Platz im Geschirr blieb, und Amundsen konnte seine Position am Heck des Schlittens einnehmen. Als Chef fiel ihm die Ehre der ersten Fahrt zu.

Amundsen besaß einen Sinn fürs Theatralische. Er sah über die Schulter zum Schiff, das an der Eiskante lag, und bemerkte mit Befriedigung, dass sich an der Reling die gesamte Schiffsmannschaft eingefunden hatte, um dem Start beizuwohnen. Dann richtete er den Blick nach vorn auf sein Team. Der Anblick der acht kerngesunden, gut genährten, vor Kraft strotzenden Hunde wärmte sein Herz. Amundsen zog den

Schneeanker und gab Helmer Hanssen, der den Leithund am Zuggeschirr festhielt, mit der Hand ein Zeichen loszulassen. Er ließ die Peitsche in der Luft knallen, und die Hunde rannten los, dass es eine Freude
war. Als die Tiere anzogen, warf er einen triumphierenden Blick zurück
zum Schiff, doch das hätte er besser gelassen. Nachdem sie nur wenige
Schritte gelaufen waren, blieben die Hunde abrupt stehen. Als ob sie
sich abgesprochen hätten, setzten alle acht sich auf die Hinterbeine und
starrten einander mit großen Augen an.

Herr des Himmels!, fluchte Amundsen.

Gelächter schallte vom Schiff herüber.

Amundsen geriet in Rage. Er holte mit der Peitsche aus. Los, ihr Ra-
cker, brüllte er, euch werd' ich Beine machen! Ihr seid zum Arbeiten hier,
nicht zum Faulenzen! Undankbares Pack!

Die lange Lederpeitsche traf die Hunde auf Rücken und Köpfe.
Amundsen holte einmal, zweimal, dreimal aus. Die Hunde jaulten. Doch
anstatt sich in Bewegung zu setzen, was taten diese Schurken? Sie hielten es offenbar für den richtigen Moment, einen langgehegten Zwist
auszutragen. Wie die Furien fielen sie übereinander her. Im Nu entstand
ein heilloses Durcheinander. Die Hunde bellten und knurrten, die Männer fluchten und schrieen, und auf dem Schiff hielten sie sich die Bäuche vor Lachen. Hanssen und einige andere eilten Amundsen zu Hilfe.
Mit den Stielen ihrer Peitschen und mit Skistöcken fuhren sie zwischen
die Streitenden.

Mistkerle! Saubande! Elendes Pack! Platz! Sitz! Scheißköter! Dir
werd ich's zeigen! Gottverdammte Brut! Hurensöhne!

Es dauerte eine Weile, bis sie die Hunde unter Kontrolle und die
verworrenen Leinen entflochten hatten. Amundsen wischte sich den
Schweiß von der Stirn und atmete tief durch. Zu seinen Füßen duckte
sich Rasmus in den Schnee. Sicherheitshalber gab er ihm noch eins
hinter die Ohren. Dafür erntete er einen vorwurfsvollen Blick von
Hjalmar Johansen, der neben ihm stand und Ola am Genick gepackt
hielt.

Wenn ihr so weitermacht, seid ihr Weihnachten am Pol!

Der das rief, war Nilsen. Mochte ihn der Teufel holen.

Gut gemacht! Nur weiter so!

Die Männer auf dem Schiff amüsierten sich zweifellos köstlich.
Amundsen tat, als hörte er ihren Spott nicht.

Wir werden diese Biester samt dem Schlitten jetzt da hinaufschaffen, knurrte er. Jeder nimmt einen Hund, und los!

Mit vereinten Kräften zerrten sie die Hunde und den hölzernen Schlitten, der mit Ausrüstung und Proviant beladen war, über das Meereis zur Barriere.

Am Vortag hatten sie am östlichen Ende der Walbucht festgemacht. Im Zuge einer kleinen Erkundungstour auf Skiern, auf der ihn die Offiziere Nilsen, Prestrud und Johansen begleiteten, hatte Amundsen alles gefunden, was er suchte. Vor allem fand er seine Theorie bestätigt, dass die Große Barriere hier seit langer Zeit auf festem Grund liegen musste. Zweitens entdeckten sie einen mühelosen Zugang vom niedrigen Meereis auf die Barriere. Sie war im inneren östlichen Bereich nur gut zwanzig Fuß hoch, und der Raum dazwischen hatte sich mit Driftschnee gefüllt, so dass sie mit ihren Skiern nur eine mäßig steile Rampe hinaufgleiten mussten, um die geheimnisumwobene Eisplatte zu erklimmen. Oben brauchten sie nicht weit zu gehen, bis sie in ein Tal kamen, das sich zwischen Pressrücken erstreckte – länglichen Hügeln, die sich durch den Druck des Eisflusses aufgewölbt hatten und Schutz gegen stürmische Winde bieten würden. Hier, knapp zweieinhalb Meilen vom Schiff entfernt, hatten sie mit einem Skistock den Platz für ihr Winterquartier markiert. Auf halbem Weg wollten sie ein provisorisches Lager errichten, wo sie und die Hunde kampieren würden, während Stubberud und Bjaaland die Hütte aufstellten. Zu diesem Zwischenlager schleiften sie jetzt die Hunde und den Schlitten.

Nach einigen hundert Schritten ging es besser. Die Hunde begannen, so stark zu ziehen, dass sie den Schlitten allein bewegten. Amundsen nahm seinen Platz am Heck wieder ein. Bald steigerten sie das Tempo zu einem lockeren Galopp. Der Schlitten nahm Fahrt auf, und Amundsen musste sich ins Zeug legen, um Schritt zu halten. Seine Laune besserte sich. Doch dann merkte er, dass sie vom Kurs abkamen. Iu, iu, iu, iu!, rief er – ein Befehl in Eskimo-Sprache, der dem Leithund klarmachte, dass er nach links ziehen sollte. Als zusätzliches Signal ließ er die Peitsche auf die entsprechende Seite knallen, aber vergebens, die Hunde zogen nicht nur weiter nach rechts, sie beschleunigten sogar, und nun sah Amundsen auch den Grund für ihren plötzlichen Eifer: Das Rudel hatte es auf einige Robben abgesehen, die ahnungslos in der Sonne badeten. Ahhhhhu!, brüllte er, was so viel bedeutete wie Anhalten, und zielte mit

der Peitsche auf ihre Rücken, aber das schien sie nur noch mehr anzusta-
cheln. Die Hunde liefen in gestrecktem Galopp. Amundsen sprang auf
den fahrenden Schlitten und drückte ihn mit seinem ganzen Körper-
gewicht in den Schnee. Das bremste das Gespann, aber zum Stehen kam
es erst, als der Lenker den Schlitten mit einem Ruck umwarf.

Amundsen atmete schwer, vor Anstrengung und Wut. Vielleicht hätte
ich doch lieber gezähmte Eisbären mitnehmen sollen, schimpfte er halb-
laut und ging sogleich daran, den Hunden ihre Abreibung zu verpassen.
Kurz darauf kamen auch seine Männer und legten mit Hand an.

Als alle Hunde sich kleinlaut und winselnd in den Schnee duckten,
sagte Johansen: Ich habe das Gefühl, dass wir mit roher Gewalt nicht
weiterkommen. Irgendwas stimmt mit diesen Hunden nicht.

Johansen hatte leise gesprochen und niemanden angeschaut, aber
Amundsen wusste, wer gemeint war. Amundsen besaß eine feine Antenne für Kritik – und für die Gefahren, die einem Anführer drohten,
der sich von seinen Untergebenen allzu leichtfertig kritisieren ließ. Es
war stets eine Gratwanderung. Ein kluger Führer tat gut daran, ein offenes Ohr für die Ideen seiner Leute zu haben. Aber es musste immer klar
bleiben, wer der Chef war. Und genau da witterte Amundsen bei Johansen ein Problem. Johansen stammte wie Bjaaland aus Telemark, der
Wiege des Skisports, er war Meisterturner gewesen, älter als sein Chef
und ihm an Erfahrung im Eis überlegen. Johansen hatte Nansen auf
dessen legendärer Reise über das Nordpolareis begleitet und ihm das
Leben gerettet. Zu alledem war Johansen ein exzellenter Hundeführer,
nicht bloß ein passabler, wie Amundsen. Amundsen gab sich da keinen
Illusionen hin. Aber er wollte sich keine Blöße geben.

Man muss den Kötern zeigen, wer der Herr im Haus ist, beharrte er.

Vielleicht hat Johansen Recht, mischte sich Hanssen ein. Hanssen
bildete mit Johansen und Sverre Hassel das Trio der Hundeexperten auf
dieser Expedition. Aber während Johansen von Nansen kam, war Hanssen Amundsens Mann. Obwohl fast zwei Jahre älter als sein Chef blickte
er zu ihm auf wie zu einem Vater. Hanssen hatte den Umgang mit Es-
kimo-Hunden während der *Gjøa*-Fahrt in Nordkanada erlernt; schnell
hatte sich gezeigt, dass der Mann aus Vesterålen nicht nur gelehrig war,
sondern ein besonderes Händchen für diese eigenwilligen Tiere besaß.
Amundsen sah ihn mit hochgezogenen Brauen an.

Ich meine, sagte Hanssen, vielleicht liegt es am Zuggeschirr. Vielleicht mögen sie dieses Alaska-Ding nicht, und wir sollten es machen wie in Grönland und den Fächer verwenden.

Mit Alaska-Ding meinte Hanssen, dass die Hunde paarweise an einer zentralen Leine angebunden waren. In Grönland hingegen, woher diese Hunde stammten, war es üblich, jeden Hund mit einer eigenen Leine an den Schlitten zu binden. Diese Methode wurde der «Fächer» genannt. Beide Stile hatten ihre Vor- und Nachteile.

Wir haben das Alaska-Geschirr nicht aus Jux und Tollerei gewählt, sagte Amundsen. Die Kraftübertragung ist besser, und es schont das Fell. Hanssen, du erinnerst dich bestimmt an die Druckstellen, die unsere Hunde auf längeren Touren bekamen?

Und wie ich mich erinnere, Chef, brummte Hanssen, die armen Viecher waren ganz wund. Später, in Alaska, haben wir gesehen, dass es auch anders geht. Aber diese Hunde kennen den Unterschied nicht. Die kennen nur die Art, wie sie es in Grönland seit Urzeiten machen. Du verstehst, was ich meine?

Ich verstehe, sagte Amundsen. Vielleicht hast du Recht, und die Hunde laufen besser im Grönland-Geschirr. Wir werden sehen. Aber jetzt und hier können wir nichts ändern. Wir müssen den Schlitten mit den Hunden irgendwie auf die Barriere bringen. Und wenn sie dabei draufgehen.

Damit war die Diskussion beendet. Irgendwie schafften sie es tatsächlich bis zum ersten Lagerplatz auf der Barriere. Hier bauten sie ein großes Zelt für 16 Mann auf und deponierten darin einen Kocher, Proviant und fünf Schlafsäcke. Um das Zelt legten sie Drahtseile aus, in der Form eines Dreieckes, und befestigten sie mit Schneeankern. An den Seilen sollten ab morgen die Hunde angebunden werden.

Mit den erprobten Überredungskünsten brachten sie das Gespann dazu, auch die zweite Hälfte der Strecke zurückzulegen, bis zu jenem Skistock, den Amundsen am Vortag in die Barriere gesteckt hatte.

Willkommen in Framheim, sagte er. Ihr Heim sollte den Namen des Schiffes tragen, das sie hergebracht hatte und das sie in einem Jahr wieder abholen würde. Nachdem sie die Lage der Hütte festgelegt und in den Schnee eingezeichnet hatten – in Ost-West-Richtung, mit dem Eingang nach Westen, um dem Wind möglichst wenig Angriffsfläche zu bieten –, errichteten sie auch hier ein 16-Mann-Zelt, das zugleich als Werkstatt für die Zimmerleute und als Schlafplatz für Amundsen, Bjaa-

Abbildung 12: Lasttransport in der Bucht der Wale, Januar 1911.

land und Stubberud dienen sollte. Darüber wurde es Abend. Mit dem Abend kam die richtige Kälte, und die Große Barriere, die eben noch ein reizvoller Ort gewesen war, ein Ort für Taten und Abenteuer, wirkte auf einmal trostlos und feindselig. Die Männer fröstelten. Sie spürten, wie müde sie waren nach der Plackerei.

Auf dem Rückweg zogen die Hunde williger. Es ging bergab, und sie wussten offenbar, dass beim Schiff Futter wartete. Auf dem Schlitten lag nur mehr ein Bündel Stangen mit schwarzen Wimpeln. Davon steckten die Männer alle 15 Schritte eine in den Schnee und markierten so die gesamte Strecke von Framheim bis zum Zwischenlager und von dort bis zum Schiff. Mit ihrer Hilfe würden sie den Weg auch im Nebel oder Schneetreiben finden.

Als sie die *Fram* erreichten, stellte Amundsen befriedigt fest, dass die Schiffsmannschaft nicht müßig gewesen war. Vor dem Schiff lagen mehrere tote Robben. Der Schnee war von Blutspuren durchzogen, und am Himmel drehte sich eine Wolke kreischender Skuas. Die Hunde an Bord heulten. Sie witterten das frische Fleisch. Amundsens Team stimmte sogleich ein.

Das sieht ja aus wie in der neuen Fleischhalle in Kristiania, rief Amundsen erfreut.

Man tut, was man kann, sagte Nilsen mit gespielter Bescheidenheit.

Nach der großen Raubtierfütterung – erst die Hunde, dann die Männer – rief Amundsen die gesamte Mannschaft zu einer Besprechung, um ihnen nochmals den Arbeitsablauf für die kommenden Tage und Wochen zu erläutern.

Morgen würden sie achtzig Hunde landen, sechs Teams, und eine erste Ladung Proviant und Baumaterial in die beiden Lager schaffen. Stubberud und Bjaaland würden sofort mit dem Ausheben des Fundaments für die Hütte beginnen, während die übrigen sechs der Landungsmannschaft den Transport von Vorräten und Ausrüstung nach Framheim übernahmen. Die Schiffsbesatzung würde die Ladung aus dem Frachtraum der *Fram* heraufholen und an Deck bereithalten, bis ein oder mehrere Schlitten eintrafen. Nichts dürfe über längere Zeit auf dem Eis gelagert werden, für den Fall, dass es aufbrach. Die Schlitten seien jeweils mit rund 660 Pfund zu beladen, das entspreche sechs Kisten pro Schlitten. Insgesamt seien neunhundert Kisten zu landen, plus das Holz für die Hütte und das Robbenfleisch. Wer von der Schiffsmannschaft nicht zum Ausladen benötigt würde, solle Robben und Pinguine jagen, je mehr, desto besser. Solange das Wetter hielt, würde es keine freien Tage geben. Sie mussten ohnehin damit rechnen, dass Schneestürme immer wieder für Zwangspausen sorgen würden. Er hoffe jedoch, dass sie bis Ende des Monats alles unter Dach und Fach hätten. Noch Fragen?

Wenn nicht, dann rate ich euch: Haut euch bald aufs Ohr, schloss Amundsen seinen Vortrag. Vor uns liegen viele Tage harter Arbeit. Wie ihr gesehen habt, werden nicht zuletzt die Hundeführer alle ihre Kräfte brauchen. Gute Nacht, meine Herren.

Antarktis-Touristen_ _ _*Cape Evans – Cape Royds, 15. Januar 1911*

Mit seinem breiten, sanft abfallenden Sockel und dem runden, zerfurchten Gipfel, aus dem allezeit, wie aus der Pfeife eines alten Müßiggängers, gelassen Rauch aufstieg, wachte Mount Erebus wie ein gütiger Vater über sein kristallines Reich. An diesem Vormittag erinnerte wenig daran, dass der Vulkan den Namen eines Gottes der Finsternis trug. Die Sonne stand hoch im Nordosten, und ihr Licht glitzerte auf den flachen Hängen, in die der Berg nach Westen hin auslief. Auf einem dieser Hänge, oberhalb von Cape Evans und etwa elf Meilen vom Krater entfernt, ging es lustig zu wie auf dem Anfängerhügel eines Wintersportorts in den Schweizer Alpen. Nach der Messe, die Captain Scott auf dem Schotterstrand vor dem Bauplatz ihres Winterquartiers gelesen hatte, nutzten die Expeditionsteilnehmer ihren ersten freien Tag seit der Landung, um dem jungen Sport des Skifahrens zu frönen. In einer langen Spur, wie auf einer Ameisenstraße, stapften die Eleven, die Skier über den Schultern, den Hang hinauf. Den meisten wurde dabei so warm, dass sie die Pullover auszogen.

Die Fortgeschrittenen versuchten, ihre Abfahrt zu kontrollieren, indem sie mit den Skispitzen einen «Pflug» formten, doch die meisten sausten einfach im Schuss den Berg hinunter, in der Hoffnung, an dessen unterem Ende eine Schneewehe zu treffen, die ihren Lauf aufhielt, bevor er an einem freiliegenden Lavablock oder im Geröll der steilen Rampe endete, die zum Kap hinunterführte. Alle Nase lang stürzte jemand. Aber die Sportler hatten hörbar viel Spaß an der Sache. Ihre anfeuernden Rufe und sarkastischen Kommentare waren weithin zu hören.

Nicht jeder beteiligte sich an dem heiteren Treiben. Zwei Fußgänger hatten sich so weit vom Lager entfernt, dass der Lärm nicht mehr an ihre Ohren drang. Die beiden überquerten den Barne-Gletscher, eine mehrere Meilen breite Eismasse, die nördlich von Cape Evans in langen Wellen den Mount Erebus hinabfloss und in einer hohen Klippe in den Sund abbrach. Ihre Art, sich fortzubewegen, erinnerte aus der Ferne an die Balzrituale exotischer Insekten. Immer nur einer bewegte sich, teils laufend, teils hüpfend, ein Stück vorwärts, während der andere sich hinkauerte. Nachdem der eine ein paar Schritte und einen Sprung gemacht hatte, tauschten sie die Rollen, so dass sie sich fortwährend gegenseitig überholten und ihrer Bewegung über die große weiße Fläche etwas Ruckartiges eignete.

Den Barne-Gletscher durchzogen Spalten, die mit einer dünnen Schneekruste bedeckt und daher selbst aus der Nähe nur für ein kundiges Auge zu erkennen waren. Über diese Spalten sprangen die beiden Wanderer abwechselnd, wobei der eine den anderen mit einem Seil sicherte, dessen Enden sie um ihre Hüften geschlungen hatten. Sie trugen Rucksäcke und breitkrempige Hüte und hielten jeder einen Eispickel in der Hand. Beide hatten in Cambridge studiert, und eines schönen Tages im Frühjahr 1910 waren sie von ihrer Universität zu Fuß nach Westminster aufgebrochen, wo sich das Büro der Britischen Antarktis-Expedition befand. Sie hatten die Strecke, immerhin fünfzig englische Meilen, an einem Tag zurückgelegt – eine Leistung, die die Organisatoren davon überzeugt hatte, dass diese beiden jungen Wissenschaftler ein Gewinn für ihre Expedition sein würden. Und so waren Thomas Griffith Taylor und Charles «Silas» Wright mit Scott in die Antarktis gefahren. Taylor, der Ältere, trug einen buschigen Schnauzbart. Er war in Australien aufgewachsen und hatte Geowissenschaften studiert. Wright war erst 23 Jahre alt und stammte aus Kanada. Von Haus aus Physiker, hatte Scott ihn kurzerhand zum Glaziologen befördert. Er sollte der Natur von Eis und Schnee auf den Grund gehen. Die Natur betrachtete Wright durch eine Brille, die auf seiner spitzen Nase saß.

Die beiden Wanderer kamen heile über den Gletscher, erklommen die Seitenmoräne und wanderten von dort in zügigem Tempo nach Nordwesten bergab, bis sie die Küste bei einer Bucht erreichten. Vor ihnen erhob sich eine Kette halb mit Schnee bedeckter, halb nackter Hügel. Von jenseits der Hügel klang heiseres Geschrei an ihre Ohren – eine Pinguinkolonie. Dann sahen sie etwas, das auf die Anwesenheit einer anderen Lebensform hindeutete: In einem Schneehaufen steckte ein langer Bambus-Stab.

Nachdem sie den Fund inspiziert hatten, folgten Taylor und Wright der Küstenlinie bis zu einer Landspitze. Bald stießen sie auf weitere Relikte früherer Bewohner: einen Schlitten, mit Dosenfleisch beladen, eine Leiter sowie die Röhren eines Bohrapparats. Schlittenspuren führten ins Innere einer Halbinsel. Sie folgten ihnen über eine Hügelkuppe, und da, in einer Mulde, neben einem kleinen gefrorenen See, stand Shackletons Hütte.

Taylor und Wright befanden sich auf Cape Royds. Hier hatten Shackleton und seine Leute einen Winter verbracht. Der Platz sah genauso aus, wie er in Shackletons Buch *The Heart of the Antarctic* beschrieben und abgebildet war. Nur etwas unaufgeräumter. Unzählige leere Kisten und Dosen lagen um die Hütte verstreut, Haufen von Kohlenbruch, dazwischen Holzbretter, Werkzeug, Ofenrohre, ein Wagenrad, leere Flaschen und anderer Unrat.

Ich fürchte, auf Cape Evans wird es nicht anders aussehen, wenn wir in ein oder zwei Jahren wieder abreisen, sagte Wright.

Sie standen vor dem Eingang zur Hütte, einem kleinen kompakten Bau aus Holz mit Walmdach. Die Türschwelle wurde von einer vereisten Schneewehe verbarrikadiert. Taylor löste ein Kuvert aus Wachspapier, das an das Türblatt geheftet war, und öffnete es.

Nanu, die Schrift kenne ich, sagte er. Das hat mein alter Prof geschrieben.

Wie klein die Welt war. Edgeworth David, der in Sydney Geologie lehrte, hatte Shackleton in die Antarktis begleitet. Er hatte, bereits fünfzigjährig, den Mount Erebus bestiegen und eine Forschergruppe zum magnetischen Pol geführt. Einer seiner Studenten, Douglas Mawson, war mit von der Partie gewesen und bereitete nun von Australien aus eine eigene Antarktis-Expedition vor. Auch die Geologen in Scotts Team, Taylor eingeschlossen, hatten allesamt bei Professor David studiert.

Taylor überflog den Brief. Er enthielt einen kurzen Abriss der wissenschaftlichen Erträge von Shackletons Expedition, «für den Fall, dass die *Nimrod* auf ihrer Heimreise untergehen sollte».

Sie begannen das Eis von der Türschwelle zu hacken. Es war ein Stück Arbeit, bis sie die Tür weit genug aufbekamen, um hineinschlüpfen zu können. Innen war es stockdunkel. Sie stemmten eines der vernagelten Fenster auf. Licht fiel auf eine gespenstische Szenerie. Der Raum wirkte so, als ob seine Bewohner ihn soeben verlassen hätten. Die Wolldecken in den Kojen waren zerwühlt, in einer lag ein Buch, in einer anderen eine aufgeschlagene Zeitschrift, in wieder einer anderen ein Pullover, auf einer Leine hingen Socken. Stiefel lagen verstreut auf dem Boden. 15 Männer hatten hier monatelang auf einer Fläche von zehn mal sechs Schritten zusammengelebt; zwischen diesen Wänden hatten sie gegessen und geschlafen, sich unterhalten und geschwiegen, gearbeitet und gefeiert. Auf dem niedrigen Tisch in der Mitte standen die Reste

Abbildung 13: Mount Erebus, 15. Januar 1911. Foto: Herbert Ponting.

einer nicht zu Ende gegessenen Mahlzeit: Kondensmilch, Zwieback, Marmelade und Lebkuchen. Wright nahm ein Stück und kostete.

Mmm, noch genießbar, sagte er.

Taylor ging zum Kopfende der Hütte, wo ein breiter gusseiserner Ofen stand. Er legte eine Hand auf das Eisen, wie um zu prüfen, ob es noch warm war. Auf einem Backblech lagen einige Scones und ein Laib Brot. Er hob das Brot hoch. Die äußere Schicht löste sich ab. Zurück blieb ein kugelförmiges Etwas.

Ein typischer Fall von sphäroidaler Verwitterung, sagte Taylor und wandte sich einem Regal zu, das aus Kisten mit dem Aufdruck «British Antarctic Expedition 1907» gezimmert und mit Lebensmittelkonserven gefüllt war.

Schau einer an, murmelte er. Wenn wir eine Weile hier festsäßen, müssten wir zumindest nicht hungern.

Gibt es eingemachte Früchte?, wollte Wright wissen. Obst vermisste er am meisten an ihrer Polarforscher-Diät.

Schauen wir mal, was wir haben, sagte Taylor. Sie gingen das Regal durch: Fry's Cocoa, Colman's Stärke, Heinz India Relish, Bird's Eipulver, Bovril Invalids Fleischextrakt, Huntley & Palmers Vollkorn-Zwieback, Nestlé Milchpulver, Hartley's Rote Johannisbeer-Marmelade, Lyles Golden Syrup, Cookesley's Schottische Brühe, Brand's Zwiebelpulver, McDoddies Rotkohl, Worcester Sauce, Moir's Lunch Tongue, York Schinken, Irish Stew, Hase in Curry, gekochtes Hammelfleisch, eingelegte Gurken, getrocknete Erbsen, Linsen, Pastinaken in Dosen … Ein Gemischtwarenladen mitten in der Antarktis!

Alles, nur kein Obst, seufzte Wright.

Es gab noch mehr Regale, die sie ebenfalls durchsuchten – ohne Erfolg.

Da!, rief Wright und zeigte auf die Wand der Dunkelkammer neben der Tür. Sie war aus Kisten gebaut, die, nach der Aufschrift zu urteilen, mit eingelegten Früchten gefüllt waren. Er brach eine der Kisten mit dem Eispickel auf und griff hinein. Ein Glas Stachelbeeren kam zum Vorschein. Er griff nochmals hinein und zog ein Glas Johannisbeeren hervor. Sie hatten die Kälte unversehrt überstanden.

Wright grinste: Ich finde, die erste Überquerung des Barne-Gletschers sollte gebührend gefeiert werden.

Captain Scott löst eine Rechenaufgabe _ _ _ _ *Cape Evans, 16. bis 22. Januar 1911*

Das Ganze war eine Rechenaufgabe, eine Gleichung mit mehreren Unbekannten. Man musste von der Entfernung A ausgehen, geteilt durch die Länge B eines durchschnittlichen Tagesmarschs. B war ein Erfahrungswert, der von der Geschwindigkeit des langsamsten Mitglieds der Reisegruppe abhing. A durch B ergab C, nämlich die Anzahl von Tagen, die man unterwegs sein würde.

Von Cape Evans bis zum Südpol und zurück waren es rund 1500 Meilen Luftlinie. Wenn man annahm, dass eine Reisegruppe im Durchschnitt 12 Meilen pro Tag zurücklegte, so wären sie 125 Tage oder vier Monate unterwegs.

Dann musste man wissen, wie viel Nähr- oder Brennstoff die jeweiligen Transportmittel pro Tag benötigten, und die Mengen in Gewicht umrechnen. Motortraktoren zählten in dieser Hinsicht nicht anders als Männer, Pferde und Hunde: Alle waren auf Energiezufuhr angewiesen, ob diese nun aus Pemmikan, Heu, Zwieback oder Benzin bestand. Weil die Nahrung teilweise im Kocher zubereitet werden musste, war auch der Petroleumverbrauch pro Mann und Tag zu berücksichtigen. Der tägliche Bedarf an Nähr- und Brennstoffen für die jeweiligen Transportmittel werde E_1, E_2 … E_X genannt, dann ergäbe E multipliziert mit der jeweiligen Anzahl der Transportmittel D, also $E_1 * D_1 + E_2 * D_2 + … + E_X * D_X$, den täglichen Bedarf F der gesamten Gruppe. Multiplizierte man F wiederum mit der Anzahl von Tagen C, so erhielt man die Gesamtmenge G des benötigten Proviants. Hinzuzurechnen war das Gewicht H der nicht zum Verbrauch bestimmten Ausrüstung: Schlitten, Zelte, Kocher, Schlafsäcke, Skier, Seile, Werkzeug, Instrumente und so weiter. H hing von der Anzahl der Reisenden und Art der Transportmittel ab. Vier Mann teilten sich ein Zelt und einen Kocher. Hunde, Pferde und Motorschlitten brauchten zwar weder Zelt noch Schlafsack, aber Pferde zum Beispiel benötigten Zaumzeug und Decken, Motorschlitten Ersatzteile und Werkzeug. G plus H ergab J. J war das gesamte tote Gewicht, das die Gruppe im Moment des Starts zu bewegen hatte.

Man musste den gesamten Proviant mitschleppen, denn sie würden auf der Reise zum Südpol nichts Essbares finden. Wasser dagegen war genügend vorhanden, allerdings nur in gefrorenem Zustand. Es musste aufgetaut werden. Der hierfür benötigte Brennstoff war in F einzurechnen, wodurch sich auch G und J entsprechend erhöhten.

Nun musste man J mit den Lastkapazitäten K vergleichen. Die waren sehr verschieden. Ein Mann zog mehr als ein Hund, aber weniger als ein Pferd oder ein Motorschlitten, daher K_1, K_2, K_3 und so weiter. Welcher Buchstabe bezeichnete noch die jeweilige Anzahl der Transportmittel? Genau: D. Um also die Tragekapazität L der ganzen Gruppe zu errechnen, musste man D mit K multiplizieren, genauer gesagt D_1 mit K_1, D_2 mit K_2 und so weiter und die Produkte addieren: $D_1 * K_1 + D_2 * K_2 + … + K_X * D_X$. Jetzt hieß es die Lastkapazität L mit dem toten Gewicht J zu vergleichen. War L größer als J, so standen die Chancen nicht schlecht, dass sie ihr Ziel, den Pol, erreichen würden.

Doch egal, wie Captain Scott die Variablen manipulierte, ob er nun den Hunden mehr auf die Schlitten lud, den Männern die Rationen kürzte oder mehr Pferde mitnahm, unterm Strich blieb L stets kleiner als J. Es sei denn, man verringerte die Entfernung A. Doch das würde bedeuten, dass sie nicht bis zum Südpol kommen würden, oder vielmehr, sie würden wohl bis zum Pol, aber nicht zu ihrem Winterquartier im McMurdo-Sund zurückkommen.

An diesem Punkt war jedoch Folgendes zu bedenken: Das Gesamtgewicht J reduzierte sich jeden Tag um das täglich verbrauchte Gewicht F. Das bedeutete zwar nicht, dass die Geschwindigkeit der Gruppe sich erhöhte, denn diese hing zu sehr von externen Faktoren wie dem Wetter und der Beschaffenheit der Oberfläche ab. Zudem wurde sie durch die Erschöpfung der Teilnehmer ausgeglichen, die mit der Dauer der Reise zunahm – alles Variablen, die bereits in die Länge B des durchschnittlichen Tagesmarschs eingeflossen waren. Aber die Gewichtsabnahme hatte einen anderen Effekt: Man konnte alle soundso viele Tage auf Transportkräfte verzichten. Man konnte sie entweder zurückschicken oder, im Fall der Motortraktoren, einfach stehen lassen oder aber, im Fall der Ponys, konnte man sie essen. Auf diese Weise verringerte sich die Zahl der Esser oder – noch besser – Esser wurden zu Nahrungsmitteln.

Man konnte zudem einen Teil des Proviants, den man nur für den Rückweg benötigte, unterwegs deponieren und damit für einen Teil des Wegs einen Teil des Gewichts einsparen. Auch diese Abzüge mussten in die Rechnung einfließen. Und schließlich war da das große Depot, das Scott noch im Herbst anlegen wollte: In wenigen Tagen würde er mit einigen Leuten aufbrechen, um für die kommende Saison möglichst weit südlich auf der Barriere möglichst viel Proviant zu deponieren. Dessen Gewicht M und Entfernung vom Cape Evans N waren hoffentlich die entscheidenden Faktoren, mit denen Scotts Südpol-Gleichung am Ende doch aufgehen würde.

Roald Amundsen schreibt einen Brief _ _ _ _ _ _ *Bucht der Wale,*
21. Januar 1911

Seit dem 9. September, als Leon in Funchal von Bord gegangen war, hatte Roald nichts von seinem Bruder gehört – und der nichts von ihm. Tatsächlich hätten Einsiedler in ihrer Klause sich nicht besser von der Welt abschotten können als die Crew der *Fram* auf ihrer einsamen Fahrt in das südliche Eismeer. So wusste Roald auch nicht, wie die Heimat auf die Änderung seiner Pläne reagiert hatte, was der König, was die Öffentlichkeit und vor allem, was Nansen dazu gesagt hatten. Roald war sich im Klaren darüber, dass er Nansen böse getäuscht hatte. Nicht nur, dass der Professor selbst mit dem Gedanken gespielt hatte, zum Südpol zu fahren – als norwegischer Botschafter hatte er auch die Wogen glätten müssen, die Amundsens Schritt in London zweifellos aufgerührt hatte. Roald hatte Nansen daher einen langen Brief geschrieben und Leon mitgegeben, in dem er seinem Förderer versucht hatte zu erklären, warum er selbst ihn hatte täuschen müssen. Doch wie Nansen seine Entschuldigung aufgenommen hatte, wusste Roald Amundsen nicht. Letztlich war es auch unerheblich. Jetzt ging es nur mehr darum, dass er als Erster am Pol stand. Das allein war jetzt seine Aufgabe. Leon saß derweil in Kristiania und führte seit Monaten die Geschäfte einer Expedition, von der er nicht wusste, ob sie überhaupt ihren Ausgangspunkt in der Antarktis erreicht hatte. Er konnte den Leuten – Geldgebern, Zeitungen, den Angehörigen der Crew – nichts präsentieren als Roalds Pläne. Im Übrigen musste er Optimist sein und davon ausgehen, dass diese Schritt für Schritt Realität wurden. Umso dringender war es, dass Leon so bald wie möglich erfuhr, wie die Überfahrt gelaufen war und wie die Dinge in der Bucht der Wale standen. Roald setzte sich daher immer wieder hin und schrieb an einem Brief, den er Nilsen mitgeben und den dieser in Buenos Aires aufgeben würde. Ein Teil von dem, was Roald zu Papier brachte, war nur für die Augen seines Bruders bestimmt, während er bei anderen Passagen bereits ein größeres Publikum im Blick hatte. Sie waren Bausteine für zukünftige Pressemitteilungen.

«Am 11. Januar erreichten wir ohne schwierikkeiten die große eisbarriere. Du kannst dir nicht vorstellen, was für ein gewaltiger anblikk das war. So weit wie das auge von ost nach west sehen konnte, erhob sich die 100 fuß hohe eiswand in den himmel. Am nächsten tag fanden wir die weite bucht in der eiswüste, in der ich unterschlupfen wollte. Am 14. lekten wir an der eiskante an, um die lage zu sondieren. Fanden sogleich einen geeigneten platz für unser quartier.» Roald Amundsen kultivierte seine eigene Rechtschreibung. So schrieb er – was damals im Norwegischen noch unüblich war – Hauptwörter klein, und wo die Aussprache danach klang, ersetzte er das stimmhafte G durch das stimmlose K.

Roald schilderte seinem Bruder die stabile und gemütliche Hütte, die unter Stubberuds und Bjaalands geschickten Händen gerade auf der Barriere entstand. Sie war von 14 hohen Armeezelten umgeben, ein imposantes Lager. Sie hatten es Framheim genannt.

«Und solide wie unser gebäude sind die männer, die es bewohnen. Ein tüchtigerer und angenehmerer haufen von kameraden als die 8, die mir hierher gefolkt sind, fände man nirgends sonst. Singen, gelächter und jubel überall.»

Nach so viel eitel Sonnenschein kam die schlechte Nachricht für Leon: «Es stimmt, ich habe die heuer um 50% erhöht für alle, die an bord bleiben. Ich fand das angemessen, weil sie ja die interessante tour, die wir unternehmen, nicht mitmachen dürfen. Ich weiß nicht, ob die expeditionskasse das hergibt, aber sie wird es aushalten müssen. Du weißt selbst am besten, wie du das regelst. Tu einfach, was du für richtik hältst.» Die Expeditionskasse hatte bereits bei ihrer Abreise ein gähnendes Loch aufgewiesen, und die Richtungsänderung vom Nord- zum Südpol war gewiss nicht geeignet gewesen, die Gläubiger zu beruhigen. Doch Roald vertraute darauf, dass der finanzielle Genius seines Bruders auch für diese Geste, die sein Gerechtigkeitsempfinden ihm eingegeben hatte, die nötigen Mittel auftreiben würde.

Überstürzter Aufbruch _ _ _ _ _ _ _ _ *Cape Evans, 23. Januar 1911*

Tagelang saß Captain Scott, den Blicken seiner Männer entzogen, in seinem Zelt auf Cape Evans und grübelte über der Gleichung, die er lösen musste, wenn er den Südpol für das Empire erobern wollte. Blatt um Blatt füllte er mit Tabellen und Zahlenreihen, erhöhte diese, verringerte jene Variable, addierte, multiplizierte, dividierte, verrechnete sich, strich Ziffern oder Zahlenkolonnen durch, klopfte seine Pfeife aus, stopfte sie, zündete sie wieder an, rechnete nochmals, verglich und korrigierte Listen, stürzte aus dem Zelt, rief nach Bowers, dem Stauermeister, und fragte ihn nach dem Gewicht eines Artikels, beriet sich mit Wilson und verschwand wieder für Stunden in seinem grünen Kuppelzelt.

So eine Polreise war eine vertrackte Knobelei, und dabei hatte er Sicherheitsmargen für Unfälle, Krankheiten und andere Missgeschicke bei seinen Berechnungen bisher außen vor gelassen.

Ebenso wenig hatte Scott damit gerechnet, dass das 15 Meilen breite Meereis zwischen Cape Evans und Hut Point, ihre einzige Verbindung nach Süden, so früh aufbrechen würde. Noch hielt das Eis, aber seit kurzem zeigte es alarmierende Auflösungserscheinungen. Schon war es so brüchig, dass man es nicht mehr voll belasten konnte. Scott befahl daher am 23. Januar 1911, die gesamte Ausrüstung und den Proviant für die Depotreise wieder auf die *Terra Nova* zu verladen, die schon zur Rückfahrt nach Neuseeland bereitlag. Nur die Ponys, denen er eine weitere Schiffsreise, und sei sie noch so kurz, nicht zumuten wollte, sollten über das Eis geführt werden, während die *Terra Nova* alles Übrige samt den Hunden an der Eiskante vor Hut Point ablud, bevor sie davonsegeln durfte.

Scotts Befehl versetzte das gesamte Lager in einen Zustand fieberhafter Hektik. Elf Männer erfuhren, dass sie für die Depotreise ausgewählt waren, und hatten sich innerhalb weniger Stunden marschbereit zu machen. Arbeiten waren in Windeseile abzuschließen oder zu übergeben. Sie mussten Abschiedsbriefe schreiben und ihre Sachen packen für einen Marsch, der sie mehrere Wochen, unter Umständen sogar monatelang vom Winterquartier auf Cape Evans wegführen würde. Zwölf Pfund an persönlicher Habe, zusätzlich zu dem, was einer am Leibe trug, gestand die Gleichung des Eigners jedem Mann zu. Davon machte die Reservekleidung das meiste aus – Kleinkram wie Nähzeug oder Sicherheitsnadeln fiel kaum ins Gewicht, ein Tagebuch mehr. Die Auserwählten sahen sich mit schwerwiegenden Fragen konfrontiert: ob sie ein Paar Socken zurücklassen und dafür mehr Tabak mitnehmen sollten, oder welche Art Lektüre das günstigste Verhältnis von geistigem Gehalt und Gewicht bot. Lyrik? Oder doch lieber ein geologisches Fachbuch?

Der überstürzte Aufbruch zur Depotreise, notwendig geworden durch das frühzeitige Aufbrechen des Meereises, verlangte der gesamten Mannschaft vollen Einsatz ab, und das, nachdem sie in den vergangenen drei Wochen rund um die Uhr gearbeitet hatten. Scott schrieb einen Stapel Briefe – an Kathleen, an seine Mutter, seine Schwestern, an seine Vorgesetzten in der Royal Navy, an Freunde und Förderer der Expedition, an Sponsoren und Lieferanten. Auch musste er Anordnungen für die Zukunft treffen, falls nämlich die Expedition im kommenden Sommer den Pol nicht erreichen würde und sie gezwungen wären, ihren Aufenthalt in der Antarktis um ein Jahr zu verlängern. Für diesen Fall musste Scott schon jetzt Proviant, Ausrüstung und frische Lasttiere or-

Abbildung 14:
Der Stauermeister:
Lieutenant Henry «Birdie»
Bowers, 1911.
Foto: Herbert Ponting.

dern, damit die *Terra Nova* sie bei ihrer Rückkehr in einem Jahr mitbringen konnte. Unter anderem orderte er, auf Anraten des Stallmeisters, sieben indische Maultiere.

Die meiste Arbeit aber hatte Lieutenant Bowers. Der Stauermeister würde in den nächsten drei Tagen keine Stunde Schlaf finden. Er hatte das Verpacken der Ausrüstung und deren Verladen zu überwachen – das große J in Scotts Gleichung.

Henry Bowers, von schottischer Abstammung und Lieutenant der Royal Indian Marine, hatte sich längst den Ruf erworben, der härteste Mann der Expedition zu sein. Gleich bei seiner Ankunft an Bord der *Terra Nova*, als diese noch in den West India Docks lag, hatte er für diesen Ruf vorgearbeitet, indem er geradewegs in die Hauptladeluke gestolpert und 19 Fuß tief auf den gusseisernen Ballastkiel gefallen war – ohne sich eine Schramme zu holen. Auf der Fahrt über den Südlichen Ozean gehörte Bowers zu den wenigen Unverzagten, die sich jeden Morgen an

Deck splitternackt auszogen und mit einem Eimer Meerwasser übergießen ließen, dessen Temperatur nur ein oder zwei Grad über dem Gefrierpunkt lag. Von kleinem Wuchs und nicht gerade ein Adonis – den Spitznamen «Birdie», Vögelchen, verdankte er seiner vorspringenden Nase –, aber bärenstark und unempfindlich gegen Kälte, zeichnete sich Bowers außerdem durch nie versiegende Einsatzbereitschaft aus. Rasch erkannte der Eigner in ihm eine unentbehrliche Stütze. Er versetzte den Schiffsoffizier in die Landungsmannschaft und machte ihn zum Herrn über die Vorräte. Bowers hatte den Inhalt jeder einzelnen von hunderten Kisten im Kopf, in denen das Expeditionsmaterial verstaut war. Scott konnte sich darauf verlassen, dass sein Stauermeister nicht einen einzigen Artikel vergessen würde, den er ihm auf die Liste geschrieben hatte. Es waren im Einzelnen:

8 Pony-Schlitten mit Schnüren und Stoffcontainern, jeweils	52 lb.
8 Pony-Ausstattungen inkl. Zaumzeug etc., jew.	25 lb.
8 Paar Skier, Schlafsack etc. für die Schlittenführer, jew.	40 lb.

2 Schlittenladungen, bestehend aus

Primus-Kocher und Zubehör	40 lb.
Zwieback	172 lb.
1 Sack Hafer	160 lb.
Zelt und Stangen	28 lb.
Bergseil	5 lb.
1 Petroleum- und 1 Spirituskanister	15 lb.
insgesamt jeweils	530 lb.

2 Schlittenladungen, bestehend aus

Petroleum	100 lb.
Proviantsäcken	285 lb.
1 Proviantsack, sofort verwendbar	63 lb.
2 Pickhacken	20 lb.
insgesamt jew.	576 lb.

2 Schlittenladungen, bestehend aus

Petroleum	100 lb.
Zwieback	196 lb.

1 Sack Hafer	160 lb.
2 Schaufeln	9 lb.
insgesamt jew.	570 lb.

2 Schlittenladungen, bestehend aus

Werkzeugkasten	35 lb.
Kocher und anderem	165 lb.
Proviantsäcken	252 lb.
1 Sack Hafer	160 lb.
3 langen Bambus-Stangen und Ersatzteilen	15 lb.
insgesamt jew.	567 lb.

Hundeschlitten N° 1

Schlitten mit Bändern und Stoffcontainer	54 lb.
Skier und Schlafsack für den Führer	80 lb.
Primus-Kocher und Zubehör	50 lb.
Zwieback	221 lb.
Bergseil	5 lb.
Lampen und Kerzen	4 lb.
2 Schaufeln	9 lb.
1 Proviantsack, sofort verwendbar	63 lb.
Entfernungsmesser	– lb.
insgesamt	486 lb.

Hundeschlitten N° 2

Schlitten mit Schnüren und Stoffcontainern	54 lb.
Skier und Schlafsack für den Führer	80 lb.
Proviantsäcke	324 lb
Zelt und Stangen	33 lb.
insgesamt	491 lb.

In Summe machte das rund 6400 Pfund oder knapp drei Tonnen. Zusätzlich aber sollte die *Terra Nova* auf dem Eis vor Hut Point abladen:

130 Ballen gepresstes Pony-Futter	13 650 lb.
24 Kisten Hundekekse	1400 lb.
10 Säcke Hafer	1600 lb.
insgesamt	16 650 lb.

oder knapp siebeneinhalb Tonnen. Alles in allem waren demnach gut zehn Tonnen auf dieser Depotreise zu bewegen, und das allein mit menschlicher und tierischer Muskelkraft, denn die zwei Motorschlitten würden auf Cape Evans zurückbleiben.

Scott und seinen Männern gelang es tatsächlich, die Ponys und die zehn Tonnen Vorräte unbeschadet auf die Barriere zu schaffen. Einen Tag später brach das Meereis zwischen Cape Evans und Hut Point auf und schnitt ihnen den Rückweg zu ihrem Winterquartier ab. Aber das brauchte sie im Moment nicht zu bekümmern. Jetzt ging es nur darum, ihre Vorräte so weit wie möglich nach Süden zu bringen.

Eisige Diplomatie _ _ _ _ _ _ _ _ _ *Bucht der Wale, 4. Februar 1911*

Die Besatzung der *Terra Nova* stürzte an Deck. Die meisten kamen direkt aus ihren Kojen. Sie zogen sich Mützen über die ungekämmten Haare und zogen ihre Jacken im Laufen an. Das Schiff hallte wider vom Getrampel der Seemannsstiefel und von Stimmengewirr.

Ein Schiff!

Was gibt's?

Ein anderes Schiff!

Wo?

An Backbord!

Sie machen Witze.

Dreißig Männer drängten sich an der Reling und trauten ihren Augen nicht. Tatsächlich, da lag ein anderes Schiff an der Eiskante. Seine dunkle Silhouette erhob sich gegen das kalte Licht der Mitternachtssonne. Es war ein Dreimastschoner, etwas kleiner als die *Terra Nova*, mit auffällig bauchigem Rumpf. Hätte an diesem Ort ein Gasthaus oder eine Herde Giraffen auf sie gewartet, ihre Verwunderung hätte nicht größer sein können.

Ein Offizier fand als Erster die Sprache wieder: Das muss ein Walfänger sein.

Nein, sagte ein anderer, das ist die *Fram*.

Die *Fram*?

Ja, die *Fram*. Das norwegische Schiff.

Nachdem die *Terra Nova*, nunmehr unter dem Kommando von Lieutenant Harry Pennell, die Ausrüstung für Scotts Depotreise im Süden des McMurdo-Sunds abgesetzt hatte, war sie nicht geradewegs nach Neuseeland zurückgedampft, sondern nördlich der Ross-Insel nach Osten abgebogen und an der Großen Barriere entlanggefahren. Ihr Ziel: Edward VII-Land, jenes unerforschte Land am östlichen Rand der Barriere, dessen Umrisse bereits Ross erahnt hatte. Dort sollte sie eine sechsköpfige Mannschaft unter der Leitung von Victor Campbell absetzen, dem Ersten Offizier der *Terra Nova*. Nachdem der Versuch, an der Küste selbst zu landen, gescheitert war, hatte Pennell die Bucht der Wale angesteuert. Und da lag nun dieses andere Schiff.

Diejenigen von den Briten, die Nansens Buch über seine Drift durchs Nordmeer gelesen hatten, erkannten sogleich die *Fram*. Amundsens Name fiel, und bald dämmerte allen, wem sie über den Weg gelaufen waren. Dem Bezwinger der Nordwest-Passage, der eigentlich auf dem Weg zum Nordpol sein sollte, dann jedoch überraschend erklärt hatte, am Rennen zum Südpol teilnehmen zu wollen. Und der ihnen nun die nächste Überraschung bereitete. Dass der Norweger so unverfroren sein würde, im Ross-Meer zu operieren, das die Briten als ihr Revier betrachteten, damit hatte niemand gerechnet. Von der Reling der *Terra Nova* hagelte es Flüche.

An Bord des norwegischen Schiffes ahnte man von dem nahenden Besuch nichts. Steuermann Beck, der Wachhabende, war in die Kombüse gegangen, um Kaffee zu kochen, als er es krachen und knirschen hörte. In Sorge, das Meereis oder gar die Barriere zerbräche, rannte er nach oben und sah die Ursache des Lärms. Beck kniff sich beherzt ins Bein. Der Schmerz bewies ihm, dass er nicht träumte: Da legte tatsächlich ein anderes Schiff an. Er stürzte unter Deck und weckte Nilsen.

Sind sie also doch gekommen, sagte der Kapitän der *Fram*, als hätte man ihm langerwartete Gäste gemeldet. Und als er Becks fragende Miene sah, fügte er hinzu: Das wird die *Terra Nova* sein, das Schiff von Captain Scott.

Nilsen wusste, dass Scott ein Team in Edward VII-Land absetzen wollte, und war daher auf ein Treffen mit den Briten gefasst. Von Vorfreude auf seiner Seite konnte indes keine Rede sein. Nilsen zweifelte, dass die Engländer die Konkurrenz sportlich nehmen würden. Das Empire schätzte es nicht, wenn man in seine Interessensphäre eindrang. Vor wenigen Jahren hatten die Briten in Südafrika einen grausamen Krieg um ihre Vorherrschaft geführt. Andererseits warteten am Südpol weder Gold noch Diamanten. Norwegen war auch nicht das hochgerüstete Deutsche Reich, sondern ein kleiner, befreundeter Staat, dessen Königin Maud überdies dem englischen Königshaus entstammte. Sie war die Tochter des im Vorjahr verstorbenen Edward VII.

Und was machen wir jetzt?, fragte Beck.

Geh hinauf und zeig Flagge.

Wie, ich allein?

Nilsen gähnte. Nimm zur Sicherheit ein Gewehr mit, sagte er und drehte sich auf die andere Seite.

Selbst unter Norwegern galt Beck als Hüne von einem Mann. Aber die Idee, allein einem Trupp Engländer entgegenzutreten, die womöglich not amused waren über die Eindringlinge, behagte dem Steuermann gar nicht. Er, Andreas Beck, sollte im Alleingang die mächtige Britannia, Beherrscherin der Meere, herausfordern? Der Wikinger wider Willen stiefelte an Deck, hisste die norwegische Fahne, eilte danach ins Kartenhaus, bewaffnete sich mit einer geladenen Büchse und einem Wörterbuch und bezog an der Reling Stellung. Nur gut, dass sie Nilsen überredet hatten, ihnen während der Fahrt hierher Englisch-Unterricht zu erteilen, dachte Beck und legte sich im Kopf einige Sätze zurecht, höfliche Phrasen wie «Pleased to meet you» und «How are you today?»

Doch die Engländer schienen sich nicht für die *Fram* zu interessieren. Eine Handvoll ihrer Leute war von Bord gegangen, hatte Skier untergeschnallt und glitt nun mit einer, wie Beck bemerkte, für Nichtnorweger beachtlichen Geschwindigkeit über das Meereis, in Richtung Framheim. Ob man einen Warnschuss abfeuern sollte? Besser nicht, die Engländer hätten das als Feindseligkeit auslegen können. Nervös beobachtete Beck, wie das Grüppchen die Barriere erklomm und das Zwischenlager erreichte, das die Norweger fürs Entladen angelegt hatten. Dort hielten die Besucher sich eine Weile auf. Dann machten sie kehrt, glitten hinab aufs Meereis, wieder auf ihr Schiff zu. Aber nein, die Engländer glitten nicht auf ihr eigenes Schiff zu, sondern auf die *Fram*! Einer lief den anderen in flottem Tempo voraus und würde gleich da sein. Beck umklammerte die Büchse fester, hielt sie aber so hinter der Reling versteckt, dass sie vom Eis aus nicht zu sehen war.

Der Engländer, der vorausgeeilt war, hielt nur wenige Schritte von

Beck entfernt. Beck musterte den Mann. Er trug kein Gewehr. Sein Gesicht war braungebrannt, seine Züge wirkten vornehm. Der Engländer hob die Hand zum Gruß und sagte:

God morgen. Vi tilhører den britiske Antarktis-ekspedisjonen, og jeg er Lieutenant Campbell. Hvordan står det til med Dem?

Beck war von den Socken. Der Engländer sprach Norwegisch!

Victor Campbell war nicht nur ein passabler Skiläufer. Er hatte auch, während vieler Urlaube, die der leidenschaftliche Angler Jahr für Jahr mit der Familie in Südnorwegen verbrachte, die Landessprache erlernt.

Nachdem Beck sich von seiner Verblüffung erholt hatte, informierte er Nilsen, der dem Engländer erklärte, dass Amundsen die Nacht im Winterquartier auf der Barriere verbrachte, aber gegen morgen an Bord erwartet wurde.

Amundsen kam um sechs Uhr in der Früh. Er sah von der Barriere das andere Schiff und erriet sogleich, dass es sich um die *Terra Nova* handelte.

Hört zu, sagte er zu seinen Hunden, denen werden wir's zeigen. Wenn ihr brav zieht, bekommt ihr eine Extraportion. Los, Jungs! Ab geht die Post!

Mit einem Peitschenknall galoppierten die Hunde los, sausten die Rampe hinab und über das flache Meereis, sie griffen aus, als ginge es schon jetzt darum, das Wettrennen zum Pol zu entscheiden. Es war ein Vergnügen zuzusehen, und mit ihnen zu fahren war pure Ekstase. Der Schlitten flog geradezu über das Eis, der Schnee stob in feinen Wolken auf. Im Nu hatten sie die *Fram* erreicht. Amundsen stieß einen lauten Pfiff aus, und das Rudel blieb abrupt stehen. Mit lockerem Schwung warf er den Schlitten um. Die Hunde setzten sich auf die Hinterbeine, ließen ihre Zungen heraushängen und rührten sich nicht mehr vom Fleck.

Seit ihren ersten stümperhaften Versuchen mit den Gespannen hatte sich einiges getan, dachte Amundsen befriedigt. Auch Hanssens Idee mit dem Grönland-Geschirr war keine schlechte gewesen. So famos wie heute morgen waren die Hunde allerdings noch nie gelaufen. Brave Kerle. Er ging zu Lassesen, dem Leithund, und kraulte ihm den Kopf.

Wie erwartet, verfehlte die Vorstellung nicht ihre Wirkung auf die Briten, ebenso wenig wie alles andere, was sie in den nächsten Stunden

Abbildung 15: Begegnung im südlichsten Hafen der Welt: Fram (im Vordergrund) und Terra Nova in der Bucht der Wale, 4. Februar 1911.

zu sehen bekamen. Doch zuerst bewiesen sie Sportsgeist und applaudierten kräftig, als Amundsen seine rasante Schlittenfahrt vollendete. Im Gegenzug lud der die Besucher zum Frühstück nach Framheim ein, das gerade fertiggestellt war. Pennell, Campbell und Dr Levick, ein Navy-Chirurg, folgten der Einladung, ließen sich von Lindstrøm mit Kaffee und Pfannkuchen bewirten und anschließend von Amundsen herumführen.

Der Gastgeber präsentierte Framheim mit einer Mischung aus echtem Besitzerstolz und wohlberechneter Angeberei. Das nagelneue Linoleum glänzte im Licht der Gaslaterne – ein Gerät der deutschen Firma Lux. Die Laterne verbreitete die Helligkeit von zweihundert Kerzen.

Damit würden die Norweger die antarktische Nacht zum Tage machen. Amundsen hatte die Gaslampe anzünden lassen, obwohl genug Tageslicht durchs Fenster fiel. Sie leuchtete die Hütte aus, eine solide Zimmermannsarbeit mit einer Grundfläche von 26 mal 13 Fuß. Neun Schlafkojen säumten die Wände, jede mit grünen Vorhängen versehen, sowie ein Uhrenschrank, in dem drei Chronometer verwahrt wurden – besonders präzise Uhren, wie man sie für die Navigation auf See verwandte. Am Kopfende der Hütte hingen gerahmte Photographien von Haakon VII. und dessen Gattin Maud. Die Gäste bestaunten das Lüftungssystem, warfen einen Blick in Lindstrøms Kombüse und bemerkten, dass in den Regalen, neben emaillierten Teetassen mit dem Schriftzug *Fram* und anderen Utensilien, dieselben Dosen englischen Zwiebacks standen wie in ihrer Hütte auf Cape Evans. Dann traten sie nach draußen.

Unweit der Tür lagen gefrorene Robbenkadaver auf einem Haufen – ein ordentlicher Fleischberg. Die Norweger würden keinen Hunger leiden während des Winters, zumal sie genügend Vorräte mitgebracht hatten. Ein wenig abseits von der Hütte, mit dieser durch einen mit Stangen und Seilen markierten Pfad verbunden, standen Hunderte von Kisten in einer schnurgeraden Reihe, mit der Beschriftung nach Norden. Auf diese Weise, erklärte der norwegische Anführer, konnte man sie in der winterlichen Mittagsdämmerung ohne Lampe entziffern. Rund um die Hütte reckte mehr als ein Dutzend Armeezelte ihre Spitzen in den Himmel, eine regelrechte Zeltstadt. In einigen lagerten Vorräte, die meisten aber dienten als Unterschlupf für die Hunde. Nichts von allem, was sie sahen, beeindruckte die Engländer so wie die 116 wohlgenährten Grönlandhunde, die sich im Lager der Norweger tummelten. Wie auf Bestellung stimmten die Tiere eines ihrer spontanen Heulkonzerte an, die den Norwegern auf der langen Schiffsreise oft Schlaf und Nerven geraubt hatten. Der Gesang aus 116 Kehlen erfüllte die Senke, in der Framheim lag, und die Engländer standen kurzzeitig wie erstarrt.

Später setzten die beiden Gruppen den diplomatischen Verkehr an Bord ihrer Schiffe fort. Die englischen Matrosen wurden von ihren norwegischen Kollegen in den Salon der *Fram* geführt, wo sie mit Aquavit anstießen und neidische Blicke in die Quartiere der Seeleute warfen, von denen jeder eine eigene Kajüte belegte – im Unterschied zum Vorschiff der *Terra Nova*, wo zu den Unbequemlichkeiten eines Mannschaftsquartiers der gelbe «Senf» hinzukam, der von der Decke in die Rationen

Abbildung 16: Framheim, Februar 1911.

der Männer tropfte: die Ausscheidungen der Ponys, die über dem Vorschiff eingepfercht waren.

Großes Interesse weckte auch der Dieselmotor der *Fram*. Dass die Norweger, ohne ein einziges Mal aufzutanken und vor allem ohne schweißtreibendes Kohletrimmen, von Madeira bis in die Bucht der Wale geschippert waren, erschien den Engländern unglaublich.

Ganz nebenbei versuchte jede Seite, Informationen über die Pläne der anderen zu erhalten. Amundsen blickte beim Entern der *Terra Nova* suchend ins Rigg und stellte zu seiner Erleichterung fest, dass dort keine Antenne hing. Offenbar besaßen auch die Briten keine Funkanlage. Damit war er eine seiner Sorgen los. In dem bevorstehenden Rennen kam es nicht nur darauf an, wer zuerst den Südpol erreichte, sondern auch, wer die Nachricht als Erster in die Zivilisation zurückbrachte. Nur einer würde die saftigen Honorare einstreichen, die Nachrichtenagenturen und Zeitungen für die Sensationsmeldung «Der Südpol erobert!» zu zahlen bereit waren. Eine Funkanlage hätte den Briten einen enormen Vorteil verschafft. Doch die Funktechnik stand noch in ihren Anfängen, und eine seetaugliche Anlage, die stark genug gewesen wäre, Signale über Hunderte von Meilen zu senden, war vermutlich selbst für die Britische Antarktis-Expedition eine Nummer zu groß.

Den Lunch nahmen Amundsen, Nilsen und Leutnant Prestrud – Amundsens Vize in der Landungsmannschaft – in der Offiziersmesse der *Terra Nova* ein. Das Empire ließ sich nicht lumpen. Die Robbensuppe, die als Vorspeise auf den Tisch kam, hätte auch Lindstrøms Kreation sein können, doch eine gebratene Hammelkeule hatten die Norweger schon lange nicht mehr genossen. Dazu wurden Kartoffeln und Spargel gereicht und zum Nachtisch Schokobonbons und eine Götterspeise aus roten Johannisbeeren. Beim Essen prosteten sich die Briten und ihre Gäste mit Madeira-Wein zu, zum Digestif tranken sie jeder ein Gläschen Likör; Kaffee und eine Runde Zigarren beschlossen das Mahl. Die Norweger lobten die Küche, und Nilsen sagte, so stelle er sich das Essen in einem englischen Offiziersclub vor. Campbell wiegelte ab. Normalerweise beschieden sie sich mittags in der Messe der *Terra Nova* mit Brot, Butter und Käse, sagte er, aber es sei nun einmal selten, dass man in diesen Breiten Gelegenheit habe, so reizende Gäste zu bewirten …

So wurde diese unwahrscheinliche Begegnung am südlichsten Ende der befahrbaren Meere zu einem Sieg der Höflichkeit und guten Erziehung über die niederen Instinkte der Rivalität. Aber daneben war noch etwas anderes, etwas noch Unwahrscheinlicheres im Spiel: so etwas wie Sympathie zwischen den beiden Gruppen. Sie beruhte auf dem Gefühl, dass die andere Seite dieselben Erfahrungen und Gefahren teilte, denen man selbst ausgesetzt war. Die Norweger stellten zu ihrer Überraschung fest, dass die Gesandten des Empire gar nicht überheblich waren, und die Briten konnten nicht umhin, die Professionalität und humorvolle Gelassenheit zu würdigen, mit denen ihre Konkurrenten zu Werke gingen. Es war dieselbe Art Sympathie, die feindliche Soldaten manchmal füreinander empfanden, wenn sie in ihrem Gegner ein menschliches Wesen erkannten, das mit ihnen die gleichen Prinzipien von Anstand und Moral teilte.

Aber war dieser Amundsen wirklich ein moralisches Wesen? Hatte er sich nicht hier eingeschlichen, um Captain Scott und dem Empire den Pol zu stehlen? Campbell studierte den norwegischen Anführer aufmerksam. Amundsen sah älter aus, als er erwartet hatte, das Haar fast weiß, aber er war durchaus ein gutaussehender Mann. In seinen Zügen war keine Verschlagenheit zu entdecken, allenfalls in den Augen, deren

Lider unnatürlich schwer wirkten. Seine schrille Stimme irritierte, aber was er sagte, klang ehrlich und geradeheraus. Der Norweger gab unumwunden zu, dass er nur ein Ziel hatte: als Erster den Pol zu erreichen. Keine Wissenschaft, kein gar nichts, nur den Pol. Und dass er nicht beabsichtigte, vor dem kommenden Frühjahr zu starten. Nun denn, so würde es wenigstens ein faires Rennen geben.

Als Brite habe ich keine Wahl, auf welcher Seite ich stehe, sagte Campbell, aber als Sportsmann wünsche ich dem Besseren den Sieg.

Der Ausgang ist völlig offen, erwiderte Amundsen. Zwar sind wir hier einen Grad näher am Pol, aber Britannien besitzt eine große Tradition in der Polarforschung, und Scott ist ein erfahrener Anführer, der das Terrain kennt wie kein Zweiter. Außerdem verfügen Ihre Leute, wie ich gehört habe, nicht nur über Hunde und Ponys, sondern auch über Motorschlitten …

Amundsen sagte das Letzte so beiläufig wie möglich, aber er konnte sein Interesse nicht verhehlen. Er verbrachte schlaflose Nächte wegen dieser Schlitten. Wenn er auch den Briten weniger zutraute als sich selbst, die Leistung dieser Apparate konnte er nicht einschätzen. In seinen Alpträumen sah er Scott schon in aller Gemütlichkeit zum Pol tuckern.

Oh ja, die Motorschlitten, sagte Campbell mit unmerklicher Ironie, einer von ihnen ist bereits auf terra firma angekommen.

Er dachte dabei allerdings an jenen Schlitten, der beim Entladen im McMurdo-Sund durch das Eis gebrochen war und jetzt hundert Faden tief auf dem Meeresboden ruhte. Amundsen, der von diesem Missgeschick nichts wusste, verstand die Antwort anders. Sie traf ihn wie ein Schlag in die Magengrube. Sollte das heißen, dass einer der Schlitten die Barriere, die ja nach allgemeiner Meinung auf dem Meer schwamm, bereits hinter sich gelassen und die Berge im Süden erreicht hatte?

Campbell entging nicht, dass Amundsen aufhorchte, aber er hütete sich, das Rätsel aufzuklären. Sollte der Norweger sich ruhig den Kopf zerbrechen. Eine frostige Stimmung begann sich in der Offiziersmesse auszubreiten, die Konversation stockte. Campbell hatte eigene Gründe, missmutig zu sein. Egal, wie das Rennen um den Südpol ausging, er selbst hatte schon verloren. In Campbells Augen war nicht der Pol das wahre Neuland der britischen Expedition. Den hatte Shackleton fast erreicht. Sondern das unbekannte Land im Osten der Barriere, Edward

VII-Land, das er hatte erforschen wollen, zu dem ihm jedoch der Zugang verwehrt war.

Während des Frühstücks hatte Amundsen ihn eingeladen, sein Winterquartier neben Framheim aufzuschlagen. Campbell hatte die Schlauheit des anderen bewundert, denn egal, ob er das Angebot annahm oder ablehnte, er erkannte damit das Recht der Norweger an, sich hier aufzuhalten. Er hatte sogar mit dem Gedanken gespielt, darauf einzugehen, sich dann aber, nach kurzer Beratung mit den anderen Offizieren, dagegen entschieden. Er würde die Bucht der Wale den Norwegern überlassen. Dass sie die Fassade der Höflichkeit über Monate aufrechterhalten konnten, schien ihm ausgeschlossen. Am Ende waren und blieben sie Konkurrenten. Der letzte Wortwechsel bestärkte ihn in dieser Ansicht. Außerdem war Campbell sich längst nicht so sicher wie der Norweger, dass Framheim wirklich auf festem Grund gebaut war. In seinen Augen unterschätzte Amundsen das Risiko, dass die Barriere kalbte und Framheim aufs Meer hinaustrieb.

Ich habe über Ihr Angebot nachgedacht, hier zu überwintern, sagte Campbell schließlich. Es ist ohne Frage sehr großzügig, und ich danke ihnen, aber ich kann es nicht annehmen.

Ganz wie Sie wollen, sagte Amundsen, äußerlich gleichgültig, aber inwendig erleichtert. Es ist Ihre freie Entscheidung.

Wir wollen Ihnen auf keinen Fall im Weg stehen, erklärte Campbell. Außerdem sind unsere Kohlebunker fast leer. Unser Treibstoff würde nicht reichen, um alle unsere Vorräte hier auf dem Meereis zu landen und sicher auf die Barriere zu schaffen. Ich denke, wir werden stattdessen versuchen, irgendwo in Victoria-Land zu landen, vielleicht auf Cape Adare. Um ehrlich zu sein, haben wir uns schon viel zu lange hier aufgehalten. Wir müssen uns beeilen.

Die Norweger verstanden die Aufforderung. Sie leerten ihre Kaffeetassen, erhoben sich unter Dankesbekundungen und schickten sich an, das Schiff zu verlassen.

Als sie sich vom Tisch erhoben hatten, sagte Campbell: Unsere Zeit ist zwar knapp, aber wir würden Ihnen gern anbieten, Ihre Post mitzunehmen. Lieutenant Pennell könnte sie aufgeben, sobald die *Terra Nova* wieder in Neuseeland ist. Wenn Sie wollen, warten wir mit unserer Abfahrt noch, bis Sie Ihre Briefe fertig haben.

Mit diesem Angebot erinnerte Campbell die Norweger daran, dass

Pennell in Neuseeland auch von der Begegnung mit der *Fram* berichten würde. Für Amundsen war das eine ebenso unnötige wie unliebsame Erinnerung an die Folgen dieser Begegnung. Es wäre ihm lieber gewesen, wenn die Briten und der Rest der Welt erst nach seiner Rückkehr, wenn der Erfolg alle Mittel geheiligt hatte, von seinem Aufenthaltsort auf der Barriere erfahren hätten.

Danke vielmals, sagte er, aber leider haben wir keine Zeit zum Briefeschreiben. Unsere Arbeit drängt, wir wollen bald mit unseren Depotreisen beginnen.

Amundsens Stimme klang kälter, als er beabsichtigt hatte. Seine vertraulichen Briefe wollte er den Engländern nicht ausliefern. Campbell war gewiss ein Ehrenmann, aber man wusste ja nie. Und um belanglose Urlaubsgrüße zu schreiben, fehlte ihm wirklich die Zeit.

Die Briten begleiteten ihre Gäste auf das Eis. Hier, unter dem blassblauen Himmel, der von hauchdünnen Zirruswolken durchzogen wurde, reichten die beiden Gruppen sich die Hände und wünschten einander Glück. In ihren Worten und Gesten lag mehr Höflichkeit als Herzlichkeit.

Eine halbe Stunde später lichtete die *Terra Nova* Anker. Amundsen sah ihr von der Brücke seines Schiffes aus hinterher, wie sie an Eisschollen und blasenden Walen vorbei aus der Bucht dampfte. Er war erleichtert, dass die Briten fort waren, aber ihr Besuch hinterließ bei ihm ein ungutes Gefühl, als ob sie ihn bei etwas Verbotenem ertappt hätten. Und dann diese Bemerkung über die Motorschlitten, die alles andere als geeignet war, seine Nerven zu beruhigen. Was, wenn die Schlitten wirklich schon terra firma erreicht hatten …?

Amundsen musste mehrmals niesen. Er spürte, wie ein Schnupfen seine Nase in Beschlag nahm. War das ein Abschiedsgeschenk der Besucher?

Auch den Briten ging die Begegnung mit den Norwegern noch lange nach. Wann immer in den folgenden Tagen, während die *Terra Nova* entlang der Barriere zurück nach Westen segelte, zwei Offiziere in der Messe zusammentrafen oder gemeinsam auf der Brücke standen, stets kreisten ihre Gespräche um dasselbe Thema: die Vor- und Nachteile der norwegischen Position und die Chancen beider Gruppen, den Pol als Erste zu erreichen. Die Meinungen über den Ausgang des Rennens waren geteilt, doch in einem Punkt waren sich alle einig: Die britische

Polexpedition hatte sehr ernstzunehmende Rivalen gefunden. Man musste Scott und die Männer im McMurdo-Sund warnen – auch wenn man ihnen damit für den gesamten Winter den Schlaf raubte.

One Ton Depot _ _ _ _ _ _ _ _ _ _ _ *Große Barriere (79° 29' 30" S),*
16. Februar 1911

Der Rittmeister fror. Es war keine Schande zu frieren, hier, wo sie sich herumtrieben. Um Mitternacht hatte das Thermometer -21° F angezeigt. Aus Südwesten wehte ein lebhafter Wind. Bisher hatte er die Kälte nur in den Marschpausen gespürt, wenn ihre vom Gehen erwärmten, verschwitzten Körper in wenigen Minuten auskühlten und rasch ein warmer Hoosh und der Fellschlafsack hermussten. Doch jetzt fror er sogar im Gehen. Die Kälte drang durch seinen winddichten Kittel aus Burberry-Stoff, durch den dicken Strickpullover, durch das Hemd, durch die wollene Unterwäsche und biss in seine Haut. Es war nur ein oberflächliches Gefühl, unangenehm allenfalls und nichts, worüber er klagen würde. Er klagte ohnehin fast nie. «Das Klima ist sehr gesund, wenn es auch dazu neigt, kalt zu sein», hatte er seiner Mutter damals geschrieben, in jenem Brief, in dem er ihr mitteilte, dass seine Bewerbung für die Britische Antarktis-Expedition angenommen worden war. Es war das erste Mal gewesen, dass Lawrence Edward Grace Oates, Rittmeister des 6. Dragoner-Regiments und Grundherr in Gestingthorpe, eine Lebensentscheidung ohne die Erlaubnis seiner Mutter gefällt hatte. Caroline Oates, eine Witwe, liebte ihren ältesten Sohn abgöttisch. «Baby Boy» nannte sie ihn, obwohl er die Dreißig längst hinter sich gelassen hatte. Brauchte der Grundherr Geld für ein neues Pferd oder ein Motorrad, musste er erst seine Mutter fragen.

Vielleicht hatte es ja doch sein Gutes, hier zu sein, in dieser gottverlassenen Einöde, auch wenn es verdammt kalt war. Jenen Teil des Gesichts, der nicht von der Balaclava – so nannte man in England seit dem Krimkrieg eine Sturmhaube – geschützt wurde, spürte Oates schon seit einer Weile nicht mehr.

Oates sah den Himmel, und der Himmel gefiel ihm nicht, weder die Wolkendecke noch die Fetzen von Driftschnee, die der Wind über die

Ebene trieb, ihm schräg ins Gesicht und den Tieren in Augen und Nüstern, so dass sie immerzu den Kopf wegdrehten. Eigentlich gefiel ihm nichts hier, der Wind nicht, die Kälte nicht, diese alten Mähren nicht, für die er verantwortlich war, und schon gar nicht der Eigner mit seiner Wissenschaft und seinen Zahlenspielen. Was war bei der Rechnerei herausgekommen? Diese Depotreise war eine ganz miese Show.

Aber Oates klagte nicht – diesmal nicht wie auch an jenem 5. März 1901 nicht, als er sechs nicht enden wollende Stunden in einem ausgetrockneten Bachlauf gelegen hatte, mit einer Kugel in der Hüfte und der unbarmherzigen südafrikanischen Sonne ausgeliefert. Während er den Rückzug seiner Kameraden gegen eine Übermacht von Buren gedeckt hatte, hielten seine Vorgesetzten im Hauptquartier es für unnötig, ihm aus der Patsche zu helfen. Am Ende hatten sich seine Freunde auf eigene Faust zu ihm durchgeschlagen. Sein Name kam immerhin auf die Vorschlagsliste für das Victoria-Kreuz, und im Regiment nannten sie ihn seither «No Surrender Oates». Infolge der Schussverletzung war sein linkes Bein seit damals einen Zoll kürzer als das rechte. Aber auch darüber klagte er nie, sondern hinkte tapfer neben seinem Pony über die Barriere, zerrte es durch Schneewehen, packte es fester, wenn es durch die dünne Harschkruste brach und vor Schreck zu bocken begann, stützte es, wenn es über Sastrugi stolperte oder seine Hufen auf Blankeis ins Rutschen kamen. Gott, was für ein elender Mist! Neben einem Pferd durch den Schnee zu humpeln, anstatt auf ihm zu reiten. Aber auch darüber klagte er nicht, man nannte ihn nicht ohne Grund No Surrender Oates, und außerdem hatte diese verdammte Situation auch ihr Gutes: Es gab hier keine Weiber weit und breit.

Da, endlich, ertönte die Trillerpfeife des Eigners, das Zeichen zum Anhalten. Birdie, der mit seinem Pony die kleine Karawane anführte, scherte nach links aus, Oates folgte ihm noch weiter nach links, hinter ihnen schlossen Scott und Cherry auf. Der Norweger mit seinem maroden Klepper kam weit abgeschlagen als Letzter. Weary Willy, Tryggve Grans Pony, war vor ein paar Tagen von den Hunden angefallen worden, nachdem es zurückgeblieben war, weil Scott und Oates sich einen Wettlauf mit ihren Ponyschlitten geliefert hatten. Der müde Willy hatte etliche Bisswunden abbekommen und war nur mehr ein Gespenst. Drei weitere Ponys hatte der Eigner zurückgeschickt, weil sie den Strapazen nicht gewachsen waren.

Wenn der Schnee weich war, sanken die Hufen der Ponys tief ein. Sie mussten sich sehr anstrengen, um voranzukommen, und boten einen erbärmlichen Anblick. Die Kälte setzte den Tieren zu. Sie trugen immer noch ihr Sommerfell. Und sie bekamen nicht genug zu fressen.

Um den Ponys ihr Martyrium zu erleichtern, marschierten sie während der Nachtstunden, weil die Sonne dann tiefer stand und die Oberfläche der Barriere weniger aufweichte. Außerdem konnten die Ponys sich tagsüber, wenn es wärmer war, ausruhen. Aber auch so blieb es eine miese Show. Diese Schindmähren hätten niemals in die Antarktis gebracht werden dürfen, und schon gar nicht auf eine Expedition, die, wie Oates fand, mit viel zu großem Pomp deklariert hatte, den Südpol erobern zu wollen. Wäre er damals bloß selbst nach Sibirien gefahren, um die Ponys zu kaufen! Aber nun war es zu spät, und sie mussten mit dem zurechtkommen, was sie hatten.

Die Männer legten die Picket-Leinen im rechten Winkel zur Marschrichtung aus, fixierten sie an zwei Schlitten und banden die Ponys an die Leinen. Nachdem sie die Tiere mit Heu trocken gerieben, ihnen Decken über den Rücken geworfen und Hafersäcke umgehängt hatten, nahmen sie die Zelte von den Schlitten. Die Stangen in den Boden gesteckt, die Plane darübergeworfen und die Aufschläge ringsum mit Schnee beschwert, damit das Zelt im Sturm nicht davonflog – fertig! Nach mehr als drei Wochen im Gelände klappte alles wie am Schnürchen, und bald hörte man aus den Zelten das herzerwärmende Fauchen der Primus-Kocher. Mittlerweile waren auch die beiden Hundeschlitten eingetroffen, gelenkt von Meares und Wilson. Die Hunde waren schneller als die Ponys, daher legten sie unterwegs längere Pausen ein.

Rund um das kleine Lager breitete sich hellgrau und vollkommen flach die Barriere aus, bis zu einer dezenten, kaum wahrnehmbaren Linie in weiter Ferne, die den Übergang zum Himmel markierte. Der Himmel war von fast demselben Grau wie die Barriere. Er war von Nord bis Süd und von West bis Ost mit einer Wolkenschicht in mittlerer Höhe bedeckt, die mal dünner war, mal dicker, so dass das Tageslicht mal mehr, mal weniger hindurchdrang. Im Osten durchzogen gelbliche Streifen die Wolkendecke und verdichteten sich dort, wo die Sonne stand, zu einem trüben, gelben Fleck.

Darf ich mir mal Ihre Nase anschauen, Titus?

Wilson hatte seine Hunde versorgt und war zu Oates gegangen, der

Abbildung 17: Pony-Camp auf der Barriere, 1911.

gerade begonnen hatte, Schneeblöcke auszuschneiden und aus ihnen eine Mauer zu errichten. Jeden Abend errichteten sie eine solche Mauer, um die Ponys vor dem Wind zu schützen. Es war Mitte Februar und der Sommer auf der Barriere vorüber.

Ihre Nase ist ziemlich weiß, sagte Wilson. Sieht aus wie eine Erfrierung. Darf ich?

Wilson zog einen Handschuh aus und befühlte Oates' Nase. Er sagte: In der Tat. Haben Sie es nicht selber gespürt?

Meine Nase? Die spüre ich schon lange nicht mehr, sagte Oates.

Geben Sie lieber acht, Titus, Sie werden Ihren guten Riecher noch brauchen.

Fassen Sie sich lieber an die eigene Nase, Doctor.

Wilson lächelte sein gütiges Lächeln. Glauben Sie mir, das tue ich alle Nase lang.

Oates Mundwinkel verzogen sich zu einem kaum merklichen Grinsen. Sie haben immer die Nase vorn, Doctor.

Gehen Sie ins Zelt, Sie Naseweis, und sehen Sie zu, dass Sie Ihre Nase wieder zum Leben erwecken. Ich baue die Mauer fertig.

Oates führte viele Spitznamen. Einige riefen ihn Titus, nach einem übel beleumundeten Verschwörer des 17. Jahrhunderts namens Titus Oates; für Scott war er nur der «Soldier», weil einziger Vertreter der Army unter lauter Navy-Angehörigen, und Bowers nannte den Grundherrn von Gestingthorpe mit Vorliebe «Farmer Hayseed» – Bauer Landei.

Die Kälte setzte allen zu. Der Eigner und Cherry hatten leichte Erfrierungen an den Wangen zu vermelden, und selbst Birdie, der demonstrativ nur einen runden Filzhut auf dem Kopf trug, hatte eine ganze Weile zu tun und bedurfte Scotts und Cherrys Hilfe, bis er den Blutkreislauf in seinen Ohrmuscheln wieder in Gang brachte. Erfrierungen waren nicht schmerzhaft, im Gegenteil, man verlor sehr schnell jegliches Gefühl in dem betroffenen Körperteil. Dafür war das Auftauen umso peinvoller. Es ging mit denselben Schmerzen einher, wie man sie nach Verbrennungen empfand. Doch wenn Birdie etwas spürte, dann ließ er es sich nicht anmerken. Er schien lediglich empört, dass seine Ohren sich derartige Ungezogenheiten herausnahmen.

Wenn meine Nase sich verabschiedet hätte, wäre das noch erklärlich gewesen, schimpfte Bowers, ich fand sie schon immer etwas vorwitzig. Aber die Ohren! Dafür habe ich kein Verständnis. Ich sollte Doctor Bill bitten, sie zu amputieren.

Beruhigen Sie sich, Birdie, sagte Scott, während er behutsam Bowers' linkes Ohr massierte. In Zukunft sollten Sie einfach wie andere Normalsterbliche eine Balaclava tragen.

Bowers grummelte.

Wer mir weitaus mehr Sorgen bereitet, sagte Scott mit einem Seitenblick auf Oates, ist unser Soldier. Mir scheint, sein guter Riecher ist ihm abhandengekommen.

Ich bin nicht böse darum, sagte Oates, denn mir stinkt hier einiges.

Wie meinen Sie?, fragte Scott irritiert.

Die Ponys sind am Ende, Sir, vor allem Weary Willy. Auch Birdies Pony wird nicht mehr lange durchhalten.

Hätten Sie nicht die Schneeschuhe für die Ponys im Winterquartier liegen lassen, dann stünden wir jetzt besser da, mein Lieber.

Verzeihen Sie, Sir, es ist nicht allein die Oberfläche, die den Ponys zu schaffen macht. Sie ertragen die Kälte nicht und verweigern das Futter. Sie sehen doch selbst, wie ausgemergelt die Viecher sind. Weary Willy wird die Depotreise nicht überleben.

Sie sind ein unverbesserlicher Pessimist, Soldier. Aber ich gebe Ihnen Recht, auch ich mache mir Sorgen. Wir müssen die Ponys unbedingt lebend zurückbringen, damit wir in der kommenden Saison aus dem Vollen schöpfen können. Ich habe mir daher überlegt, dass Gran mit Weary Willy hierbleibt und wir Übrigen noch eine halbe Tagesetappe weitergehen, das Depot aufschichten und dann umkehren.

Aber Sir! Oates sah den Captain entgeistert an. Das hieße, dass wir unser Ziel nicht erreichen. Unser Plan war, bis zum achtzigsten Breitengrad zu gelangen. Bis dahin sind es noch dreißig Meilen. In unserem derzeitigen Tempo schaffen wir gerade mal sieben oder acht Meilen pro Tag.

Das ist auch mir vollkommen klar, sagte Scott, aber wir müssen unbedingt die Ponys retten. Dann können wir sie über den Winter aufpäppeln und im nächsten Jahr mehr Leistung aus ihnen herausholen.

Wenn ich einen anderen Vorschlag machen darf …

Ich kenne Ihren Vorschlag, Soldier.

Gestatten Sie mir, es nochmals zu sagen, Sir. Wir treiben die schwächeren Ponys so weit, wie sie kommen, erschießen sie und deponieren das Fleisch als Hundefutter. Die Tiere werden so oder so bald krepieren, aber je weiter südlich, umso nützlicher sind sie für uns.

Nein, Rittmeister, das werden wir nicht tun. Scott sah Oates ernst an. Sie können sich nicht vorstellen, wie satt ich es habe, Tiere leiden zu sehen. Wir werden alle Ponys lebend ins Winterquartier zurückbringen, und Sie sind mir dafür verantwortlich, dass das gelingt.

Sir, ich fürchte, der Tag wird kommen, an dem sie noch bereuen werden, meinen Rat nicht angenommen zu haben.

Bereuen oder nicht, ich habe meine Entscheidung gefällt, als Christ und Ehrenmann.

Am folgenden Abend, als sie mit den kräftigeren vier Ponys weitergehen wollten, frischte der Wind zu einem Schneesturm auf, der den Aufbruch unmöglich machte. Wie meistens in diesen Fällen stieg die Temperatur an, aber der Wind war schneidend und wirbelte Wolken feiner Schneekristalle auf, die durch jede Öffnung in der Kleidung drangen und die Sicht behinderten. Der Eigner erklärte, weiterzugehen sei ihm zu riskant, und er befahl, das Depot an der Stelle zu errichten, wo sie sich befanden, bei 79° 29' 30" südlicher Breite. Das war mehr als dreißig Meilen weiter nördlich, als er geplant hatte.

Sie deponierten sieben volle Wochenrationen Proviant für ein Team von vier Mann, zwei Proviantbeutel mit Tagesrationen für ein Vier-Mann-Team, acht Wochenrationen Tee, sechs Wochenrationen Butter, 176 Pfund Zwieback, das entspach sieben vollen Wochenrationen, acht-einhalb Gallonen Öl, mit denen ein Team zwölf Wochen auskommen sollte, fünf Säcke Weizen, vier Ballen gepresstes Heu, einen Behälter mit 250 Pfund Hundekeksen sowie zwei weitere Kisten Zwieback, zusammen hundert Pfund, außerdem einen Strang weiße Leine, ein Satz Zug-geschirr für Man-hauling, zwei Zwölf-Fuß-Schlitten, zwei Paar Skier und ein paar Skistöcke, ein Minimum-Thermometer, eine Dose Rown-tree Kakao und eine Dose Streichhölzer. Darüber errichteten sie einen sechs Fuß hohen Schneehügel.

Den Schneehügel markierten sie mit einer schwarzen Flagge, die sie auf seine Spitze setzten, und mit den zwei Schlitten, die sie aufrecht in den Schnee steckten. An den Schlitten befestigten sie Teedosen, und neben die Fahnenstange stellten sie blecherne Zwiebackdosen, volle und leere. Die Dosen sollten das Sonnenlicht reflektieren und so das Wieder-finden des Depots erleichtern.

Scott wirkte zufrieden. Er dankte seinen Leuten und sagte: Es ist be-dauerlich, dass wir die achtzig Grad nicht erreicht haben, aber auch so haben wir uns mit diesem Depot eine gute Startposition geschaffen für die nächste Saison.

Wegen der Menge der hier deponierten Vorräte nannten sie den Platz «One Ton Depot». One Ton Depot lag 130 Meilen von ihrem Winter-quartier entfernt. Um es anzulegen, waren zwölf Mann, acht Ponys und 22 Hunde in Marsch gesetzt worden. Sie hatten insgesamt zehn Tonnen bewegt, um ein Depot von einer Tonne anzulegen, und dafür 24 Tage gebraucht. Der Rückweg stand ihnen noch bevor.

Die Werkstatt _ _ _ _ _ _ _ _ _*Framheim, 10. bis 24. Februar 1911*

Der Abschied von der *Fram* berührte alle mehr, als sie zugeben wollten. Jetzt waren sie auf sich gestellt, vom Rest der Menschheit abgeschnitten, bis das Schiff im nächsten Sommer – so Gott wollte – zurückkehrte. Bis dahin mussten sie den Job erledigt haben. Wenn sie den Pol nicht erreichten oder als Zweite nach den Engländern, dann konnte die *Fram* ebenso gut fortbleiben. Dann hatten sie die Welt ohne Grund an der Nase herumgeführt, und die Welt würde sie mit Recht verachten.

Sie waren zum Erfolg verdammt.

Als die *Fram* Anker lichtete, waren vier von ihnen, Prestrud, Hanssen, Johansen und Amundsen, schon auf der Barriere nach Süden unterwegs. Mit drei Hundeschlitten stießen sie bis ungefähr 80° Süd vor und legten dort ein Depot an – 1650 Pfund, im Wesentlichen Hunde-Pemmikan. Das sollte aber erst der Anfang sein. Auf der Rückfahrt gaben sie den Hunden die Sporen. Am zweiten und letzten Tag legten sie sage und schreibe 62 Meilen zurück – eine tolle Leistung, die vollends bewies, dass Hunde die geeigneten Zugtiere für dieses Gelände waren.

Immer öfter lag jetzt ein grauer Dunst über der Barriere, eine Vorform von Nebel, der Konturen verblassen ließ und die Augen anstrengte. Aus Süden wehte stetig ein schwacher, aber eiskalter Wind.

Während ihrer Abwesenheit hatten die anderen ihr Heim um einen Anbau erweitert, der als Windfang und Arbeitsraum dienen sollte. Den neuen Raum konnten sie gleich nutzen, um geschützt vor Wind und Schnee die Schlitten für die zweite Depotreise zu packen. Das war eine monotone Arbeit. Über jeden Artikel musste akribisch Buch geführt werden. Besonders viel Mühe machte der Hunde-Pemmikan. Amundsen hatte ihn in Konserven einschweißen lassen, vier Rationen pro Dose, damit er während der Passage durch die Tropen nicht auslief. Nun, da sie in der Kälte angekommen waren, bestand die Gefahr nicht mehr, und die Dosen bedeuteten unnötiges Gewicht. Jede musste einzeln geöffnet, der Pemmikan entnommen und ohne Dose wieder in die Kiste gelegt werden. Es waren Hunderte Dosen, und das eisige Metall brannte auf den bloßen Fingern. Wenn Lindstrøm mit Tassen heißen Kakaos aus der Hütte kam, wurde er von den Packern freudig empfangen.

Es gab noch mehr zu tun. Die 14 Armeezelte mussten in die Barriere versenkt werden, sechs Fuß tief, damit die Hunde, die in ihnen lebten, besser vor Wind und Kälte geschützt waren – eine Arbeit für Axt und Pickhacke, denn unter einer dünnen Schicht Schnee bestand die Barriere aus blankem Eis. Das Robbenfleisch, das sie an verschiedenen Stellen liegen gelassen hatten, war zu bergen und winterfest zu verstauen. Insgesamt verfügten sie über sechzig Tonnen Fleisch. Das meiste brachten sie in einem der Zelte unter, das sie außen mit einer sieben Fuß hohen Mauer aus Schneeblöcken umgaben, damit die Hunde nicht darüber herfallen konnten. Die Hunde selbst sorgten dafür, dass die Schneemauer bald mit einer harten, gelben Eisschicht überzogen war.

Wenn sie am späten Nachmittag, einer nach dem anderen, im Windfang den Schnee von der Kleidung klopften und in die warme Hütte traten, Wangen und Hände gerötet von der Kälte, dann war der Arbeitstag längst nicht vorbei. Der Chef hatte von der ersten Fahrt über die Barriere eine lange Mängelliste mitgebracht. Einer der ersten Punkte betraf die Schlitten. Sie waren zu schwer. Amundsen hatte die stabilste Ausführung angeschafft, weil er nicht wusste, welche Bedingungen sie in der Antarktis erwarteten. Die Depotreise hatte ihn belehrt, dass eine leichtere Version es auch tun würde. Bjaaland sollte sich die Schlitten vornehmen und sie verschlanken. Das war aufwendig, eine Arbeit für lange Wintertage. An den Skistiefeln hingegen musste sofort etwas geändert werden. Sie waren zu eng und zu steif.

Schuhe, die nicht richtig saßen oder, schlimmer noch, in denen man kalte Füße bekam, konnten für ein Unternehmen wie das ihre den Ruin bedeuten. Selbst erfahrenen Männern passierte es, dass ihnen die Füße einfroren, ohne dass sie es merkten. Wenn sie dann abends die Stiefel auszogen, war es zu spät. Einen erfrorenen Fuß zu heilen, wenn nicht ohnehin Amputation die einzige Rettung war, kostete viel Zeit. Der Fuß musste ruhiggestellt und warmgehalten werden. Man konnte daher nicht genug Mühe in die Vorbereitung von optimalem Schuhwerk stecken.

Und so verwandelte Framheim sich Abend für Abend in eine Flickschusterwerkstatt. Mit Messern, Zangen und Ahlen zerlegten die Norweger ihre Stiefel, um herauszufinden, wie man sie verbessern konnte. Oscar Wisting, der stämmige Kanonier aus Horten, stellte sich besonders geschickt an. Er gab den anderen Tipps und Hilfestellung. Dem Chef nahm er die Stiefel ab und arbeitete sie immer wieder um, so lange, bis sie dessen Ansprüche an Raum und Bequemlichkeit erfüllten.

Abbildung 18: Norwegisches Depot auf der Barriere bei 80° Süd, 1911.

Weitere Details ihrer Ausrüstung erfuhren ebenfalls Verbesserungen. Einer nähte eine Sonnenblende an seine Mütze, ein anderer entwarf einen Nasenschutz, den man unter die Brille klemmen konnte, und Amundsen nestelte mit Schere, Nadel und Faden an seinen Hosenträgern herum.

Wer schon einmal in einem Schneesturm scheißen musste, weiß praktische Hosenträger zu schätzen, sagte er.

Die Männer lachten. Bald werkelte jeder an seinen Hosenträgern.

Zwischen ihnen entstand ein halb lustiger, halb ernster Wettbewerb, wer das beste Patent für diesen oder jenen Ausrüstungsgegenstand entwickeln würde. Das gab ihnen Stoff zum Reden und Anlässe zum Scherzen. Außerdem half ihnen der Wettbewerb, die Rangordnung auszutarieren. Amundsen war der Boss, das war klar. Und Lindstrøm war Lindstrøm, er lebte in seiner eigenen Welt. Aber die anderen rieben sich unaufhörlich aneinander. Wer konnte das besser, wer jenes, wer war schneller, wer stärker, wer wortgewandter? Sie spielten dieses Spiel wie nebenbei, auf eine humorvolle, nachlässige Art, ohne sich kaum je wirklich zu streiten, aber sie spielten es ständig. Die kleine Konkurrenz untereinander half ihnen, wachsam zu bleiben, den Kampfgeist zu schärfen für das große Wettrennen gegen die Briten.

Das Konkurrieren half ihnen auch, die Nähe besser zu ertragen, zu der sie in den kommenden Wochen und Monaten verdammt waren. Noch genossen sie es, abends gemeinsam um den Tisch zu sitzen. Noch rückten sie zusammen in ihrer neun mal fünf Schritte großen Hütte.

Inzwischen sank die Sonne, die vor ein paar Tagen noch wie ein feuriges Rad über den südlichen Pressrücken gerollt war, um Mitternacht für kurze Zeit ganz unter den Horizont. Während sich die Zirruswolken hoch oben am Himmel rosa, golden und blutrot färbten, legte sich über die Senke, in der sie ihr Lager errichtet hatten, ein tiefblauer Schatten. Die antarktische Stille wurde hörbar, nur gelegentlich unterbrochen vom Kläffen eines Hundes oder vom Schlagen einer Zeltwand, wenn eine Böe über die Hügel strich. Wenn einer von ihnen zu später Stunde nach draußen ging, um nach seinen Hunden zu sehen oder frische Luft zu schnappen, und dann auf die Hütte blickte, so wurde ihm unwillkürlich warm ums Herz. Der Anblick war ihm aus der Heimat vertraut: eine verschneite Einöde, dunkel, kalt und still, und mitten darin ein Lichtfleck, ein Haus mit erleuchteten Fenstern, der Geruch von Rauch, gedämpftes Stimmengewirr. Dort waren Menschen, war Wärme.

Von den Briten sprachen sie nicht. Nur einmal, als sie über ihre Handarbeiten gebeugt um den Tisch saßen, fragte plötzlich einer, war es Hassel oder Prestrud: Und was ist nun, wenn die Engländer vor uns am Pol sind?

Alle unterbrachen ihre Arbeit. Keiner sagte etwas. Sie blickten verstohlen zu ihrem Chef.

Amundsen lächelte, verströmte Siegesgewissheit. Keine Sorge, wenn wir alle unseren Job tun, werden die Engländer nicht vor uns da sein.

Die Männer nickten beifällig und wandten sich wieder ihren Arbeiten zu. Nun war es an Amundsen, heimlich in die Runde zu blicken. Es bereitete ihm Genugtuung, dass alle zu ihm geschaut hatten, auch Johansen, und noch mehr, dass seine Worte sie anscheinend beruhigt hatten.

Am 22. Februar brachen die Norweger zu ihrer zweiten Depotreise auf: acht Mann, sieben Schlitten, 42 Hunde. Nur Lindstrøm blieb zurück und hütete Framheim.

Prestrud führte die Kolonne an. Er ging auf Skiern, ohne Schlitten. Seine Aufgabe bestand darin, die Richtung vorzugeben und sich nicht von Mylius und Ring, Hanssens Leithunden, in die Fersen beißen zu lassen. Die Erfahrung hatte gezeigt, dass die Hunde williger arbeiteten, wenn sie nicht in ein weißes Nichts liefen, sondern jemanden vor sich sahen. Auf Hanssens Schlitten war ein großer Kompass befestigt, mit dem er Prestruds Richtung kontrollierte. Wich Prestrud vom geraden Kurs ab, rief Hanssen ihm eine Warnung zu. Hinter Hanssen folgte Johansen, auch er mit einem Kompass auf seinem Schlitten, zur zweiten Kontrolle, dann kamen die anderen, Amundsen als Letzter. Ab und zu fielen Dinge von den Schlitten, und da war es gut, wenn am Ende jemand fuhr, der die Augen offen hielt. Der wahre Grund aber, warum Amundsen gern als Letzter fuhr, war der, dass er sich hier unbeobachtet fühlte und ein wenig von seiner Rolle als Anführer, der sich immer unter Kontrolle haben und Stärke zeigen musste, erholen konnte.

Sie fuhren in die Bucht hinunter, ein Stück über das Meereis und dann wieder aufwärts, in einem kurzen, steilen Anstieg, auf die Barriere. Der Umweg war notwendig, weil zwischen Framheim und der Route nach Süden eine tief eingeschnittene Kluft lag, ein Seitenarm der Walbucht, der sich weit nach Osten erstreckte. Der Anstieg war mühsam, und danach, auf der Barriere, ging es weiter leicht bergauf. Neuschnee hatte ihre alten Spuren zugedeckt. Der frische Schnee machte den Hunden die Arbeit schwer. Am folgenden Tag schafften sie nur zwölfeinhalb Meilen in acht Stunden. Nachts frischte der Wind auf und brachte dichtes Schneetreiben. Als sie am Morgen aus den Zelten krochen, sahen sie von ihrer Umgebung nichts mehr.

Loyalitäten_ _ _ _ _ _ _ _ _ _ _*Große Barriere, 28. Februar 1911*

Draußen starb ein Pony. Sie hörten es röcheln und seine verzweifelten Versuche, auf die Beine zu kommen. Sie hatten ihm eine Mauer aus Schnee gebaut, um es gegen den Südwind zu schützen, sie hatten es mit Heu trockengerieben und ihm eine Decke übergehängt, sie hatten ihm Haferbrei gekocht und löffelweise eingeflößt, sie hatten ihm die Cognacflasche an die Lippen gesetzt, sie hatten es gestreichelt und ihm gut zugeredet. Alles vergebens. Weary Willy's Weltreise, die vor neun Monaten in Vladivostok begonnen hatte, ging zu Ende.

Er wird noch diese Nacht sterben, sagte Oates.

Scott nickte und saugte hörbar an seiner Pfeife. Weary Willy war das dritte Pony, das einging. Blossom und Blücher waren auf der Barriere verendet, als Teddy Evans sie zur Hut Point-Halbinsel zurückbringen wollte. Teddy hatte noch ein Pony in Obhut. Die restlichen vier brachte Bowers gerade in Sicherheit, während Scott, Oates und Gran am Sterbebett des müden Willy Wache hielten. Der Eigner hatte gehofft, ihn durch die Nacht zu bringen, aber nun schien er den Pessimismus des Soldier zu teilen. Alle Ponys sahen erschreckend aus, abgemagert bis auf die Rippen, das Fell struppig und schwärig, die Augen ohne Glanz, aber keines bot einen so trostlosen Anblick wie Weary Willy. Davon, dass die Schneestürme den Tieren derart zusetzten, hatte Shackleton nichts geschrieben. Eines stand nun fest: Wegen der Ponys würden sie erst spät im Frühjahr, wenn die Temperaturen auf der Barriere milder waren, zum Pol aufbrechen können – nicht gerade ein Vorteil in dem Wettrennen, das die Norweger ihnen aufzwangen. Dass Amundsen mit einem respekteinflößenden Team aus erfahrenen Männern und Hunden auf der Barriere Stellung bezogen hatte, um ihnen den Pol streitig zu machen, wussten die Briten seit wenigen Tagen.

Ein Kerzenstummel erhellte das Zelt und warf bizarre Schatten auf die bärtigen Gesichter der Männer. Scott nahm die Pfeife aus dem Mund und wandte sich an Gran, der über sein Tagebuch gebeugt saß:

Und, wie schätzen Sie die Pläne Ihrer Leute ein?

Der Norweger hob den Kopf. Er war so groß, dass er mit dem Scheitel die Wand des pyramidenförmigen Zelts berührte.

Sir, ich versichere Ihnen, dass das Vorgehen des Herrn Amundsen mich genauso überrascht wie Sie, und ich denke auch, viele Menschen zuhause in Norwegen werden zornig sein.

Gran war erst einige Tage nach dem Eintreffen der Hiobsbotschaft zum Lager gestoßen. Er hatte mit dem Rittmeister und Lieutenant Bowers den Auftrag gehabt, die Ponys vom One Ton Depot zurück zum Safety Camp zu bringen – so genannt, weil es nicht weit vom Sund entfernt lag, aber doch so weit auf der Barriere, dass es, sollte diese kalben, nicht aufs Meer hinaustreiben würde. Der Eigner war unterdessen mit den Hundeschlitten vorausgeprescht, weil er möglichst schnell Nach richt von Campbell und der Ostgruppe haben wollte. Welch bestürzender Art diese sein würde, ahnte da noch niemand.

Die dabei gewesen waren, erzählten, Campbells Brief habe Scott die Fassung geraubt. Die sonst so beherrschten Engländer habe eine wilde Wut gepackt. Einige hätten geradewegs zur Bucht der Wale marschieren wollen, um die Sache von Mann zu Mann auszufechten.

Für den einzigen Norweger in Scotts Team war die Neuigkeit nicht minder bestürzend. Vor Tryggve Gran tat sich ein Loyalitätskonflikt auf, bodenlos wie eine Gletscherspalte: dort seine Landsleute, die den Südpol für Norwegen erobern wollten, hier die Britische Expedition, die dasselbe plante und die zu unterstützen er sich verpflichtet hatte. Dass Amundsens Vorgehen nicht gerade die feine englische Art war, machte die Situation für den jungen Mann nicht einfacher. Auch nicht, dass er seine eigenen Träume nun wohl begraben musste. Gran hatte gehofft, dass Scott ihn in das Pol-Team aufnehmen würde, und er hatte sich in den vergangenen Wochen sehr angestrengt, um dem Eigner zu beweisen, was ein herausragender Skiläufer in diesem Gelände leisten konnte. Auch dass er Norweger war, sprach seiner Meinung nach nicht gegen ihn. Einen Norweger zum Pol mitzunehmen, hatte Gran sich eingeredet, wäre ein diplomatischer Akt gegenüber einer befreundeten Nation gewesen. Doch genau hier lag nun der Knackpunkt.

Der Skiexperte warf einen Seitenblick auf Oates, der mit undurchdringlicher Miene neben ihm saß. Er war aus dem wortkargen Rittmeister lange nicht schlau geworden, bis Oates eines Abends im Zelt – es war erst vor ein paar Tagen gewesen, auf dem Rückmarsch vom One Ton Depot – ihm rundheraus gesagt hatte, dass er ihn nicht leiden konnte. Es sei nichts Persönliches, hatte Oates gesagt, sondern nur, weil Gran ein Ausländer war. Er hasse alle Ausländer mit jeder Faser seines Herzens, denn alle Ausländer hassten England. Der Rest der Welt, angeführt von Deutschland, warte nur darauf, sein Vaterland anzugreifen und es zu zerstören, wenn sie könnten.

Gran hatte sich verteidigen wollen, doch Bowers war ihm zuvorgekommen: Könnte sein, dass etwas Wahres an dem ist, was Sie sagen, Titus, aber trotzdem wette ich, dass Gran auf unserer Seite wäre, wenn England ohne eigene Schuld ein Krieg aufgezwungen würde.

Wären Sie?, hatte Oates gefragt.

Selbstverständlich, hatte Gran, ohne zu zögern, geantwortet.

Da hatte Oates ihm die Hand ausgestreckt, und seither waren er und dieser eigenartige Kavallerie-Offizier die dicksten Freunde.

Jetzt weiß ich immerhin, setzte Scott das Gespräch fort, warum Amundsen mir aus dem Weg gegangen ist, als ich in Norwegen war, um die Motorschlitten zu testen. Was ist das nur für ein Mensch, der die ganze Welt, selbst seine eigenen Landsleute, hinters Licht führt?

Ich kenne Herrn Amundsen nur flüchtig, antwortete Gran, aber ich will klarstellen, dass ich voll und ganz zu meinen Verpflichtungen zu der Britischen Antarktis-Expedition stehe und dass ich alles tun werde, damit sie ein Erfolg wird.

Ich bin überzeugt, Gran, dass Sie Ihr Bestes geben werden, wo auch immer wir Sie einsetzen … Und als der Norweger ihn fragend ansah, ergänzte der Captain: Ich würde es jedenfalls verstehen, wenn Sie im kommenden Frühjahr nicht gegen Ihre eigenen Landsleute antreten wollten.

Gran sagte nichts. Er dachte an Bjaaland, den Skichampion aus Telemark. Um diese Zeit des Jahres fand am Holmenkollen der Langlauf statt. Doch Bjaaland und Gran waren diesmal nicht unter den Wettkämpfern. Stattdessen waren sie beide in ein Rennen von ganz anderen Dimensionen verstrickt.

Aber eigentlich wollte ich auf etwas ganz anderes hinaus, sagte Scott: Amundsens Chancen, wie schätzen Sie sie ein?

Soll ich ehrlich sein, Sir?

Ich bitte darum.

Erstens: Amundsen ist einen Grad weiter südlich als wir. Zweitens: Seine Hunde sind schneller als unsere Ponys. Das bedeutet, er wird mit der größten Wahrscheinlichkeit früher am Pol ankommen als wir, es sei denn …

Es sei denn …?

… ihm stößt ein Unglück zu.

Scott schüttelte unwillig den Kopf. Wenn Campbells Einschätzung zutrifft, liegt Amundsens Basis nicht sehr sicher auf der Barriere. Dieser Mann wagt viel, und wie er uns bewiesen hat, legt er keinen Wert auf Fairplay. Dennoch wünsche ich ihm nicht, nicht einmal ihm, dass er mitsamt seinem Winterquartier ins Ross-Meer hinaustreibt …

Er nahm die Pfeife in den Mund und zog ein paar Mal daran, bis sie wieder in Gang kam. Dann fuhr er fort:

Abbildung 19: Captain Scott, 1911. Foto: Herbert Ponting.

Ich hätte auch nie gedacht, dass er so viele Hunde unbeschadet auf das Eis schaffen könnte. Die Strategie, wie er seine Tiere einsetzen will, scheint exzellent. Vor allem kann er mit den Hunden früh in der Saison aufbrechen, während wir wegen der Ponys wärmere Temperaturen abwarten müssen. Andererseits ... Wilson meint, dass die Hunde ihn nicht zum Pol ziehen werden. Hunde sind zu intelligent. Sie brauchen etwas, das sie interessiert. Sie laufen nicht einfach Hunderte von Meilen ins Nirgendwo ...

Das Problem kann man lösen, Sir, wandte Gran ein. Man braucht nur einen guten Skiläufer, der den Hunden vorangeht. Amundsen hat genau so einen im Team – Olav Bjaaland heißt er. Ich kenne ihn. Er hat vor einigen Jahren das Rennen am Holmenkollen gewonnen.

Keine Sorge, meldete sich Oates zu Wort, dieser Amundsen weiß schon, was er tut. Und er hat die richtigen Leute dabei. Johansen zum Beispiel – sicher kein Milchbubi. Diese Norskies sind ein zäher Haufen, und die Skier – Oates deutete mit einem Kopfnicken auf Gran – sind ihnen an die Sohlen gewachsen. Wir dagegen ...

Kein Zweifel, sagte Scott, Amundsens Plan ist eine ernste Bedrohung für uns. Aber wir dürfen nicht den Fehler machen, uns von ihm beirren zu lassen. Das Vernünftigste wird sein, wenn wir so tun, als ob nichts passiert wäre; unseren Weg weitergehen und unser Bestes für die Ehre unseres Landes geben, ohne Furcht oder Panik. Das heißt, zu allererst müssen wir jetzt die verbleibenden Ponys retten.

Scott legte seine Pfeife, die endgültig erloschen war, zur Seite. Er legte sie so hin, dass sie nicht umkippte und keine Asche auf den Boden fiel. Dann schnürte er den Zelteingang auf, nahm die Pfeife wieder an sich, kroch vorsichtig durch die Öffnung und klopfte sie draußen aus.

Gran hatte schnell gelernt, dass es im Zelt des Eigners immer ordentlich und sauber zu sein hatte.

Scott zog den Kopf wieder ins Zelt. Ich werde mal nach Weary Willy sehen, sagte er zu den anderen. Er rührt sich nicht mehr.

Aschermittwoch _ _ _ _ _ _ _ _ _ _ _ *McMurdo-Sund, 1. März 1911*

Was war das für ein Geräusch? Lieutenant Bowers saß kerzengerade in seinem Schlafsack. Neben ihm lagen seine Gefährten und schnarchten. Das Schnarchen musste ihn geweckt haben. Bowers sah auf die Uhr: halb fünf. Er konnte weiterschlafen. Doch da hörte er es wieder. Es kam von außerhalb, ein Geräusch wie Reißen von Stoff, zugleich ein Schmatzen. Mein Pony macht sich über den Hafer her, schoss es ihm durch den Kopf. Ohne die Fellstiefel anzuziehen, stürzte er aus dem Zelt. Die Szene, die ihn erwartete, ließ ihm das Blut in den Adern gefrieren.

Am Abend waren Bowers, Tom Crean und Cherry vom Safety Camp aus gestartet, um vier Ponys auf die Hut Point-Halbinsel zu bringen, zur alten Hütte der *Discovery*-Expedition, die der Eigner zum Sammelplatz für die heimkehrende Depot-Mannschaft bestimmt hatte. Sie hätten direkt von der Barriere auf die Halbinsel gelangen können, doch der Übergang vom Eis aufs feste Land war steil und unwegsam, weil die Eismasse hier zu mächtigen Wülsten gestaucht wurde. Schneller ging man über das Meereis, das am südlichen Ende des McMurdo-Sunds, in einer von der Halbinsel und der Barriere eingefassten Bucht, den Sommer überdauert hatte. Diesen Weg hatten Wilson und Meares mit den Hunden genommen, und Bowers, Cherry und Crean waren ihnen gefolgt, während Scott und die Übrigen vorerst auf der Barriere geblieben waren. Bowers und seine Gefährten hatten die schnelleren Hundegespanne bald aus den Augen verloren. Weil die Ponys erschöpft waren, hatte der Lieutenant auf dem Meereis ein Nachtlager aufgeschlagen. Bis sie die Tiere versorgt und sie selbst ihren Hoosh gegessen hatten, war es zwei Uhr morgens gewesen.

Als Bowers zweieinhalb Stunden später, durch ein Geräusch aufgeschreckt, ins Freie kroch und sich umsah, fand er das Eis, auf dem sie kampierten, in zahllose Schollen zerbrochen. Wo sich eben noch eine solide weiße Fläche erstreckt hatte, durchzog jetzt ein unregelmäßiges Gitternetz von schwarzen Spalten das Eis. Darüber lag ein feiner rauchiger Dunst, der sich immer bildete, wenn eine Wasserfläche mit viel kälterer Luft in Berührung kam. Der Dunst war so dicht, dass Bowers weder die Barriere noch die Küste der Halbinsel ausmachen konnte; nur deren Hügelkuppen ragten heraus. Nun bemerkte er die Dünung, die

die Eisschollen hob und senkte und die vermutlich die Ursache für das Aufbrechen des Eises gewesen war.

Cherry, Crean, wir treiben hinaus aufs Meer!, schrie Bowers.

Die Scholle, auf der ihr Zelt stand, maß vielleicht dreißig Schritte von einer Kante zur anderen. Die Schneemauer, die sie für Guts, eines der Ponys, errichtet hatten, war mitten entzwei gebrochen, und wo vorhin Guts gestanden hatte, klaffte jetzt eine glucksende Rinne. Die beiden Schlitten, an denen sie das eine Ende der Picket-Leine festgebunden hatten, lagen auf der benachbarten Scholle und waren durch die Drift an deren Rand gezogen worden. Bowers, immer noch in Socken, spurtete zu einer Stelle, wo sich die Schollen berührten. Er sprang hinüber und zog die Schlitten herüber auf ihre Scholle, die im selben Moment zerbrach – zum Glück aber so, dass die drei Männer, das Zelt, die Schlitten und die Ponys auf demselben Stück zurückblieben.

Cherry und Crean waren unterdessen aus dem Zelt gekrochen.

Heilige Scheiße, fluchte Crean.

Bowers zog die Schlitten etwas weiter zur Mitte ihrer Scholle, dann ging er zum Zelt. Sein Gesicht war puterrot. Während er sich die Fellschuhe überstülpte, knurrte er: Ich saß schon einige Male in der Klemme, aber das hier ist der Gipfel.

Cherry nahm seine Brille ab, putzte sie und setzte sie wieder auf, als ob er sichergehen müsste, dass er auch richtig sah. Weil er so kurzsichtig war, hatte Scott seine Bewerbung für die Expedition zweimal abgelehnt. Der zweiten Bewerbung hatte Cherry das Angebot beigefügt, tausend Pfund in die Expeditionskasse einzuzahlen. Aber auch das hatte den Eigner nicht überzeugt, obwohl Geld damals seine Hauptsorge war. Da hatte Cherry erklärt, die tausend Pfund in jedem Fall spenden zu wollen, auch wenn er nicht mitführe. Ohne es zu wollen, hatte er damit einen Nerv getroffen. Scott schätzte selbstloses Handeln. Es hatte nur noch eines guten Wortes von Wilson bedurft, und der begüterte Cousin von Scotts Verleger durfte mit der *Terra Nova* segeln. Cherry war damals 24 Jahre alt gewesen und hatte seine Studien in Oxford – Altphilologie und Neuere Geschichte – gerade abgeschlossen. Er fuhr offiziell als zoologischer Assistent mit, doch der Eigner nannte ihn einen «vielseitig verwendbaren Helfer» – aus seinem Mund durchaus ein Kompliment.

Doch jetzt war der vielseitig verwendbare Helfer mit seinem Latein am Ende.

Crean bekreuzigte sich. Heute ist Aschermittwoch, murmelte er, als hätte das irgendwas mit ihrer Situation zu tun.

An die Arbeit, sagte Bowers, wir müssen die Ponys und die Schlitten in Sicherheit bringen.

Was?, rief Cherry entgeistert. Sehen Sie denn nicht, was hier los ist, Birdie? Wir können froh sein, wenn wir unsere nackte Haut retten. Wie sollen wir bitte die Ponys über das Treibeis schaffen?

Nun denn, entgegnete Bowers seelenruhig, ich werde es versuchen.

Das ist doch Wahnsinn! Cherry schüttelte den Kopf, folgte aber den Anordnungen des Lieutenants und half mit, das Zelt abzubauen, die Schlitten zu beladen und die Ponys anzuschirren.

Wir werden uns nach Süden zur Barriere durchschlagen, erklärte Bowers, nachdem er sich nach allen Richtungen umgesehen hatte. Im Norden, wo die Halbinsel ist, sind die Abstände zwischen den Schollen zu groß, aus Osten weht der Wind, der uns nach Westen treibt, aufs offene Wasser zu. Bleibt der Süden. Sobald unsere Scholle an die da drüben stößt, schaffen wir unseren Krempel hinüber und warten dann die nächste Gelegenheit ab und so weiter. Haben Sie verstanden?

Aye Aye, Sir, sagte Crean.

Cherry nickte.

Na dann los, da kommt schon unsere Chance.

Es war rührend zu sehen, mit welchem Vertrauen die Ponys ihnen folgten. Als Erstes sprang Punch. Nobby und Uncle Bill taten es ihm nach. Während die Männer die zwölf Fuß langen Schlitten hinüberzogen, standen die Tiere brav beieinander und kauten auf den Lederschnüren ihres Geschirrs.

Das gesamte Treibeis war in Bewegung. Die Schollen drehten sich hierhin und dorthin, aber insgesamt bewegten sie sich langsam nach Westen, aufs offene Meer zu.

Manchmal mussten Bowers, Cherry und Crean zehn Minuten warten, bis sich eine Gelegenheit zum Weitergehen ergab. Manchmal gelang es ihnen auch nur, ein Pferd hinüberzuführen, bevor die Schollen wieder auseinandergetrieben wurden, und sie mussten warten, bis sie wieder aneinanderstießen. Diese Minuten, wenn sie nichts tun konnten als warten, waren am schlimmsten.

Langsam, Scholle für Scholle, arbeiteten sie sich nach Süden vor. Sie sprachen kaum. Irgendwann öffnete Cherry den Proviantsack und verteilte Zwieback und Schokolade. Da merkten die anderen, wie hungrig auch sie waren.

Selbst wenn Cherry den Drang verspürte, alles stehen und liegen zu lassen und sich auf dem schnellsten Weg in Sicherheit zu bringen, so hätte er ihm nicht nachgegeben. Ein Blick auf Bowers genügte, um zu erkennen, dass sie ihn nicht von den Ponys wegbringen würden. Dieser kleine, rotgesichtige Lieutenant mit der grotesk großen Nase und den abstehenden Ohren gab ihnen mit jedem Blick, mit jeder Geste zu verstehen, dass er entschlossen war, die Ponys zu retten, und dass er zur Not auch allein, ohne ihre Hilfe, weitermachen würde. Birdie: ein schottischer Don Quijote.

Sehen Sie da! Cherry zeigte mit der Hand auf eine Rinne, drei oder vier Schollen entfernt. Die markante Finne eines Orca ragte aus dem Wasser und verschwand wieder. Bald sahen sie die Finnen überall auftauchen, hörten den Blas, laut wie Dampfmaschinen.

Am späten Vormittag waren sie nah genug zur Eiskante gekommen, dass sie sehen und hören konnten, wie laufend Stücke, groß wie Häuser, von ihr abbrachen und tosend ins Wasser stürzten. Das Treibeis dämpfte die Wellen. Mittlerweile hatte die Sonne den Nebel aufgelöst. Zurückblickend sahen die Männer, wie die Eisschollen in der Mitte der Bucht, wo sie vor Stunden noch kampiert hatten, plötzlich in Bewegung gerieten und geschlossen in den Sund hinaustrieben.

Dasselbe konnte jederzeit wieder passieren. Sie mussten so schnell wie möglich auf die Barriere. Bowers zeigte auf eine große, dicke Scholle mit geneigter Oberfläche, von der er annahm, dass sie die Eiskante berührte. Die da!, rief er.

Ihre Stimmung besserte sich, als sie die letzten Rinnen übersprangen und ihre Pferde und Schlitten sicher auf die große Scholle brachten. Sie stieg zur Barriere hin an. Die drei Männer rannten mit klopfenden Herzen den Abhang hinauf, wähnten sich schon gerettet. Oben bot sich ihnen ein unbeschreiblicher Anblick.

Von der Barriere trennte sie eine dreißig bis vierzig Fuß breite Wasserstraße. Sie war mit Eistrümmern gefüllt, die in der Dünung brodelten wie in einem Kessel. Durch diese Suppe pflügte, kreuz und quer, eine Schule Orcas.

So nah und doch so fern … Die Enttäuschung stand Bowers ins Gesicht geschrieben.

Da brach die Scholle, auf der sie standen, knirschend entzwei. Sie hasteten den Abhang hinab, zu den Ponys und den Schlitten.

Da vorne!, rief Bowers, dorthin!, und zeigte auf eine runde, dicke Scholle mit flacher Oberfläche, die an ihre stieß. Irgendwie brachten sie alles heil hinüber. Sie atmeten tief durch. Dann fütterten sie die Ponys und hielten Kriegsrat – drei Männer auf einem Stück Eis im Meer, das sich in der Dünung hob und senkte.

Wir müssen den Eigner benachrichtigen, sagte Bowers. Er stirbt wahrscheinlich schon tausend Tode vor Sorge um uns.

Vielleicht, wenn wir in Windrichtung vorgehen, schlug Crean vor, vielleicht finden wir eine Scholle, die die Barriere berührt.

Daran habe ich auch schon gedacht, sagte Bowers.

Aber wie wollen wir die Ponys da hinaufschaffen?, warf Cherry ein. Soweit sie gesehen hatten, brach die Barriere überall in einem 15 bis zwanzig Fuß hohen Kliff ins Meer ab.

Nein, wenn überhaupt, dann kommt da nur ein Mann hinauf, sagte Bowers. Einer von uns muss es wagen und den Captain informieren. Er kann vielleicht Hilfe organisieren. Ich selbst muss bei den Ponys bleiben …

Ich gehe, Sir, erklärte Crean.

Ich wäre auch bereit, sagte Cherry.

Bowers dachte kurz nach. Danke für das Angebot, Cherry, aber es ist besser, wenn Crean geht. Er hat die meiste Erfahrung und, mit Verlaub, er trägt keine Brille.

Cherry nickte. Er holte Schokolade und Zwieback und stopfte damit Creans Taschen voll, während Bowers einen Zettel aus seinem Notizbuch riss und darauf eine Nachricht für Scott kritzelte.

Crean legte kurz die Hand an seine Mütze, die Andeutung eines militärischen Grußes, drehte sich um und stapfte davon.

Cherry schlug vor, das Zelt aufzubauen. Das dunkelgrüne Dreieck würde ihren Gefährten helfen, sie von der Barriere aus zu orten. Danach stellte Bowers den Theodoliten auf, um Creans Weg durch das Teleskop zu verfolgen. Das Auf und Ab der Scholle machte es schwierig, ein Objekt für längere Zeit im Blick zu behalten. Mehrmals wurde Bowers von Kaiserpinguinen getäuscht, die aus der Ferne einem Mann zum Verwechseln ähnlich sahen. Endlich bekam er Crean vor die Linse. Er verfolgte aufmerksam, wie der Ire dahin und dorthin ging, auf der Suche nach einer Stelle, wo er die senkrechte Eisklippe erklimmen konnte. Dem Zuschauer hinter dem Teleskop war es, als vergingen Stunden. Immerhin, der Wind legte sich.

Achtung!, rief Bowers.

Crean hatte offenbar eine Scholle gefunden, die die Barriere berührte. Bowers sah den Iren vor der Eiswand stehen, die ihn an der Stelle nur um ein oder zwei Armlängen überragte. Er machte sich mit irgendetwas an der Wand zu schaffen.

Mir scheint, er schlägt mit seinem Skistock einen Tritt hinein, erklärte er Cherry, der vor Aufregung den Atem anhielt.

Jetzt setzt er den Fuß hinein, fuhr Bowers fort. Der andere Fuß bleibt auf der Eisscholle. Er muss eine Grätsche machen. Wenn die Scholle nur nicht abdriftet …

Bowers und Cherry wussten: Wenn Crean abrutschte, bedeutete das für ihren Kameraden den sicheren Tod, und sie beide blieben hilflos auf dem Treibeis zurück.

Er rammt den Skistock weiter oben ins Eis, hält sich daran fest. Und schon schwingt er das äußere Bein hoch und …

Und?, stieß Cherry hervor.

Gott sei Dank, seufzte Bowers, einer von uns ist aus dem Schneider. Immerhin.

Crean verschwand über die Kante, aus dem Blickfeld des Theodoliten.

Bowers und Cherry sahen sich an. Mit einem Mal spürten sie die Kälte und ihre leeren Mägen, und ihnen wurde bewusst, dass sie noch lange nicht aus dem Schneider waren. Eine leichte Brise aus Süden reichte, und sie würden mit dem restlichen Treibeis, das sich in einem langen Gürtel vor der Barriere angelagert hatte, aufs Meer hinausdriften. Inzwischen hatten auch die Orcas begonnen, sich für ihr Lager zu interessieren. Dann und wann schoss ein massiger schwarzgelber Kopf gleich neben ihrer Scholle aus dem Wasser, verharrte für einige Momente in senkrechter Position und starrte sie aus kleinen, ausdruckslosen Augen an.

Das Auftauchen dieser Raubtiere beunruhigte die Ponys. Sie schnaubten und wieherten und stampften mit den Füßen. Bowers und Cherry tätschelten den Pferden die Hälse und gaben ihnen zu fressen.

Gegen sieben Uhr abends war die Dünung verebbt, und die Bewegung des Packeises kam zum Stillstand. Ein großer Eisblock, der von der Barriere abgebrochen war, verkeilte sich in der Wasserstraße. Über ihn hinweg hätten sie, die Schlitten als Leitern benutzend, auf die Barriere flüchten können. Aber Bowers war nicht bereit, die Ponys im Stich zu lassen. Also warteten sie weiter, bis kurze Zeit später drei Männer an der Kante der Barriere erschienen. Es waren Scott, Oates und Crean. Selbst aus der Ferne war dem Eigner die Erleichterung vom Gesicht abzulesen.

Machen Sie, dass Sie herkommen!, rief er.

Was ist mit den Ponys und den Schlitten?, wollte Bowers wissen.

Die Ponys und die Schlitten sind mir scheißegal, rief Scott, den man sonst nie fluchen hörte. Sie beide will ich, und ich werde Sie sicher hier oben auf der Barriere sehen, bevor ich irgendetwas anderes tue.

Bowers und Cherry entluden zwei Schlitten. Mit deren Hilfe kletterten sie auf den verkeilten Eisbrocken und von dort auf die Barriere. Schließlich traten sie dem Captain gegenüber, der sie mit den Worten begrüßte: Meine Freunde, Sie können sich gar nicht vorstellen, wie erleichtert ich bin, Sie hier in Sicherheit zu sehen – auch Sie, Cherry.

Scott befahl den sofortigen Rückzug, weil er fürchtete, die Barriere könnte weiter kalben und sie mit ins Meer reißen, aber Bowers wollte die Ponys und die Schlitten um keinen Preis aufgeben. Er verteidigte seinen Standpunkt mit Händen und Füßen. Schließlich willigte der Eigner in einen Rettungsversuch ein.

Sie schufteten bis nach Mitternacht. Tatsächlich gelang es ihnen, die gesamte Ausrüstung auf die Barriere zu retten. Derweil gruben Oates und Cherry eine Rampe, auf der sie die Ponys heraufführen wollten. Ihr Werk war schon weit gediehen, als das Meereis sich wieder zu bewegen begann. Unverzüglich pfiff Scott seine Männer zurück. Die Brise war kaum spürbar, doch sie reichte aus, um die Eisschollen von der Barriere wegzutreiben. Erst trennte sie nur ein Fuß breit Wasser von den Ponys, dann zwei, dann fünf, dann zehn. Immer größer wurde der Abstand. Die Tiere standen eng aneinandergeschmiegt und sahen treuherzig zu den Männern herüber. Bowers war den Tränen nahe. Hätte er ein Gewehr gehabt, er hätte die Ponys lieber erschossen, als sie auf der Scholle verhungern oder den Orcas zum Fraß zu überlassen. Aber es war nichts zu machen. Punch, Nobby und Uncle Bill fuhren jetzt zur See.

Sie marschierten eine halbe Meile von der Eiskante weg und schlugen ihre Zelte auf. Das Abendessen geriet zum Trauermahl. Scott erklärte den anderen, dass sie mit den Ponys ihre besten Transportmittel verloren. Weder den Motorschlitten noch den Hunden traue er große Leistungen zu.

Natürlich werden wir etwas tun für unser Geld in der nächsten Saison, aber was den Pol angeht, so habe ich nur noch sehr wenig Hoffnung.

Niedergeschlagen löffelten sie ihren Pemmikan-Hoosh. Als sie aufgegessen hatten, fing Bowers leise an zu sprechen:

Ich glaube, es musste so kommen, das war kein Zufall. Sechs Stunden früher wären wir über festes Eis zur Hütte gelaufen. Ein paar Stunden später hätten wir von der Kante der Barriere aus offenes Wasser gesehen. Der Schneesturm, der unsere Tiere fertiggemacht hat, der Tod von Weary Willy, die Tatsache, dass wir die Hunde aus den Augen verloren haben, die uns führen sollten – alles kam zusammen, damit wir ausgerechnet in den zwei Stunden auf dem Meereis unterwegs waren, in denen wir überhaupt in eine solche Situation geraten konnten. Wer an Zufall glaubt, mag meinetwegen weiter daran glauben. Doch keiner wird mich davon überzeugen, dass da nicht mehr am Werk war.

Bowers sah in die Runde: Vielleicht erkennen wir ja im Licht des nächsten Jahres, was dieser Schuss vor unseren Bug bedeuten sollte.

Lektionen _ _ _ _ _ _ _ _ _ _ _ *Große Barriere, 4. bis 22. März 1911*

Diese Kälte war zu viel des Guten. Am Vortag, als sie hier angekommen waren, hatte das Thermometer - 45° F gemessen. Sie waren um drei Uhr nachmittags angekommen, hatten ihr Lager aufgeschlagen und sich sogleich in die Zelte verzogen. Anfang März, das entsprach dem September auf der Nordhalbkugel. Amundsen musste an das zweite Jahr in Gjøahavn zurückdenken, das besonders kalt und ungemütlich gewesen war. Aber selbst da, in der kanadischen Arktis, hatte die Temperatur um diese Jahreszeit noch nahe am Gefrierpunkt gelegen. Die Antarktis war extrem kalt – das fand sogar ein abgehärteter Polarforscher. Merkwürdig nur, dass Shackleton weitaus mildere Bedingungen vorgefunden hatte. Ob das daran lag, dass sie sich hier mitten auf der Barriere befanden? Existierte in deren Zentrum womöglich ein lokaler Kältepol? Es wäre interessant zu wissen, welche Temperaturen die Briten weiter im Westen maßen.

Die extreme Kälte war so unvermittelt hereingebrochen, dass ihre Körper sich nicht daran hatten gewöhnen können. Noch schlimmer stand es um die Hunde. Sie waren ausgehungert, wund an den Füßen und morgens so steif, dass sie nur mit der Peitsche in Gang zu bringen waren.

Auf dem 81. Breitengrad legten sie das zweite Depot an. Es enthielt 14 Kisten Hunde-Pemmikan, alles in allem 1234 Pfund. Wie bereits beim 80°-Depot begnügten sie sich nicht damit, über den Kisten einen zwölf Fuß hohen Schneehügel aufzuhäufen und ihn mit einer Fahne zu krönen. Sie markierten das Depot auch auf einer ost-westlichen Linie, im rechten Winkel zu ihrer Marschrichtung. Auf einer Länge von zehn Meilen steckten sie nach jeder halben Meile eine Markierung in den Schnee. So würden sie es auch dann wiederfinden, wenn sie, etwa durch Nebel oder Schneetreiben, vom geraden Kurs abkämen. Beim 80°-Depot hatten sie zu diesem Zweck nummerierte Bambusstangen mit schwarzen Wimpeln verwendet. Weil sie nicht mehr als zwanzig dieser Stangen besaßen, zerschlugen sie jetzt leere Proviantkisten in längliche Bretter, die sie in den Schnee steckten. Auf der Ostseite des Depots hieben sie in jedes Brett eine Kerbe, damit man wusste, nach welcher Richtung man suchen musste.

Bjaaland, Hassel und Stubberud erledigten diese Arbeit, während sich die anderen in den Zelten ausruhten. Jene drei würden morgen nach Framheim zurückkehren. Mit ihnen sollte Odin fahren, einer von Amundsens Hunden, der sich an seinem Grönland-Geschirr das Fell wund gescheuert hatte.

Am Morgen, da die beiden Gruppen sich trennten, zeigte das Thermometer klirrenden Frost bei -49° F. Das war endgültig zu viel für die Hunde. Die Männer mussten sie auf alle Viere stellen. Nur mit größter Anstrengung gelang es ihnen, die Schlitten in Bewegung zu setzen. Am schlimmsten stand es um Amundsens Rudel. Die fünf Tiere sahen zum Gotterbarmen aus, ausgemergelt und entkräftet, und sie waren weder willens noch in der Lage, den Schlitten allein von der Stelle zu bewegen. Die Peitsche hatte ihren Schrecken eingebüßt. Zwei Mann mussten dem Chef anschieben helfen. Erst als der Schlitten die Hunde zu überfahren drohte, zogen sie widerwillig an.

Amundsen erkannte, dass die Schlitten für die Hunde zu schwer waren. Seiner wog fast eine halbe Tonne, Wistings sogar noch mehr. Aber was half dieser Gedanke? Sie konnten ihre Depotreise nicht abbrechen, sie mussten weitermachen. Je weiter sie ihre Stützpunkte nach Süden vorschoben, desto weniger Neuland blieb ihnen in der kommenden Saison zu durchqueren, desto sicherer würden sie reisen, desto sicherer war ihnen der Pol. Man musste klare Prioritäten setzen und konsequent verfolgen: Zuerst der Pol, dann die Männer, dann die Hunde. Selbst wenn einige ihrer Lasttiere diese Depotfahrt nicht überleben sollten, blieben ihnen immer noch mehr als genug, um im Frühjahr die große Polexpedition zu bestreiten. Amundsen tat es aufrichtig leid um die Hunde, aber er konnte sich bei dem, was er vorhatte, nicht von Gefühlen oder moralischen Skrupeln leiten lassen. Auch auf sich selbst nahm er keine Rücksicht. Schon bald nach ihrem Aufbruch von Framheim hatte ihn ein altes Leiden befallen, das so manchen Polarforscher plagte: Hämorrhoiden. Er litt pausenlos Schmerzen. Der Stuhlgang – bei minus vierzig Grad ohnehin kein Vergnügen – geriet ihm zur Qual. Er konnte sie nur ertragen, indem er sich innerlich verhärtete, und das bekamen auch seine Hunde zu spüren. Amundsen hob die Peitsche.

Los, ihr Mistköter! Ihr werdet zum 83. Grad laufen, und wenn ich euch dahin prügeln muss!

Johansens missbilligender Blick entging ihm diesmal.

Hinter dem 81. Breitengrad veränderte die Barriere ihr Aussehen. Im Osten, einige Meilen entfernt, traten enorme Pressrücken hervor. Die ebene Fläche vor ihnen wurde hier und da von Eishügeln durchbrochen, die in ihrer Form und Größe an Heuhaufen erinnerten. Sie konnten sich zunächst keinen Reim auf dieses Phänomen machen, bis am zweiten Tag Helge, Ring und Mylius in eine bodenlose Spalte stürzten. Zum Glück hielten die Zugleinen. Fortan wussten sie, dass sie in der Nähe dieser «Heuhaufen» auf der Hut sein mussten. An diesem Tag war es bedeckt und diesig; ein nördlicher Wind wehte immer wieder Schneeschauer heran. Sie hatten das Gefühl, leicht bergauf zu gehen; auch an den folgenden Tagen verließ sie dieser Eindruck nicht.

Als sie am 8. März, um halb vier nachmittags, 82° Süd erreichten, wussten sie, dass Schluss war. Die Hunde würden keinen weiteren Breitengrad mehr durchhalten. Ja, es schien sogar fraglich, ob sie den Rückweg schaffen würden. Doch nicht alle waren so ausgezehrt wie Amundsens Fünf. Johansens Rudel, das sie anfangs für das schwächste gehalten hatten, erwies sich als überraschend ausdauernd. Johansen trieb seine Tiere nur selten mit der Peitsche an. Abends trudelte er oft als Letzter im Lager ein und nahm dafür Ärger mit Prestrud in Kauf, der als Vorläufer längst da war und ungeduldig auf seinen Zeltgenossen wartete. Wistings Hunde waren klapperdürr, aber sie hielten sich wacker, ebenso Hanssens Team.

Die Luft war klar und windstill, nur noch - 13° F. Sie ruhten sich bis zum Morgen aus und errichteten dann ihr Depot. Es enthielt mehrere Zentner Hunde-Pemmikan, außerdem 24 Gallonen Petroleum – genug Brennstoff, um fünf Mann zweihundert Tage zu versorgen. Insgesamt wog dieses Depot – das dritte – 1370 Pfund. Zur seitlichen Markierung benutzten sie erneut Holzbretter, die sie aus Kisten schlugen. Doch statt zwanzig steckten sie diesmal sechzig in den Schnee, sechs pro Meile; an den Enden befestigten sie Streifen aus blauem Stoff. So würden sie die Bretter aus der Ferne leichter erkennen.

Dieses Depot muss absolut sicher sein, schärfte Amundsen ihnen ein. Der Sieg werde dem gehören, der alles in Ordnung gebracht habe. Glück sage der Volksmund dazu. Dagegen sei die Niederlage dem gewiss, der versäumt habe, rechtzeitig die notwendigen Vorkehrungen zu treffen. Das nenne man dann Pech.

Am Abend, nachdem sie das Depot errichtet hatten, krochen alle in das Zelt, in dem gekocht wurde, um ein wenig von der Wärme des Primus-Kochers zu zehren. Sie teilten sich zu fünft zwei kleine Zelte. Normalerweise wurde in einem Zelt gekocht und das Essen dann in das andere gebracht. Vor ein paar Tagen waren sie auf die Idee gekommen, die beiden Zelte vis à vis aufzustellen, die Eingänge einander gegenüber. So konnten sie das Essen hinüberreichen, ohne dass jemand ins Freie kriechen musste. Aber bequem war es dennoch nicht. An diesem Abend, zu fünft in einem Zelt, lagen sie wie die Ölsardinen neben- und übereinander.

Ich habe in vielen Arten von Zelten geschlafen, murrte Johansen, auch schon ohne Zelt, aber das hier ist Murks.

Amundsen runzelte die Stirn. Er hatte seine Leute ermuntert, Schwächen in der Ausrüstung und den Abläufen freimütig zu diskutieren. Aber dass ausgerechnet Johansen aussprach, was alle dachten, ging ihm gegen den Strich. Und natürlich musste der Veteran der ersten *Fram*-Fahrt wieder seine langjährige Erfahrung hervorkehren. Fehlte nur noch, dass er sagte, unter Nansen habe es so einen Murks nicht gegeben. Amundsen traute Johansen nicht. Zu sagen, er fürchte ihn, wäre übertrieben gewesen, aber seine Anwesenheit machte ihn nervös. Er hatte diesen Mann Nansen zuliebe mitgenommen und weil Johansen ein ungemein fähiger Polarforscher war, wie es selbst in Norwegen nur sehr wenige gab. Aber genau das war das Problem. Johansen war zu gut. Mit seiner Erfahrung und Nansens Autorität hinter sich konnte er Amundsens Position gefährden. Ja, es war sogar nicht auszuschließen, dass Johansen selbst die Führung an sich reißen und das Unternehmen in seine Hände nehmen würde. Man musste auf der Hut sein und seine Stellung nicht nur gegenüber den Hunden behaupten. Aber in dem, was er über die Zelte gesagt hatte, hatte Nansens Mann nunmal Recht, das konnte er schlecht bestreiten. Amundsen schluckte seinen Unmut hinunter.

Ja, wir müssen uns eine andere Lösung überlegen, sagte er. Ich dachte, die kleinen Zelte sind wärmer als ein großes, aber das entschädigt wohl nicht für die praktischen Nachteile.

Wie wäre es, schlug Wisting vor, wenn wir die beiden Zelte zusammennähen?

Was genau meinst du?

Die Zelte so aufstellen wie jetzt, erklärte der Kanonier, aber die Vorderseiten komplett abtrennen und dann die offenen Nähte mit Zeltbahnen verbinden. Das würde ein längliches Zelt ergeben, groß genug für vier oder fünf Personen.

Amundsen wiegte den Kopf. Einen Versuch wäre es wert. Willst du's probieren, wenn wir zurück sind?

Wisting nickte.

An dem Abend sprachen sie auch über die Hunde. Amundsen sah ein, dass sie den Tieren zu viel zugemutet hatten. Sie hatten die Schlitten zu schwer beladen und die Zeit zu knapp bemessen. Johansen meinte zudem, es mache einen Unterschied, wie man seine Hunde antrieb. Man müsse die Tiere behandeln, als wären sie mindestens so intelligent wie man selbst. Amundsen konnte abermals nicht umhin, diese Bemerkung als Kritik zu verstehen. Seine Hunde waren mit Abstand die elendsten. Sie waren so ausgelaugt, dass man ihnen nicht einmal zumuten konnte, den leeren Schlitten zu ziehen.

Die Diskussion ging eine Weile hin und her. Am Ende zog Amundsen ein Fazit. Im kommenden Frühjahr musste es heißen: Von 82 Grad südwärts so wenige Männer und so viele Hunde wie möglich.

Die Hunde des Chefs würden, mit einer Ausnahme, nicht darunter sein. Als die Gruppe zwölf Tage später ihre leeren Schlitten vor Framheim zum Stehen brachte, waren alle seine Zugtiere an Kälte und Erschöpfung zugrunde gegangen. Die Ausnahme war Lassesen, den sie eines Morgens am Lagerplatz vergessen hatten, der aber am Folgetag unverhofft wieder aufgeschlossen hatte. Selbst Odin war bald nach seiner Rückkehr verendet. Aber trotz der Verluste blieben ihnen immer noch 85 erwachsene Hunde und 22 Welpen – genug, um im kommenden Frühjahr den Pol zu erreichen. Und um vor Einbruch der langen Winternacht eine dritte Depotreise zu unternehmen. Amundsen wollte, dass sechs besonders fette Robben erlegt und zum 80°-Depot gebracht würden. Da ihn seine «Darmwunde» mittlerweile so sehr peinigte, dass er sich nicht imstande fühlte, diese Tour mitzumachen, legte er deren Leitung in Johansens Hände. Der Chef selbst würde derweil mit Lindstrøm in Framheim bleiben und dem Koch helfen, die Hütte auf Hochglanz zu bringen.

Die Farben der Kälte_ _ _ _ _ _*Hut Point-Halbinsel, 1. April 1911*

Mit ausgreifenden Schritten erklomm Edward Wilson den Gipfel des Observation Hill. Der steile Kegel von etwas mehr als siebenhundert Fuß Höhe bildete die Spitze der Hut Point-Halbinsel, die wie ein muskulöser Arm zehn Meilen tief in den Sund ragte. Vom Gipfel hatte man einen großartigen Rundblick. Im Nordosten hielt Mount Erebus Wache. Nach Osten und Süden erstreckte sich, so rein wie ein Tischtuch am Sonntag, die Barriere mit einigen Erhebungen im Hintergrund: White Island, Black Island, Mount Discovery. Der Sund im Nordwesten lag tiefblau unter einer niedrigen Wolkendecke. Irgendwo darüber schien die Sonne. Ihre Strahlen brachen sich über den Western Mountains und auf der gekräuselten Wasserfläche – wie ein Strom gleißenden Silbers, der sich über den Sund ergoss. In den Silberstrom ragte von rechts eine Landzunge: der Hut Point. Auf ihrer Schattenseite konnte man die Umrisse der Hütte erahnen, die der Halbinsel den Namen gab.

Die geometrischen Formen der Hütte verrieten, dass sie Menschenwerk war, so wie das Kreuz oben auf der Landspitze, das sie 1903 für
den verunglückten Vince errichtet hatten. Menschenwerk und doch Zeichen des Herrn, der am Kreuz Sein Leben gegeben hatte, stand es vor
dem silbrigen Grund des Meeres auf der Landspitze, klein, unscheinbar,
zugleich unübersehbar und markant.

Er würde das Kreuz in die Mitte einer Zeichnung stellen. Wilson
öffnete die Ledertasche, die er um die Hüften trug und die speckig war
vom Blubber der zahllosen Robben, die er in den vergangenen Wochen
geschlachtet hatte. Er nahm Skizzenbuch und Bleistift heraus, setzte sich
mit dem Rücken zum Wind auf einen der rötlich-braunen Felsbrocken
und begann, die Szene auf Papier zu bannen. Nach wenigen Minuten
waren seine Hände so steif, dass er die Zeichenutensilien weglegen
musste. Er zog Handschuhe aus Hundefell über und ruderte mit den
Armen.

Aus der Hütte stieg, vom Wind immer wieder zerrissen, ein dünner
Faden Rauch auf. Sicherlich kochten sie dort unten schon das Abendessen. Seit fast einem Monat hausten sie in der alten *Discovery*-Hütte und
warteten darauf, dass der Sund im Norden zufror. Sie waren 16 Mann,
die zwölf der Depot-Mannschaft und Taylors vierköpfige Westgruppe.
Platz hatten sie in der Hütte zur Genüge, die nicht nur aussah wie ein
Bungalow im australischen Outback, mit flachem Dach und Veranda,
sondern auch entsprechend isoliert war – nämlich gar nicht. Immerhin,
ein improvisierter Blubberofen brachte die Temperatur am Tag über
den Gefrierpunkt. Sie schliefen auf dem Boden und ernährten sich vorwiegend von Robbenfleisch und zehn Jahre altem Zwieback.

Sobald Wilson die Wärme in seine Finger zurückkehren fühlte,
machte er sich wieder an seine Zeichnung. Müßiggang war ihm zuwider,
das verband ihn mit seinem Chef. Scott hegte eine fast schon patholo-
gische Abneigung gegen Nichtstun, das, wie er einmal andeutete, seinen
Vater zugrunde gerichtet hatte. Wilson lebte nach dem Grundsatz, dass
es für einen Christen keine Ruhe gab in dieser Welt. Seine Prinzipien-
treue und Hilfsbereitschaft hatten auf die gesamte Expedition abgefärbt.
Nie dauerte es lange, bis sich ein Freiwilliger selbst für die unbeliebteste
Aufgabe fand.

Der Künstler vollendete die Zeichnung mit schnellen, sicheren Stri-
chen. Nicht nur die Kälte trieb ihn zur Eile. Zu dieser späten Jahreszeit

Abbildung 20:
Dr Wilson, 1911.
Foto: Herbert Ponting.

änderten sich die Lichtverhältnisse ständig, so dass man schnell sein musste, wollte man eine Szene auf dem Papier einfangen. Der untere Rand der Wolken verfärbte sich bereits gelblich und erzeugte eine wärmere Stimmung, auch wenn es darum nicht einen Deut weniger eisig war. Schon bald würde der westliche Horizont erglühen wie der Widerschein von tausend Vulkanen. Wilson notierte auf dem Blatt mit Bleistift die Farben des vergehenden Augenblicks: graublau, dunkelblau, silbern, grüngrau. Später, wenn sie nach Cape Evans zurückgekehrt wären, würde er nach dieser Vorlage ein Aquarell malen. Als Maler strebte er danach, die Natur akkurat abzubilden. Keine Linie zu wenig zu zeichnen, aber auch keine zu viel. Jeder Strich musste auf Beobachtung beruhen. Wie John Ruskin, der große Oxforder Kunstkritiker gesagt hatte: Die Harmonien der Natur ließen sich nicht fingieren. In ihnen offenbarte sich die Herrlichkeit Gottes. Aufgabe der Kunst war es, Seine Werke naturgetreu wiederzugeben. So wie es Aufgabe der Wissenschaft war, sie zu verstehen.

Bevor er das nächste Bild entwarf, musste Wilson abermals seine Hände aufwärmen. Er betrachtete das berückende Schauspiel aus Farben und Formen.

Wenn du das sehen könntest, Oriana.

Ein innerer Frieden durchströmte ihn. Wilson fühlte sich an diesem Ort zuhause, soweit das auf dieser Welt möglich war. Er genoss auch das Pfadfinderleben, das sie hier am Hut Point führten. In England lebte er in ständiger Sorge zu verweichlichen.

Doch nicht alle ertrugen die erzwungene Robinsonade so leicht. Von seiner Warte sah der Künstler eine Gestalt die Hügel oberhalb der Landzunge hinuntersteigen. Der Captain kehrte von seiner Runde zurück. Tag für Tag, wenn Schneestürme sie nicht in die Hütte einsperrten, pflegte Scott auf die Hügel zu steigen und seinen sorgenvollen Blick nach Norden zu richten. Wann würde der Sund endlich zufrieren und ihnen den Rückweg nach Cape Evans freigeben?

Mehrfach hatten sie das Meer gefrieren sehen, doch jedes Mal, bevor das Eis eine gewisse Dicke erreicht hatte, war der Wind aufgefrischt und hatte es wieder aufgebrochen. Wilson kannte den Captain gut genug, um zu wissen, wie sehr die Warterei an seinen Nerven zerrte. Es lag weder daran, dass Scott den Komfort von Cape Evans vermisste, noch musste er sich Sorgen machen, dass ihnen hier die Nahrung ausging. Noch immer schoben sich genug Robben aus ihren Eislöchern. Auch die Klopapier-Knappheit – kürzlich war die letzte Ration ausgegeben worden: 29 Blatt pro Mann – konnte den Captain nicht beunruhigen. Nein, es war das Warten an sich, das ihn innerlich aufrieb, weil es ihm Zeit zum Grübeln gab. Wie auf der Herfahrt, als das Packeis sie aufgehalten hatte, beobachtete Scott unablässig Wind und Wetter. Er registrierte jeden Zoll, den das Meereis an Dicke zunahm, und diskutierte dessen Zustand stundenlang mit Wright, dem jungen Kanadier.

Der Physiker schien die Erwartungen, die sie in ihn gesetzt hatten, zu erfüllen. Nicht nur stürzte er sich mit großem Eifer auf die Rätsel der Glaziologie; er hatte auch bewiesen, dass er vor einem Schlitten seinen Mann stand. Mit der Auswahl seines wissenschaftlichen Teams konnte Wilson wirklich zufrieden sein.

Scott war es auch, mit einer Ausnahme. Gegen Tryggve Gran hegte der Captain einen Groll, seit jener einen mysteriösen Schwächeanfall erlitten hatte, der in Scott den Verdacht hatte aufkeimen lassen, der Skiexperte sei ein Drückeberger und Poseur. Etwas Schlimmeres konnte man in Scotts Augen kaum sein. Der Captain hatte Gran vor aller Ohren so heftig zusammengestaucht, dass Wilson den Jungen später beiseite genommen und ihm Scotts Einstellung zur Faulheit erklärt hatte. Der Arzt führte Grans vorübergehende Schwäche auf Amundsens Landung in der Bucht der Wale zurück, in der er auch den tieferen Grund für Scotts Groll sah: Gran büßte für die Sünden seines Landsmannes. Die Nachricht von der norwegischen Bedrohung hatte den Captain noch härter getroffen als der Verlust der Ponys. Beides zusammen warf seine Pläne für den Südpol, den er schon errungen geglaubt hatte, über den Haufen und gab ihm reichlich Stoff für düstere Grübeleien.

Und noch etwas bereitete dem Eigner Sorgen, wie Wilson wusste: Jene neun Männer, die sie Ende Januar auf Cape Evans zurückgelassen hatten. Den Platz für ihr Winterquartier hatten sie in der Annahme gewählt, dass er vor Unbilden der Witterung geschützt sei. Doch als sie von der Depotreise zurückkamen, entdeckten sie, dass ein Sturm – vermutlich derselbe, der Birdie und die Ponys zu unfreiwilligen Flößern hatte werden lassen – die Gletscherzunge zerstört hatte.

Vom Fuß des Mount Erebus aus schob sich die Gletscherzunge, lang, schmal und gezackt wie ein Sägeblatt, mehrere Meilen weit in die Bucht zwischen Cape Evans und Hut Point und teilte sie ungefähr in der Mitte. Sie war schon 1902 da gewesen und schien sich seither kaum verändert zu haben. Doch nun mussten sie zu ihrem Erstaunen feststellen, dass der Sturm die Hälfte der Zunge abgebrochen und aufs Meer hinausgetrieben hatte. Aus Staunen wurde bald brennende Sorge. Wenn die Naturgewalten, die durch den Sund getobt waren, dieses meilenlange, zig Fuß hohe und Tausende Tonnen schwere Gebilde aus massivem Eis zerstören konnten, was hatten sie dann von der mickrigen Holzhütte auf dem flachen Strand von Cape Evans übrig gelassen? Und so stand der Captain Tag für Tag auf den Hügeln und wartete darauf, dass endlich das Meer gefror.

Die lange Nacht der Polarforschung _ _ _ _ *Antarktis, 19. April bis*
24. August 1911

Die Astronomen hatten das wahre Frühjahrsäquinoktium – die Tagund-
nachtgleiche – für 1911 auf den 21. März um 17:54 Uhr mittlerer
Greenwich-Zeit berechnet. In diesem Moment schien die Sonne auf
beide Pole der Erde, um dann über dem nördlichen langsam zu steigen,
während der Südpol in eine sechs Monate währende Nacht versank. An
den Polen ging die Sonne nur einmal im Jahr auf und einmal unter, und
wie um dem Anlass gerecht zu werden, nahm sie sich dafür Zeit. Es
dauerte Stunden, oft Tage, bis der letzte Bruchteil ihrer Scheibe unter
den Horizont gesunken war – ein erhebendes Naturschauspiel, das im
Jahr 1911 noch keines Menschen Auge erblickt hatte.

Da die Erde nicht senkrecht auf ihrer Umlaufbahn stand, tauchte der
Südpol nun immer tiefer in ihren Schatten ein. Nach einem Monat ver-
schluckte der Schatten die Hütten, die Briten und Norweger in der Antarktis errichtet hatten. Zuerst fiel er auf Framheim, das am südlichsten
lag. Drei Tage später ging die Sonne zum letzten Mal hinter dem Barne-
Gletscher unter und war nun auch von Cape Evans aus nicht mehr zu
sehen. Nach weiteren vier Wochen senkte sich die Dunkelheit über Cape
Adare, wo Campbell mit fünf Gefährten hauste, nachdem ihm der Weg
nach Edward VII-Land vom Eis und den Norwegern verstellt war.

Die Finsternis kam nicht mit einem Schlag. Noch lange hielt sich um
die Mittagszeit ein Zwielicht, das hell genug war, um auf dem Meereis
eine Partie Fußball zu spielen; in klaren Nächten konnte der Mond das
Eis zum Leuchten bringen. Doch der Mond nahm zu und ab, die Stunden der Mittagsdämmerung schwanden dahin, und oft verdunkelten
Wolken oder Schneestürme den Sternenhimmel. Die Temperaturen
sanken, auf - 38° F im Durchschnitt in Framheim und - 27° auf Cape
Evans. Auf Cape Evans war es dafür windiger. Wind aber machte die
Kälte noch eisiger. Unter diesen Bedingungen reduzierte sich der Aktionsradius der Entdecker auf ihre Winterlager und deren nächste Umgebung. An Vorstöße in Richtung Pol war für mindestens vier Monate
nicht zu denken, so lange, bis die Sonne um den 22. August zurückkehren und das Startsignal für das Rennen geben würde.

Am 11. April schien das Meereis zwischen der Hut Point-Halbinsel
und Cape Evans so fest, dass Scott die Rückkehr wagen wollte. Er

machte sich mit acht Männern auf den Weg. Sie gerieten in einen Schneesturm, den sie im Windschatten eines Vulkaneilands abwetterten – dreißig Stunden voller Sorge, dass das Eis erneut aufbräche und sie abermals stranden würden, diesmal aber auf einem Geröllstrand mitten im Sund, ohne Obdach und ohne die Möglichkeit, Robben zu jagen. Aber das Eis hielt. Als sie am übernächsten Morgen das Winterquartier erreichten, trafen sie dessen Besatzung wohlbehalten an. Nur ein Pony namens Hackenschmidt war aus unbekannten Gründen verendet, doch da Hackenschmidt ein störrisches Biest gewesen war, weinte ihm nicht einmal der Captain eine Träne nach. Damit blieben ihnen zehn Ponys.

Ebenfalls am 11. April fiel in Framheims Küche ein Topf zu Boden – für den Koch Lindstrøm ein untrügliches Zeichen, dass Johansen und die Männer der dritten Depotreise am selben Tag zurückkehren würden. Und so geschah es auch. Auf dem Heimweg war die Gruppe vom Kurs abgekommen und in eine Zone geraten, wo sich unter der trügerisch festen Oberfläche der Barriere Spalten auftaten, groß genug, um ganze Schlittengespanne zu verschlingen. Sie hatten zwei Hunde verloren und waren nur knapp einer Katastrophe entronnen. Mit ihrer dritten Depotreise hatten die Norweger insgesamt drei Tonnen Vorräte auf der Barriere abgelegt, verteilt auf mehrere Depots bei 80°, 81° und 82° Süd. Am 80. Breitengrad allein lagerten 4200 Pfund, bereit für die nächste Saison.

Bis die britische Landmannschaft vollzählig im Winterquartier versammelt war, wurde es Mitte Mai. Da erst war das Meereis zwischen Cape Evans und dem Hut Point stabil genug, dass Meares, der in der Discovery-Hütte das Kommando übernommen hatte, auch die Hunde und die beiden Ponys sicher hinüberführen konnte.

Wer aus dem kalten, mit Blubberqualm gesättigten Halbdunkel der Discovery-Hütte in das Winterquartier auf Cape Evans kam, glaubte das Ritz zu betreten. «Wie wunderbar, seinen Fuß in den Palast zu setzen!», schrieb Tryggve Gran am Abend der Heimkehr in sein Tagebuch. «Es war, als ob wir nicht begreifen konnten, was wir sahen. War dies alles möglich hier in der Wildnis? Nun gut! Der Tisch ist gedeckt, und es ist wirklich seltsam, wieder Besteck zu sehen. Jetzt schnell ein Bad – und dann ins Bett!» In der ersten Nacht meinte Gran zu schwimmen, so weich fühlte sich die Federmatratze an.

Das Erste jedoch, was jeden Heimkehrer beeindruckte, war die Helligkeit von zehn Gaslampen, die ein Generator neben dem Eingang mit

Acetylen versorgte. Man betrat die Hütte von der Westseite, durchquerte ein Vestibül und befand sich im Mannschaftsquartier, das etwa das erste Drittel des acht Schritte breiten und 16 langen Innenraums einnahm. Hier gaben die Petty Officers «Taff» Evans und Tom Crean den Ton an, Waliser der eine, Ire der andere, und beide Träger der silbernen Polarmedaille. Ebenso dekoriert und respektiert, aber von zurückhaltendem Temperament war Heizer William Lashly, auch er ein Veteran der *Discovery*-Expedition und mit 43 Jahren sogar ein paar Monate älter als der Eigner. Die neun Seeleute hatten es warm, denn im Mannschaftsquartier stand der Herd, die Wirkungsstätte von Thomas Clissold. Der Navy-Koch, ein Mittzwanziger, galt nicht nur als begnadeter Bäcker und Schöpfer exquisiter Gerichte wie Robben-Galantine, sondern auch als Bastlergenie. So hatte er einen raffinierten Mechanismus erfunden, der ihm mittels einer Glocke signalisierte, wenn der Brotteig aufgegangen war.

Clissolds technisches Geschick kam auch dem Meteorologen zugute. George Simpson hatte in der südöstlichen Ecke der Hütte sein Labor eingerichtet: Regale voller elektrischer Apparate, deren ununterbrochenes Ticken, Surren und Klingeln die Hütte erfüllte. Ein Laie, der das Ensemble von Anzeigetafeln, Schaltern, Reglern, Dynamos, Batterien und Kabeln sah, fühlte sich unwillkürlich an das Labor von Captain Nemo erinnert. Die Apparate waren über Drähte mit Instrumenten außerhalb der Hütte verbunden: Thermometer, Barometer, Hygrometer, Anemometer. Eine Telephonleitung führte in eine nahe gelegene Eishöhle, wo eine Anlage zur Messung des Erdmagnetismus aufgebaut worden war. In einem Verschlag nebenan zeichnete eine Art Camera obscura die Formen und Bewegungen der Wolken auf.

Wegen seines unverwüstlichen Lächelns wurde Simpson nur «Sunny Jim» genannt, auch wenn die anderen bald merkten, dass sich hinter der sonnigen Fassade eine gründliche Verachtung für alles verbarg, was nicht Meteorologie hieß. Um das antarktische Klima zu erforschen, hatte Simpson sich von seinem Posten beim Indian Meteorological Service beurlauben lassen. Den Bürgern seiner Heimat Derbyshire hatte er fünfhundert Pfund abgeschwatzt und damit einen Satz Instrumente erworben, der höchsten Qualitätsstandards genügte und den er eigenhändig kalibriert hatte. Sein Labor war die erste moderne Wetterstation in der Antarktis. Sie sollte mindestens ein Jahr rund um die Uhr fundamentale Klimadaten wie Lufttemperatur und Windgeschwindigkeit sammeln. Wasserstoffballons, die Simpson immer wieder aufsteigen ließ, maßen die Temperatur in höheren Lagen der Atmosphäre, während die Rauchfahne von Mount Erebus ihm die Windrichtung in 12 500 Fuß Höhe anzeigte. Aus der Menge an Daten versuchte der Meteorologe Wettermodelle zu gewinnen. Vor allem die unbändigen Winterstürme, die alle paar Tage über den Sund tobten, mit Böen von bis zu achtzig Meilen pro Stunde, Temperaturschwankungen und massiver Schneedrift, gaben ihm Rätsel auf. Sie vorhersagen zu können, war nicht nur von wissenschaftlichem Interesse. Im Schneegestöber eines plötzlich aufbrausenden Sturms konnte ein Mensch sich hoffnungslos verirren, selbst wenn er nur wenige Schritte von der Hütte entfernt war. Rührte die Instabilität des Klimas womöglich daher, dass hier zwei Wettersysteme aufeinandertrafen? Das von hohem Luftdruck und Kälte geprägte System der inneren Antarktis und der breite Tiefdruckgürtel, der unaufhörlich den südlichen Ozean aufmischte?

Die Norweger, 360 Meilen weiter östlich, verfügten weder über das Personal noch die Ausrüstung, um vergleichbare Forschungen zu betreiben, noch war dies ihre Absicht. Aber auch in Framheim wurden Wetterdaten gesammelt. Amundsen persönlich las morgens, mittags und abends die Instrumente der kleinen Messstation ab, die Lindstrøm in seiner Funktion als «Sub-Direktor der meteorologischen Abteilung» errichtet hatte. Zu ihrer Ausstattung gehörten einige selbst aufzeichnende Instrumente, aber die waren älteren Baujahrs und hatten im harschen Klima der Antarktis bald den Geist aufgegeben. Lindstrøm, der ein ebenso geschicktes Paar Hände besaß wie sein Kollege auf Cape Evans, nahm die unbrauchbaren Geräte auseinander und baute aus ihren Einzelteilen einen neuen Thermographen, den er eines Tages stolz dem Chef präsentierte. Als Amundsen sah, was der Koch aus den kostbaren Leihgaben des Meteorologischen Instituts in Kristiania fabriziert hatte, standen ihm die Haare zu Berge. In einem Kasten rotierte eine alte Blechdose, auf der das Etikett «Stavanger Konservenfabrik – Feinste Kalbsklößchen» prangte. Amundsen musterte die treuherzige Miene seines Mitarbeiters und versuchte zu ergründen, ob dieser ihn zum Narren hielt. Aber der Kalbsklößchen-Thermograph funktionierte tatsächlich, wenn auch nur bis - 40° F. In Framheim, wo die Temperaturen im Winter bis - 73° F sanken, reichte das nicht.

Ab ungefähr - 38° F wurde Quecksilber fest. Deshalb verwendeten die Norweger wie andere Polarforscher auch spezielle Thermometer, deren Messröhrchen mit Toluol, einem Lösungsmittel, gefüllt waren. Dass technische Geräte in arktischem Klima ihren Dienst versagten, war für Amundsen nichts Neues. Kälte machte viele Materialien brüchig, Glas insbesondere. Es kam vor, dass auf einer Schlittenfahrt sämtliche Thermometer zerbrachen und den Reisenden keine andere Möglichkeit blieb, die Temperatur zu bestimmen, als ihr eigenes Empfinden. Um die Wahrnehmung seiner Männer zu testen und zu trainieren, dachte sich Amundsen ein Spiel aus: Jeder sollte morgens nach dem Aufstehen vor die Hütte treten und schätzen, wie kalt es war. Die Schätzungen wurden in einer Kladde verzeichnet, und am Ende des Monats wurde verglichen. Wer am öftesten die tatsächliche Temperatur getroffen hatte, gewann ein paar Zigarren.

Ein Spiel wie dieses konnte sich nicht nur als nützlich im Notfall erweisen, es brachte auch etwas Abwechslung in das tägliche Einerlei eines polaren Winters und half, die kritischen Minuten zwischen dem Aufstehen und der ersten Tasse Kaffee zu überwinden, in denen Menschen besonders empfindlich auf Zumutungen reagieren. Wenn man monatelang mit denselben Gesichtern in einem fünf mal neun Schritte großen Raum eingepfercht war, konnte schon der Anblick des Bettnachbarn eine Zumutung sein. Amundsen, der eine feine Nase für die unterschwellige Dynamik seiner Gruppe besaß, bemühte sich, Aggressionen zu kanalisieren, bevor sie aufkamen. Dabei halfen kleine Wettbewerbe wie das Erraten der Temperatur in der Früh ebenso wie das allabendliche Dart-Turnier. Inzwischen entzündeten sich Konflikte häufiger an den Basteleien, mit denen die Männer ihre Freizeit ausfüllten. Wer tagelang an der perfekten Schneebrille gefeilt hatte oder glaubte, endlich die Patentlösung für das leidige Stiefel-Problem gefunden zu haben, der empfand die geringschätzigen Kommentare seiner Kameraden als verletzend. Einmal stritten Hanssen und Stubberud darum, wer den besseren Peitschenstiel gefertigt hatte. Die Stiele mussten einiges aushalten. Hunde, die nicht folgen wollten, brauchten eine «Bekräftigung», wie die Norweger es nannten, und dafür kam nicht die Peitsche, sondern deren Stiel zum Einsatz.

Ein Wort ergab das andere. Schon standen Hanssen und Stubberud sich am Esstisch gegenüber, jeder mit seinem Peitschenstiel in der dro-

Abbildung 21: «Sunny Jim» in seinem meteorologischen Labor, 1911.
Foto: Herbert Ponting.

hend erhobenen Faust. Amundsen legte kurzerhand die Regeln für ein Duell fest: Die beiden sollten die Stiele so lange gegeneinanderschlagen, bis einer zerbrach.

Der Kampf ging über etliche Runden. Immer wieder kreuzten der Gjøa-Veteran und der Zimmermann unter anfeuernden Rufen ihre Waffen, bis ein lauter Knall das Ende des Duells signalisierte.

Da hast du's, Opa!, rief Stubberud triumphierend, und Hanssen schaute betrübt auf das Ding in seiner Hand, das einer geknickten Lilie ähnlicher sah als einem Peitschenstiel.

Die unvermeidlichen Konflikte wären schwerer zu kontrollieren gewesen, hätten die Männer sich nicht tagsüber aus dem Weg gehen können. Schon zu Winteranfang war ihre Hütte so tief eingeschneit, dass der Schnee bis an die Dachtraufe reichte. Erst wollten sie ihr Heim freischaufeln, doch dann erkannten sie, dass dies eine vergebliche Mühe war und obendrein unnötig, denn Schnee isolierte ausgezeichnet. Stattdessen begannen sie, Gänge und Höhlen zu graben – mit improvisierten Schaufeln, denn die richtigen hatten sie daheim in Norwegen vergessen.

Mit der Zeit entstand ein Komplex von Tunnels und Eiskavernen, in die sie sich tagsüber verzogen, um im Schein von Petroleumlampen ihren Jobs nachzugehen. Da gab es eine komplett ausgestattete Tischler-Werkstatt, in der Bjaaland und Stubberud die Schlitten überholten, damit sie leichter und zugleich flexibler wurden. Nebenan ließ Wisting die Nähmaschine surren; er schneiderte jene Doppelzelte, die er auf der Depotreise ersonnen hatte. Eine andere Höhle beherbergte die «Framheim Kohle, Holz und Petroleum GmbH», die von Sverre Hassel betrieben wurde – als Direktor und Laufbursche in einer Person. Und im sogenannten «Eispalast» packte Johansen die Proviantkisten für die Polreise – alles andere als eine triviale Aufgabe, doch niemand war dafür geeigneter als Nansens ehemaliger Gefährte. Die Kunst bestand nicht nur darin, jede Unze unnötigen Gewichts zu vermeiden, sondern auch die Vorräte so zu arrangieren, dass immer das greifbar war, was man gerade brauchte.

Es kam vor, dass Johansen, vertieft in seine Arbeit, sich unwillkürlich umblickte und den Chef hinter sich stehen sah. Er hatte den anderen nicht kommen hören und wusste auch nie, wie lange Amundsen ihn schon beobachtet hatte. Ein Mal war er kurz davor, Amundsen zu sagen, dass ihn die Anschleicherei störte, aber er unterdrückte den Impuls.

Johansen wollte den Chef nicht unnötig reizen. Ihm war nicht entgangen, dass Amundsen auf Kritik aus seinem Munde besonders empfindlich reagierte, und er glaubte auch zu durchschauen, weshalb. Die langen Monate, die er mit Nansen allein auf Franz Josef-Land zugebracht hatte, und mehr noch die Monate nach der Heimkehr, als Nansen der strahlende Held gewesen war und er der Mann im Schatten, hatten Johansen vieles gelehrt. Er wusste, welch kleinlicher Egoismus sich manchmal hinter großen Taten verbarg. War die Verehrung für Nansen, seinen Herrn und Meister, durchzogen von einer Spur Hass, so mischte sich in den Respekt für seinen jetzigen Chef eine gehörige Portion Verachtung.

Dachte Amundsen etwa, sie wüssten nicht, dass er auf leisen Sohlen durch ihr eisiges Labyrinth schlich und, wenn er sich unbeobachtet wähnte, die Ohren an die Wände legte, um sich zu vergewissern, dass die Barriere nicht unter ihnen zerbrach? Dachte er, sie wüssten nicht, dass er seinen Beteuerungen, die Barriere sei an dieser Stelle unbeweglich, im Grunde selbst nicht glaubte? Dachte er, sie wüssten nicht, dass

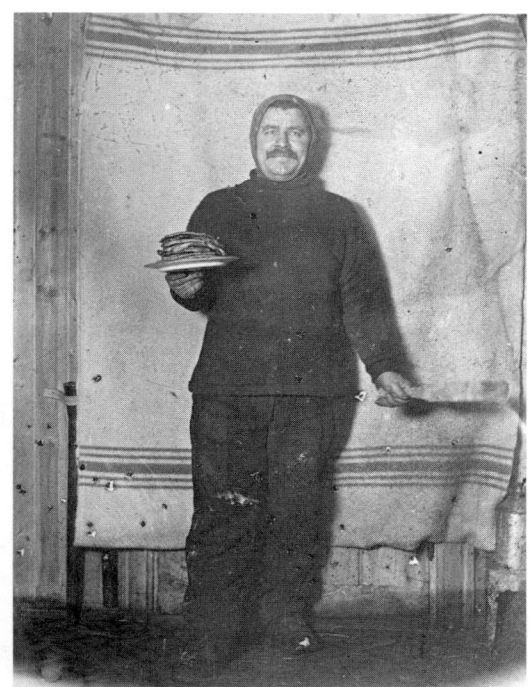

Abbildung 22:
Polarkoch Adolf Henrik
Lindstrøm mit einem Teller
Buchweizen-Pfannkuchen,
Winter 1911.

ihr Chef bei aller Perfektion im Detail ein Spieler war, der alles auf eine Karte setzte? Und wusste Amundsen denn nicht, dass auch er, Johansen, ein Spieler war, der nicht mehr viel zu verlieren hatte?

Johansen sah Amundsen fragend an.

Amundsen nickte ihm zu, als wollte er sagen: Ich weiß, was du denkst.

Löste Amundsen bei seinen Leuten zuweilen klaustrophobische Gefühle aus, so war Scott für die meisten seiner 24 Männer eine unnahbare Gestalt. Sie sahen ihn für gewöhnlich in seinem Alkoven auf dem Bett sitzen, Pfeife und Teetasse in Griffweite, an der Bretterwand hinter sich Socken, paarweise aufgehängt zum Auslüften, neben Photographien von Frau und Sohn und vor sich auf dem Tisch sein Journal oder Zettel mit Tabellen und Gleichungen – Planungen für die Polreise – oder manchmal auch ein zeitgenössischer Roman.

Wenn der Eigner nachmittags die Station verließ, um auf Skiern seine Bahnen über den gefrorenen Sund zu ziehen, lockerte sich in der

Messe der Ton. Dabei schaute Scott dem Unfug, den seine Männer oft trieben, durchaus gnädig zu. Und wenn er sah, dass der Rittmeister eines angesehenen Dragoner-Regiments sich nicht zu schade war, den jungen Geologen in den Schwitzkasten zu nehmen und durch die Hütte zu schleifen, gratulierte er sich zur Auswahl seines Teams. Doch seine Leute merkten selten – vielleicht zu selten –, dass ihr Anführer stolz auf sie war. Stattdessen spürten sie den moralischen Anspruch, den er an sich und an sie stellte, einen Anspruch, der sie einschüchterte und zugleich anspornte, ihr Bestes zu geben. Der Eigner erinnerte sie an einen Puritaner. Scott hatte nach Cape Evans etwas vom Geist der englischen Siedler gebracht, die einst ausgezogen waren, um in der Neuen Welt eine bessere Gesellschaft zu gründen, nur dass er nicht vom Glauben an Gott angetrieben wurde, sondern an die Wissenschaft: «Science – the rock foundation of all effort!!» lautete sein Credo.

Wenn die Norweger allein durch die Natur ihres Heimatlandes für ein monatelanges Leben in Eis und Finsternis besonders geeignet schienen, so bewiesen die Engländer auch auf Cape Evans ihr Talent, an jedem Ort der Welt eine Zivilisation zu errichten. Augenfälligen Ausdruck fand dieses Talent in jener Wand aus Proviantkisten, die das Mannschaftsquartier der Britischen Antarktis-Expedition von der dahinter gelegenen Offiziersmesse trennte. Auf jeder Seite der Wand galten andere Regeln des Umgangs, so wie auch die Beziehungen zwischen beiden Seiten genau geregelt waren.

Britische Offiziere waren von der Pike auf darauf gedrillt, in jeder Lage die Form zu wahren. Die Wissenschaftler hatten zwar keine soldatische Erziehung, einige dafür die zweifelhaften Segnungen einer renommierten Public School genossen, in der wilde Knaben zu englischen Gentlemen geschliffen wurden. Eine der Lehren, die man aus diesen Anstalten mitnahm, war für eine Polarexpedition besonders wertvoll: dass man zum Glück keine Frauen brauchte, ja, dass das weibliche Geschlecht für ein glückliches Leben sogar eher hinderlich war. Auch Männer konnten lernen, zu kochen, zu waschen, zu nähen, und selbst jene menschliche Wärme, die das schöne Geschlecht einem schenkte, war lau im Vergleich zu wahrer Liebe unter Männern. Die konnte durchaus auch romantische Züge annehmen, aber schwerlich auf Cape Evans, wo der Mangel an Privatsphäre, die eisige Kälte und das Arbeitspensum den Männern dabei halfen, sich ihrer fleischlichen Begierden zu entschlagen.

Abbildung 23: Olaf Bjaaland überholt die Schlitten für die Polfahrt, Winter 1911.

Die älteren Teilnehmer kamen besser mit dieser Situation zurecht. Wenn abends das Grammophon aufgezogen wurde und der helle Sopran von Nellie Melba durch die Hütte klang, wurde mancher von den Jüngeren auffällig still und zog sich in seine Koje zurück oder ging nach draußen in die eisige Wildnis – der einzige Ort, wo eine junge Seele für sich sein und, berührt vom Klang einer Frauenstimme, ihren Träumen nachhängen konnte.

Gleich links hinter der Wand aus Kisten, die die Offiziersmesse vom Mannschaftsquartier schied, öffnete sich eine Nische mit fünf roh gezimmerten Stockbetten – die Bude von Titus Oates, Birdie Bowers, Cherry, Edward «Atch» Atkinson, einem Navy-Chirurgen, und «Mother» Meares, wegen ihrer Kargheit auch «Die Mietskaserne» genannt.

Ihr einziger Schmuck bestand aus einer Büste von Napoleon, Titus' Idol. Mit demonstrativer Verachtung schauten der Grundherr von Gestingthorpe und die übrigen «Gentlemen» auf das Appartement jenseits des großen Tisches, der die Offiziersmesse der Länge nach teilte. Dort, auf der Südseite, hausten die drei «Ubdugs»: der wortgewandte Taylor, dessen Landsmann Frank Debenham, ein Geologiestudent, und Tryggve Gran. Als die Ubdugs einen Vorhang aufspannten und Bordüren an ihre Regale hefteten, trug ihnen das den Vorwurf ein, sie lebten in einer Opiumhöhle – eine Ansicht, die der weitgereiste Ponting zu bestätigen geneigt war. Ponting selbst schlief in der Dunkelkammer, in der er seine Filme und Glasplatten entwickelte und die der geschickte Heimwerker selbst gezimmert hatte. Sie lag an der Ostwand der Hütte, zwischen Simpsons Labor und dem Abteil von Dr Wilson und Lieutenant Evans.

Die Dauerfehde zwischen Militärs und Wissenschaftlern entzündete sich regelmäßig an politischen Streitfragen wie dem Frauenwahlrecht oder dem Selbstbestimmungsrecht der Kolonien. In den Diskussionen gaben häufig Taylor – auch «Keir Hardie» genannt, weil er sich nach den Schlittenreisen des Herbstes einen Bart hatte stehen lassen, der die Gentlemen an den Gründer der Labour Party erinnerte – und der kleine Bowers den Ton an, der von dem Glauben durchdrungen war, dass Gott die britische Rasse auserwählt habe, die Welt zu beherrschen.

Doch an drei Abenden pro Woche standen andere Themen auf dem Programm. Es war Scotts Idee gewesen, wissenschaftliche Soiréen zu veranstalten, in denen jeder gehalten war, sein Forschungsthema zur Diskussion zu stellen. Wilson etwa dozierte über Pinguine, Simpson über das Wetter, Taylor über physische Geographie, Wright über «Eisprobleme», Nelson über Meeresgetier, Atkinson über Parasiten, Teddy Evans über Landvermessung. Für Abwechslung sorgten Ponting und Oates, jener mit kolorierten Lichtbildvorträgen über ferne Länder – Ceylon, Indien, Japan –, bei denen so exotische Dinge wie Blumen und Frauen von der Leinwand leuchteten, dieser mit humorigen Referaten über Pferdepflege, die seine Zuhörer zum Wiehern brachten.

Auch die Seeleute waren eingeladen, sich in die «Universitas Antarctica» einzuschreiben, doch nach dem zweiten Vortrag – Simpson über atmosphärische Lichteffekte – blieben sie geschlossen fort. Fortan verbrachten sie ihre Feierabende wieder im vorderen Teil der Hütte, wo sie Karten spielten, Romane lasen oder Handarbeiten verrichteten. Den

Abbildung 24: Die «Mietskaserne»: Mr Cherry-Garrard, Lieutenant Bowers, Rittmeister Oates, Mr Meares und Dr Atkinson (von links), Winter 1911. Foto: Herbert Ponting.

Seeleuten um Taff Evans und Tom Crean oblag die Überholung der Ausrüstung für die Polreise. Sie flickten Schlafsäcke und Zelte, schliffen die Kufen der Schlitten, wogen unter Bowers' Anleitung den Proviant ab. Taff Evans nähte Innenfutter für die Zelte und bewies sein Talent als Schuster, indem er für die weichen Fellstiefel einen festen Überschuh entwarf, den man in eine Huitfeldt-Skibindung schnallen konnte. So hatten die Füße es weich und warm und zugleich eine gute Kontrolle über die Skier.

An einem Maiabend präsentierte Scott seine Pläne für die Polreise: Im Wesentlichen würden sie Shackletons Strategie übernehmen, allerdings mehr Man-power einsetzen. Vier Teams sollten Ende Oktober Richtung Süden aufbrechen, eines davon mit den zwei Motorschlitten, von denen Scott sich allerdings nicht viel erhoffte. Ihr Einsatz, erklärte er, trage eher den Charakter eines Experiments. Auch von den zwei Hundegespannen erwartete der Captain keine Wunderdinge. Die Hauptlast würden die Ponys tragen. Mit den verbleibenden zehn wollte er bis zum Beardmore-Gletscher marschieren, über den man auf das polare Plateau gelangte. Selbst wenn der Gletscher nur halb so wild war, wie

Shackleton ihn dargestellt hatte, würden Zugtiere zwischen Spalten und Eisfällen von geringem Nutzen sein. Die Hundeschlitten sollten daher am Fuß des Beardmore umkehren, die Ponys hingegen würde man von ihren Qualen erlösen und ihre Kadaver deponieren. Ab dem Beardmore-Gletscher, also ab ab 83° Süd bis zum Pol und zurück, würden die Männer die Schlitten selbst ziehen müssen. Die bewährte Methode des Man-hauling. Auf dem etwa zehntausend Fuß hohen Plateau angekommen, würde das zweite Team umkehren, das dritte etwa beim 87. Breitengrad. Nur die letzte Gruppe würde am Pol den Union Jack hissen.

Als Scott seine Pläne anschließend zur Diskussion stellte, erhob niemand prinzipielle Einwände. Nur ein Punkt rief gemischte Gefühle hervor: die Dauer der Polfahrt. Der Eigner kalkulierte mit 144 Tagen. Das hieß, die letzte Gruppe würde möglicherweise erst Ende März an den Sund zurückkehren, zu spät, um das Schiff zu erreichen und um Briefe beantworten zu können. Dieser Gedanke bedrückte die meisten mehr als die Vorstellung, einen zweiten Winter im Eis zu verbringen.

Jemand wollte wissen, ob man sich das Plateau so ähnlich wie die Barriere vorstellen müsse. Scott gab die Frage an Taylor weiter, der erklärte, im Prinzip ja, nur dass das Polarplateau nach derzeitigem Kenntnisstand nicht auf dem Wasser, sondern auf festem Land liege. Die lange Bergkette, die sich von Cape Adare mindestens bis zum 84. oder 85. Breitengrad südostwärts erstrecke, stelle vermutlich ein Küstengebirge dar, das einen ganzen Kontinent begrenze, ähnlich wie die Anden in Südamerika. Ja, es sei sogar denkbar, dass die Anden eine Fortsetzung des antarktischen Gebirges bildeten. Wer von den Anwesenden das Plateau betrete, möge bedenken, dass er über einen versunkenen Erdteil spaziere, nicht anders als der Norden Europas, weite Teile Großbritanniens eingeschlossen, während der letzten Eiszeit von einem tausende Fuß dicken Eispanzer bedeckt war. Sie träten also quasi eine Reise in ihre eigene erdgeschichtliche Vergangenheit an …

Den Tag der Sonnenwende begingen die Engländer «mit all der Feierlichkeit, die zuhause an Weihnachten üblich ist», notierte der Eigner in sein Journal. Zum Lunch wartete Cherry mit einem Buszard Cake auf, den er irgendwie unbeschadet von der gleichnamigen Konditorei in der Oxford Street nach Cape Evans geschmuggelt hatte. Danach deckten die Stewards den Tisch so elegant, dass – nach Taylors Zeugnis – «der Oberkellner eines gefeierten Restaurants es nicht besser

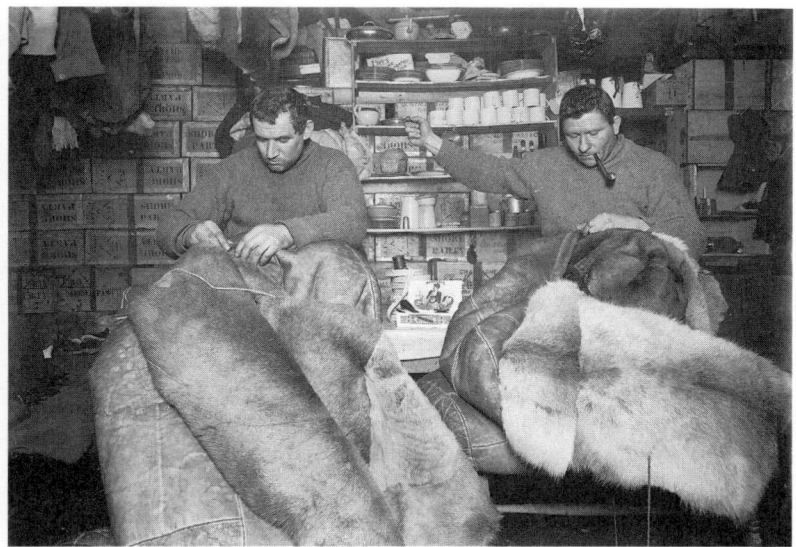

Abbildung 25: Petty Officers Tom Crean und Edgar Evans flicken Schlafsäcke, Winter 1911. Foto: Herbert Ponting.

vermocht hätte». Und ob dessen Küchenchef es mit Clissolds Kochkunst hätte aufnehmen können? Der Navy-Koch zauberte ein Menu, wie es die antarktische Cuisine noch nicht gesehen hatte: Robben-Consommé, Roastbeef mit Yorkshire Pudding und Meerrettich, Kartoffeln «à la mode» und Rosenkohl, Plum Pudding und Mince Pie, «Caviare Antarctic» sowie diverse Bonbons, Toffees, Mandeln und Rosinen. Nach dem Wein kamen Sherry, Champagner, Brandy Punch und Likör auf den Tisch. Auch mit Zigaretten und Tabak wurde an diesem Abend nicht gegeizt.

Den Champagner, fünfzig Flaschen Moët et Chandon und Heidsieck 1904, hatten die Londoner Importeure Simon Bros. gespendet, der Sherry war ein Geschenk aus Jerez, von der Traditionsfirma Gonzales Byass and Co. Und nicht zu vergessen die Ananascreme und das Himbeergelee, die das Menu krönten! Es war abzusehen, dass einige Expeditions-Teilnehmer am nächsten Tag unpässlich sein würden. «Sehr weise entschied unser Anführer, am 23. Juni einen Ruhetag einzulegen», befand Teddy Evans.

Nach der obligaten Runde von Ansprachen und Toasts überreichte Herausgeber Cherry dem Eigner die schon mit Spannung erwartete neue Nummer der *South Polar Times*. Scott las aus dem von Bernard Day liebevoll in Sperrholz und Robbenhaut gebundenen Band, der das Treiben der Expeditionsmitglieder satirisch illustrierte. Die Stimmung lockerte sich zunehmend. Einige Männer tanzten, schon ein wenig schwankend, Quadrillen, der Koch fing an zu singen, und ein Petty Officer schlief bei minus 40 Grad im Schnee ein, wurde aber glücklicherweise nach ein paar Minuten gefunden. Birdie präsentierte unter großem Hallo einen selbstgebastelten Christbaum aus Skistöcken und Skua-Federn, an dessen Ästen kleine Geschenke für jeden baumelten. Das absolute Highlight war jedoch Pontings Laternenshow. Der Photokünstler zeigte Bilder, die er seit ihrer Abreise aus Neuseeland im November aufgenommen hatte: Bilder von der *Terra Nova* im Sturm, vom Packeis, von majestätischen Eisbergen, von Mount Erebus und seinen Gletschern, von Pinguinen, Walen und Seehunden, vom Entladen des Schiffes, von Ponys und Männern, die Schlitten über das Eis zogen. Der Applaus wollte nicht enden.

Zu vorgerückter Stunde traten die Offiziere nach draußen, um die Aurora australis zu bewundern, das südliche Polarlicht, das an diesem Abend eine selten schöne Vorstellung gab. In immer neuen Wellen wanderten blassgrüne, manchmal rot auflodernde Schlieren über den Himmel, ballten sich zusammen, lösten sich wieder auf in endlosem ätherischen Formenspiel. Der Anblick ließ die kleine Gruppe, die aus der hellerleuchteten Hütte in die antarktische Nacht getreten war, still werden.

In ihrer Universitas Antarctica hatten sie auch über die Aurora diskutiert. Sie erkannten in ihr nicht mehr, wie die Menschen früherer Zeiten, ein Zeichen drohenden Unheils. Simpson hatte ihnen erklärt, dass Intensität und Form des Polarlichts von der Sonnenaktivität und dem Magnetfeld der Erde abhingen. Er hatte Birkelands Theorie referiert, der 1896 erkannt hatte, dass das Polarlicht von Elektronen erzeugt wird, die von der Sonne angeflogen kamen und die obere Schicht der Erdatmosphäre zum Leuchten brachten. Doch in diesem Moment der Stille trat die Wissenschaft hinter dem erhebenden Gefühl zurück, dass offenbar selbst die Elemente den historischen Augenblick ehrten. Es war die Halbzeit der Expedition. Einen Sommer und einen halben Winter hat-

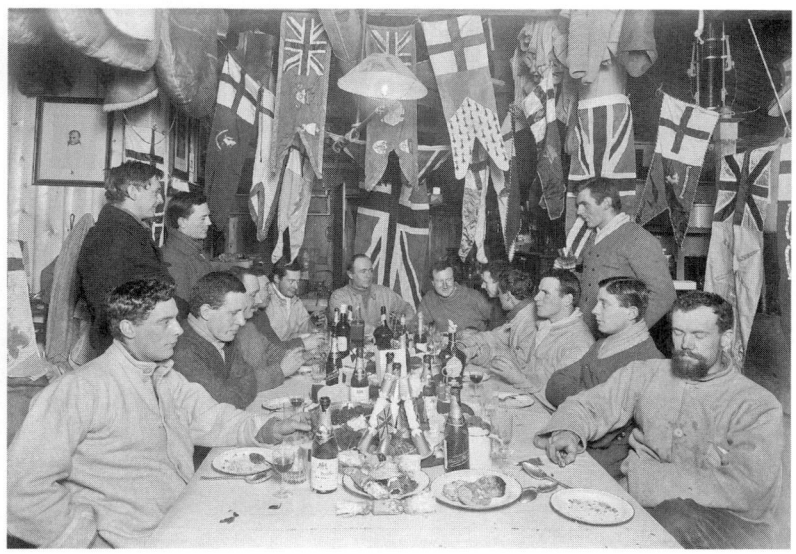

Abbildung 26: Mittwinter-Dinner auf Cape Evans, 22. Juni 1911. Foto: Herbert Ponting.

ten sie in der Antarktis verbracht, und wenn alles nach Plan lief, würden sie nach einem weiteren halben Winter und noch einem Sommer ihr Ziel, den Südpol, erreicht haben und als gefeierte Helden in die Zivilisation zurückkehren. Es war weit nach Mitternacht, als Scott den Tag mit einem Eintrag in sein Journal beschloss: «Wir feierten die Geburt einer Saison, die – für Wohl oder Wehe – zu den großartigsten unseres Lebens gezählt werden muss.»

Den atmosphärischen Lichttanz der Aurora nahm in den Morgenstunden des 23. Juni 1911 noch ein anderer Beobachter wahr. Wie jeden Tag war Roald Amundsen früh aufgestanden und vor die Tür gegangen. Auch er spürte die Stille – eine Stille, von der sich niemand eine Vorstellung machen konnte, der sie nicht selbst erlebt hatte. Doch halt, was war das? Ein Pfeifen lag in der Luft, es schien den kapriziösen Bewegungen des Polarlichts zu folgen. Amundsen schmunzelte innerlich. Für einen Moment wäre er fast einer Täuschung aufgesessen, auf die schon viele hereingefallen waren: das hörbare Polarlicht, für manche Menschen eins der geheimnisvollsten Phänomene der Natur. Doch Amundsen wusste es besser. In Wirklichkeit war die Aurora geräuschlos.

Das Pfeifen war sein eigener Atem, der in der -45 Grad Fahrenheit kalten Luft gefror.

Als er von seinem morgendlichen Rundgang zurückkehrte, erwachte in Framheim gerade das Leben. Das Klingeln des Weckers trieb Lindstrøm aus seiner Koje in die Kombüse, wo er den Herd einheizte, Kaffee kochte und Buchweizen-Pfannkuchen buk.

Morgen, Dickerchen, begrüßte Amundsen den Koch und griff nach der Kladde für das morgendliche Temperatur-Ratespiel.

Vom Kaffeegeruch geweckt, stiegen auch die anderen Bewohner aus ihren Betten und rieben sich die Augen im hellen Licht der Gaslampe, die Lindstrøm derweil angezündet hatte. Die Norweger würden heute die Johannisnacht feiern. Aber zuvor galt es, das tägliche Pensum zu verrichten. Auch am Feiertag verlangten die Hunde nach ihrem Futter. Und nach dem Frühstück verzogen sich alle wie sonst auch in ihre Werkstätten. Wisting trat die Pedale seiner Nähmaschine, Johansen grübelte über dem Proviant, Hanssen band mit Lederriemen die Schlitten zusammen, die Bjaaland und Stubberud überholt hatten, Stubberud hobelte die Proviantkisten ab, damit auch sie leichter wurden.

Am späten Nachmittag suchten die Männer einzeln das Dampfbad auf, das Bjaaland und Hassel konstruiert hatten. Es befand sich ebenfalls in einer Eiskaverne und bestand aus einer unten offenen Kiste, in der ein Mann auf einem Stuhl sitzen konnte, so dass nur sein Kopf durch eine kleine Öffnung herausschaute. Kiste und Stuhl standen auf einem Podest, unter dem ein mit Eis gefülltes Reservoir installiert war. Zwei Primus-Kocher erhitzten das Eis, bis es verdampfte und der Dampf in die Kiste aufstieg. Hatte der Mann auf dem Stuhl genug geschwitzt, wurde die Kiste mit einem Seilzug angehoben.

Um sechs Uhr setzten sich alle gebürstet und gestriegelt an den bunt gedeckten Tisch. An der Wand, über den Photographien des Königspaares, hing die norwegische Flagge. Wie am Abend zuvor auf Cape Evans so wurde auch in Framheim Plum Pudding serviert, als Hauptgericht jedoch für jeden eine eigene «Napoleon Torte», kunstvolle Gebilde aus sich abwechselnden Lagen Blätterteig, Vanillecreme und Schlagsahne, die Lindstrøm zur Feier des Tages kreiert hatte. Nach der Schlemmerei wurden Zigarren angezündet. Unter allgemeinem Jubel holte der Koch zwei mit einer dünnen Schicht Eis überzogene Flaschen vom Dachboden: Bénédictine und Punch. Amundsen zog das Grammophon auf. Jeder durfte sich sein Lieblingslied wünschen. Aus dem Trichter schallten Walzer, Märsche und Arien. Als Letzte trat Borghild Bryhn auf und sang für die Teilnehmer der dritten *Fram*-Expedition Solveigs Lied. Nachdem der letzte Ton verklungen war, wagte lange niemand zu sprechen, aus Angst, den Zauber der Musik zu brechen.

Eine letzte Runde Dart, dann war das Fest vorbei. Eine Weile glommen noch die Pfeifen, raschelten die Seiten der Bücher. Krimi-Schmöker wie Arthur Griffiths' *The Rome Express* standen bei den Norwegern am höchsten im Kurs, neben Berichten von Polarreisen. Um elf Uhr erloschen die Lichter. Amundsen bestand darauf, dass die Nachtruhe strikt eingehalten wurde. Am Ende des Winters sollten alle erholt und ausgeruht sein für die Eroberung des Südpols.

Auch Scott musste die Fitness seiner Mannschaft am Herzen liegen. Er fragte sich daher, ob es eine gute Idee war, zwei Männer, die auf seiner geheimen Liste von Pol-Kandidaten ganz oben standen, sowie einen dritten guten Schlittenfahrer auf eine Reise gehen zu lassen, die ebenso unerhört war, wie sie strapaziös zu werden versprach. Aber er hatte Wilson dessen Herzenswunsch nicht abschlagen können. Der Ornithologe wollte die Kolonie der Kaiserpinguine auf Cape Crozier besuchen, die dort mitten in der antarktischen Nacht ihre Eier legten und ausbrüteten – eine so lebensfeindliche Brutstätte, dass noch kein Forscher einen Embryo dieser primitiven Vögel hatte unter die Lupe nehmen können. Man vermutete, dass der Kaiserpinguin das missing link bildete zwischen Reptilien und Vögeln. Gelänge es Wilson, einige Eier zu sichern, konnte er womöglich ein Rätsel der Evolution lösen.

Am 27. Juni brach er mit Birdie und Cherry im Schlepptau auf, und während auf Cape Evans die winterliche Routine weiterging, mit drei Mahlzeiten täglich und Gottesdienst am Sonntag, stapften diese drei Männer im Dunkeln über den Sund und auf die Barriere, immer die Südflanke der Ross-Insel entlang, in Temperaturen von -60° bis -77° F und durch Schnee, der wie Sand auf die Kufen ihrer beiden Schlitten wirkte, so dass sie immer nur einen vorwärts hieven konnten und an manchen Tagen nur anderthalb Meilen vorankamen. Wenn es klar war, wiesen Mond und Sterne ihnen den Weg, und zu ihrer Linken traten die beiden Vulkane hervor, zwei düstere Schemen, die ihre Namen – Erebus und Terror – zu Recht zu tragen schienen. Nach knapp drei Wochen, in denen die drei Männer kaum Schlaf fanden, weil ihre Körper pausenlos vor Kälte zitterten, erreichten sie das Kap, errichteten dort eine Hütte aus Bruchsteinen und Schnee, deckten sie mit einer Plane ab und kletterten die Klippen hinunter auf das Meereis, zur Pinguinkolonie. Sie konnten fünf Eier sichern, von denen jedoch zwei beim Rückweg zerbrachen. Als ein Schneesturm die Plane von ihrer Steinhütte und ihr Zelt davonwehte, gaben sie sich schon verloren. Fast zwei Tage lagen sie eingeschneit in ihren Schlafsäcken unter freiem Himmel, während der Wind wie eine Furie über die nackten Mauern des Iglus heulte, sangen Choräle und versuchten, den Hunger zu vergessen, bis der Sturm verebbte und sie sich auf die Suche nach ihrem Zelt machen konnten. Wie durch ein Wunder fanden sie es nur wenige hundert Schritte entfernt wieder. Als sie am 2. August nach Cape Evans zurückkehrten, drei Pinguineier und drei Schlafsäcke im Gepäck, in denen sich so viel Eis angesammelt hatte, dass der schwerste 45 Pfund wog, sahen sie – in den Worten des Eigners – «so wettergegerbt aus, wie ich noch nie jemanden gesehen habe. Ihre Gesichter waren narbig und zerfurcht, ihre Augen stumpf, die Hände weiß und wächsern von der Feuchtigkeit und Kälte, denen sie ausgesetzt waren.»

Wilson war vom wissenschaftlichen Ertrag der Winterreise enttäuscht, aber für Scott lag ihr eigentlicher Erfolg «im Reiz, den sie auf unsere Einbildungskraft ausübt als eines der ritterlichsten Abenteuer in der Geschichte der Polarforschung. Dass Männer mitten in der Polarnacht auszogen, um sich der gräßlichsten Kälte und den grimmigsten Stürmen im Dunkeln auszusetzen, ist etwas Neues; dass sie in ihrem Bemühen fünf Wochen lang trotz aller Widrigkeiten standhaft blieben, ist heroisch. Es ergibt eine Sage für unsere Generation, die hoffentlich ihren würdigen Erzähler finden wird.»

Was die Reisenden vom extremen Wetter auf der Barriere zu berichten hatten, stieß nicht nur bei Simpson auf lebhaftes Interesse. In der Nacht ihrer Rückkehr hallte die Hütte von einer Diskussion wider. Armer Amundsen!, sagte der eine oder andere in einem Tonfall, in dem sich Mitleid und Häme mischten, und Scott konnte sich nicht vorstellen, wie der Norweger in solchen Temperaturen seine Hunde am Leben erhalten würde. Doch Gran, der seinen Landsmann besser einzuschätzen wusste, war unbesorgt. «Er wird es schaffen», vertraute er seinem Tagebuch an.

Tatsächlich lief in Framheim alles nach Wunsch. Die Vorbereitungen für die Polreise, die Arbeiten an den Schlitten, Zelten, Schlafsäcken, Stiefeln und den anderen tausend Dingen, die zu bedenken und herzurichten waren, schritten planmäßig voran. Amundsen hätte dem Beginn des Frühjahrs gelassen entgegensehen können, doch mit jedem Tag, der verstrich, wuchs seine Nervosität. Wie ein Tiger seinen Käfig durchstreifte er das Eislabyrinth; jeden Mittag schlich er hinaus und beobachtete ungeduldig, wie der nördliche Horizont allmählich heller wurde. Am 16. August, mehr als eine Woche vor der Rückkehr der Sonne, befahl Amundsen, die Schlitten abfahrbereit zu machen.

Auch den anderen war die Enge ihrer vier Wände längst unerträglich geworden: die immergleiche Maserung der Holzvertäfelung ebenso wie der Fleck auf dem Hemd des Tischgenossen, der abgestandene Zigarrendunst, der Geruch nach gebratenem Robbenfett in den Bettvorhängen, die nächtlichen Geräusche der Nachbarn, deren Schnarchen, Furzen und gelegentliches Stöhnen im Schlaf, die abgedroschenen Witze und Anekdoten, denn der Gesprächsstoff war ihnen schon lange ausgegangen. Ein Thema jedoch schob sich immer öfter in ihre Unterhaltungen, je näher der Frühling rückte: Wie weit waren die Engländer? War Scott womöglich schon unterwegs?

Unsinn, sagte einer, mit seinen Ponys kann er bei diesen Temperaturen nicht losgehen.

Vielleicht ist es im McMurdo-Sund ja nicht so kalt wie hier, meinte ein anderer.

Jedenfalls können wir sicher sein, dass die Briten nicht untätig herumsitzen, sagte der dritte. Diese Jungs haben bewiesen, was sie draufhaben.

Und Amundsen dachte an die Motorschlitten. Aus seiner Sicht barg dieser Faktor die größten Risiken in seinem Kalkül. Was, wenn die Dinger wirklich liefen?

Noctiluca scintillans _ _ _ _ _ _ _ _ _ *Cape Evans, Anfang Juli 1911*

In einer klaren Winternacht stand eine kleine Gestalt am Fuß von Cape Evans und starrte in den Gezeitenriss. Weil das Meereis einerseits am Land festfror, sich anderseits aber mit der Tide hob und senkte, entstand in Küstennähe dieser Riss, der sich über Meilen hinzog. Der Riss arbeitete. Er öffnete und schloss sich, je nachdem, wie das Wasser strömte, und wenn die Kanten sich beim Tidenhub aneinanderrieben, gab er ein eigenartiges Knirschen von sich, das in der stillen Polarnacht weithin zu hören war.

Da war es wieder! Der Mann wich zurück. Wasser war durch den Riss aufgestiegen, darin tanzten bläulich schimmernde Phantome, blitzten auf und verschwanden. Er griff in einen Beutel, den er bei sich trug, holte ein Schächtelchen hervor, öffnete es und warf seinen Inhalt in das Gelichter. Eine Handvoll dünner Stäbe, jeder nicht größer als ein Zeigefinger, purzelte in das Wasser. Ob dieses Opfer die Dämonen des Meeres besänftigen würde?

Für Anton stand die Welt Kopf. Die Dunkelheit, die nicht enden wollte, die Lichter am Himmel und im Meer, die Schneestürme, die die ganze Welt verschluckten – all das verstörte ihn. Er wollte heim. Die Engländer nannten ihn «kleiner Russe». Die meisten verstanden nicht. Zwar war er wirklich nicht groß, aber er war kein Russe, sondern ein «Kleinrusse», ein Ukrainer, den sein Beruf als Jockey in den fernen Osten verschlagen hatte. Auf dem Hippodrom von Vladivostok hatte Gospodin Meares ihn angeheuert, damit er half, eine Ponyherde per Schiff nach Neuseeland zu bringen. Meares war ein guter Mann. Er sprach fließend Russisch. Er wusste, wie man einen Hundeschlitten lenkte. Aber er verstand wenig von Pferden. In Neuseeland hatte Rittmeister Oates sie erwartet. Anton hatte sofort gemerkt, dass der Rittmeister Pferde liebte. Sie waren bald Freunde geworden, und so war Anton mit der *Terra Nova* in die Antarktis gefahren. Er hatte es lange nicht bereut. Er liebte seine Arbeit im Stall. Er arbeitete gern mit dem Rittmeister. Der Rittmeister war ein Gentleman. Auch mit Dmitrii, dem Russen, der mit Gospodin Meares die Hundeschlitten lenkte, verstand er sich gut. Doch dann war die Dunkelheit gekommen und mit ihr die bösen Geister, die seiner Seele keine Ruhe ließen.

Anton sah noch einmal schaudernd in den Gezeitenriss, dem er seine

letzten Zigaretten geopfert hatte. Dann stapfte er zur Hütte. Ein Halb-
mond war über Erebus aufgegangen und beschien seinen Pfad.

Im Stall, der sich an die Nordseite der Hütte lehnte, saßen zwei Männer vor einem primitiven Ofen, der mit Blubber geheizt wurde und auf
dem ein Topf mit Hafergrütze köchelte. Sie rauchten Pfeife und schwie-
gen wie gewöhnlich. Nicht, dass sie sich nichts zu sagen gehabt hätten.
Meares Vater war Kavallerie-Offizier und in Irland stationiert gewesen,
im Lager Curragh, wo auch Oates mit seinem Regiment viele Dienst-
jahre verbracht hatte. Beide hatten im Burenkrieg gekämpft. Beide litten
Frustrationen angesichts der Unfähigkeit ihres Chefs, mit Tieren umzugehen. Und wenn das nicht reichte, um ihre langen, einsilbigen Gespräche am Blubberofen zu füttern, konnte Meares immer noch von seinen
Abenteuern in Indien, China und Sibirien erzählen. Oates, der seinen
Geprächspartner nie drängte, wusste inzwischen mehr als viele andere
über die dubiose Rolle, die Meares im «Great Game» zwischen Britannien und Russland um Nordindien gespielt hatte.

Jemand kam von draußen in den Stall. Oates und Meares erkannten
Anton an seiner Statur und daran, dass er bei dem einen oder anderen
Pony stehen blieb, ihm über den Kamm strich und etwas zu ihm sagte.
Endlich blieb der Jockey vor den beiden Männern stehen und sah sie
unschlüssig an. Oates und Meares rückten zusammen, und Oates deu-
tete auf eine freie Kiste. Anton setze sich

Nach einer Weile fragte er in gebrochenem Englisch: Wenn ich fort-
gehe, wird Captain Scott mich enterben?

Oates sah ihn verständnislos an: Was soll das heißen?

Sagt man nicht so, wenn ein Vater stirbt und hinterlässt seinem Sohn
nichts?

Enterben, ja, aber was wollen Sie damit sagen?

Meares kam ihm zu Hilfe. Nachdem er ein paar Sätze auf Russisch
mit dem Jockey gewechselt hatte, erklärte er: Er will nach Hause, sobald
das Schiff kommt, und er hat Angst, dass Scott ihm das übelnimmt und
ihn von der Heuerliste streicht.

Oates schüttelte den Kopf: Keine Sorge, Anton. Wir wollen alle heim.
Mr Meares, ich selber, und ich wette, der Captain will es im Grunde
auch.

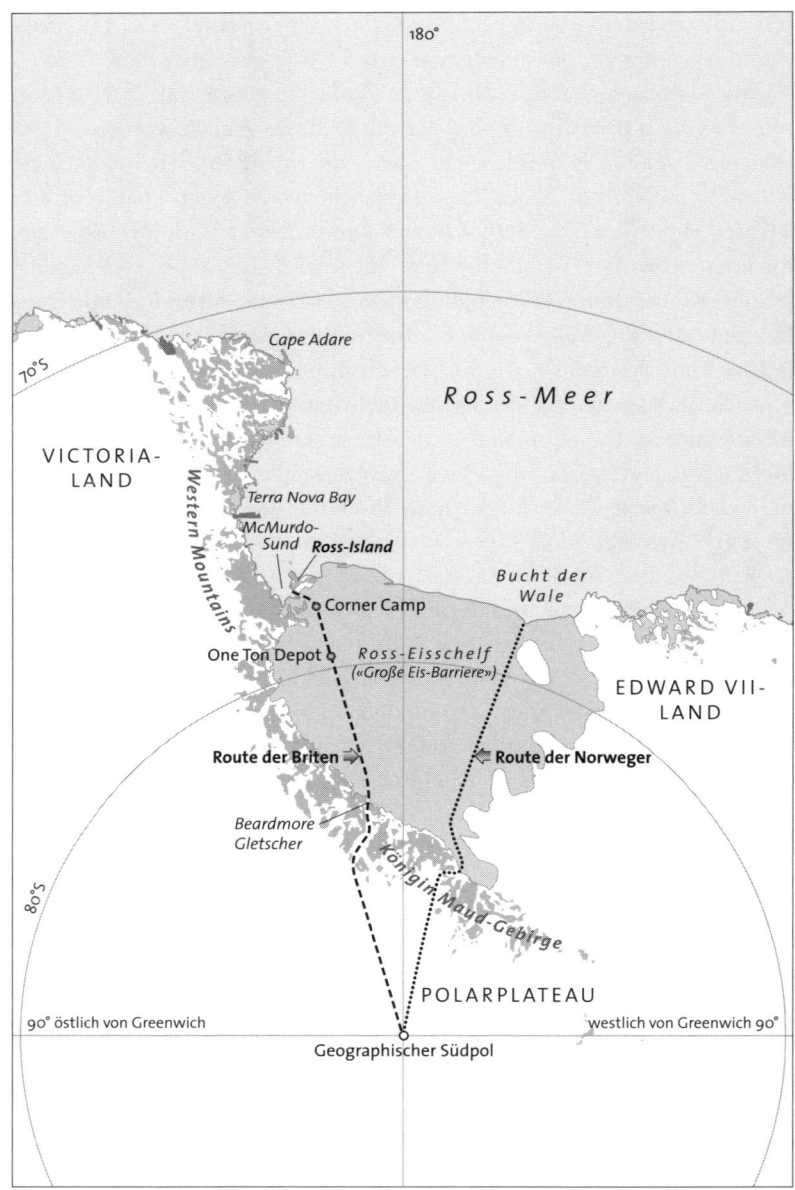

Die Große Eis-Barriere (Ross-Eisschelf) mit den Routen der britischen und norwegischen Südpol-Expeditionen 1911/1912

VI DAS RENNEN

Schiffbruch _ _ _ _ _ _ _ _ _ _ _ _ *Große Barriere, 15. September 1911*

Hjalmar Johansen gab den Hunden Pemmikan, doch nicht einmal das Futter, sonst ihr ein und alles, vermochte die Tiere aus ihrer Lethargie zu reißen. Sie sahen zum Erbarmen aus: Daeljen, Liket, Uranus, Neptun … Einige waren schon seit gestern nicht mehr imstande, selber zu laufen, und mussten daher auf dem leeren Schlitten mitfahren. Und Kamilla, die Hündin, war irgendwo da draußen geblieben. Johansen blickte nach Süden, wo sich die Spuren ihrer Reisegruppe im Weiß der Barriere und eines farblosen Himmels verloren. Blutspuren markierten ihren Weg. Bei minus sechzig Grad zerschnitten die Hunde sich an den Schneekristallen die Pfoten. Wo blieb der Kerl bloß? Johansen drehte sich um und sah nach Norden, wohin Hassel entschwunden war, den anderen hinterher. Hassel hatte nicht mit hier warten wollen. Was helfe es, wenn drei statt zwei litten, hatte er gesagt, Johansen das Zelt übergeben und war davongefahren in Richtung Framheim, in Sicherheit.

So hatten sie immerhin ein Zelt. Ein Zelt, einen Doppelschlafsack, ein paar Zwiebäcke. Keinen Kocher – den hatten die anderen. Das hieß, sie konnten sich weder wärmen noch Schnee schmelzen, um ihren Durst zu stillen. Schöne Aussichten waren das, bei -60° F auf der Barriere, zwanzig Meilen von Framheim entfernt, mit einem Rudel entkräfteter Hunde und, als sei das nicht genug, zu vorgerückter Stunde. Die Sonne stand schon niedrig im Nordwesten. Johansen blickte wieder in die andere Richtung, in das unergründliche Weiß, das sich allmählich graublau färbte. Von Prestrud keine Spur. Wo blieb der Kerl nur?

In Johansen stieg wieder die Wut hoch. Nicht auf Prestrud. Der junge Leutnant konnte nichts dafür, dass er kaum Erfahrung im Eis besaß und dass man ihm das schwächste Hundeteam gegeben hatte. Prestruds Hunde waren zu schlapp gewesen, um den Schlitten zu ziehen. Daher hatten sie Prestruds Schlitten auf den von Hassel gelegt und die Hunde unter sich aufgeteilt. Sie hatten ein Seil an Johansens Schlitten gebunden, und Prestrud hatte sich auf Skiern mitziehen lassen. Doch nach einigen Meilen war ihnen klar geworden, dass auch Johansens Hunde zu schwach waren, und so hatte Johansen Prestrud zurückgelassen, um die anderen einzuholen. Nach einer nicht enden wollenden Aufholjagd hatte er Hassel erwischt, doch der hatte auch nichts gewusst, außer dass die anderen irgendwo weiter vorne waren. Im Gespräch mit Hassel war die Wut aus Johansen hervorgebrochen. Hassel hatte ihm Recht gegeben – und war weitergefahren.

Es war auch nicht die Situation, die Johansen wütend machte. Die gnadenlose weiße Kälte um ihn herum, das Alleinsein – damit kam er klar. Immerhin war das seine Welt. Er war für sie geschaffen wie kaum ein anderer. Gegen sie lehnte er sich nicht auf. Er beugte sich ihrer Gewalt, nahm ihre Schläge demütig hin. Seine Stärke hieß Geduld. Dank ihr hatten Nansen und er anderthalb Jahre auf dem Packeis des arktischen Meeres und auf Franz Josef-Land überlebt. Johansen hatte nicht nur seinen Frieden mit dem Eis gemacht, er hatte im Eis seinen Frieden gefunden. Und ihn danach, in jener anderen Welt, wo nicht Naturgewalten, sondern Menschen herrschten, wieder verloren. Hatte alles verloren, seinen respektablen Beruf als Hauptmann des norwegischen Heeres, seine Frau, die ihn samt den vier Kindern verlassen hatte. Und so war er als 43-Jähriger, nach vielen vertanen Jahren und zahllosen Besäufnissen, ins Eis zurückgekehrt. Das Eis hatte ihn gnädig aufgenommen. Es hatte neuerlich seine Stärken hevorgelockt. Auch wenn alle anderen vor der Kälte die Flucht ergriffen hatten – er, Johansen, würde auf Prestrud warten. Wieder stapfte er um den Schlitten, wie er es schon zahllose Male getan hatte, und schwang die Arme, um die Kälte zu verscheuchen.

Eines stand für ihn fest: Wenn sie nach Framheim zurückkehrten, würde er dem Chef die Meinung geigen. Johansen hatte Amundsen eindringlich davor gewarnt, zu früh in der Saison zu starten. Er hatte befürchtet, dass die Hunde die Kälte nicht ertragen würden. Und so war es auch gekommen. Am 8. September, nur zwei Wochen nach der Rückkehr der Sonne, waren sie aufgebrochen. Es bringe Unglück, an einem Freitag aufzubrechen, hatte Lindstrøm geunkt. Am 12., nachdem das Thermometer auf -69° F gefallen war und die ersten Hunde in der Nacht erfroren waren, hatte Amundsen seinen Fehler eingesehen. Um nicht ganz umsonst gestartet zu sein, waren sie bis zum 80°-Depot weitergefahren, hatten dort ihre Ladungen abgelegt und dann schleunigst kehrtgemacht. Am Abend hatten sie statt der Zelte

Iglus errichtet, weil es darin wärmer war. Dann hatten Hanssen und Stubberud ihre Füße gezeigt. Hanssens rechte Ferse glich einem Stück Talg. Bei Stubberud war es die linke. Keine Frage, sie mussten zusehen, dass sie nach Hause kamen, so schnell wie irgend möglich. Am Morgen hatte sich die Marschordnung bald aufgelöst. Hanssen, Wisting mit dem Chef im Schlepptau, der nach dem Debakel der zweiten Depotreise kein Gespann mehr führte, Stubberud, Bjaaland, Hassel – einer nach dem anderen war davongeprescht. Und Johansen mit Prestrud zurückgeblieben.

Anfangs hatte Johansen sich keine Sorgen gemacht. Auch nicht, als die Hunde langsamer und langsamer wurden und Prestrud erste Symptome von Schwäche zeigte. Spätestens bei der Mittagsrast würden sie die anderen einholen, hatte er sich beruhigt. Bislang galt die Regel, mittags auf etwaige Nachzügler zu warten. Es konnte ja immer etwas passieren. Aber kein Lager kam in Sicht. Als Johansen endlich Hassel erwischt und mit ihm gesprochen hatte, war ihm klar geworden, wie die Dinge lagen. Der Chef hatte sie im Stich gelassen. Das musste man sich nur klarmachen: Im Stich gelassen, ein Anführer seine Leute! Ausgerechnet Amundsen, der im Winter dauernd vom Zusammenhalt ihrer Gruppe geschwafelt hatte! Der nicht aufgehört hatte, sich zu mokieren, wie zerstritten die englischen Expeditionen hier unten gewesen seien. Hatte sich aus dem Staub gemacht, anstatt – wie es die Pflicht eines Anführers gewesen wäre – auf die Letzten zu warten. Hatte vor der Kälte Reißaus genommen, und Johansen musste jetzt sehen, wie er Prestrud nach Hause brachte. Dieser verdammte Hund!

Da, endlich, ein dunkler Punkt: der Leutnant. Prestrud humpelte mehr auf seinen Skiern, als dass er lief. Beim Schlitten angekommen, musste er sich niedersetzen. Sein Zustand war besorgniserregend. Er hatte Erfrierungen an beiden Füßen. Zum Glück sind meine Füße in Ordnung, dachte Johansen, dem nur die Kuppen einiger Finger und die Nasenspitze eingefroren waren – Lappalien. Er setzte Prestrud die Lage auseinander. Der Chef habe sie ihrem Schicksal überlassen. Bis Framheim seien es fast zwanzig Meilen. Bald würde die Dunkelheit hereinbrechen. Sie könnten das Zelt aufschlagen und zu zweit in den Schlafsack kriechen. Aber sie hatten keinen Kocher, und selbst wenn sie die Nacht überstünden, wären sie morgen sicherlich erschöpfter als jetzt. Am besten, sie gingen weiter.

Prestrud nickte müde und raffte sich auf.

In den Stunden, die nun folgten, kämpften die beiden Männer jenen Kampf, den schon viele vor ihnen im Eis gekämpft und den nicht wenige verloren hatten. Darin standen zwei banale physikalische Daten, Lufttemperatur und Entfernung zur nächsten beheizten Unterkunft, gegen die Energiereserven eines Mannes. Johansen wusste, dass am Ende nicht physische Kraft, sondern Willensstärke über den Ausgang entscheiden würde. Zweimal bat Prestrud darum, er möge ihn zurücklassen, doch Johansen wollte davon nichts wissen. Er zog den anderen mit. Die Hunde waren inzwischen zu erschöpft, um auch nur einen Mann zu ziehen. Daher stapften beide Männer auf Skiern neben dem Schlitten her. Solange die Dämmerung anhielt, wiesen die Spuren der anderen ihnen den Weg.

Kurz bevor es finster wurde, gelangten sie zur Kante der Barriere. Der Abstieg auf das Meereis war steil und glatt und von gefährlichen Spalten gesäumt. Johansen musste den Schlitten samt den Hunden kontrollieren und gleichzeitig Prestrud stützen. Das letzte Stück nahm er den anderen Huckepack. Sie kamen unbeschadet unten an, waren aber noch lange nicht aus dem Schneider. Immer noch lag das Meereis vor ihnen, und immer noch mussten sie auf jenen Teil der Barriere gelangen, wo Framheim lag. Johansen wusste zwar, dass sie sich nach Nordosten zu wenden hatten, aber wie im Dunkeln die Richtung bestimmen, wenn der Kompass eingefroren war? Inzwischen war seine Uhr stehengeblieben, und so konnte er nicht einmal sagen, wie viele Stunden sie orientierungslos auf dem Eis herumirrten. Plötzlich war Prestrud weg. Johansen fand den Leutnant ein paar Schritte weiter, auf allen vieren. Wenn sie nicht bald den Weg fanden … Da hörte er in der Ferne Hundegebell. Im selben Moment nahm sein Rudel Witterung auf.

Als sie in Framheim ankamen, war es kurz nach Mitternacht. Der Entfernungsmesser an Johansens Schlitten zeigte 42 und eine halbe Meile an. Lindstrøm empfing die beiden Männer mit heißem Kaffee und Pfannkuchen. Sie stürzten sich auf das Essen, ohne zuvor Stiefel und Jacken auszuziehen. Ihre äußere Kleidung war hartgefroren wie ein Panzer und musste erst auftauen, bevor sie sie ablegen konnten. Langsam kehrte die Wärme und mit ihr das Gefühl in ihre erfrorenen Glieder zurück. Das war nicht angenehm, wie insbesondere Prestrud bald spürte. Amundsen verarztete die Erfrierungen des Leutnants mit Skalpell und Borwasser.

Abbildung 27: Vor dem Eklat: Thorvals Nilsen, Roald Amundsen und Hjalmar Johansen an Deck der Fram, Horten im Januar 1910. Foto: Anders Beer Wilse.

Und, wie war die Fahrt?, fragte Amundsen wie nebenbei. Bisher hatten sie kein Wort gesprochen.

Johansen antwortete nicht. Er verschlang seinen vierten Pfannkuchen und würdigte den Chef keines Blickes.

Am nächsten Morgen lag das Schweigen schwer wie eine Gewitterwolke über dem Frühstückstisch, den Lindstrøm an diesem Tag, einem Sonntag, besonders liebevoll gedeckt hatte. Lustlos rührten die Norweger in ihren Kaffeetassen. Johansen saß wie gewohnt neben Amundsen. Der ergriff nach einer Weile das Wort.

Warum seid ihr eigentlich gestern so spät gekommen?, fragte er in beiläufigem Ton.

Johansen sah den Chef fassungslos an. Er rückte ein wenig von ihm ab, bevor er zu einer Antwort ausholte: Ob das ein Witz sein solle? Was er denn glaube, was sie dort gemacht hätten? Bei minus sechzig Grad und einem scharfen Nordostwind? Picknick? Die Frage sei doch vielmehr, warum er so früh heimgekommen sei?

Amundsen war mit Hanssen und Wisting gegen vier Uhr nachmittags in Framheim eingetroffen, ungefähr zur selben Zeit, als Prestrud, zwanzig Meilen entfernt, Johansen eingeholt hatte. Stubberud, von Bjaaland mitgezogen, war gegen sechs zuhause gewesen, Hassel um halb sieben.

Die Wut brach mit einem Schwall von Worten aus Johansen heraus: Verhielt sich so ein Anführer? Wisse Amundsen etwa nicht, dass ein Kapitän als Letzter sein sinkendes Schiff verlässt? Er, Johansen, und Prestrud hätten gestern da draußen um ihr Leben gekämpft, während Herr Kaptein Amundsen hier gemütlich Kaffee getrunken habe. Solle er ihm sagen, was das sei? Moralischer Schiffbruch sei das.

Ich bin davon ausgegangen, dass du als erfahrener Polarfahrer ein Lager aufgeschlagen und den Morgen abgewartet hättest, verteidigte sich Amundsen.

Wie denn das, ohne Kocher, ohne Proviant?, ereiferte sich Johansen. Nein, dieser Rückzug sei genauso unüberlegt gewesen wie der frühe Start überhaupt. Der Kaptein habe ja nicht auf seine, Johansens, Erfahrung hören wollen. Dabei habe er doch selbst erlebt, wie die Kälte den Hunden zusetzt. Oder erinnere er sich etwa nicht mehr an die zweite Depotreise, als seine, Amundsens, Hunde alle bis auf einen eingegangen waren?

Und dann hielt Johansen, in Fahrt gekommen, seinem Chef alle Fehler vor, die der in seinen Augen gemacht hatte, vom unprofessionellen Umgang mit den Hunden über den verfrühten Start, getrieben von Angst vor den Engländern, bis zu dem planlosen und feigen Rückzug gestern.

Das ist für mich keine Expedition, sondern Panik!, schloss er seine Anklage.

Für Augenblicke war es totenstill am Tisch. Erschrocken sahen die anderen Johansen an, um dann betreten die Köpfe zu senken, als hätten sie diese ungeheuerlichen Worte nicht gehört. Amundsens Gesicht glich noch mehr einer Maske als sonst; seine Augen, ohnehin von den Lidern halb verdeckt, hatten sich zu Schlitzen verengt.

Er sagte mit tonloser Stimme: Wenn ich vorgefahren bin, so hatte das selbstverständlich einen Grund. Hanssen und Stubberud hatten beide Erfrierungen an den Fersen. Johansen wisse doch, was erfrorene Füße im Eis bedeuteten? Amundsen habe die beiden Kranken so schnell wie möglich in Sicherheit bringen müssen. Er verbitte sich jede Kritik an

seiner Führung und erwarte, dass Johansen diese haltlosen Vorwürfe unverzüglich zurücknehme.

Wenn Hanssen und Stubberud wirklich der Grund für dein Verhalten waren, entgegnete Johansen, warum bist du dann zwei Stunden vor
Stuberrud in Framheim eingetroffen …? Nein, er habe nichts zurückzu-
nehmen. Er habe doch nur ausgesprochen, was jeder hier im Raum
denke. Oder etwa nicht?

Johansen sah in die Runde. Doch die anderen wichen seinen Augen
aus. Selbst Prestrud, der ihm sein Leben verdankte, blickte zur Seite.

Was ist?, fragte Johansen. Er sah Prestrud an, dann Hassel, der ihm
doch gestern, auf der Barriere, noch beigepflichtet hatte. Doch Hassel
schaute weg. Auf einmal fühlte Johansen sich leer. War er zu weit gegangen? Er stand abrupt auf, zwängte sich an Stubberud vorbei. Er zog
seine Fellkleidung über und ging hinaus, zu seinen Hunden. Auch den
anderen war der Appetit vergangen. Einer nach dem anderen verließ
die Hütte und verzog sich in eine der Eiskavernen, wo sie ihre Werkstätten hatten. Mechanisch taten sie ihre Arbeit, die jeden Sinn verloren zu
haben schien. Aber zu arbeiten war immer noch besser, als mit den anderen zusammen zu sein.

Es war der Hunger, der sie schließlich wieder hervorlockte. Lindstrøm ging durch die Katakomben und verkündete, es gebe frischen
Kaffee. Amundsen kam als Letzter zurück. Er forderte alle auf, sich zu
setzen, er habe eine traurige Mitteilung zu machen. Aufgrund des Vor-
gefallenen sei er gezwungen, Hjalmar Johansen von der Expedition auszuschließen. Durch sein Verhalten habe Johansen bewiesen, dass er un-
zuverlässig sei. Unzuverlässigkeit jedoch sei unter den gegebenen Bedingungen ein Sicherheitsrisiko, das er als Leiter dieser Expedition nicht
dulden könne. Des Weiteren habe sich gezeigt, dass nicht alle den Strapazen einer Fahrt zum Südpol gewachsen waren. Er habe daher entschieden, die Gruppe zu teilen. Hanssen, Wisting, Hassel und Bjaaland
würden Ende Oktober, wenn alle Wunden ausgeheilt seien, mit ihm zum
Pol aufbrechen. Die anderen, Prestrud, Stubberud und Johansen, sollten
unter Prestruds Kommando nach Osten fahren und Edward VII-Land
erkunden.

Anschließend rief Amundsen alle außer Johansen einzeln in die Küche und ließ sich dort, hinter verschlossener Tür, von jedem Treue
schwören. Als Prestrud herauskam, wagte der nicht, Johansen in die

Augen zu sehen. Da wusste Johansen, dass er alleine war. Viel mehr alleine als gestern nachmittag auf der Barriere.

Warum tat er nichts? Warum kämpfte er nicht für sein Recht? Aber Johansens Wut war verraucht und mit ihr auch sein Wille, Amundsen die Stirn zu bieten. Er hätte es wie dieser machen und sich seine Kollegen einzeln vornehmen können. Vielleicht hätte er eine Allianz gegen den Chef zustande gebracht. Bei Lindstrøm, Hanssen, Wisting wäre er auf taube Ohren gestoßen, aber Hassel und Bjaaland hegten selbst Vorbehalte gegen den «Gouverneur», das wusste Johansen, und Prestrud verdankte ihm das Leben. Warum tat er nichts? Warum sah er tatenlos zu, wie ihm die Situation entglitt? So wie jetzt war ihm alles im Leben entglitten: das Studium, der Ruhm, sein Beruf, die Frau und die Kinder. Mit dem Südpol hatte er das Verlorene zurückgewinnen wollen, und nun hatte er es abermals verloren.

Als er seiner Wut freien Lauf gelassen und Amundsen vor versammelter Mannschaft die Wahrheit ins Gesicht gesagt hatte, da hatte er keinen Plan gehabt. Es war nicht seine Absicht gewesen, dem Chef den Rang streitig zu machen. Er, Johansen, wollte nicht Anführer sein. Aber was dann hatte er gewollt? Gerechtigkeit vielleicht. Dass der Chef seine Fehler eingestand und sich entschuldigte. Doch Johansen war zu weit gegangen und hatte einen Machtkampf heraufbeschworen, den Amundsen für sich entscheiden musste. Was hatten die anderen zu gewinnen, wenn sie sich auf seine Seite stellten? Amundsen war der Mann, der sie zum Pol und zum Sieg führen würde, nicht er. Johansen war selbst schuld.

Er ging hinaus zu den Hunden. Daeljen lief auf ihn zu und rieb seinen Kopf an seinem Knie. Er fuhr dem Hund mit der Hand durch das Fell. Mit den Tieren komme ich besser zurecht als mit Menschen, dachte er traurig.

Am Abend liefen Johansen und Amundsen sich im Windfang über den Weg. Vielleicht war es Zufall, vielleicht hatten sie aber auch die Begegnung gesucht. Sie waren allein, standen sich gegenüber, sahen sich an. Jetzt wäre Gelegenheit gewesen, sich auszusprechen. Amundsen hätte wenigstens seine demütigende Entscheidung, Johansen auf der Reise nach Edward VII-Land dem unerfahrenen Prestrud zu unterstellen, zurücknehmen und Johansen hätte sich dafür entschuldigen können, dass er den Chef vor allen anderen heruntergeputzt hatte. Aber zu der Sorte Männer, die etwas zurücknehmen, gehörten beide nicht. Johansen packte den anderen am Kragen. Amundsen versuchte sich zu befreien. Es wurde ein kurzer Kampf, denn Johansen – obwohl kein Schlägertyp – war seinem Gegner haushoch überlegen. Er rang ihn nieder, versetzte ihm zwei, drei Hiebe mit der Faust und ließ ihn dann liegen. Amundsen und Johansen verloren kein Wort über diesen Schlagabtausch. Sie redeten überhaupt nicht mehr miteinander. Wenn es etwas Dringendes zu sagen gab, dann taten sie es von nun an schriftlich. Auch den anderen gingen die Worte nicht mehr so unbeschwert über die Lippen wie früher. Während sich draußen der Winter langsam zurückzog, sank in Framheim die gefühlte Temperatur tief unter den Gefrierpunkt.

Nachdem ein paar Tage ins Land gegangen waren, wandte Prestrud sich an den Chef mit der Bitte, Johansen statt ihn zum Leiter der zweiten Gruppe zu ernennen.

Niemals, sagte Amundsen.

Eine kurze Geschichte des Traktors in der Antarktis _ _ _ _ _ *Finchley bei London – Große Barriere, März 1910 bis 28. Oktober 1911*

Die Dinger würden den Transport in der Antarktis revolutionieren, davon waren Captain Scott und Chief Engineer Skelton überzeugt. Reginald Skelton, der schon mit der *Discovery* gefahren war, hatte Scott auf die Idee gebracht, auf der nächsten Expedition Motorschlitten einzusetzen. Er hatte auch deren Entwicklung geleitet, von den ersten Entwürfen in der Garage eines Tüftlers in Finchley bis zu den abschließenden Tests in Norwegen im März 1910.

Das Herzstück bestand aus einem luftgekühlten Benzinmotor, 14 PS stark, den die Wolseley Motor Company in Birmingham hergestellt hatte. Seine vier Zylinder waren paarweise auf ein Chassis montiert, wie bei einem Automobil, mit dem Unterschied jedoch, dass sich an den Enden der beiden Achsen statt bereifter Räder große Zahnräder drehten. Über die Zahnräder liefen zwei Kettenbänder, auf deren Außenseite geriffelte Platten aus Hartholz angebracht waren, so dass sich das Fahrzeug praktisch seine eigenen Gleise legte. Auf diese Weise kam es nicht nur im Schnee besser voran als ein Automobil, auch sein Gewicht verteilte sich auf eine größere Fläche – ein großer Vorteil etwa beim

Überfahren von Gletscherspalten. Es war ein neuartiges Prinzip. Eine Firma in Grantham, Hornsby & Sons, hatte es erst 1904 patentieren lassen. Man nannte es auch das Raupen-Prinzip, seitdem Soldaten der Army bei einer Vorführung solcher Gleisketten-Fahrzeuge ausgerufen hatten, sie kröchen daher wie Raupen.

Bei Skeltons Motorschlitten wurde die Antriebskraft mit Pleueln auf eine Kurbelwelle übertragen, die wiederum über ein Schneckengetriebe auf die Hinterachse wirkte. Die Schlitten besaßen zwei Vorwärtsgänge, für die dasselbe galt, was Titus Oates einmal über die *Terra Nova* gesagt hatte: Sie kenne nur zwei Geschwindigkeiten, langsam und sehr langsam. Im Fall der Motorschlitten hieß das: dreieinhalb oder zwei Meilen pro Stunde. Einen Rückwärtsgang besaßen sie ebenso wenig wie eine Bremse oder eine eigene Lenkung, dafür aber eine Kegelkupplung mit Lederfriktion, mit der man den Motor in Leerlauf versetzen konnte. Gelenkt wurden die 14 Fuß langen Gefährte mit Hilfe eines Seils, das an eine Stange geknotet war, die am vorderen Ende herausragte, und an dem man zog, bis die gewünschte Richtung eingeschlagen war. Die Aufbauten bestanden lediglich aus einer großen Werkzeugkiste vorn, dem Fahrersitz hinten und dem Antrieb in der Mitte, der mit einem eckigen Kasten aus Sperrholz verkleidet war. Unter dem Fahrersitz befand sich das Benzinfass, gefüllt mit Sprit, den die Shell Co. spendiert hatte. Die Motorschlitten sollten selbst keine Lasten tragen, sondern sie auf Schlitten hinter sich herziehen, wie Traktoren.

1910 hatten die Motorschlitten einen Entwicklungsstand erreicht, dass man ihren Einsatz im Gelände wagen konnte. Scott ließ einen Prototyp nach Norwegen verschiffen und begab sich mit seiner Frau Kathleen und Skelton in ein Kurhotel am Fuß des sagenumworbenen Jotunheimen-Gebirges, um die Maschine auf Herz und Nieren zu testen. Mit von der Partie war Bernard Day, ein Techniker der Firma Arrol-Johnston, der Shackletons Automobil in der Antarktis betreut hatte. Nansen gesellte sich dazu und zeigte sich nicht nur an den Tests interessiert, sondern auch an der Gattin seines britischen Kollegen. Er stellte Scott einen jungen, gutaussehenden Mann vor, einen hervorragenden Skiläufer, der ebenfalls in die Antarktis wollte: Tryggve Gran.

Die Versuche wurden als Erfolg angesehen, auch wenn immer wieder kleinere Pannen den Betrieb störten. Doch die würde man schon in den Griff kriegen, dachten damals alle. Einmal brach eine Welle. Gran schnallte seine Skier unter und rannte davon, zur nächsten Schmiede, die mehrere Meilen entfernt war. Nur fünf Stunden später kehrte er zurück, das reparierte Teil im Rucksack. Der Leiter der Britischen Antarktis-Expedition war beeindruckt. So kam der Norweger auf die Mannschaftsliste der *Terra Nova*.

Kurz darauf wurde Skelton von der Liste gestrichen. Schuld daran war Lieutenant Evans, Scotts Stellvertreter. Eigentlich hatte Skelton diesen Posten übernehmen sollen, doch dann war Evans aufgetaucht und hatte dem Captain seine überschäumende Persönlichkeit zur Verfügung gestellt. Kleinwüchsig, aber ein Kraftmeier von Zirkusformat, strahlte Evans jenes mitreißende Draufgängertum aus, das die Leute von einem Polarforscher erwarteten und das dem reservierten, zur Förmlichkeit neigenden Scott abging. Die Sponsoren waren begeistert und zückten ihre Scheckhefte, nachdem Evans ihnen von den «riesigen Profiten» zugeraunt hatte, die in der Antarktis zu holen seien. Scott, der im Winter 1909/10 wie ein Bettler durch die Lande zog, konnte gar nicht anders, als diesen 28-jährigen Teufelskerl in seine Reihen aufzunehmen, auch wenn ihm Evans' Art etwas unheimlich war und dessen Angebot seinen Preis hatte. Der Lieutenant forderte für sich den Posten des Stellvertretenden Kommandanten. Skelton, der die finanziellen Nöte seines Captains verstand, wäre sogar bereit gewesen, von diesem Posten zurückzutreten. Aber Evans forderte noch mehr: Er wollte keinen Offizier unter sich dulden, der im Rang höher stand, und deshalb sollte Skelton – der als Chief Engineer beim Submarine Service der Navy so viel zählte wie ein Commander – ganz zuhause bleiben. Die unter technischen Gesichtspunkten möglicherweise gravierenden Konsequenzen dieser Forderung waren damals schwerlich abzusehen. Doch Scott opferte schließlich seine Freundschaft zu Skelton, der ihm seit Jahren treu ergeben war, auf dem Altar des Südpols – aber erst, nachdem dieser seine Arbeit getan hatte. Für den Einsatz der Maschinen im Gelände heuerte er Bernard Day an.

Sobald die *Terra Nova* im Januar 1911 im McMurdo-Sund geankert hatte, nahm Day die Motorschlitten in Betrieb und ließ sie Lasten von einer Tonne und mehr über das Meereis schleppen. Anfangs lösten die knatternden Ungetüme allgemeinen Jubel aus, der jedoch zunehmend skeptischen Kommentaren wich, je öfter und länger man eines von ihnen stillliegen sah und daneben den ölverschmierten Day, der sich ab-

Abbildung 28: Wie viele Briten braucht man, um einen Motorschlitten zu bewegen?
Cape Evans, 17. Oktober 1911. Foto: Herbert Ponting.

mühte, es wieder flottzumachen. Mal liefen die Kolben heiß, mal verzog sich eine Welle, dann funktionierte der Vergaser nicht, und immer wieder zerbrachen die Platten auf den Ketten an der harten Oberfläche. Als dann auch noch der dritte Traktor unmittelbar nach dem Entladen durchs Eis brach und auf den Meeresgrund sank, wurde ihr Betrieb ganz eingestellt, und die beiden anderen Fahrzeuge durften das sichere Festland nicht mehr verlassen. Da waren die «Motoren», wie sie von den Expeditionsmitgliedern meist nur genannt wurden, gerade fünf Tage im Einsatz gewesen.

Day baute ihnen eine Garage aus Kisten, die er mit einer Plane bedeckte. Den ganzen Winter über hörte er sarkastische Bemerkungen, doch seinen Optimismus focht das nicht an. In der Universitas Antarctica warb er mit Nachdruck für die Motoren – vergebens. «Heute abend hat Day uns ein Referat über seinen Motorschlitten gehalten», resümierte der Eigner in seinem Journal. «Er scheint sich große Hoffnungen auf ihren Erfolg zu machen, aber ich fürchte, er ist von Natur aus zuversichtlicher als sein Schlitten zuverlässig im Betrieb. Ich wünschte, ich könnte mehr Vertrauen in seine Vorbereitungen haben, denn er ist ein entzückender Gefährte.» Auch an Days fachlicher Kompetenz zweifelte Scott nicht. Er glaubte weiterhin an die Zukunft der Motorschlitten, nur war er inzwischen überzeugt, dass sie in ihrer derzeitigen Form nicht ausgereift waren. Seinen Angriff auf den Südpol versuchte Scott daher so flexibel zu planen, dass er auch ohne Hilfe der Motoren gelingen musste. Wenn sie funktionierten – sprich, wenn sie drei Tonnen Vorräte bis 80° 30' Süd auf die Barriere brachten – fantastisch! Wenn nicht, auch gut.

Der Start der Motorgruppe wurde auf den 22. Oktober festgesetzt und als ihr Anführer ausgerechnet Teddy Evans bestimmt, der Skelton aus der Expedition gedrängt hatte. Day selbst würde den einen Motor führen, Heizer William Lashly den anderen, Hooper, der Steward, das Team komplettieren. Eigentlich hätte Clissold mitfahren sollen, der Koch mit den Bastlerhänden, doch der war von einem Eisberg gestürzt, als er für Ponting posierte, und hatte sich so schwer am Rücken verletzt, dass Atkinson ihn krankschreiben musste. Clissold war deswegen todunglücklich.

Am 17. Oktober holte Day die Motoren aus der Garage. Nummer eins sprang gar nicht an. Nummer zwei gab zwar ein potentes Röhren von sich, so dass die Umstehenden für einen Moment glaubten, sie befänden sich nicht im McMurdo-Sund, sondern auf der Rennstrecke von Brooklands. Doch der Motor war keine dreißig Schritte weit gefahren, als er beim Überqueren des Gezeitenrisses hart mit der Hinterachse aufsetzte und deren Gehäuse brach. Um den Schaden zu beheben und beide Fahrzeuge startklar zu machen, brauchten Day und Lashly eine Woche.

Am 24. war es endlich so weit. Die Fahrer kontrollierten ein letztes Mal die Ventile, den Ölstand, die Starterklappe. Sie zündeten die Lötlampen an und hielten sie unter die Vergaser, um diese vorzuwärmen. Und dann, nach einigen beherzten Drehungen an den Startkurbeln, sprangen die Motoren tatsächlich an. Sie knatterten und spuckten schwarze Abgaswolken in die klare antarktische Luft.

Hey, Bauer Landei, rief Bowers, wie findest du diese Dreschmaschinen?

Einer dieser Brummer kostet tausend Pfund, knurrte Titus Oates, ein Pony kostet fünf Pfund und ein Hund bloß 30 Schilling. Ich hoffe nur, sie sind es wert.

Wenn die bis zum Hut Point kommen, fresse ich einen Besen, sagte ein anderer.

Die Männer, die herausgekommen waren, um die Motorgruppe zu verabschieden, geizten nicht mit defätistischen Bemerkungen. Dahinter verbarg sich der aufrichtige Wunsch, Evans und seine Gruppe würden mit den Maschinen bis weit auf die Barriere kommen. Um halb elf am Vormittag lösten die Fahrer die Kupplungen, und die Traktoren zuckelten los, jeder mit drei Schlitten im Schlepptau. Evans half Day, Hooper assistierte Lashly. Von einer Stange an Days Gefährt flatterte sein Banner.

Die Standarte mit dem Georgskreuz und seinem persönlichen Wappen passte von der Form her gut zu den Balaclavas, die Lashly, Evans und einige andere trugen und die von weitem an mittelalterliche Kettenhauben erinnerten. Doch der Rest der Szenerie war nichts weniger als mittelalterlich. Diese tapferen Recken lenkten keine Schlachtrösser, sondern – zum ersten Mal in der Geschichte der Antarktisforschung – einen motorisierten Verband in den Süden. Sie bildeten zugleich die Vorhut des britischen Angriffs auf den Pol.

Der kam am ersten Tag recht gut voran, sah man von den üblichen Problemen ab. Die betrafen die Kühlung und den Vergaser. War der Motor kalt, musste der Vergaser mit der Lötlampe vorgewärmt werden, weil das Benzin sonst nicht verdampfte. Sobald der Motor einmal lief, konnte die Kälte ihm zwar nichts mehr anhaben. Dafür drohte ihm bald die Überhitzung, auch wenn das unter antarktischen Verhältnissen absurd erschien. Doch der Luftstrom des Ventilators kühlte nur die beiden vorderen Zylinder hinreichend. Damit sich das hintere Paar nicht zu sehr erhitzte, mussten die Motoren nach einer gewissen Strecke, je nach Oberfläche alle tausend Schritte bis jede Meile, gestoppt werden und eine halbe Stunde abkühlen, bei Wind oder größerer Kälte etwas weniger lange. In dieser Zeit kühlte aber auch der Vergaser aus, musste daher wieder mit der Lötlampe vorgewärmt werden, und das Spiel begann von neuem. Stop and go, lautete die Devise der Motorgruppe.

Am zweiten Tag trafen sie, schon jenseits der Gletscherzunge, auf Blankeis, auf dem die Gleisketten durchdrehten. Sie kamen überhaupt nur voran, indem sie die Schlitten die meiste Zeit selber zogen. Zehn Stunden Knochenarbeit brachten sie drei Meilen vorwärts – eine niederschmetternde Bilanz. Am Abend wurden sie von Gran und Simpson überholt, die mit Skiern auf dem Weg zu Hut Point waren. Sunny Jim rief über den Telephondraht, den sie einige Wochen zuvor zwischen Cape Evans und der alten *Discovery*-Hütte verlegt hatten, den Eigner zu Hilfe; der rückte am nächsten Morgen mit acht Mann aus. Mit vereinten Kräften brachten sie die Schlitten um die Landspitze der Hut Point-Halbinsel. Die Nacht verbrachten sie alle in der alten Hütte, und der Captain sagte beim Abendessen zu Evans, wenn sie die Motoren bis Corner Camp brächten, dann wäre er, Scott, mehr als zufrieden. Corner Camp aber war ein Depot gut dreißig Meilen weit draußen auf der Barriere.

Am vierten Tag blieb zunächst Days Schlitten auf dem Meereis liegen; dafür hatte Lashly einen Lauf von drei Meilen ohne Unterbrechung. Er hätte es wohl als Erster auf die Barriere geschafft, wenn ihm nicht das Schmieröl ausgegangen wäre. So jedoch überholte ihn Day, der seinen Motor inzwischen wieder flottgemacht hatte und unter dem Jubel der Zuschauer die Schneewehe hinauf zur Barriere kroch. Das beeindruckte selbst die größten Skeptiker.

Himmel, Sir, sagte Taff Evans zum Captain, ich schätze, wenn die Dinger weiter so laufen, dann können Sie sich nicht beklagen!

Nachdem auch Lashlys Schlitten die Barriere erklommen hatte, machte Scott sich mit seiner Gruppe auf den Heimweg. So hörte er nicht mehr das unheilverkündende Scheppern, das Lashlys Motor kurz danach von sich gab. Ein Pleuelfuß war in Stücke gegangen, und die Pleuelstange rührte nun wild im Kurbelwellengehäuse herum. Zum Glück hatten sie ein Ersatzteil dabei, aber es einzusetzen dauerte Stunden – bei annähernd fünfzig Grad Frost ein Knochenjob. Erst um elf am Abend konnten sie ihre Reise fortsetzen. Sie tuckerten noch eine Stunde weiter und schlugen dann, hundemüde, ihr Lager auf.

Am fünften Tag, dem 28. Oktober, feierte Teddy Evans seinen dreißigsten Geburtstag. Die anderen überreichten ihm Briefe von seiner Frau und von den Seeleuten Forde und Keohane, die in Cape Evans zurückgeblieben waren. An diesem Tag sah Evans sich gezwungen, zum Hut Point zurückzukehren, weil er dort die Tasche mit seinem persönlichen Kram hatte liegen lassen. Er nahm die Skier.

Sein Ärger über den zusätzlichen Weg war bald verflogen. Der Lieutenant genoss die Einsamkeit, die schöne Aussicht auf die Western Mountains und vor allem das mühelose Gleiten durch den Schnee. Die

Leichtigkeit seines Vorankommens ließ ihn an Amundsen und dessen Hunde denken. Wenn die Norweger ebenso dahinglitten, dachte Evans, dann Gute Nacht, du britischer Traum vom Südpol.

Wie im Flug _ _ _ _ _ _ _ _ _ _ _ _ _*Große Barriere, 28. Oktober 1911*

Evans lag nicht ganz falsch mit seinen Befürchtungen. Am Geburtstag des Lieutenants hatten Hanssen, Wisting, Amundsen, Bjaaland und Hassel, in dieser Reihenfolge, ihr Depot am achtzigsten Breitengrad bereits weit hinter sich gelassen. Ihre Hunde liefen so ausdauernd schnell, dass Amundsen, der auf Skiern hätte vorangehen sollen, sich an Wistings Schlitten hängte und mitziehen ließ. Trotz des zusätzlichen Gewichts legten sie am Tag 15 Meilen zurück. Das entsprach einem Breitengrad in vier Tagen. Sie schafften ihr Tagespensum in fünf bis sechs Stunden, und dabei ließen sie es fürs Erste bewenden, um die Kräfte der Hunde zu schonen.

Während der Fahrt steuerten die Norweger mit Kompass und Entfernungsmesser. Die Kompasse zeigten zwar nicht auf den geographischen, sondern auf den magnetischen Pol, aber die Abweichung war hinreichend genau bekannt, um die Richtung einhalten zu können. Auf diese Weise konnten Amundsen und seine Männer jederzeit ohne viel Aufwand ihre Position abschätzen. Mit der Zeit jedoch summierten sich die Ungenauigkeiten auf. Daher war es nötig, die Position immer wieder durch astronomische Navigation, wie sie in der Seefahrt gelehrt wurde, zu überprüfen. In der Regel genügte es, durch eine Messung am Mittag die geographische Breite zu bestimmen. Auf dem Weg zum Südpol war der Längengrad eine zu vernachlässigende Größe – solange sie ihren geraden Kurs nach Süden einhielten.

Selbst in ihren kühnsten Träumen hatten die Norweger nicht erwartet, dass die Hunde sie einfach so zum Pol ziehen würden. Ihr Glück verdankten sie nicht zuletzt Hanssen, der sein Gespann so gut unter Kontrolle hatte, dass es auch ohne Vormann Kurs hielt. An der Spitze liefen Mylius und Ring, Hanssens Leithunde. Beide waren eher kleine Vertreter ihrer Spezies und glichen sich so sehr, dass die Norweger sie für Zwillinge hielten. Von weitem sahen sie aus wie Würste auf Streichhölzern, doch der Eindruck täuschte: Diese beiden Hunde waren die härtesten Arbeiter des ganzen Packs. Vor einer Woche, am Tag nach ihrem Aufbruch von Framheim, waren Mylius und Ring in eine Spalte gestürzt. Nur die Leinen ihres Geschirrs hatten sie davor bewahrt, für immer unter dem Eis zu verschwinden. Das Erlebnis hatte sie nicht im Geringsten beeindruckt. Sie preschten ungerührt voran, gefolgt von den übrigen fünfzig Hunden, die, verteilt auf vier Schlitten, für die Polfahrt auserlesen worden waren. In wilder Fahrt flogen die Norweger geradezu über die Barriere, die sich weit und weiß in langen, kaum merklichen Wellen nach Süden erstreckte. Weder Spalten noch Nebel, Wind oder Schnee konnten sie aufhalten.

Der antarktische Pferdezirkus _ _ _ _ _ _ *Cape Evans, 31. Oktober/ 1. November 1911*

Die Kiste in Atkinsons verwaister Koje füllte sich mit Briefen, frankiert mit den roten Marken der Britischen Antarktis-Expedition. Captain Scott war in Neuseeland als Postmeister vereidigt worden; er hatte zweihundert Bögen mit One-Penny-Briefmarken des Dominion of New Zealand erhalten, jede versehen mit dem schwarzen Aufdruck «VICTORIA LAND».

Da niemand wusste, ob sie im Herbst rechtzeitig zur Abfahrt des Schiffes zurück sein würden, musste die Südgruppe – die Teilnehmer der Polreise – ihre Post vor dem Start erledigt haben. Doch was sollte man den Lieben daheim schreiben, außer dass man zuversichtlich war, den Pol zu erreichen? Vor den Norwegern, hoffentlich. Wenn die Briefe eintrafen, würde das Rennen bereits gelaufen sein, und die Empfänger wussten womöglich schon, worüber die Verfasser jetzt nur spekulieren konnten.

Manche, wie Oates, hatten keine Lust, auch nur eine Zeile zu schreiben. Debenham, der Geologe, musste den Rittmeister förmlich dazu zwingen, Papier und Feder zur Hand zu nehmen, damit dessen Mutter eine Nachricht von ihrem Lieblingssohn erhielt. Oates' Schreibfaulheit rührte auch daher, dass er an einer Lese- und Rechtschreibschwäche litt, einer so schweren immerhin, dass er nie einen Schulabschluss geschafft hatte. Das andere Extrem stellte der Eigner dar, der in den letzten Wochen einen ganzen Roman aus Briefen verfasst zu haben schien – wenigstens nach dem dicken Bündel von Kuverts zu urteilen, das er in die Kiste auf Atkinsons Bett legte.

In der schlichten Packkiste bündelte sich die ganze Spannung dieses Moments, am Vorabend des Aufbruchs zum Südpol. Sie war eine Art Briefkasten an die Nachwelt und zugleich auch ein Kummerkasten, denn unter den Hunderten von Sätzen, die hier einträchtig beieinanderlagen, waren auch viele, die zwischen den Bewohnern der Hütte auf Cape Evans ungesagt geblieben waren.

Seiner Frau allein vertraute Scott seine Sorge an, dass Amundsen ihnen die Show stehlen könnte; er riet Kathleen, sich innerlich darauf einzustellen, «unser Unternehmen sehr herabgesetzt zu finden. Aber letzten Endes ist es die Arbeit, die zählt, nicht der Applaus, der ihr folgt», tröstete er sie vorsorglich. Und damit zugleich sich selbst: Zu schreiben war für den Captain auch ein Ventil, um die Unruhe loszuwerden, die ihn von Tag zu Tag mehr beherrschte. Die Gattinnen und Mütter seiner Männer, denen er aufmunternde Zeilen zukommen ließ, sollten davon nichts merken. Mrs Bowers versicherte er, ihr Sohn habe «so ein glückliches Talent, alle Schwierigkeiten mit einem Lächeln zu meistern, dass er sich zweifellos derselben blühenden Gesundheit erfreuen wird, wenn Sie ihn das nächste Mal sehen …». Bowers revanchierte sich, unwissentlich, indem er überschwengliche Worte an Mrs Scott richtete: «Letzten Endes wird es eine feine Sache, das Plateau mit Man-hauling zu meistern, in dieser Zeit angeblicher Dekadenz der britischen Rasse. Doch egal, ob wir Erfolg haben oder nicht, wir haben Vertrauen in unseren Anführer, und ich bin sicher, wenn irgendwer das Ding durchzieht, dann er.»

Diesen Enthusiasmus teilte nicht jeder. Was der Eigner wohl gesagt hätte, wenn er Oates' Brief gelesen hätte, der neben seinem eigenen Konvolut in der Kiste lag? Seiner Frau hatte Scott den Soldier als «entzückend humorvollen, fröhlichen alten Pessimisten» beschrieben. Der Pessimist wiederum verriet seiner Mutter: «Ich selbst mag Scott überhaupt nicht leiden und würde die ganze Sache hinschmeißen, wenn wir nicht eine britische Expedizion wären und die Norweger schlagen müssten. Scott ist immer höflich zu mir gewesen und ich stehe im Ruf, gut mit ihm auszukommen. Aber Tatsache ist, dass er nicht anständig ist. An erster Stelle kommt immer er selbst und der Rest nirgends, und wenn er alles von einem gekrigt hat, was er braucht, dann heist es Auf Wiedersehen.» Später jedoch hatte Oates hinzugefügt, seine Mutter möge bedenken, «dass ein Mann, wenn er harte Zeiten durchmacht, manchmal harte Dinge über andere Leute sagt, die er hinterher bereuhen würde».

Die Hektik, die sich auf Cape Evans in den Tagen vor dem Abmarsch breitmachte, war in der Tat schwer zu ertragen. Der Eigner war reizbar wie selten. Dass er sich persönlich für zwei Tage mit den härtesten Malochern vom Basislager entfernte, um der Motorgruppe auf die Sprünge zu helfen, entspannte die Situation auch nicht gerade. Der Einzige, dem der Stress anscheinend nichts anhaben konnte, war wie immer Birdie Bowers, obwohl er als Stauermeister – und als Einziger, der sich in Scotts Berechnungen zurechtfand – rund um die Uhr alle Hände voll zu tun hatte. Nachdem der Eigner erkannt hatte, dass der Rittmeister mit seinen Zahlenreihen überfordert war, musste der kleine, rotgesichtige Lieutenant auch noch das Arrangieren des Ponyfutters übernehmen. Er tat es ohne Murren.

Oates war allerdings mit der Sorge für die Ponys selbst mehr als ausgelastet. Es war die Verantwortung für diese Tiere, von deren Leistung letztlich der Erfolg der ganzen Polreise abhängen würde, die dem Rittmeister harte Zeiten bescherte, umso mehr, als er seine Herde «ohne Ausnahme für den übelsten Haufen alter Klepper» hielt, der «je für ernsthafte Arbeit vorgesehen» war. In Kombination mit dem Temperament des Eigners – «er macht einen gräslichen Wirbel» – sah Oates «einen hübschen Zirkus» voraus.

Trotz seiner Skepsis hatte der Rittmeister die Ponys den ganzen Winter über gehegt und gepflegt, als wären sie preisgekrönte Rennpferde. Wenn eines sich in Koliken wand, hatte er die Nacht an dessen Lager durchwacht. Als andere sich das spärliche Fell abscheuerten, weil Läuse sich darin eingenistet hatten, hatte er sie Tag für Tag mit Karbollösung eingerieben. Und als jeder aus der Südgruppe ein Pony übernehmen sollte, um es an sich zu gewöhnen und ein bis zwei Stunden pro Tag auf dem Meereis zu trainieren, hatte Oates Christopher gewählt – nach Hackenschmidts Tod das bockigste Biest des ganzen Stalls.

Christopher vor den Schlitten zu spannen, hieß Leib und Leben zu riskieren. Sobald er merkte, was man mit ihm vorhatte, trat und biss er nach jedem, der sich ihm näherte. Man musste ihn fesseln, niederwerfen, ein Mann seinen Kopf zu Boden drücken und ein anderer – Achtung! die Hinterbeine! – den Schlitten anhängen. Fesseln lösen und dann nichts wie in Sicherheit! Ging alles gut, trat Christopher noch ein paar Mal um sich und trottete dann, immerhin, recht zügig davon.

Einige Tage vor dem Abmarsch war Christopher durchgegangen, weil ihn ein Hund erschreckt hatte. Zuerst hatte er versucht, den Schlitten abzuschütteln, indem er Haken nach rechts und links schlug. Dann war er auf Bowers zugestürzt, offenbar in der Absicht, seine Last loszuwerden, indem er sie gegen dessen Pony schleuderte. Der Anblick, wie das Tier über das Eis galoppiert war, mit gefletschten Zähnen und fliegenden Hufen, hatte nicht der Komik entbehrt; aber die Gefahr, die von ihm ausging, war durchaus ernst. Mit Mühe hatte Bowers zweimal ausweichen können. Den Moment, als Christopher sich nach einem anderen Angriffsobjekt umsah, hatte Oates genutzt, um auf den Schlitten zu springen. Nach und nach war anderen dasselbe geglückt. Sie hatten sich an die Heuballen geklammert, die zu Übungszwecken auf dem Schlitten lagen, und mit aller Kraft ihre Hacken ins Eis gestemmt, dass es spritzte. Nach etlichen Runden über das Eis hatte Christopher aufgegeben, aber weiter nach jedem geschnappt, der sich ihm näherte. Irgendwann war es dem Rittmeister gelungen, Christophers Zügel zu fassen, und er hatte das Tier unter begütigendem Zureden in den Stall zurückgeführt. Selbst in solchen Situationen verlor Oates nie die Geduld. Er sagte, es sei sinnlos, sich über Pferde zu ärgern, weil sie keine mit Vernunft begabten Wesen seien. Die souveräne Art, wie er mit seinen Schützlingen umging, trug ihm großen Respekt seiner Kameraden ein.

Titus Oates' antarktische Ponyfarm beherbergte zehn Ponys. Abgesehen davon, dass sie aus Ostasien stammten und allesamt weißes oder graues Fell besaßen, unterschieden sie sich erheblich in Kondition und Charakter.

Jehu, klapperdürr, ähnelte mehr einer Vogelscheuche als einem Pony. Ob er überhaupt Lasten würde ziehen können, schien lange zweifelhaft. Ursprünglich war er der Ostgruppe zugeteilt gewesen, doch nachdem Campbell seine Pläne hatte ändern müssen, hatte er Jehu und ein weiteres Pony im Februar nach Cape Evans zurückgebracht. Weil das Meereis da schon aufgebrochen war, hatten die Tiere durch das eisige Wasser schwimmen müssen – eine Strapaze, die Jehu fast umgebracht hätte.

Abbildung 29: Pony-Treck in der Antarktis, 1911.

Doch er hatte sich berappelt und mit dem Voranschreiten des Frühjahrs waren seine Kräfte gewachsen, so dass man ihm schließlich zumuten konnte, einen Schlitten zu ziehen, wenn auch nur einen kleineren. Jehus Führer war Atkinson, der schweigsame Chirurg.

Auch Jimmy Pigg zählte zu den schwächeren Ponys. Er hatte die De-potreise nur dank der umsichtigen Pflege von Patrick Keohane überlebt, einem irischen Seemann, der ihn auch auf die Polreise geleiten sollte. Um Jimmy Piggs und Jehus Kräfte zu schonen, brachen Atkinson und Keohane bereits am Nachmittag des 31. Oktober Richtung Hut Point auf. Unterwegs wurden sie von Meares überholt, der mit seinem Hunde-gespann Ponting und dessen Apparate transportierte. Der Photokünstler wollte den Marsch des großen Trecks auf der Barriere filmen.

Am 1. November folgten die übrigen acht. Die Straße nach Süden funkelte an diesem Vormittag verheißungsvoll im Sonnenschein. Sie führte um die Landspitze von Cape Evans und über den zugefrorenen Sund, vorbei an einigen Inseln vulkanischen Ursprungs und an Eisber-gen, die hier gestrandet waren. Manchen dieser Kolosse hatte die Ver-witterung bizarre Formen verliehen. Einer erinnerte in verblüffender

Weise an eine Burg, komplett mit Turm und Zinnen. Wie ein verwunschenes Schloss schien er über der Straße zu wachen.

Schon am Vorabend hatten sie die Schlitten auf das Meereis geschleift und bepackt. Sie waren zehn oder zwölf Fuß lang und wogen jeweils vier- bis fünfhundert Pfund. Später auf der Barriere, wenn die Motorgruppe eingeholt war und die Depots aufgesammelt waren, würden sich die Ladungen noch vergrößern.

Als Erster kam Chinaman ins Geschirr. Mit Jehu konkurrierte er um den letzten Platz in der Rangliste der Ponys. Bevor Chinaman sich anspannen ließ, musste er unbedingt in den Schnee beißen. Wright, sein Führer, ließ ihn gewähren. Wie gewöhnlich nahm Chinaman das Maul zu voll, mit der Folge, dass es ihn schüttelte und er die Lippen zu einer gequälten Miene verzog. Danach aber ließ er sich ohne Mucken anschirren und trottete brav hinter dem Kanadier her.

Ihm folgte Cherry mit Michael, dem einzigen der zehn verbliebenen Ponys, dem man so etwas wie Anmut zusprechen konnte. Michael besaß zarte Züge, schlankere Fesseln und zierlichere Hufe als die anderen Ponys und einen freundlichen Charakter. Er schaute aus großen Augen in die Welt. Seinen Führer erinnerte er oft an ein aufgewecktes, etwas ungezogenes Kind.

Gewann Michael die Schönheitskonkurrenz, so war Nobby zumindest immer gut frisiert. Wilson, der Nobby unter seine Fittiche genommen hatte, achtete penibel darauf, dass er den Stall nur ordentlich gekämmt verließ. Nobby war fast zu groß, um als Pony durchzugehen, kräftig und meist ausgeglichen – und das, obwohl er im Herbst mit Birdie, Cherry und Crean auf dem Meereis unterwegs gewesen war, als es zerbrach. Sie hatten die drei Ponys damals verloren gegeben, doch anderntags hatte Bowers gesehen, dass die Scholle, auf der sie fortgedriftet waren, wieder an die Barriere getrieben war. Sie hatten versucht, die Tiere zu retten. Nur Nobby hatte den Sprung auf die Barriere geschafft. Die anderen beiden Ponys waren ins Wasser gefallen, und Bowers und Oates hatten sie, in Ermangelung einer anderen Waffe, mit dem Eispickel töten müssen.

Nachdem Nobby und Wilson abmarschiert waren, hatte Christopher seinen Auftritt. Er zog die übliche Show ab, aber der Rittmeister hielt an seinem Zaumzeug fest, als ginge es um sein Leben, und bald war das ungleiche Paar hinter der Landspitze außer Sicht. Einmal im Trott, war es nicht ratsam, Christopher zu stoppen. Das hieß, Oates würde nun an jedem Marschtag auf seine Mittagsrast verzichten müssen.

Seinem Namen zum Trotz, der eher an einen dürren Klepper denken ließ, gehörte Bones zu den kräftigeren Zugtieren. Wie die meisten Ponys war er mit den Spenden einer Schule gekauft worden, in seinem Fall des Mädchenpensionats South Hampstead. Zum Dank hatte die Schule ihn taufen dürfen, aber unter den Expeditionsteilnehmern hatten sich bald die Spitznamen durchgesetzt, die Oates den Ponys verpasst hatte, und niemand scherte sich darum, dass Bones eigentlich South Hampstead hieß. Dass auch der Schlitten, den er zog, einen Namen trug, wusste kaum einer der Crew. Er lautete «Eton». Bones war während des Winters erkrankt, an Bandwürmern, wie es schien, und wie Chinaman hatte er die lästige Angewohnheit entwickelt, nachts gegen die Stallwände zu treten. Doch in Tom Creans Obhut hatte er sich zu einem zuverlässigen Zugtier gemausert.

Crean und Bones waren gerade fort, als Scott mit Snippets aus dem Stall kam, jener in vollem Marsch-Kostüm und wie immer energischen Schrittes. Er führte sein Pony zum vordersten Schlitten in der Reihe und schirrte es mit Antons Hilfe an. Da rannte Bowers herbei.

Verzeihung, Sir!, rief der Stauermeister, aber das ist mein Schlitten. Ihrer ist dahinten.

Der Eigner blickte irritiert auf, beeilte sich dann aber, Snippets wieder abzuschirren und an seinen eigenen Schlitten zu hängen.

Snippets besaß eine, zumindest für ein Pony, absonderliche geschmackliche Vorliebe: Er fraß Blubber. Aber er schien ihm zu bekommen, denn er war ein ausdauerndes und, von gelegentlichen Ausreißern abgesehen, zahmes Tier – genau das richtige also für den Eigner.

Scott und Anton waren noch nicht weit gekommen – Anton auf seinen kurzen Beinen eifrig bemüht, mit dem Captain und Snippets Schritt zu halten –, als Taff Evans sie mit Snatcher überholte. Der Petty Officer mit den Bärenkräften hatte auch das stärkste Pony übernommen; gewiss würde es nicht lange dauern, bis er sich an die Spitze der Karawane gesetzt hatte.

Inzwischen hatte der Wind merklich aufgefrischt, der Himmel begann sich bedrohlich zu verfärben: Ein Schneesturm schien aufzuziehen. Bowers musste sich daher beeilen. Er war der Letzte der Südgruppe, der Cape Evans verließ. Sein Pony hörte auf den Namen Victor und war ein nervöses, aber gutartiges Tier. Um Victor zu trainieren, war Bowers auf ihm geritten und so manches Mal unsanft auf dem harten Meereis gelandet.

Ich werde mich bald an ihn gewöhnen, hatte er bei einer dieser Gelegenheiten ausgerufen und leise hinzugefügt, um nicht zu sagen, dass er sich an mich gewöhnt …

Victors Nüstern waren ein wenig ramponiert, seitdem er mit ihnen an einem Haken von Snatchers Geschirr hängen geblieben und dadurch in Panik geraten war. Im Schock war er damals davongaloppiert und hatte Bowers wohl eine halbe Meile über das Eis geschleift. Aber am Ende waren Birdie und sein Pony Freunde geworden, und so trabte Victor mit seinem Führer gen Süden.

Die Zurückbleibenden begaben sich zur Landspitze und sahen der Kavalkade hinterher, die sich in eine unregelmäßige Reihe von kleiner werdenden Punkten aufgelöst hatte. Wie eine etwas unorganisierte Flotte verlor sie sich allmählich in der weißen Weite des McMurdo-Sunds, der unter den Schatten des dräuenden Schneesturms in ein fahles Licht getaucht dalag.

Bis zur Rückkehr des Eigners würde nun Simpson auf Cape Evans das Kommando führen. Wie alle anderen Gruppenleiter hatte auch er von Scott schriftliche Instruktionen erhalten, die bis ins Detail gingen – bis hin zu den Matratzen, die zum Lüften aufzustellen waren. Ansonsten würde Simpson seine meteorologischen Studien fortsetzen, so wie Nelson seine meeresbiologischen. Clissold, der sich einigermaßen von seinem Sturz erholt hatte, würde die Hütte in Schuss halten, Ponting die Tierwelt des McMurdo-Sunds filmen, Anton ihn unterstützen. Außerdem waren da noch Taylor und dessen Team, die eigentlich schon längst in den Western Mountains hätten sein sollen. Doch Debenham hatte sich beim Fußballspielen das Knie verrenkt. Ein sehr ärgerlicher Zwischenfall, zumal sie nicht einmal richtig gekämpft, sondern das Match bloß für Pontings Kamera arrangiert hatten. Zu Taylors vierköpfiger Gruppe gehörte auch Gran, der seinen Platz mit Wright hatte tauschen müssen, um nicht gegen Amundsen und seine Landsleute zu rennen.

Den sieben Männern kam die Hütte, die den Winter über 25 Bewohner mit Leben und Wärme gefüllt hatten, am Abend leer und frostig vor. Beim Essen redeten sie nur wenig, als aus Simpsons Ecke plötzlich das Telephon in den Raum schrillte. Taylor ging zum Hörer und vernahm vom anderen Ende des 15 Meilen langen Drahtes Wilsons Stimme, der ihm mitteilte, dass alle Ponys wohlbehalten am Hut Point eingetroffen seien – offenbar keine Stunde zu früh, denn kurz nach der Ankunft des letzten Ponys habe der Schneesturm eingesetzt. Bevor Wilson sich für die nächsten Monate von Taylor verabschiedete, kündigte er noch den Captain an, der Gran sprechen wolle.

Kaum hatte Gran den Hörer ans Ohr gelegt, da fiel er ihm beinahe aus der Hand. Scott erklärte dem Skiexperten, er habe im Trubel des Aufbruchs die Flagge auf Cape Evans zurückgelassen, die die Königinmutter ihm überreicht hatte. Ob Gran so gut wäre, sie ihm hinterherzubringen, sobald der Sturm nachließe?

Ich bin mir der Ironie wohl bewusst, schloss der Eigner seine Bitte, dass nun ausgerechnet ein Norweger den Union Jack auf den ersten Meilen zum Südpol trägt …

Gran konnte sich das Gesicht des Eigners lebhaft vorstellen, wie er dies sagte, mit dem ihm eigenen Lächeln um die Mundwinkel. Auch Gran empfand die Ironie, aber ihm schmeckte sie bitter. Als er mittags seine Kameraden hatte fortziehen sehen, waren dem jungen Mann Tränen in den Augen gestanden. Gran fühlte sich bloßgestellt und betrogen. Er verfluchte Amundsen dafür, dass der ihm das Leben so schwer machte.

Håkonshallen _ _ _ _ _ _ _ _ _ _ _ _ _ _ _ *Königin Maud-Gebirge,*
17. bis 20. November 1911

Den fünf Norwegern war klar, dass es nicht für immer so kinderleicht weitergehen konnte. Auf einer schnurgeraden Linie preschten sie mit ihren Schlitten südwärts. Mit Gletscherspalten durchsetzte Zonen, in die sie ein paar Mal geraten waren, hatten eher für Abwechslung gesorgt als für Ärger und ihren Vormarsch keineswegs gebremst. Auch dass das Wetter eher mäßig war, hatte sie nicht daran gehindert, ihre tägliche Marschleistung von 15 auf zwanzig Meilen zu erhöhen, so dass sie dem Pol alle drei Tage einen Breitengrad näher kamen. Ihre Depots bei 81° und 82° hatten sie problemlos aufgelesen, trotz schlechter Sicht. Die Mühe, die sie sich mit der Markierung gemacht hatten, war nicht umsonst gewesen. Seither hatten sie auf jedem vollen Breitengrad ein neues

Depot angelegt, um Gewicht zu sparen und die Hunde zu entlasten, die allerdings keinerlei Ermüdung zeigten. Dennoch machten sie ihretwegen jede Stunde Rast, denn ein solcher Rhythmus von schnellen Sprints und Verschnaufpausen entsprach dem Naturell dieser Tiere am meisten. Die Männer vertrieben sich die Zeit des Wartens, indem sie sechs Fuß hohe Baken aus Schneeblöcken errichteten, von denen nun alle drei Meilen eine den 164. Längengrad schmückte. Bei klarem Wetter konnte man von einer Bake zur anderen sehen, wenn keine Bodenwelle sie verdeckte.

Amundsen wusste, dass solche Verhältnisse zu schön waren, um von Dauer zu sein, und doch hatte er sich, während die Hunde ihn über die Barriere zogen, der törichten Hoffnung hingegeben, dass sich ihnen bis zum Pol kein größeres Hindernis in den Weg stellen würde. Doch dann waren am südlichen Horizont Berge aufgetaucht, zweifelsohne jene Gebirgskette, von der Shackleton berichtet hatte, dass sie sich vom Beardmore-Gletscher nach Südosten erstreckte.

Der Beardmore-Gletscher, die einzige erprobte Aufstiegsroute auf das südliche Polarplateau, war den Norwegern versperrt. Nicht nur dass sie dafür einen weiten Umweg nach Westen hätten in Kauf nehmen müssen; schon die Tatsache, dass Scott diese Route nehmen wollte, schloss aus, dass auch Amundsen sie wählte. Eine unmögliche Vorstellung, den Briten beim Aufstieg in die Arme zu laufen. Amundsen und seine Begleiter würden daher nicht herumkommen, eine neue Route auf das Plateau zu erschließen. Dass es kein Kinderspiel würde, erkannte er, als die Berge im Süden von Tag zu Tag höher in den Himmel wuchsen.

Zunächst aber galt es, den Übergang von der Barriere aufs Festland zu bewerkstelligen. Aus den Berichten der britischen Expeditionen hatte Amundsen den Eindruck gewonnen, dass ihn dort tiefe Gräben und ungeschlachte Bollwerke aus Eis erwarteten, die den Wehrmauern des Gebirges vorgelagert waren. Die Zone des Übergangs kündigte sich schon von weitem an, indem die Abstände zwischen den fast unmerklichen Bodenwellen, die wie eine sanfte, zu Eis erstarrte Dünung über die Oberfläche der Barriere rollten, sich verkürzten und zugleich höher und höher auftürmten. Jedes Mal, wenn sie sich der Kuppe einer solchen Welle näherten, waren sie darauf gefasst, hinter ihr in einen gähnenden Schlund zu blicken. Doch nichts dergleichen geschah. Die Wellen spülten sie gleichsam sanft an Land.

Als sie sicher sein konnten, über dem Festland zu sein, schlugen sie am Mittag des 17. November ein Lager auf. Sie hatten nun 85° 5' Süd erreicht, und vor ihren Augen standen die Berge, einer märchenhafter als der andere. Keiner der fünf Männer hatte je etwas Vergleichbares gesehen. Die schneebedeckten Flanken funkelten in der Sonne. Felswände warfen scharfgeschnittene Schatten. Einzelne Gipfel mochten 15 000 Fuß aufragen. Ein grandioser Anblick, doch gab es einen Weg dort hinauf?

Von ihrer Warte aus, am Fuß des Gebirges, war die Situation schwer einzuschätzen. Die Norweger lagerten unter einem Felsknubbel, der den Abschluss eines von Südwesten nach Nordosten verlaufenden Grats bildete. In Marschrichtung links davon stieg das Gelände nach Süden hin an. Noch weiter links schien das Gebirge nach Süden zurückzuweichen. Womöglich öffnete es sich zu einer weiten Bucht, denn auch am östlichen Horizont waren Berge zu erkennen. Rechterhand lag ein Becken, von einem Gletscher ausgefüllt, der sich jedoch nicht aus dem Plateau zu speisen schien, denn über ihm thronte ein Riese von Berg, einer der ersten, die sie aus der Ferne erblickt hatten. Auch an seiner Westflanke, das hieß jenseits des Beckens, floss ein Gletscher herab, das hatten sie aus der Ferne gesehen, doch in ihrer jetzigen Position war ihnen die Sicht auf diesen Gletscher verstellt.

Sie hätten diesen Gletscher auskundschaften, doch ebenso gut sich auch nach links wenden können, um die Bucht zu erkunden, die sie dort vermuteten. Beides hätte sie große Umwege nach Westen oder Osten gekostet. Dafür aber hatten sie keine Zeit. Eine Woche hatte Amundsen eingeplant, maximal zehn Tage, um eine Route auf das Plateau zu finden. Brauchten sie länger, ginge ihnen das Futter für ihre verbleibenden 42 Hunde aus und sie liefen Gefahr, ihre Schlitten am Ende selbst ziehen zu müssen – für die Norweger alles andere als eine reizvolle Vorstellung. Amundsen hatte den Zeitdruck bewusst einkalkuliert, denn es drohte ja noch eine andere Gefahr: dass die Engländer ihnen am Pol zuvorkämen.

Unter den gegebenen Umständen wollte er es auf dem direkten Weg versuchen und den geraden Kurs nach Süden beibehalten. Die anderen stimmten diesem Plan zu. Amundsen und Bjaaland schnallten die Skier unter für eine Erkundungstour, die sie über stellenweise steile, aber ansonsten leicht zu begehende Schneehänge auf etwa zweitausend Fuß führte, wo eine Formation kleinerer Hanggletscher begann. Da sie keine unüberwindlichen Hindernisse darstellten, war die Entscheidung gefallen.

Der Rückweg geriet ihnen zu einer genussvollen Skiabfahrt, auch wenn Amundsen einige Male seine Nase in den Tiefschnee tauchte, was ihm vor Bjaaland ein wenig peinlich war. Doch der Skichampion tat höflicherweise so, als hätte er nichts bemerkt. Oberhalb des Lagers hielten sie an und erklommen den dort aufragenden Felsknubbel. Im Vergleich zu der ihn umgebenden Bergwelt mutete er unbedeutend an, doch es war das erste Mal seit mehr als einem Jahr, dass ihre Füße auf festem Grund standen. Amundsen taufte den Knubbel «Mount Betty», zu Ehren seines alten Kindermädchens, das ihm daheim am Bundefjord noch immer den Haushalt führte.

Als sie ins Lager zurückkamen, waren die anderen bereits eifrig dabei, die Schlitten für den Aufstieg umzupacken. Alles, was nicht unbedingt nötig war, deponierten sie, außerdem einen Zettel, der ihre geplante Route angab – für alle Fälle. Sie nahmen Proviant für sechzig Tage mit. Sechzig Tage, um es über die Berge auf das Plateau, zum Pol und hierher zurück zu schaffen.

Der Proviant war in Rationen verpackt, so dass sie ihn nicht neu abwiegen, sondern bloß zählen mussten. Johansen hatte seinen Job gut gemacht, das musste man ihm lassen. Im Grunde konnte Amundsen dem Meuterer sogar dankbar sein, denn die Verkleinerung der Polmannschaft erwies sich im Nachhinein als segensreich. Alles ging in einer kleinen Gruppe schneller und einfacher von der Hand. Amundsen schwor auf Einfachheit. Auch der Proviant entsprach diesem Prinzip. Er setzte sich bloß aus vier Bestandteilen zusammen: Pemmikan, Schokolade, Milchpulver und Zwieback. Den Pemmikan und den Zwieback hatte Amundsen nach eigenen Rezepten herstellen lassen, weil ihm die handelsüblichen Produkte nicht gut genug waren. Die Kombination dieser vier Elemente reichte vollkommen. Die Männer litten keinen Hunger – im Gegensatz zu den Hunden, die mittlerweile so gefräßig waren, dass sie über alles herfielen, was sie in die Fänge bekamen, Skibindungen, Schnüre, Peitschen, einfach alles. Weil diese Unart schon im Herbst zutage getreten war, hatte Bjaaland abnehmbare Skibindungen angefertigt, die sie abends mit ins Zelt nahmen. Und jetzt, auf 35° 5' Süd, packte der vielseitige Handwerker einen kleinen Lötapparat aus, mit dem er die deponierten Petroleumkanister zusätzlich abdichtete, denn Erfahrung hatte gezeigt, dass der wertvolle Brennstoff sich in diesem Klima sogar aus verschlossenen Behältern verflüchtigte.

Am nächsten Morgen begannen sie den Aufstieg. Sie legten an diesem Tag elf und eine halbe Meile zurück und gelangten auf etwa zweitausend Fuß. Die Hunde gaben ihr Bestes, aber die Hanggletscher waren so steil, dass sie zwei Teams vor einen Schlitten spannen und etappenweise vorrücken mussten. Das Lager schlugen sie zwischen Spalten auf, die großteils zugeschneit waren.

Als das Zelt stand, gingen Wisting, Hanssen und Bjaaland daran, die morgige Route zu erkunden. Wisting und Hanssen steuerten einen Sattel in südwestlicher Richtung an; Bjaaland kletterte, scheinbar mühelos, mit seinen Skiern den nächstgelegenen Steilhang hinauf. Er kam als Erster zurück. Als gelte es, ein Skirennen zu gewinnen, sauste er talwärts und beendete seinen Lauf unmittelbar vor dem Zelt mit einem eleganten Bogen, so dass der Schnee stob.

Bjaaland hatte viel zu erzählen; wenig davon war geeignet, seinen Chef zu erfreuen, am allerwenigsten «die wunderschöne Abfahrt», von der er schwärmte, dass sie auf der anderen Seite des Kammes wartete. Da wartete Amundsen doch lieber auf Hanssens und Wistings Bericht. Aber der klang keineswegs erfreulicher. Wohl oder übel mussten sie sich mit der Aussicht anfreunden, den erkämpften Höhenunterschied preiszugeben und auf einen anderen Gletscher jenseits des Kammes abzusteigen.

Zwischen den beiden Kundschafterteams entbrannte ein Streit, wer von ihnen die bessere Route entdeckt hatte. Amundsen, der den Einschätzungen des Skiartisten nicht recht traute, entschied sich für die von Wisting und Hanssen entdeckte. In der Nacht schlief er schlecht. Amundsen träumte, dass Bjaaland auf seinen Skiern wie ein Raubvogel vom Himmel auf ihn herabstieß.

Ein Alptraum von einem Gletscher ergoss sich vor den fünf Männern, als sie am nächsten Vormittag auf dem Sattel standen, den Wisting und Hanssen ausgespäht hatten. In westöstlicher Richtung, eingezwängt zwischen zwei Gebirgsstöcke, wälzte sich das Ungeheuer über mehrere Steilstufen bergab. Durch die Unebenheiten des Terrains war der Gletscher in ein unübersichtliches Gewirr von Spalten und Eisbrüchen zerrissen. Niemand, der halbwegs bei Verstand war, hätte sich dort hineingewagt. Amundsen wusste sofort, dass dies die Nagelprobe war. Er war entschlossen, sie zu bestehen.

Hanssens scharfe Augen entdeckten als erste die ungebrochene helle Linie, die sich durch das Labyrinth der Eisbrüche nach oben wand: ein Weg, beschwerlich gewiss, über unsichere Schneebrücken und schmale Grate, und ohne Zweifel ein Kraftakt für Mensch und Tier, aber immerhin ein Weg, der gangbar schien. Nur zwischen der ersten und zweiten Gletscherstufe war das Chaos derartig, dass sie mit den Schlitten keine Chance hätten. Aber da würden sie zur Linken, an den Fuß des südlich angrenzenden Gebirgsstocks ausweichen, wo eine geschlossene Schneedecke besseres Vorankommen versprach. Dieser Berg strahlte bei aller Grandeur nachgerade etwas Heimeliges aus, und so nannten sie ihn Håkonshallen, nach der großen Steinhalle in der Festung Bergenhus, die König Håkon der Alte einst errichtet hatte.

Um auf der «wunderschönen», das hieß schwindelerregend steilen Abfahrt zum Gletscher nicht die Kontrolle über die schweren Schlitten zu verlieren, wanden sie Seile mehrfach um die Kufen. Das bremste die Schlitten und half, Kollisionen zu vermeiden. Nach einem Zwischenanstieg durch bodenlos tiefen Schnee und mit einer Steigung von mehr als 45°, der den Hunden alles abforderte, und nach einer weiteren halsbrecherischen Abfahrt erreichten sie endlich den Eisstrom, der alles hielt, was sein Anblick aus der Ferne versprochen hatte: Spalten, Séracs, Eisbrüche, aber auch einen Weg nach oben – jene weiße Linie, die sie vom Sattel ausgemacht hatten.

Um dieser Linie zu folgen, brauchte es Mut, Geschick, Besonnenheit und Konzentration – vor allem aber war es eine Frage schierer körperlicher Kraft und Ausdauer, im Tiefschnee vorwärtszukommen. Die Hitze war unerträglich. Merkwürdigerweise spürten sie, seitdem sie in diesen Bergen waren, kaum einen Windhauch, während an den Flanken der turmhohen Gipfel über ihnen Wolken von Driftschnee entlangstrichen, die auf stärkere, offenbar vom Plateau kommende Luftbewegungen hindeuteten. Ein Teil dieser fliegenden Kristalle sank nieder und lagerte sich in dem windstillen Gletschertal ab. Das erklärte auch, warum sich über Jahre oder Jahrzehnte hier so viel Schnee angesammelt hatte, durch den Männer und Hunde sich nun quälen mussten.

Mit hängenden Zungen, die Bäuche auf den Schnee gepresst, mitunter jämmerlich jaulend, strampelten sich die Hunde in dem lockeren

Schnee ab, als würden sie schwimmen, und wenn Einzelne in ihrer Anstrengung nachließen und damit das ganze Rudel aus dem Takt zu bringen drohten, brachte sie ein Ruf ihres Führers oder der Knall der Peitsche wieder ins Glied. Was die Hunde an diesem Tag leisteten, übertraf jede Vorstellung. Wenn noch wer Zweifel daran hegte, dass sie für diese Arbeit auf Gletschern geeignet waren, so wurden sie damals für immer aus der Welt geschafft. Die Männer gönnten den Tieren immer wieder Pausen. Für besonders steile Passagen spannten sie zwei Rudel vor einen Schlitten, auch wenn das bedeutete, dass sie denselben Anstieg zweimal machen mussten. Bjaaland lief auf seinen Skiern voran und zeigte den Gespannen den Weg. Weit vornübergelehnt, Skier und Stöcke geschickt platzierend, den kurzen Moment der größten Haftung im Schnee nutzend, um sich abzustoßen, glitt der Mann aus Telemark die Hänge hinauf. Hier war er in seinem Element.

Bjaaland und Amundsen waren sich wenige Jahre zuvor im Bahnhof der Hansestadt Lübeck über den Weg gelaufen, dieser auf dem Weg zu einem Vortrag, jener als Teil einer Gruppe norwegischer Skiläufer, die an einem Wettbewerb in Chamonix teilnehmen wollte. Im Bahnhofsrestaurant hatte der Polarforscher den Sportlern von seinen Expeditionsplänen erzählt, und Bjaaland hatte gemeint, es wäre sicher lustig, mit Amundsen zum Nordpol zu fahren. Tatsächlich?, hatte der gefragt und Bjaaland aufgefordert, nach dem Wettbewerb in Chamonix bei ihm vorbeizuschauen. Bjaaland, der von Haus aus Bauer war, hatte in der Fahrt mit der *Fram* vor allem eine wohlfeile Möglichkeit gesehen, etwas von der weiten Welt zu sehen. Dass sie statt zum Nord- zum Südpol fuhren, dünkte den Skichampion einerlei; dass sie dorthin um die Wette rannten, machte die Sache für ihn umso vergnüglicher.

Doch selbst für einen wie Bjaaland fand das Skivergnügen ein Ende, wenn es in Schinderei ausartete. Sie hatten einen Platz erreicht, der für die Nachtrast geeignet schien, auf der verschneiten Mündung eines Nebengletschers, unmittelbar unter dem mächtigen Sockel von Håkonshallen, und gingen sogleich daran, das Lager aufzuschlagen. Alle waren hundemüde. Da befahl Amundsen, Bjaaland und Hanssen sollten ihre Skier unterschnallen und den morgigen Weg durch die Eisfälle erkunden. Als Bjaaland seinen Unwillen äußerte, entbrannte zwischen ihm und dem Chef ein Streit, der damit endete, dass Amundsen den Skichampion von der weiteren Polreise ausschloss. Sobald sie das Plateau erreicht hätten, erklärte Amundsen, sollte Bjaaland zurückkehren und Hassel mit ihm, denn er brauchte einen Begleiter, der navigieren konnte – abgesehen davon, dass Hassel in Amundsens Augen schon länger der Opposition verdächtig war.

Es hätte nicht viel gefehlt, und Bjaaland wäre es ebenso ergangen wie Johansen, doch anders als der *Fram*-Veteran war der Skichampion so klug, Amundsen noch am selben Abend um Gnade zu bitten und sich ihm bedingungslos zu unterwerfen. Daraufhin machte der Chef seine Entscheidung rückgängig, schärfte den Männern jedoch ein, dass er von nun an keinen Widerspruch mehr dulden würde. Bei den Herausforderungen, die noch vor ihnen lagen, konnten sie sich keine Meinungsverschiedenheiten erlauben. Sie mussten alle an einem Strang ziehen.

Am nächsten Morgen, es war der 20. November, ging es in derselben Weise weiter wie am Tag zuvor, mit doppelten Gespannen, gewaltigen Steigungen, bodenlosem Tiefschnee, senkrecht abfallenden Klüften rechts und links. Den Männern rann der Schweiß in Bächen herab, sie atmeten schwer, so wie die Hunde, denen die Zungen weit aus den Mäulern hingen. So erreichten sie den Absatz der ersten Steilstufe.

Die weiße Linie aus Schneebrücken und verschneiten Graten, der sie bisher gefolgt waren, verlor sich hier zwischen scheußlichen Spalten; auf diesem Weg war ans Weiterkommen nicht zu denken. Ihre einzige Chance lag linkerhand, wo der Gletscher mit der Nordflanke von Håkonshallen zu verschmelzen schien, ohne dass ein Bergschrund beide trennte. Doch ob sie dort Erfolg haben würden, ließ sich nicht absehen. Ein steil abfallender Hangrücken verwehrte ihnen den Blick nach oben. Da mussten sie zunächst hinauf.

Sie kämpften sich vorwärts wie im Wahn. Die körperliche Anstrengung, die Ungewissheit des Weges, die unbarmherzige Schönheit der Bergwelt um sie herum, die allgegenwärtige Gefahr abzustürzen, all das floss zusammen in einen rauschartigen Zustand, der Schmerzen und Müdigkeit auslöschte. Erst als sie den Hang bezwungen hatten, spürten sie, wie sehr die Tortur an ihren Kräften gezehrt hatte.

Auf einer kleinen Abflachung unterhalb des Rückens schlugen sie ihr Zelt auf. Das Aneroidbarometer zeigte eine Höhe von 5650 Fuß. Das hieß, sie hatten gut die Hälfte des Aufstiegs bewältigt, immer vorausgesetzt, das Polarplateau war in dieser Gegend genauso hoch wie im Westen, wo die britischen Expeditionen es erklommen hatten. Wieder sollten Hanssen und Bjaaland den weiteren Weg erkunden, aber diesmal ging Amundsen selbst mit. Zuerst versuchten sie es entlang der Fließ-richtung des Gletschers. Dies war die ideale, weil kürzeste Route, und sie fanden wohl auch einen Weg, doch der war schon für Skiläufer schwierig und riskant und schien Amundsen daher nicht geeignet, um mit Schlit-ten begangen zu werden. Also kehrten sie um und unternahmen einen zweiten Anlauf. Sie stiegen den Hangrücken, der ihnen den Blick auf Håkonshallen verstellte, weiter hinauf, und ihre Herzen klopften nicht nur vor Anstrengung, als sie sich einem Sattel näherten, der auf die an-dere Seite hinüberführte.

Der erste Blick sagte ihnen, dass sie auf dem richtigen Weg waren, und mit jedem Schritt, den sie weiter durch den tiefen Schnee glitten, bestätigte sich dieser Eindruck. Gerade wie ein Hausdach neigte Hå-konshallen sich zum Gletscher hinab. Sie setzten die Erkundung fort, so lange, bis sie sicher waren, dass sie eine Position oberhalb jener chao-tischen Eisbrüche erreicht hatten, die dem Gletscher ein so furchtbares Aussehen gaben. Sie befanden sich jetzt auf ungefähr achttausend Fuß. Die Schlitten hinaufzuschaffen, würde nochmals ein hartes Stück Arbeit bedeuten, aber es war machbar und nichts im Vergleich zu dem, was sie in den vergangenen Tagen geleistet hatten.

Während der Abfahrt gönnten sich die drei Männer die Muße, auf dem Rücken oberhalb ihres Zeltplatzes anzuhalten und die Blicke schweifen zu lassen. Die feierliche Stille des Hochgebirges umfing sie, deren Zauber noch verstärkt wurde durch das Wissen, dass sie die ersten Menschen waren, die diesen Ausblick genossen. Dann und wann er-scholl ein dumpfes Poltern wie der Lärm entfernter Kanonen – Lawi-nen, die in Wolken von Schneestaub ringsum zu Tal donnerten. Die Berge warfen ihr Winterkleid ab.

Amundsen und seine Gefährten betrachteten das unbeschreibliche Chaos aus Spalten, Klüften, Eisblöcken, Séracs zu ihren Füßen. Für ei-nen Moment waren sie überwältigt. Jemand zeigte auf den kleinen Fleck, der dunkel und deutlich aus all dem herausstach. Der Anblick ihres Zelts erfüllte sie mit Ruhe und Selbstvertrauen; er gab ihnen das Gefühl, unbesiegbar zu sein. Es würde härter kommen müssen, wenn die Natur ihnen den Weg verlegen wollte und sie keinen Platz mehr fin-den sollten, um ihr zerbrechliches Zuhause aufzurichten.

Mount Hooper _ _ _ _ _ _ _ *Große Barriere, 20./21. November 1911*

Eins, zwei, drei – hopp! Day und Hooper wuchteten den Schneeblock in
die Höhe, wo Lieutenant Evans und Lashly ihn ablegten. Mehr als zwölf
Fuß ragte der Schneeturm schon über die Barriere. Zu Ehren des jüngsten Mitglieds ihrer Gruppe hatten sie ihn Mount Hooper getauft. Wie
immer, wenn sie einen Block hinaufgehievt hatten, hielt Evans kurz inne
und sah in die Ferne. Gleißend und makellos breitete sich ringsum die
Barriere aus.

Und?, fragte Day.

Nichts, antwortete Evans, nachdem er den nördlichen Horizont ab-
gesucht hatte.

Verdammt!

Sie kletterten wieder hinunter und machten den nächsten Schneeblock fertig.

Evans sagte: Wenn die Pony-Gruppe länger auf sich warten lässt,
wird Mount Hooper irgendwann Erebus in den Schatten stellen.

Dann müssen wir nur noch den Primus draufstellen, damit er leuch-
tet wie ein Vulkan, meinte Day.

Die anderen lachten.

Wenn wir nur genug Petroleum für solche Späße hätten, brummte
Lashly.

Den Schneeturm zu errichten, war Evans' Idee gewesen. Es schien
ihm ein nützlicher Zeitvertreib, bis Scott und die Ponys sie eingeholt
hatten. Doch die kamen und kamen nicht, und Mount Hooper nahm
allmählich gigantische Ausmaße an. Jeden Vormittag arbeiteten sie einige Stunden an ihrem Werk. Die Nachmittage verbrachten sie zumeist
im Zelt, wo Day ihnen aus den *Pickwick Papers* vortrug. Der Mecha-
niker war ein geborener Komiker. Er änderte beim Vorlesen laufend
seinen Gesichtsausdruck, je nach dem, wer aus Dickens' ulkiger Schar
von Charakteren gerade auftrat. Die Zuhörer kringelten sich vor Lachen in ihren Schlafsäcken. Ohne Day und die *Pickwick Papers* wären
sie wahrscheinlich längst durchgedreht. Denn das Ausbleiben der Südgruppe bereitete ihnen natürlich Sorgen, vom Zeitverlust mal ganz abgesehen.

Sir, ich wette, wir sind die Ersten, die auf der Großen Barriere eine
Woche Urlaub machen, erklärte Lashly.

Und, gefällt es Ihnen?, wollte Evans wissen.

Könnte schlimmer sein.

Das Klima ist gesund, die Landschaft beruhigt die Nerven, aber die Kost lässt sehr zu wünschen übrig, warf Day ein.

Sie alle waren hungrig. Es war beängstigend, wie gierig sie sich auf die Mahlzeiten stürzten. Day wirkte geradezu erschreckend mager. War es die Untätigkeit, die sie so hungrig machte, oder war das die Folge von zwei Wochen Man-hauling?

Der zweite Motor war am 1. November zusammengebrochen, kurz hinter Corner Camp, nachdem er insgesamt 51 Meilen zurückgelegt hatte, die letzten zehn nur noch im Schneckentempo. Wie beim ersten ein paar Tage zuvor war ein Pleuelfuß geborsten; er war buchstäblich zerkrümelt. Sie hatten keinen Ersatz mehr gehabt, und Day hatte einsehen müssen, dass das Experiment gescheitert war. Offensichtlich war die Metalllegierung, aus der die Pleuel gefertigt waren, dem antarktischen Klima nicht gewachsen. Schade, denn ansonsten waren die Maschinen gut gelaufen. Ein paar Versuche mehr, ein paar Verbesserungen, und sie wären das perfekte Transportmittel für diese Verhältnisse.

Trotz aller Enttäuschung über das Scheitern seiner Motoren war Day auch erleichtert gewesen. Endlich hatte der Murks ein Ende gehabt, das ermüdende Stop-and-go. Man hatte in keinen Rhythmus gefunden, keinen Trott. Der aber war das A und O auf einer langen Schlittenreise, wie Lashly erklärt hatte, der auf der *Discovery*-Expedition lange Schlittenreisen unternommen hatte. Die Anstrengung ertrug sich leichter, wenn die Bewegungen wie von selbst abliefen. In der Hinsicht war Man-hauling das bessere Los, weil man gleichmäßiger vorwärtskam. Und schneller obendrein.

Der Eigner hatte Teddy Evans Instruktionen mitgegeben für den Fall, dass die Motoren versagten. Die Motorgruppe sollte sich in ein Man-hauling-Team verwandeln und einen Teil der Ladung, fünf Wochenrationen und drei Gallonen Petroleum, auf einen Schlitten packen und mit Muskelkraft nach 80° 30' Süd schleppen. Evans hatte es zu einer Frage der Ehre erklärt, dass sie nicht von den Ponys überholt würden, bevor sie den Treffpunkt erreichten. Und so hatten sie sich ins Geschirr geworfen und zehn Stunden jeden Tag geschuftet wie die Ochsen, um ihren 760-Pfund-Schlitten mindestens zwölf Meilen nach vorn zu bringen. Die havarierten Traktoren waren indes, mit einer Notiz an den

Captain versehen, auf der Barriere zurückgeblieben – die ersten Wracks motorbetriebener Fahrzeuge in der Antarktis.

Am One Ton Depot, bei 79° 30' Süd, hatten sie weitere Vorräte aufgeladen, so dass sich ihre Last auf 205 Pfund pro Mann erhöht hatte. Ausgerechnet da war die Oberfläche richtig widerlich geworden. Sie waren stellenweise einen Fuß tief in den Schnee eingesunken und hatten sich mächtig geplagt.

Und nun sah es so aus, als ob ihr Eifer übertrieben gewesen war. Auch am sechsten Abend nach ihrer Ankunft, als Evans vor dem Schlafengehen ein letztes Mal Mount Hooper bestieg und sein Fernglas nach Norden richtete, war von Scott und den Ponys nichts zu sehen. Es war recht warm, das Thermometer zeigte +7° an, mit einem Wind aus Südwesten, dessen Stärke Evans auf drei bis vier schätzte; ebenfalls im Südwesten faltete sich ein leuchtender Fächer von Zirruswolken auf.

Evans schlief tief und fest, als ihn Lashlys Stimme weckte.

Sir, Sir, die Ponys sind da!

Evans pellte sich aus dem Schlafsack und zog die Fellschuhe an.

Wie spät ist es?

Fünf a.m., Sir.

Draußen vor dem Zelt standen drei Männer und drei Ponys: Atkinson mit Jehu, Wright mit Chinaman und Keohane – der sich sichtlich freute, den Lieutenant wiederzusehen – mit Jimmy Pigg. Das gab ein großes Hallo, Händeschütteln und Schulterklopfen.

Wie ist es gegangen?

Hübscher Turm, Teddy. Sie sind wohl schon länger hier.

Wo sind die anderen? Alle gesund und munter?

Den Ponyführern war die Müdigkeit nach dem langen Marsch anzusehen. Wie auf der Depotreise gingen sie der Ponys wegen nachts, das hieß, wenn die Sonne niedriger stand. Scott hatte die tägliche Marschleistung auf zehn Meilen begrenzt, um den schwächeren Tieren eine Chance zu geben. Das erklärte im Wesentlichen auch, warum Evans und sein Team eine Woche auf die Ankunft der Karawane hatten warten müssen.

Jehu, Chinaman und Jimmy Pigg, die lahmen Krücken, hatten sich erstaunlich gehalten, auch wenn sie nur noch aus Haut und Knochen bestanden. Sie brachen abends als Erste auf und kamen in der Früh als Letzte an und wurden deshalb auch die «Baltische Flotte» genannt, nach dem russischen Schiffsverband, der 1905 im Krieg gegen Japan mehr als ein halbes Jahr benötigt hatte, um das Kampfgebiet im Pazifik zu erreichen. Doch die braven Tiere wateten tapfer durch den Schnee, in dem sie stellenweise bis zu den Knien einsanken. Das hatte Jehu auch den Ehrentitel «Wunder der Barriere» eingetragen, und Chinaman hieß jetzt «Donnerkeil».

Nachdem sie die wichtigsten Neuigkeiten ausgetauscht hatten, bat Evans Hooper, den Kocher anzuwerfen.

Ich würde Sie ja gern zum Frühstück einladen, sagte er zu Atkinson, aber leider sind wir, ähem, ein wenig knapp mit unseren Vorräten.

Atkinson, der bemerkt hatte, wie locker dem Man-hauling-Team die Hosen um die Hüften schlotterten, bot sogleich an, ein paar Zwiebäcke aus seiner Wochenration zu spendieren, die Evans ohne Skrupel annahm.

Während Hooper einen «Dry Hoosh» zubereitete, ein Petroleum sparendes Gericht aus zerbröckeltem Zwieback, im Fett des Pemmikan angebraten, bestaunten die anderen den Schneeturm, der am Vortag auf mehr als 15 Fuß angewachsen war.

Wir konnten das Ding schon von weitem erkennen, erklärte Keohane.

Von da oben hat man sicherlich eine fantastische Aussicht, vermutete Wright.

In der Tat, sagte Day grinsend, wir haben Tag und Nacht Wache gehalten, aber von Amundsen haben wir nichts gesehen.

Schlachttag _ _ _ _ _ _ _ _ _ *Polarplateau, 21./22. November 1911*

Amundsen schloss den Zelteingang und beeilte sich, den Primus-Kocher in Gang zu bringen. Er pumpte das Petroleum auf Hochdruck. Der Kocher sollte nur ja viel Lärm machen. In diesem Moment wünschte er sich, ganz in seiner Aufgabe als Koch aufzugehen und von der Welt da draußen nichts mehr mitzubekommen.

Beim ersten Schuss zuckte er unwillkürlich zusammen. Die Explosion war nicht laut, vielmehr dumpf, schien jedoch unheimlich lange über das Plateau zu hallen. Dem ersten Schuss folgte ein zweiter, kurz darauf der nächste, dann wieder einer, dann noch einer, und noch einer … Bei jedem Schuss, wusste Amundsen, ließ einer ihrer Hunde sein Leben. Die Hunde hatten ihre Arbeit getan, und nun bekamen sie ihren Lohn: eine Kugel in den Kopf. Kurz und schmerzlos, wenigstens das.

Seit langem stand fest, dass von den 42 Hunden, die ihre Schlitten auf das Plateau gebracht hatten, 24 sterben mussten. Als Zugtiere wurden sie nicht mehr benötigt, aber als Futter waren sie von großem Wert. Mehr als drei Wochen, nachdem die Norweger ihr Ausgangsdepot bei 80° verlassen hatten, lechzten nicht nur die Hunde nach Frischfleisch. Seit Tagen beobachteten sie die Tiere und diskutierten Abend für Abend, wer daran würde glauben müssen. Die Auswahl war ihnen nicht leicht gefallen, denn alle Hunde waren tüchtige Arbeiter. Was sie in den vergangenen Tagen vollbracht hatten, war nicht in Worte zu fassen. In nur vier Tagen hatten sie das Polarplateau erklommen, dabei fast 11 000 Fuß Höhenunterschied überwunden, über 44 Meilen durch unbekanntes, schwieriges Gelände – und das mit einer Ladung von beinahe anderthalb Tonnen.

Whooomp … whooomp, unbarmherzig fielen die Schüsse.

Amundsen schüttelte sich. Er hatte die Hunde gern gehabt. Aber der Sieg war nunmal nicht umsonst zu haben.

Wenn es wirklich so etwas wie Seelenwanderung gebe, hatte Hanssen gesagt, dann hoffe er nur, nicht als Schlittenhund auf einer Polarexpedition wiedergeboren zu werden.

Da Amundsen kein eigenes Gespann führte, hatte er sich die Freiheit genommen, dem Gemetzel fernzubleiben. Jeder Führer musste seine eigenen Hunde töten und ausweiden. Sie nannten dieses Lager, das sie an einer zugigen Stelle, auf windverpresstem Schnee, am südwestlichen Ausläufer von Håkonshallen aufgeschlagen hatten, «die Fleischerei».

Einige von den Hunden, die weiterleben durften, kostete es sichtlich Überwindung, die Eingeweide ihrer Kameraden zu fressen, doch die meisten stürzten sich mit Heißhunger auf die dampfenden Innereien. Die Männer hingegen übten am ersten Abend Zurückhaltung. Ein Gefühl der Pietät verbot ihnen, das Fleisch ihrer vierbeinigen Gefährten anzurühren, solange es noch warm war. Stattdessen aßen sie schweigend den Pemmikanbrei, den ihr Chef zubereitet hatte.

In der Nacht wurden sie immer wieder wach, weil ihnen beim Drehen und Wenden in den Schlafsäcken der Atem ausging. Immerhin befanden sie sich 10 900 Fuß über dem Meer, wie sowohl Aneroidbarometer als auch Hypsometer gemessen hatten. Der Wind riss an ihrem Zelt, und die ganze Nacht über hörten sie das Knacken der Knochen und Mahlen der Kiefer: Die Hunde hielten ihr Festbankett.

Am Morgen stellten sie fest, dass nicht alle es fertiggebracht hatten, ihre Artgenossen zu verspeisen. Um den Zögernden das Mahl schmackhaft zu machen, schnitten die Männer Fleischstücke heraus, und siehe da: In dieser Form waren sie willkommen. Die Steaks und Rippchen sahen aber auch zu köstlich aus, wie sie rosig im Schnee ausgebreitet lagen. Die Norweger konnten ihre Blicke kaum davon abwenden. Wisting übernahm die Aufgabe, das Fleisch zu tranchieren und zuzubereiten. Seine Wahl fiel auf Rex, einen seiner eigenen Hunde, der ein junges, schönes Tier gewesen war und von dem Wisting daher annahm, dass er zartere Muskeln besessen hatte.

Fasziniert sahen die anderen dem Kanonier zu, wie er geschickt Tranche um Tranche aus dem Kadaver schnitt und fein säuberlich im Schnee drapierte, als wollte er die Auslagen einer Fleischerei bestücken. Amundsens Gedanken schweiften zu den Gaumenfreuden vergangener Tage, als er sich noch nichts aus Hundefleisch gemacht hatte, aber die Koteletts genauso appetitlich auf Platten arrangiert waren, mit Papierrüschen um die Knochen, damit man sich nicht die Finger beschmutzte, und einem adretten Häuflein Erbsen in der Mitte. Ein verflossener Frühlingsabend kam ihm in den Sinn, als er und Siggen allein, ohne ihren Ehemann, im Ritz opulent gespeist hatten und, beschwingt vom Champagner, bis spät in die Nacht im Hotel geblieben waren, vor den Augen der ganzen Stadt. Merkwürdig, dass er noch immer an Sigrid dachte, und merkwürdiger noch, dass er es ausgerechnet in diesem Moment tat ...

Endlich ließ Wisting die Axt in den Schnee fallen. Er verschwand mit den Steaks und Koteletts im Zelt, aus dem sich bald ein Duft verbreitete, der den Männern das Wasser im Mund zusammenlaufen ließ. In Ermangelung von Pfanne und Butter kochte Wisting das Fleisch. Pemmikanbrocken dienten ihm als Brühwürfel. Das ergab eine delikate Suppe mit Einlage.

Beim Essen grunzten und rülpsten die Männer befriedigt und gaben dem Koch damit zu verstehen, dass er seine Sache gut gemacht hatte. Wieder und wieder nahmen sie einen Nachschlag. Als der Topf bis auf den Grund geleert war, warfen sie enttäuschte Blicke hinein. Amundsen brachte auf den Koch einen Toast aus.

Wisting dankte ihm, hob seine Tasse und sagte: Ein Hoch auf Rex!

Nach dem Essen machten sie sich an die Buchführung. Hassel würde seinen Schlitten hier lassen. Seine Ladung, ebenso wie die verbleibenden 18 Hunde, würden auf die anderen drei Schlitten verteilt. Hassel konnte sein Proviantbuch schließen, während Wisting, Hanssen und Bjaaland in ihren Büchern zu vermerken hatten, was sie von ihm übernehmen würden. An diesem Nachmittag spielten sie das Ganze auf dem Papier durch; das Umladen würden sie besorgen, sobald das Wetter es zuließ.

Nachdem über Mittag die Sonne durch die Wolken gebrochen war und ihnen gestattet hatte, ihre Position zu bestimmen – 85° 36' Süd –, hatte der Wind wieder aufgefrischt und war zu einem Sturm angeschwollen, der den Schnee in Wolken um das Zelt wirbelte. Doch das Wetter war ihnen im Moment einerlei. Ihr Zelt stand sicher, sie hatten reichlich zu essen, und ohnehin hatten sie geplant, ein paar Tage zu rasten, bevor sie ihre Reise fortsetzten.

Bis zum Pol waren es noch 264 Meilen.

Im Sumpf der Verzagtheit_ _ _*Große Barriere, 6./7. Dezember 1911*

«Camp 30. Mittag. Elend, furchtbar elend. Wir lagern im ‹Sumpf der Verzagtheit›. Der Sturm wütet mit unverminderter Gewalt. Die Temperatur ist auf +33° gestiegen; alles im Zelt ist triefnass. Leute, die von außen hereinkommen, sehen aus, als hätte sie ein schwerer Regenguss erwischt. Sie hinterlassen Pfützen auf dem Zeltboden. Der Schnee klettert stetig höher und begräbt Mauern, Ponys, Zelte, Schlitten. Die Ponys sehen furchtbar trostlos aus. Oh! aber das ist zu niederschmetternd, und wir sind bloß 12 Meilen vom Gletscher entfernt. Ein hoffnungsloses Gefühl steigt auf einen herab und ist kaum abzuwehren. Was für eine immense Geduld braucht man in solchen Situationen!»

Captain Scott klappte sein Journal zu und verstaute es so, dass es nicht nass wurde, sofern das in diesem Sumpf möglich war. Sein Fellschlafsack fühlte sich an wie ein Schwamm. Die Zeltwände wurden von den Schneemassen nach innen gedrückt und waren durchfeuchtet, das Wasser lief die Bambusstangen hinab, es tropfte vom Eingang und sammelte sich in Lachen auf dem Boden. In einer lag der Beutel mit Oates' persönlichen Sachen. Als Scott den Beutel hochhob, troff eine bräunliche Flüssigkeit heraus.

Oje, sein Tabak …, murmelte er.

Wilson sah kurz von seinem Buch auf. Der Rittmeister war nicht da. Er brachte die meiste Zeit draußen zu, schaufelte die zitternden Ponys wieder und wieder aus dem Schnee und versuchte sie irgendwie bei Kräften zu halten. Der vierte Mann im Zelt, P. O. Keohane, hatte sich in seinen Schlafsack vergraben und schnarchte.

Was hatte dieses Wetter zu bedeuten? Seit gestern früh tobte der Sturm und brachte unfassbare Mengen feuchten Schnees. Ging man nach draußen, war man binnen Minuten von oben bis unten eingeschneit. Die Sicht reichte kaum bis zum nächsten Zelt, geschweige denn bis zu den Bergen, an deren Fuß sie lagerten. Im Lauf des Tages war die Temperatur über den Gefrierpunkt gestiegen. Birdie hatte es nicht glauben wollen, als das Thermometer +33° anzeigte, und es noch ein zweites und ein drittes Mal geschwungen, aber das Resultat blieb dasselbe. Scott konnte sich nicht erinnern, jemals so einen Schneefall erlebt zu haben.

Dass Shackleton auf diesem Abschnitt seiner Polfahrt bestes Wetter angetroffen hatte, machte die Sache für ihn nicht erträglicher. Er, Scott, kämpfte ständig gegen Widrigkeiten. Gerade ein oder zwei Tage waren so verlaufen, wie er es sich von einer sommerlichen Schlittentour über die Barriere erträumt hatte: die Luft klar und prickelnd; die Oberfläche ein farbenprächtiger Teppich, jeder Eiskristall ein Prisma, in dem das Licht sich brach; am westlichen Horizont das Gebirge, das Wilson, Shackleton und er entdeckt hatten, überragt und gekrönt vom Dreizack des Mount Markham. Wie erhebend eine Schlittenreise vor einer solchen Szenerie sein konnte! Abends schlug man, ermüdet von des Tages Arbeit, sein Lager auf: der heimelige Anblick der kleinen dunkelgrünen Zelte in der weißen Unendlichkeit. Man hörte die Kameraden scherzen und den Primus-Kocher zischen, der würzige Geruch des Hoosh stieg einem in die Nase, man sah die Falten des Fellschlafsacks verführerisch locken – und war einfach glücklich.

Doch solche Tage waren rar gewesen. Seit zwei Wochen bewegten sie sich wie in einer milchig weißen Kugel. Die Sonne trat nur selten hervor; wenn, dann als verschwommene Scheibe, die zaghaft durch den Dunst lugte und ein schattenloses Licht warf. Kurs zu halten war unter diesen Bedingungen eine Qual, man stolperte über jede Unebenheit; Gemüt und Augen waren aufs äußerste gereizt. Selbst die Ponys litten unter Schneeblindheit. Der Rittmeister hatte ihnen bunte Fransen über die Stirn gehängt, um ihre Augen zu schützen. Das hatte für kurze Zeit geholfen, bis die dämlichen Kreaturen sich die Fransen gegenseitig abgefressen hatten.

Mehr noch als die Sonne machte die Oberfläche den Ponys zu schaffen. Streckenweise versanken sie fußtief im Schnee. Manchmal brach unter ihren Hufen die harsche Kruste, die sich unter dem lockeren Schnee befand. Dann sanken die Ponys noch ein paar Zoll tiefer ein und erschraken. Der wochenlange Marsch über die verschneite Barriere hatte sie sichtlich erschöpft. Ein erschöpftes Tier aber machte einen erschöpften Mann.

Trotzdem hatte die Südgruppe jeden Tag ihre 13 Meilen zurückgelegt, auch wenn es lange Tage waren. Um die Tiere während der Rast vor dem Wind zu schützen, schichteten sie bei jedem Lager Schneemauern auf, die zudem ihrer Orientierung auf dem Rückweg dienen sollten, genauso wie die Schneehügel, die sie unterwegs in regelmäßigen Abständen errichteten. Die Tagrast tat den Tieren gut, andererseits machten die kälteren Temperaturen in der Nacht den Schnee weniger gleitfähig, und das bedeutete zusätzliche Mühen für die Zugtiere und die Manhauling-Teams. Deswegen hatten sie den Start zuletzt stundenweise verschoben, so dass sie jetzt wieder untertags marschierten.

So hatten sie sich langsam, aber stetig ihrem ersten Etappenziel, der Mündung des Beardmore-Gletschers, angenähert. Nur noch zwölf Meilen trennten sie vom «Gateway», dem Zugang. Man bestieg den Gletscher von der Seite, von Nordwesten aus. Dem Gebirge vorgelagert war hier ein Nunatak, ein freiliegender Felsen, dem Shackleton den Namen «Mount Hope» gegeben hatte. In dem Bereich dazwischen war der Bergschrund, der den Eisstrom von der Barriere schied, mit Schnee zugeweht, über den man wie über eine Rampe auf den Gletscher gelangte. Bis dorthin hatten sie mit den Ponys kommen wollen. Aber jetzt war dieser warme Sturm über sie hereingebrochen, der jeder Erfahrung spottete. Seit zwei Tagen schneite es ohne Pause. Oh! es war so ungerecht! Wie begossene Pudel saßen sie da, aber darüber hätte man ja noch lachen können. Viel schlimmer war: Sie saßen fest. Dabei zählte jeder Tag, nein, jede Stunde. Schon wurde der Proviant knapp. Das Futter der Ponys war praktisch aufgebraucht.

Wären die Motorschlitten bis 80° 30' Süd gefahren, hätten die Tiere reichlich zu fressen gehabt. Aber auch so hätte es noch gelangt, wenn ihnen nicht dieses Wetter in die Quere gekommen wäre. Die Knappheit rührte auch daher, dass die schwächeren Ponys viel besser durchgehalten hatten als erwartet. Also hatten sie die Tiere weiter ziehen lassen als geplant und ihnen natürlich zu fressen geben müssen. Mit etwas mehr Futter hätten sie womöglich sogar den Gletscher erreicht, doch so mussten die Schwächeren dem größeren Ziel geopfert werden. Als Erster hatte Jehu daran glauben müssen, ein paar Tage später war Chinaman an der Reihe gewesen, dann Christopher, dann – zu Birdies allergrößtem Kummer – Victor, und vorgestern hatte der Rittmeister Michael beiseitegeführt und ihm eine Kugel in den Kopf gejagt. Ein kurzer, schmerzloser Tod. Scott hatte den Hinrichtungen nicht beigewohnt. Außer Christophers, der seinem Ruf bis zum Schluss treu geblieben war. Aus irgendeinem Grund, vielleicht weil er sein eigenes Pony war, hatte der Soldier bei ihm nicht mit ruhiger Hand gezielt. Die Kugel hatte nicht richtig gesessen, und Christopher hatte sich losgerissen. Wie ein rasender Teufel war das verletzte Tier durch das Lager getobt, bevor sie es einfangen und töten konnten.

Das Häuten und Zerlegen der Kadaver hatten Meares und Dmitrii übernommen, weil sie mit ihren Hunden schneller vorankamen und daher am meisten Zeit hatten. Sie brauchten mitunter nur drei Stunden, um das Tagespensum der Ponys zu bewältigen. Die Hunde liefen hervorragend. Auch das hatte Scott nicht erwartet. Er hatte Meares daher gebeten, weiter nach Süden mitzufahren. Das entlastete die Ponys, warf aber zugleich neue Probleme auf, denn der Proviant war so berechnet, dass die Hundeschlitten bereits Mitte Dezember wieder im McMurdo-Sund sein sollten. Daher mussten jetzt alle etwas von ihren Rationen für Dmitrii und Meares abzwegen, und dieser drang täglich darauf, Ponys zu töten, damit er das Fleisch an die Hunde verfüttern konnte. Das Verhältnis zwischen Meares und den Ponyführern war gespannt. Sie warfen ihm vor, wie ein Geier auf den Tod ihrer Tiere zu lauern. Aber am Ende hatte der Hunger sie wieder versöhnt. Inzwischen aß jeder Mann gern Pony-Filet.

Draußen fiel weiter der Schnee. Der Captain wollte aufspringen, irgendwas tun. Aber er blieb liegen und starrte die Zeltwand an. Die schweren Flocken erzeugten beim Auftreffen auf das Zelt ein leises Geräusch, ein Tappen wie von Regentropfen. Keohane schnarchte ungerührt vor sich hin. Papier raschelte: Wilson blätterte eine Seite um.

Was lesen Sie da eigentlich, Bill?

Tennyson.

Aha.

In Memoriam. Haben Sie es gelesen?

Um ehrlich zu sein, es ist lange her.

Lesen Sie es mal wieder, sagte Wilson. Es ist nicht einfach, die Schönheit darin zu finden, aber wenn man sie mal gefunden hat, ist es umwerfende Poesie. Wie Tennyson um seinen Freund trauert und seine Trauer im Glauben überwindet, berührt mich stark. Es beruhigt mich. Nun weiß ich, dass Oriana nicht um mich weinen muss, sollte ich nicht zurückkehren …

In dem Augenblick wackelte der Zelteingang, ein kleiner Sturzregen tropfte auf den Zeltboden und kündigte die Rückkehr des Rittmeisters an. Er hatte mindestens eine Stunde bei den Ponys verbracht und troff aus allen Poren.

Und?, fragte der Captain.

Beschissen, fluchte Oates, mit Verlaub. Wenn das Wetter nicht bald besser wird, können wir die Gäule gleich umlegen. Ihr Futter reicht höchstens noch für morgen. Und durch den gottverdammten Sumpf da draußen bringen wir sie keine hundert Schritte weit.

Scott atmete tief und sagte: Wie auch immer das hier ausgeht, Soldier, Sie haben gute Arbeit gemacht.

Oates brummte irgendetwas.

Am nächsten Morgen tobte der Schneesturm weiter. Die Temperatur stieg auf 35° F. An diesem Tag verfütterten die Briten die letzten Ölkekse an die Ponys. Auch ihnen selbst ging der Proviant aus, den sie für die Barriere mitgenommen hatten, und sie mussten ihre Plateau-Rationen anbrechen, die sie eigentlich erst auf dem Gletscher hätten öffnen sollen. Ein schwerwiegender Schritt, denn fortan standen alle weiteren Berechnungen auf der Kippe.

«Es ist kein Ende in Sicht», kritzelte Scott an diesem Tag in sein Journal, «alle sind sich darin einig, dass es völlig unmöglich ist weiterzugehen.»

Auf dem Tanzplatz des Teufels _ _ _ _ _*Polarplateau, 26. November*
bis 9. Dezember 1911

Auf dem Lagerplatz, den sie «die Fleischerei» genannt hatten, ruhten
die Norweger fünf Tage und schlugen sich die Bäuche mit Hundekote-
letts voll. Frischfleisch war gut gegen Skorbut. Das Wetter verscheuchte
jeden Gedanken ans Weiterfahren. Der Wind blies, ohne Schwäche zu
zeigen, erst aus Südosten, dann aus Norden, und mit dem Sturm fiel
Schnee und tanzte durch die dünne Luft, so dicht, dass man keine zehn
Schritte weit sehen konnte.

Am fünften Tag hielt Amundsen es nicht mehr aus. Auch den anderen wurde das Warten allzu lang, daher kostete es ihren Chef nicht viel
Überredung, sie trotz des Unwetters zum Aufbruch zu bewegen.

Was ist, wenn es in der «Fleischerei» immer stürmt?, fragte Amundsen seine Männer. Bleiben wir dann ewig hier und warten, bis die Engländer vor uns am Pol sind?

Recht hast du. Gehen wir's an.

Sie rollten ihre Schlafsäcke ein und verließen das Zelt, um die Schlitten freizuschaufeln. Die übrig gebliebenen Hundekadaver, 14 Stück, sta-
pelten sie aufeinander, das Zelt legten sie zusammen, packten alles auf,
schirrten die Hunde an, die nach der Faulenzerei etwas träge waren,
und dann brachen sie auf ins Unbekannte oder vielmehr Unsichtbare,
denn ihr Weg führte geradewegs hinein in ein weißes, alles verschlucken-
des Nichts.

Das war mutig, zumal sie anfangs nicht, wie Amundsen und seine
Männer erwartet hätten, über eine ebene oder allenfalls leicht ansteigende Fläche, sondern untrüglich bergab fuhren. In zwei Tagen verloren sie 1500 Fuß an Höhe.

Das Plateau hielt noch mehr Überraschungen für die Norweger bereit. Zwischen Wolken und Nebelschwaden ließ sich ein Gletscher blicken, quer zu ihrer Route. Der Teufelsgletscher – wie sie ihn nannten,
nachdem sie ihn näher kennengelernt hatten – floss von der großen
Bergkette, die sich in ungeschmälerter Grandeur nach Südosten fortzu-
setzen schien, in westlicher Richtung. Zwar war er nicht annähernd so
steil wie jener, über den sie aufgestiegen waren, aber mindestens ebenso
zerklüftet, mit monströsen Spalten, von denen manche die *Fram* hätten
verschlucken können. Die Hunde plagten sich durch Schnee, der wie

Klebstoff an den Schlittenkufen haftete. Abends zeigten die Entfernungsmesser stets respektable zwölf bis 18 Meilen an, aber nur einen Bruchteil davon hatten sie an südlicher Breite gewonnen. Wieder waren die Skier ihnen eine unschätzbare Hilfe, doch sie stießen immer öfter auf eisige Stellen, die der Wind blank gefegt hatte und auf denen weder Skier noch Stiefel, noch Hundepfoten Halt fanden. Da hätten sie die Steigeisen gut gebrauchen können, doch die hatten sie in voreiligem Optimismus bei der «Fleischerei» deponiert. Der Chef war vor Ärger über diese Unvorsichtigkeit nicht mit der Zange anzufassen, und die Laune der Männer sank weit unter die - 6° F, die ihre Thermometer zeigten.

Endlich schien sich das Gelände zu normalisieren. Über immer längere Strecken gelang es ihnen, geraden Kurs nach Süden zu halten. Sie wiegten sich bereits in der Hoffnung, das Schlimmste hinter sich zu haben, da zeigte ihnen der Teufelsgletscher nochmals die Zähne, in Form eines Seitenstroms, auf dessen Oberfläche metallisch-blaues Eis glänzte. Erfahrung lehrte, dass es wenig riskant war, einen aperen Gletscher zu begehen, weil er seine tückischen Spalten nicht unter Schneebrücken verbarg. Aber ohne Steigeisen hörte auch auf solchem Terrain der Spaß auf. Außerdem hatte dieser Gletscher doch etwas zu verbergen. Das merkten sie, als Mylius und Ring durchbrachen und das vermeintlich stabile Eis sich als dünne Kruste entpuppte. Zwei, drei Fuß darunter lag eine zweite Eisdecke, die zwar fest wirkte, doch auch dieser Schein trog, wie Bjaaland bald feststellen musste. Nur durch den geistesgegenwärtigen Griff nach einem Seil konnte der Skichampion sich davor retten, in den Abgrund zu stürzen.

Von da an gingen die Norweger wie auf Zehenspitzen. Zum Glück war dieser «Tanzplatz des Teufels» nicht sehr weiträumig und, wie sich kurz darauf zeigte, war es denn auch der letzte Ausläufer dieses Gletschers, dessen Überquerung eine ganze Woche beansprucht hatte.

Am 4. Dezember, ungefähr bei 87° Süd, durften sie sicher sein, das Polarplateau endgültig erreicht zu haben. Schneebedeckt, eben und ohne Spalten stieg es sanft bis auf mehr als 11 000 Fuß an, und sie hätten zu Klagen keinen Grund mehr gehabt, wenn nicht das Wetter wechselhaft und stürmisch gewesen wäre und wenn ihnen nicht hohe, harte Rillen von Sastrugi, die quer zu ihrem Kurs standen, das Ski- und Schlittenfahren verleidet hätten. Dennoch schafften sie, vom Kompass gelenkt, mehr als zwanzig Meilen pro Tag. Die Hunde hielten sich wacker, obwohl sie von Tag zu Tag gefräßiger wirkten und nicht einmal das Holz der Schlitten vor ihren Zähnen sicher war. Nur die Kisten mit dem Proviant rührten sie seltsamerweise nie an.

So passierten die Norweger am 7. Dezember 88° 23' Süd, Shackletons südlichsten Punkt – ein historischer Moment, den die fünf Männer zelebrierten, indem sie, mit Hilfe von zwei aneinandergebundenen Skistöcken, ihre Nationalflagge hissten. Sie befanden sich nun weiter südlich auf der Erdkugel als je ein Mensch vor ihnen. Vorausgesetzt, die Engländer waren ihnen nicht zuvorgekommen. Sie glaubten zwar nicht wirklich, dass Scott mit seinen Ponys schneller gereist war als sie mit den Hunden. Aber wissen konnten sie es natürlich erst, wenn sie am Pol standen. Je näher die Norweger ihrem Ziel kamen, umso unruhiger wurden sie. Unablässig suchten sie, nachdem das Wetter sich stabilisiert hatte, den südlichen und westlichen Horizont ab, ob dort nicht irgendetwas in Sicht käme, das auf die Anwesenheit anderer Menschen deutete. Dort breitete sich nichts als sonnenbeschienene Leere aus – das Polarplateau.

Aber schnüffelten nicht die Hunde unruhig nach Süden, als ob sie dort etwas witterten?

Blind schleichen _ _ _ _ _ _ *Beardmore-Gletscher, 13. Dezember 1911*

Silas schwitzte. Der Schweiß lief ihm in Bächen herab, obwohl er nur Unterhemd, Unterhose und die winddichten Beinkleider trug. Es troff ihm von der Stirn und durch den Verband in die Augen, die höllisch brannten. Wie die meisten anderen war Wright auf beiden Augen schneeblind, eine Folge ihrer Sorglosigkeit, als sie von Nacht- zu Tagmärschen gewechselt hatten. Kokain und Zinksulfat-Tabletten linderten den Schmerz notdürftig; auch Umschläge mit ausgekochten Teeblättern halfen ein wenig. Ein schneeblinder Mann sah ohnehin nichts, da konnte man sich ebenso gut ein Taschentuch über die Augen binden.

Dabei hätte es, nach den eintönigen Wochen auf der Barriere, endlich etwas zu sehen gegeben. Sie waren auf dem Beardmore-Gletscher, der, 120 Meilen lang und bis zu dreißig Meilen breit, vom Plateau zur Barriere strömte. Aus den Tälern des antarktischen Gebirges, dessen

Abbildung 30: Tiefschnee auf dem Beardmore-Gletscher, Dezember 1911.

Felswände das Ufer dieses Eisstroms bildeten, ergossen sich weitere Gletscher in sein Bett und vermehrten seine Fracht. Wo die Felsen nicht von Schnee bedeckt waren, traten die bräunlichen Farbtöne von Sandstein und die rötlichen des Granits zutage. Manche waren von dunklen Bändern durchzogen, Basalte oder Dolerite, die vor Urzeiten als heiße Laven Gänge durch das Gestein gesprengt hatten. Andere Formationen – abrasierte Flanken, erratische Felsblöcke, kesselförmige Kare – kündeten von der jüngeren Geschichte dieser Landschaft, die einst von noch mächtigeren Gletschern bedeckt gewesen sein musste als heute. Taylor hatte Wright genau instruiert, worauf er sein Augenmerk richten, von welchen Gesteinen er Proben sammeln sollte und wo er am ehesten Fossilien fände, die etwas über die Naturgeschichte dieser Region verrieten. Aber selbst wenn Wright seine Augen auf etwas hätte richten können, ohne Verband und ohne Schmerzen, so hätte ihm die Zeit gefehlt, um auch nur einen Tag lang Geologie zu treiben. Der Schneesturm, der sie vor dem Gateway erwischt hatte, hatte sie fünf Tage gekostet. Das hieß fünf Tage weniger Proviant und fünf Tage weniger Zeit, damit die Polgruppe ihr noch immer fernes Ziel erreichen und sicher zurückkehren konnte. Und das ohne Lasttiere. Die Ponys lagen tot am Fuß des Gletschers, nachdem sie sich zu einem letzten heroischen Marsch hatten antreiben lassen. Die Hundeschlitten hatten vor zwei Tagen kehrtgemacht. Die Hunde taten sich in diesem Gelände viel leichter als Ponys und Menschen. Hatten die Norweger doch die besseren Zugtiere gewählt?

Infolge des Sturms lagen Unmengen von Schnee auf dem Gletscher. Wo Shackleton vor drei Jahren bequem über blankes Eis gezogen war, wateten Scott und seine elf Mitstreiter knie- und stellenweise hüfttief durch die weiße Masse – am Geschirr hinter sich die Schlitten, die jeweils siebenhundert Pfund wogen und oft bis zu den Querstreben versanken. Ohne Skier hätten sie aufgeben müssen.

Da die Temperaturen unverändert hoch waren, schmolz der Schnee unter den Kufen, gefror aber wieder fest, wenn diese tiefer eintauchten, so dass sich eine Eisschicht bildete, die die Schlitten ausbremste. Alle paar Schritte mussten die Männer anhalten, das Eis mit der Rückseite ihrer Messer von den Kufen kratzen und den Schlitten von neuem in Bewegung setzen. Das Anziehen aber war stets das Schlimmste. Zehn Mal oder öfter mussten sie sich zu viert mit Gewalt in das Geschirr werfen. Bei jedem Ruck stauchte der Stoffgurt Eingeweide und Brustkörbe zusammen. Das Rückgrat schmerzte, als wollte es brechen.

Verbissen mühten sie sich ab. Wright hörte seine Kameraden stöhnen und fluchen. Ihr Schlitten war wieder mal der letzte. Vorgestern hatte der Eigner Teddy Evans einbestellt und ihm mitgeteilt, dass er nicht zufrieden sei mit der Leistung ihres Gespanns. Er hatte den Lieutenant dafür verantwortlich gemacht, dass sie im Vergleich zu Shackletons Vormarsch vor drei Jahren immer weiter zurückfielen. Nach dem Rüffel hatte Teddy sich mächtig ins Zeug gelegt, mit der Folge, dass ihr Schlitten gestern für einige Stunden sogar die Führung übernommen hatte, aber am Ende waren sie wieder eine Stunde nach den anderen im Lager angekommen. Und heute vormittag hatte Scotts Team ihnen mehrmals helfen müssen, den Schlitten anzuziehen. Wenn das so weiterging, würden sie die Ladungen halbieren und doppelte Wege machen müssen.

Wright hatte das Gefühl, dass Teddy, dieser verdammte Heuchler, sich immer dann besonders anstrengte, wenn der Eigner in der Nähe war, aber die Leinen durchhängen ließ, sobald er sich unbeobachtet wähnte. Nur um nicht zugeben zu müssen, dass seine Kräfte schwanden.

Noch immer hatte Scott nicht verraten, wer bis zum Pol würde mitgehen dürfen. Jeder gab daher sein Bestes. Oder versuchte zumindest den Anschein zu erwecken … Es war zum Weinen. Der einzige Trost war, dass sich auch die anderen Teams furchtbar schinden mussten und jeden Abend zu Tode erschöpft in ihren Zelten verschwanden.

Sapperlot! Wieder steckte der Schlitten fest. Sie hielten schwer atmend inne und wischten sich den Schweiß von den sonnenverbrannten Gesichtern. Wright griff in den Schnee und nahm eine Handvoll, um die aufgeplatzten Lippen zu kühlen und den Gaumen anzufeuchten. Er litt grässlichen Durst, aber er wusste, der Schnee würde ihn nicht stillen.

Sie standen nicht lange so, denn so sehr man bei der Arbeit schwitzte, so schnell kühlte man aus, wenn man nur wenige Augenblicke in der dünnen Kleidung herumstand. Wright griff gewohnheitsmäßig an seinen Gürtel, wo sein Messer hing, doch der Griff ging ins Leere. Wright befühlte alle Taschen. Wo war das Messer? Das Messer konnte doch nicht weg sein! Es war sein einziges.

Verdammt!, rief er und nahm den Verband von den Augen. Er setzte die Schneebrille auf. Trotz der orangen Gläser schmerzte die Helligkeit so, dass er nur blinzeln konnte. Wright suchte den Schnee zu seinen Füßen ab und ging dann zum Schlitten, um nachzusehen, ob das Messer darauflag. Die anderen halfen ihm suchen.

Vielleicht haben Sie es beim letzten Stopp verloren, spekulierte Lashly.

Zu zweit stapften sie die hundert Schritte dorthin zurück, wo sie zuletzt die Kufen enteist hatten. Jeder Schritt war mühsam. Sie durchwühlten den Schnee, und nachdem sie nichts gefunden hatten, gingen sie die ganze Strecke nochmals ab, die tränenden Augen nach unten gerichtet. Hier und da gruben sie, aber in der grundlosen pulverigen Masse ein Messer zu finden, war ein hoffnungsloses Unterfangen.

Schließlich drängte Teddy zum Aufbruch: Es tut mir leid für Sie, Silas, aber ich fürchte, der Eigner wartet schon ungeduldig auf uns.

Bis zum Pol waren es noch fast vierhundert Meilen.

Ein Traum _ _ _ _ _ _ _ _ _ _ *Granite Harbour, 15. Dezember 1911*

Es wäre nicht das erste Mal, dass er im Traum die Wahrheit geschaut hätte. Als die *Terra Nova* über den Atlantik gesegelt war, irgendwann im Juli 1910, hatte Tryggve Gran geträumt, dass sie drei Monate später in einen Sturm geraten würde. Er war morgens aufgewacht und hatte das Datum gewusst: der 8. Oktober. Wright, dem er von dem Traum erzählt hatte, hatte es sich spaßeshalber notiert. Der 8. Oktober war gekommen und in derselben Nacht, wie von Gran vorhergesagt, der Sturm. Der Wind hatte den alten Walfänger, der bis dato auf seiner Reise nach Australien nur wenig von den «Roaring Forties» profitiert hatte, in einem Schwung bis nach Melbourne getragen.

Als Gran am Morgen des 15. Dezember 1911 erwachte, hatte er wieder eine Vision. Im Halbschlaf war es ihm, als zeichne sich auf der Zeltwand über seinem Kopf ein Bild ab: vier Männer vor einem Zelt bei Tagesanbruch; über dem Zelt flatterten zwei Fahnen. Das Bild löste sich auf, und Gran erinnerte sich an einen Traum. Er hatte geträumt, ein Telegramm erhalten zu haben, mit dem Text: «Amundsen erreicht Pol, 15–20 Dezember.»

Der Norweger, mit einem Schlag hellwach, setzte sich ruckartig auf.

Sie sind da!, rief er.

Was? Wer …?, murmelte Taylor, der neben ihm lag. Zu viert, Taylor, Gran, Debenham und P. O. Forde, hatten sie ihr Zelt am Fuße der Western Mountains aufgeschlagen, fünfzig Meilen Luftlinie von Cape Evans entfernt, um geologische Feldstudien zu treiben.

Was zum Teufel schreien Sie so?, fragte Taylor und gähnte. Die beiden anderen schliefen ungerührt weiter.

Ich habe geträumt, sagte Gran.

Na und?, sagte Taylor. Ich träume jeden Tag. Neulich träumte ich sogar, dass ich träumte. Kurios, nicht wahr? Und einmal, bei unserer letzten Exkursion in diese Gegend, hatte ich in einer Nacht sechs Träume, stellen Sie sich das vor, und im letzten davon …

Nein, nein, unterbrach ihn Gran, der Taylors Redefluss inzwischen nur zu gut kannte. Dies war ein spezieller Traum, ich weiß es.

Taylor sah ihn erwartungsvoll an.

Amundsen, erklärte Gran. Ich habe geträumt, ich hätte ein Telegramm bekommen.

Und?

Da stand drin: Amundsen erreicht Südpol, 15–20 Dezember.

Ja und?

Verstehen Sie nicht, Griff? Sie sind da. Meine Landsleute, sie sind am Pol!

Taylor schüttelte den Kopf: Das ist doch Unsinn, Trigger. Woher wollen Sie das wissen? Oder glauben Sie etwa an Telepathie?

Keine Ahnung, woher, aber ich weiß es. Ganz bestimmt!

Und als Taylor immer noch ungläubig schaute, sagte Gran: Geben Sie mir Ihr Buch. Ja, das da. Und einen Stift, bitte.

Taylor reichte dem Norweger den Band mit Brownings Gedichten, den er als Zeltlektüre mitgenommen hatte.

Gran schlug das Buch auf, suchte eine freie Seite und erklärte: Ich werde das jetzt hier aufschreiben. «Tryggve Gran träumte am 15. Dezember, dass Amundsen den Südpol erreicht hat.» Damit Sie es später überprüfen können. Sie werden sehen …

90° Süd_ _ _ _ _ _ _ _ _ _ _ *Polheim, 15. bis 18. Dezember 1911*

Halt!, erscholl von hinten ein Ruf aus mehreren Kehlen. Der Vorläufer blieb stehen und sah über die Schulter. Amundsens Männer hatten ihrem Chef freiwillig den Vortritt gelassen. Ein Auge stets auf den Entfernungsmesser gerichtet waren sie ihm gefolgt, bis 15 Meilen voll waren. Es war drei Uhr nachmittags am 15. Dezember 1911, Framheim-Zeit.

Dank dem schönen Wetter in den letzten Tagen hatten sie die gemessenen Entfernungen immer wieder anhand des Sonnenstands überprüfen können. Da die Abweichungen stets nur gering gewesen waren, durften sie nun sicher sein, dass sie nach dem täglichen Pensum von 15 Meilen ihr Ziel erreicht hatten. Das hier war der geographische Südpol: eine mit lockerem Schnee bedeckte Ebene, die sich vollkommen flach in alle Richtungen erstreckte. Sonst nichts. Keine Schwärme riesiger weißer Vögel, die «Tekeli-li» krächzten, wie in Edgar Allan Poes Erzählung von Arthur Gordon Pym aus Nantucket. Kein Loch, durch das man ins Innere der hohlen Erde hinabsteigen konnte, wie noch im vergangenen Jahrhundert viele Gelehrte gemeint hatten. Vor allem aber keine Fahnenstange, die in Verlängerung der Erdachse aus dem Schnee ragte, mit dem Union Jack daran.

Hätte jemand Amundsen in diesem Augenblick gefragt, wie er sich fühle, so hätte er es nicht zu sagen gewusst. In ihm war Leere – dieselbe Leere, die einer empfand, der eine Frau erobert hatte, die er nicht liebte. Den Nordpol, seinen Kindheitstraum, hatte Peary ihm gestohlen, Siggen, die Angebetete, hatte seinen Heiratsantrag abgelehnt, und jetzt stand er am Südpol …

Die drei Schlitten und Hassel auf Skiern schlossen zu Amundsen auf. Jeder zog seinen rechten Handschuh aus und drückte dem Chef und den Kameraden wortlos die Hand. Fünf wettergegerbte, rissige Hände umschlossen einander; dann ergriffen sie gemeinsam die Fahne, die sie schon am Vormittag an zwei Skistöcken befestigt hatten. Es war das nordische Kreuz, rot, weiß und blau, das Symbol norwegischer Freiheit, das jetzt als Erstes über dem Südpol wehte.

Amundsens hohe Stimme, an deren scharfen Ton seine Männer sich längst gewohnt hatten, klang befremdlich: Und so pflanzen wir dich, geliebte Fahne, auf dem Südpol auf und geben der Hochebene, auf der er liegt, den Namen «König Haakon VII.-Plateau».

Die fünf Norweger wussten, dass sie nicht am Südpol selbst standen. Wahrscheinlich würden sie den exakten Punkt gar nicht finden. Aber sie mussten ihm so nah wie möglich kommen, um ihre Eroberung hieb- und stichfest zu machen. Der Hickhack um Peary und Cook durfte sich nicht wiederholen. Mit Kompass und Entfernungsmesser war es daher nicht getan. Gewissheit würden erst astronomische Beobachtungen geben.

Zunächst jedoch musste Hanssen Helge töten. Seit einer Woche lief Helge nur noch im Geschirr mit, ohne zu ziehen. Hanssen hatte aber darauf bestanden, seinem Lieblingshund erst am Pol den Gnadenstoß zu versetzen. Ausgehungert wie sie waren, ließen die anderen Hunde nichts von Helge übrig als die Zähne und die Spitze seines Schwanzes. Auch die Männer gönnten sich ein kleines Festmahl: für jeden ein Stück Robbenfleisch, von dem sie ein paar Pfund gegen Skorbut mitgenommen hatten.

Nach dem Essen packte Amundsen zur Überraschung aller eine Pfeife aus, ein schlichtes, abgenutztes Ding, auf dessen hölzernem Kopf das Wort «Gjøahavn» und die Namen anderer arktischer Orte eingraviert waren. Nun wollte er «Sydpolen» hinzusetzen. Da zauberte Wisting – die nächste Überraschung – einige Prieme Kautabak hervor. Wisting bot sich an, den Tabak für den Chef zu zerkleinern, so dass er ihn rauchen konnte. Die anderen schnitten kurzerhand Stücke von ihren Skistöcken ab und bastelten sich daraus Bambuspfeifen, und bald war das Zelt, zum ersten Mal seit ihrem Aufbruch, mit blauem Dunst gefüllt.

Kurz vor Mitternacht krochen sie aus dem Zelt und bereiteten die Sextanten vor, um zu gegebener Zeit, wenn die Sonne am niedrigsten stand, deren Höhe über dem Horizont zu messen. Ein leichter Dunst, der sich am Nachmittag über die Ebene gelegt hatte, hatte sich zum Glück wieder verzogen. Außer Bjaaland, der als Einziger nicht nach den Sternen navigieren konnte, nahm jeder eine Messung vor, aus der sie anschließend ihre Position errechneten. Sie lautete 89° 56' Süd. Vom eigentlichen Pol trennten sie demnach noch vier Meilen.

Nun bat Amundsen um drei Freiwillige. Sie sollten auf Skiern auf geradem Kurs in drei Richtungen laufen, der eine in Fortsetzung ihres bisherigen Kurses, die anderen rechts und links im rechten Winkel dazu. Nach acht Meilen sollten sie eine Schlittenkufe mit einer schwarzen Fahne und einem Zettel daran in den Schnee stecken. Damit hätten sie den Pol quasi eingekastelt. Irgendwo in dem Areal, das von den Fahnen begrenzt wurde, musste er sich befinden. Sollten die Engländer wider Erwarten schon dagewesen sein, würden die drei Skiläufer ihre Spuren bemerken. Umgekehrt erhöhte sich so die Wahrscheinlichkeit, dass die Engländer später auf die Spuren der Norweger stießen. Scott und seine Leute würden so zu Gewährsleuten ihres Sieges. Nach einem vorgezogenen Frühstück brachen Bjaaland, Wisting und Hassel auf. Ihre Mission war nicht ungefährlich. Sollte plötzlich ein Schneesturm aufkommen, wären sie hilflos und ohne Orientierung.

Amundsen und Hanssen beobachteten währenddessen weiter den Sonnenstand. Mit bloßem Auge sah es so aus, als würde die Sonne sie in gleichbleibender Höhe umkreisen. Hätten sie genau am Pol gestanden, wäre das auch tatsächlich so gewesen. Doch wenige Meilen Abstand von Pol genügten bereits, damit die Sonne im Lauf eines Tages höher stieg und sank. Es waren nur minimale Unterschiede, die zudem von der Brechung der Sonne in der Atmosphäre verzerrt wurden, aber ein versierter Navigator konnte sie mit Hilfe eines Sextanten messen und so seine Position bestimmen. Wie groß war jedoch die Überraschung nach der

Abbildung 31: Vermessung der Leere. Zwei unidentifizierte Norweger messen den Sonnenstand mit Hilfe eines Sextanten und eines künstlichen Horizonts, 15. Dezember 1911.

ersten Messung: Seit Mitternacht war die Sonne scheinbar noch tiefer gesunken! Das durfte eigentlich nicht sein.

Von nun an maßen sie stündlich den Sonnenstand, bis zum nächsten Abend sieben Uhr. Derweil kehrten die drei Skiläufer zurück und verkrochen sich in ihre Schlafsäcke. Als Amundsen und Hanssen die Daten ausgewertet hatten, erkannten sie den Grund für ihren Irrtum. Sie waren von ihrer idealen Reiseroute, dem Meridian von Framheim, nach Westen abgekommen; sie befanden sich nicht mehr auf 164° westlicher Länge, sondern etwa bei 120° Ost. Die Zahlen klangen dramatischer, als sie waren. So nah am Pol machte der Abstand zwischen zwei Längengraden nur ein paar hundert Schritte aus. Das bedeutete, sie hatten ihren Kurs nur um wenige Meilen verfehlt. Die Entfernung zum Pol betrug demnach nicht vier, sondern fünfeinhalb geographische Meilen, und der Pol lag nicht in Verlängerung ihrer Marschlinie, sondern nach linkerhand.

Da das Wetter stabil zu bleiben schien und eine Durchsicht ihrer Vorräte ergab, dass sie reichlich waren, verlagerten die Norweger am Morgen des 17. Dezember ihr Camp an den Punkt, den sie am Vorabend als den wahren Südpol definiert hatten. Bjaaland, der Mann aus Telemark, durfte vorausfahren. An diesem Punkt, den sie «Polheim» nannten, schlugen sie ihr Zelt auf, um über 24 Stunden hinweg nochmals die Sonne zu beobachten. Sie arbeiteten in zwei Schichten, jeweils sechs Stunden lang, Hanssen mit Amundsen, Hassel mit Wisting,

Für die Berechnung benutzten sie ein vereinfachtes System, das der englische Astronom Arthur Hinks vom Cambridge Observatorium kurz zuvor, unter dem Eindruck der Debatten um Peary und Cook, speziell zur Positionsbestimmung an den Polen entwickelt hatte und das auf dem Prinzip der astronomischen Standlinie beruhte. Vereinfacht ausgedrückt, besagte es, dass ein Beobachter zu zwei verschiedenen Zeitpunkten die Sonnenhöhe zu messen hatte. Aus jeder Beobachtung gewann er eine Standlinie, eine Gerade, auf der er sich irgendwo befinden musste. Diese zeichnete er in eine Karte ein. Der Schnittpunkt der Linien markierte seine Position.

In 24 Stunden konnten die Norweger eine Serie von Daten sammeln, mit deren Hilfe sie ihre Position gleich mehrfach bestimmen konnten. Der Vergleich der Positionen ergab, dass der Pol nochmals vier Meilen entfernt sein musste. Hanssen und Bjaaland nahmen die Skier und besuchten auch diesen Ort, damit sie wirklich sicher sein konnten, dem Pol so nahe wie möglich gerückt zu sein. Die anderen bereiteten unterdessen das Abendessen vor.

Nach dem Mahl räusperte Bjaaland sich vernehmlich. Der Skichampion überraschte seine Kameraden mit einer förmlichen Ansprache, wie sie in ihrem Land nach einem festlichen Essen üblich war. Für die Leistungen aller, vom Chef bis zu den Hunden, fand Bjaaland würdigende Worte. Danach zog er ein Zigarrenetui hervor und hielt es geöffnet in die Runde. Als alle zugegriffen hatten, blieben vier Zigarren zurück. Eine für Bjaaland, der selbst nicht rauchte. Wem die restlichen drei zugedacht waren, musste nicht laut gesagt werden. Alle starrten auf das silberne Döschen und dachten an Prestrud, Stubberud und Johansen, die jetzt irgendwo in Edward VII-Land unterwegs waren. Bis Bjaaland das Etui wieder zuklappte und es Amundsen mit den Worten überreichte:

Da, nimm es, als Andenken an den Pol.

Nun, da sie alles Menschenmögliche getan hatten, um den Südpol zu verorten, hielt sie nicht mehr viel an diesem Ort. Sie sortierten aus, was sie nicht mehr benötigten, darunter ein kleines Zelt, das sie für Notfälle

Abbildung 32: Abschied von Polheim, 18. Dezember 1911.

mitgenommen hatten. Sie stellten es auf und befestigten an seiner Spitze zwei Fähnchen: eine kleine norwegische Flagge und einen Wimpel mit dem Schriftzug «Fram». Im Innern ließen sie einige Instrumente, Handschuhe und dergleichen zurück, außerdem zwei Briefe. Der eine war an ihren König gerichtet und enthielt einen kurzen Bericht ihrer Reise. Der zweite lautete: «Lieber Captain Scott, da Sie wahrscheinlich der Erste sind, der diese Gegend nach uns erreicht, bitte ich Sie freundlich darum, diesen Brief an König Haakon VII. weiterzuleiten. Wenn Sie irgendetwas von den Dingen im Zelt gebrauchen können, bitte zögern Sie nicht, es zu verwenden. Mit freundlichen Grüßen wünsche ich Ihnen eine glückliche Heimkehr, herzlich Ihr Roald Amundsen.»

Während ihres Aufenthalts am Pol hatten sie immer wieder ihre Ferngläser nach Norden gerichtet, in der Erwartung, von dort die Engländer ankommen zu sehen. Doch die Vertreter des Empire ließen auf sich warten.

Es wird nicht schön für Scott, wenn er hier ankommt und das Zelt mit der norwegischen Flagge und dem Wimpel mit «Fram» darauf sieht, sagte Hassel, während sie zu viert vor dem Zelt Aufstellung nahmen, in Eskimo-Anoraks, barhäuptig, und für Bjaaland posierten, der auf den

Auslöser seiner Taschenkamera drückte. Es war der Abend des 18. Dezember 1911.

Und dann hieß es: Auf Wiedersehen, Polheim!

Von nun an fuhren sie nachts, mit zwei Schlitten, gezogen von jeweils acht Hunden. Bjaaland, der seinen am Pol zurückgelassen hatte, machte den Vorläufer. Vor ihnen lagen knapp siebenhundert Meilen bis Framheim und mittendrin der Abstieg vom Plateau. Um die Kräfte von Hunden und Männern zu schonen, hatte Amundsen die tägliche Marschzahl wieder auf 15 Meilen begrenzt, bis sie auf der Barriere angelangt waren. Dann durften sie losspurten. Noch war das Rennen nicht gewonnen.

Bjaaland orientierte sich an ihren eigenen Spuren und an den Baken, die sie auf dem Hinweg errichtet hatten. So erreichten sie in den frühen Morgenstunden des 19. Dezember ihr letztes Lager vor dem Pol bei 89° 45' Süd. Dort stellten sie zur Sicherheit eine weitere schwarze Fahne auf. Wenn Scott noch kam, musste er aus dieser Richtung kommen. Er sollte die Spuren der Norweger nicht verfehlen.

Die Auserwählten_ _ _ _ _ _ _*Polarplateau, 2. bis 4. Januar 1912*

Ob er die Hand doch lieber dem Doctor zeigen sollte? Edgar Evans gehörte nicht zu denen, die über jedes Wehwehchen klagten. Vorgestern, als er mit Lashly und Tom die Schlitten kürzer gemacht hatte – ein übler Job bei vierzig Grad Frost –, war er mit dem Messer abgerutscht und hatte sich in den linken Zeigefinger geschnitten. Er hatte den Finger unauffällig verbunden und im Handschuh versteckt. Niemand, vor allem der Captain nicht, sollte merken, dass er verletzt war.

Normalerweise hätte dem Petty Officer ein solcher Kratzer wenig ausgemacht. Edgar Evans war ein Schrank von einem Mann, sechs Fuß groß, 180 Pfund schwer. Trotz seiner 37 Jahre konnte er es an Kraft mit jedem Jüngeren aufnehmen. Aber die Hand fühlte sich komisch steif an, und das kam nicht nur von der Kälte. Jedes Mal wenn er sie bewegte, spürte er einen pulsierenden Schmerz, heute stärker als gestern.

Seit die anderen vor Weihnachten kehrtgemacht hatten, bestand die Südgruppe aus zwei Schlitten. Den ersten zogen der Captain, der Doctor, der Rittmeister und er, Edgar Evans, den zweiten Lieutenant Evans,

Mr Bowers und seine Kameraden Tom Crean und Lashly. Der zweite Schlitten war langsamer. Seine Besatzung schuftete nicht weniger hart; trotzdem kam sie jeden Abend später im Lager an. Es sah nicht gut aus für den Lieutenant und seine Leute. Teddys Team sei ausgebrannt, hatte der Captain gestern abend im Zelt bemerkt. Der Petty Officer hoffte nun, dass der Captain den anderen Schlitten zurückschicken würde und er weiter zum Pol mitgehen durfte. Jetzt konnte ihm nur noch die kaputte Hand in die Quere kommen. Der Captain durfte einfach nichts merken.

Das wäre doch gelacht, wenn ihm wegen so eines albernen Missgeschicks die Belohnung, für die er so viele Jahre hart gearbeitet hatte, durch die Lappen ginge!

Wer als Erster am Pol steht, um den dreht sich die Welt, hatte ihm der Captain gesagt. Edgar Evans plante, seinen Ruhm als Südpoleroberer in klingende Münze zu verwandeln. Seiner Frau Lois hatte er ein Haus versprochen, die drei Söhne sollten auf eine gute Schule gehen, und er wollte in seiner Heimatstadt Swansea ein Pub aufmachen. Er hatte genug erlebt, um die Kundschaft an langen Abenden unterhalten zu können. Im Sommer 1903 hatten er und Lashly den Captain auf seiner Schlitten-Expedition über die Western Mountains begleitet. Sie waren weit über das Plateau nach Westen vorgestoßen. Sie hatten Zelt und Gefahren geteilt. Einmal waren der Captain und er in eine Spalte gestürzt. Lashly hatte sie gerettet. Seit dieser Fahrt hielt der Captain große Stücke auf ihn. Er hatte Evans gebeten, wieder mit in den Süden zu fahren, und ihm die Verantwortung für die Ausrüstung übertragen. Und er hatte seinen Captain nicht enttäuscht. Um Schlitten, Schlafsäcke, Schuhe, Zelte, Geschirre – um alles hatte er sich gekümmert. Auch das Innenzelt, das sie an diesem Abend erstmals eingehängt hatten, war sein Werk. Er hatte hart gearbeitet. Er war stark wie ein Büffel und schonte sich nicht, wenn es galt, vor dem Schlitten seinen Mann zu stehen. Er hatte es sich verdient, den Pol zu erreichen. Wenn sie doch nur erst da wären!

Die Nachmittagsmärsche zogen sich mehr und mehr in die Länge. Stunde um Stunde stiefelte man über das immergleiche Plateau, während die Sonne einen langsam umkreiste. An guten Tagen fiel man in einen Trott; die Skier liefen wie von allein, und man konnte die Gedanken schweifen lassen. Der weite Horizont bot viel Platz für Luftschlösser. Aber heute vertrieb der Schmerz in der Hand alle Tagträume. Warum musste das verdammte Messer auch abrutschen!

Edgar Evans versuchte an etwas anderes zu denken. Wohin wohl die Skua verschwunden war? Vorhin war sie plötzlich über ihnen aufgetaucht, mit ausgebreiteten Flügeln. Nur der Himmel wusste, was sie hierher verschlagen hatte. Die Skua hatte sich einige Schritte vor ihnen niedergelassen und war aufgeflattert, als sie näher gekommen waren, und ein Stück weitergeflogen. So war das ein paar Mal gegangen. Schließlich hatte Doctor Wilson versucht, den Vogel zu fangen, doch der war leicht entkommen. Er hatte die Gruppe in einem großen Bogen umrundet und dann seinen Flug nach Süden fortgesetzt. Fliegen müsste man können. Ob irgendwann in ferner Zukunft auch die Menschen zum Pol fliegen würden?

Abteilung, halt!, rief da der Captain.

Evans wusste, dass dies noch nicht das Ende der Fahnenstange war.

Was macht der Feind, Titus?, fragte Scott.

Oates kramte seine Uhr hervor. Kurz vor sechs, Sir.

Na, dann!, sagte der Eigner. Ich denke, ein bisschen können wir noch. Also los, Männer!

Und wieder setzte sich der Schlitten in Bewegung. Der Captain war nicht kleinzukriegen. Vor dem Schlitten war er härter als alle anderen, härter sogar als der unverwüstliche Bowers. Als eine halbe Stunde später das endgültige Signal zum Halten kam, fühlte sich Edgar Evans erschöpfter als sonst. Auch die anderen sagten kaum ein Wort, während sie die zigmal geübten Handgriffe taten, den Kocher und die Schlafsäcke vom Schlitten nahmen, das Zelt aufstellten. Das zweite Team war einige hundert Schritte zurück.

An diesem Abend ging Scotts Woche als Koch zu Ende. Und so saß der Captain auf dem Boden und füllte den Primus mit Schnee, während die anderen über ihm das Zelt aufstellten. Was nun folgte, waren die besten Momente des Tages. Wenn der Koch die Tassen füllte und der Pemmikan-Hoosh erst Hände und danach den Bauch wärmte. Der erfahrene Antarktis-Reisende stand nach dem Essen nicht mehr auf und nahm die Wärme des Essens mit in den Schlafsack. Eingemummelt in das weiche Fell spürte man nicht mehr, dass es draußen - 11° kalt war. Edgar Evans streckte seine müden Glieder aus und wäre zufrieden gewesen, wenn seine Hand nicht pulsiert hätte. Der Doctor und der Captain schrieben ihre Journale.

Scott klappte das Notizbuch zu und wandte sich an Wilson: Ich habe

mich entschieden, Bill. Morgen werde ich Teddy und sein Team zurückschicken, und wir werden weitergehen. Sie, der Rittmeister, Petty Officer
Evans und ich – wir vier sind in bester Kondition. Dazu nehmen wir
noch Bowers. Birdie ist fit und ein exzellenter Steuermann. Es sind nur
noch gut 150 Meilen. Zu fünft sollten wir es ohne Probleme schaffen.
Was meinen Sie?

Hm. Ich denke auch, dass wir mit Birdie im Team mehr Meilen pro
Tag schaffen können. Außerdem hätte er es verdient, am Pol zu stehen …
Andererseits müssten wir umpacken, damit der Proviant für fünf reicht.
Und Sie werden Teddy um Einverständnis bitten müssen, dass er uns
einen Mann überlässt.

Das versteht sich, sagte Scott. Was das Umpacken angeht, so denke
ich, das ist für Birdie ein Klacks, eine Sache von einer Stunde oder zwei.

Teddy wird enttäuscht sein, gab Wilson zu bedenken.

Ich vermute, er rechnet bereits damit. Er muss selber gemerkt haben,
dass er ausgepowert ist. Glauben Sie mir, ich habe mir die Entscheidung
nicht leicht gemacht.

Ich weiß, sagte Wilson.

Aber so ist es am besten für alle. Was ist mit Ihnen, Soldier? Sind Sie
auch einverstanden?

Oates schlug die Kapuze seines Schlafsacks zurück und richtete sich
auf. Seine Stimme klang gedämpft, als hätte er schon geschlafen: Natürlich, Sir. Es ist mir eine Ehre, dass durch mich auch die Army am Pol
vertreten sein wird.

Und Sie, Evans?

Mit Ihnen würde ich sogar durch die Hölle gehen, Captain.

Scott lachte trocken: Ganz so schlimm wird es hoffentlich nicht werden …

Wilson und der Eigner krochen ebenfalls in ihre Schlafsäcke. Scott
wollte dem anderen Zelt die schlechte Nachricht erst am nächsten Morgen überbringen. Edgar Evans taten seine Kameraden leid. Lashly und
Crean würden genauso enttäuscht sein wie der Lieutenant. Zugleich war
er ungeheuer erleichtert. Er gehörte zu den Auserwählten! Über diesem
Gedanken vergaß er sogar seine schmerzende Hand und schlief schnell
ein.

Als Captain Scott am nächsten Morgen aus dem Zelt kam, war Bowers schon draußen und werkelte am Schlitten.

Guten Morgen, Birdie.

Guten Morgen, Sir. Gut geschlafen?

Kann nicht klagen.

Scott öffnete den Eingang des Nachbarzelts und steckte den Kopf hinein. Als Lieutenant Evans, Crean und Lashly das betretene Gesicht des Captains sahen, wussten sie sofort, dass etwas im Busch war.

Was macht Ihr Husten, Crean?, fragte Scott und lächelte verlegen.

Crean hatte gestern einen Hustenanfall bekommen, just als der Eigner ins Zelt kam. Aber sie wussten beide, dass er sich bloß am Qualm verschluckt hatte. Crean war wie der Eigner ein passionierter Raucher und steckte sich jeden Abend eine Pfeife an.

Sie können ruhig offen mit mir sprechen, Sir, sagte Crean irritiert.

Nun denn ... Der Captain räusperte sich. Lieutenant Evans, Sie haben vermutlich schon damit gerechnet, aber ich muss Ihnen leider mitteilen, dass Ihr Team morgen umkehren wird.

Lieutenant Evans wurde blass: Sir, sollten Sie ...

Scott wandte sich an Crean und Lashly: Wenn Sie bitte das Zelt verlassen würden ...

Als die beiden Seeleute draußen waren, fragte der Lieutenant den Captain: Sind Sie mit meiner Leistung nicht zufrieden, Sir?

Doch, doch, Teddy, in jeder Hinsicht, wirklich! Ich bin Ihnen und Ihren Männern äußerst dankbar für Ihre Hilfe. Und ich würde Sie auch liebend gern weiter mitnehmen, glauben Sie mir, aber Sie müssen verstehen, dass wir nicht alle bis zum Pol gehen können. Dafür reichen unsere Vorräte nicht.

Natürlich, Sir.

Sie müssen nach Cape Evans zurück und dort das Kommando übernehmen. Wenn das Schiff kommt, brauche ich dort einen guten Mann. Sie sind mein Stellvertreter, Lieutenant. Außerdem sind Sie der Einzige, der imstande ist, die beiden Seeleute heil ins Winterquartier zurückzubringen. Ich verlasse mich auf Ihre Fähigkeiten als Navigator.

Birdie ist auch ein erfahrener Steuermann, Sir.

Darüber wollte ich gerade mit Ihnen sprechen. Ich kann in der Polmannschaft einen fünften Mann gut gebrauchen. Bowers kennt die Vorräte wie kein anderer. Ich wollte Sie daher fragen, ob Sie ihn mir überlassen können ... Das heißt natürlich, nur wenn Sie meinen, dass Sie die sechshundert Meilen zurück auch zu dritt schaffen.

Was denken Sie denn!

Sind Sie sich wirklich sicher? Ich würde es verstehen, wenn …

Hunderprozentig, Sir. Sie können Bowers haben.

Scott reichte dem Lieutenant die Hand: Danke, Teddy. Sie haben Großartiges geleistet. Denken Sie immer daran, Sie sind bis auf weniger als 150 Meilen an den Pol gekommen. Heute gehen wir noch gemeinsam und heute abend packen wir um. Alles klar?

Alles klar, Sir.

Am nächsten Morgen, dem 4. Januar 1911, begleiteten Teddy Evans, Crean und Lashly die Polmannschaft noch ein paar Meilen, bis sie sahen, dass ihre Kameraden zu fünft gut vorankamen. Birdie mit seinen kurzen Beinen hatte zwar einige Mühe, mit den anderen mitzuhalten, aber er stapfte gut gelaunt wie immer durch den Schnee. Wie die anderen aus Evans' Team hatte er seine Skier beim letzten Depot abgelegt. Das hieß, er würde die gut dreihundert Meilen zum Pol und zurück zum Depot zu Fuß durch den Schnee traben müssen, während Scott, Wilson, Oates und P. O. Evans vergleichsweise bequem auf Skiern dahinglitten.

Der Entfernungsmesser ergab 87° 34' Süd, als sie anhielten und Abschied nahmen. Reihum schüttelten sie einander die Hände.

Lashly sah seinem Kollegen Edgar Evans in die Augen: Passen Sie auf sich auf, Taff!

Keine Sorge, alter Junge. Sie auf sich auch!

Crean liefen die Tränen über das Gesicht, als er vor dem Eigner stand.

Entschuldigen Sie, Sir, stammelte er.

Schon gut, mein Freund, sagte Scott gerührt.

Teddy Evans übergab Bowers ein Päckchen: Das ist eine Fahne aus Seide, die Hilda mir genäht hat, damit ich sie am Pol wehen lasse. Wären Sie so gut, es an meiner Stelle zu tun?

Ist mir eine Ehre, Teddy. Ich habe ebenfalls eine Bitte an Sie. Würden Sie diesen Brief für meine Mutter mitnehmen?

Selbstverständlich.

Auch der Rittmeister hatte einen Brief für seine Mutter, den er dem Lieutenant übergab. Er sagte: Ich fürchte, der Rückmarsch wird nicht gerade ein Spaziergang, aber denken Sie immer daran, wenn Sie auf die Barriere kommen, wartet Christopher schon darauf, Ihren Magen zu füllen.

Als Letztem trat Lieutenant Evans dem Captain gegenüber.

Viel Glück, Sir.

Danke, Teddy. Ich bin optimistisch, dass wir es schaffen.

Ganz gewiss, Sir. Zehn oder elf Tage, und Sie sind am Ziel. Von den Norwegern ist weit und breit nichts zu sehen. Unsere Fahne wird die erste sein, die über dem Pol weht.

Hoffen wir es. Alles Gute für den Rückweg!

Danke, wird schon schiefgehen.

Und noch was. Wenn Sie ankommen, sagen Sie bitte Meares oder Atkinson, sie sollen uns mit den Hunden entgegenkommen, so gegen Ende Februar, bis auf 82° oder 83°. Dann kann ich vorausfahren und vielleicht das Schiff noch erwischen. Verstanden?

Alles klar, Sir.

Aber das Leben der Hunde darf unter keinen Umständen aufs Spiel gesetzt werden. Wir brauchen sie vielleicht noch in der nächsten Saison. Falls wir nicht pünktlich zurück sein sollten, haben Sie meine schriftlichen Instruktionen. Die offizielle Mitteilung habe ich Ihnen auch mitgegeben.

Verlassen Sie sich auf mich.

Also dann ... nochmals alles Gute und vielen Dank für alles!

Die beiden Männer schüttelten einander die Hände. Die Polmannschaft legte das Geschirr an, und mit einem Ruck setzte sich ihr Schlitten in Bewegung.

Öffner des Südens _ _ _ _ _ _ _ _ _ _ _ *Polarplateau – Ross-Meer,*
18. Dezember 1911 bis 30. Januar 1912

Die Rückfahrt der fünf Norweger verlief auf weiten Strecken so glatt, dass Amundsen sich eigentlich nur um eines Sorgen zu machen brauchte: was er nachher in seinem Buch über die Südpol-Expedition davon berichten würde. Das Publikum wollte von Schmerzen und Strapazen lesen, es lechzte nach den Schrecken des Eises und der Finsternis, nicht nach dem Bericht einer reibungslosen, professionell durchgeführten Skitour, selbst wenn diese ans Ende der Welt geführt hatte. Das größte Drama auf dem Rückweg, so schien es zeitweilig, waren Wistings Zahnschmerzen, die irgendwann so stark wurden, dass sie dem Kanonier einen Backenzahn ziehen mussten.

Da aber ausgerechnet Wisting einer von den zweien war, die Amundsen vor der Abreise auf einen zahnmedizinischen Schnellkurs geschickt hatte, und der andere, Leutnant Gjertsen, auf der *Fram* irgendwo über die Weltmeere schipperte, blieb dem Chef nichts übrig, als die Operation selbst durchzuführen. In der dünnen Luft des Polarplateaus holten sie die Zangen heraus, wärmten sie über dem Primus-Kocher, Wisting kniete sich auf seinen Schlafsack, und Amundsen zog und bog, was das Zeug hielt, bis der Übeltäter heraus war.

Wenn Amundsen die Rückreise weitgehend als wenig aufregend empfand, so lag das auch an seiner Neigung, Schwierigkeiten, zumal wenn sie überwunden waren, vor anderen wie vor sich selbst herunterzuspielen. Das war einfach ein Charakterzug. Ein anderer hätte ihren Siebenhundert-Meilen-Treck durch die weiße Wildnis vielleicht spektakulärer empfunden. Nicht zuletzt bedeutete er harte Arbeit, vor allem für den Vorläufer, Bjaaland, der nicht erlahmen durfte, wenn er Hanssens Hunde auf Abstand halten wollte. Zuerst hatten sie eine lange Steigung zu bewältigen: Der Pol lag in einer Senke. Für das Auge war der Höhenunterschied nicht wahrzunehmen, aber die Körper spürten die Anstrengung. Von Tag zu Tag wurden sie hungriger, die Skiläufer mehr als die Hundeführer, die sich während der Fahrt auf die Schlitten lehnen konnten. Schon erlagen die ersten Hunde den Strapazen. Lassesen, Per und Svartflekken verschwanden in den Mägen ihrer Kameraden. Den Tieren bekam das frische Fleisch. Sie fanden zu ihrer alten Form zurück. Sobald sie das erste Depot aufgelesen hatten, entspannte sich auch für die Männer die Vorratslage.

Auch dass sie irgendwo bei 88° Süd bei schlechter Sicht von ihrer Route abkamen, die sie auf dem Hinweg mit Baken markiert hatten, war durchaus ernster, als es sich Amundsen im nachhinein eingestand. Seit dem Pol hatten sie sich die Mühe astronomischer Beobachtungen gespart, mit der Folge, dass sie dank Kompass zwar Kurs nach Norden hielten; aber wo genau auf dem unendlichen Plateau sie sich befanden, wussten sie nicht. Als im Nordosten die Gipfel des Küstengebirges in Sicht kamen, sahen die aus der südlichen Perspektive ganz anders aus als auf dem Hinweg – so anders, dass Amundsen den Eindruck hatte, in eine gänzlich unbekannte Gegend zu kommen. Seine Kurzsichtigkeit, die er nach wie vor geheim hielt, machte es ihm nicht leichter, sich zu orientieren. Erst nach Tagen erkannte er, dass sie zu weit nach Westen abgekommen waren – ein Glück im Unglück, denn auf diese Weise hatten sie den «Teufelsgletscher», der ihnen auf dem Hinweg so viel Ärger bereitet hatte, weiträumig umfahren. Aber sie hatten auch eines ihrer Depots verpasst. Das war nur dann zu verschmerzen, wenn sie das nächste, die «Fleischerei», rechtzeitig erreichten. Die Hundekadaver, die sie dort hinterlassen hatten, waren überlebenswichtig – wenn nicht für die Männer, so doch für ihre Zugtiere. Die Hunde, des ewigen Pemmikans überdrüssig, fraßen zu wenig. In diesen Tagen der Ungewissheit war abends im Zelt die Stimmung zum Zerreißen gespannt. Wieder entlud sich die Laune des Chefs an Hassel und Bjaaland. Sie schnarchten zu laut, wies Amundsen sie zurecht.

Dass sie die Fleischerei am Ende doch fanden, verdankten sie Wistings Voraussicht, der damals beim Aufbruch einen zerbrochenen Ski aufrecht in den Schnee gesteckt hatte, und Hanssens scharfen Augen, der ihn jetzt aus drei Meilen Entfernung wiederentdeckte. Die Norweger hielten sich an diesem Ort, der ebenso ungemütlich war wie sechs Wochen zuvor, nicht lange auf. Sie luden die gefrorenen Kadaver auf die Schlitten und begannen den Abstieg vom Plateau, den steilen, zerklüfteten Gletscher hinab, den zu erklimmen sie so viel Schweiß und Kopfzerbrechen gekostet hatte. Bjaaland sauste vorneweg, elegant im Telemarkstil, gefolgt von Amundsen und Hassel. Jetzt waren die Hundeführer im Nachteil, weil sie die schweren Gespanne die tiefverschneiten Hänge hinablenken mussten. Damit die Schlitten nicht zu schnell wurden, umwickelten sie abermals die Kufen mit Seilen.

Zwei Tage benötigten sie für die tollkühne Abfahrt. Den Zwischenanstieg vom Hinweg sparten sie sich; stattdessen fuhren sie bis zum Fuß des Gletschers, und nach einem Schlenker nach Westen fanden sie am 7. Januar ihr Depot bei 85° 5' Süd. Nun lag vor ihnen nur mehr die Barriere, vierhundert Meilen ebenes Gelände, die Route gut markiert und ausgestattet mit Depots auf jedem Breitengrad, in denen reichlich Robbenfleisch lagerte, für den Fall des Falles. Selbst wenn sie ein Depot im Nebel oder Schneetreiben verpassen sollten, brauchten sie sich nicht zu sorgen. Sie besaßen Proviant für 35 Tage und so viel Petroleum, dass sie einen Kanister mit vier Gallonen am Fuß von Mount Betty zurücklassen konnten, dem Felsknubbel, den Amundsen nach seinem Kindermädchen benannt hatte. (Zwanzig Jahre später sollte eine amerikanische Expedition den Kanister wiederfinden und feststellen, dass nicht ein Tropfen entwichen war.)

Den 24-Stunden-Rhythmus von Tag und Nacht, den sie trotz des immerwährenden Tageslichts bisher aufrechterhalten hatten, gaben die Norweger nun auf. Ihre Kräfte und die der Hunde gaben so viel her, dass sie im Wechsel 15 Meilen fahren und sechs Stunden ruhen konnten. So fuhren sie anderthalbmal schneller ihrer Basis entgegen.

Zur selben Zeit, als die Eroberer des Südpols zum Endspurt ansetzten, steuerte Kapitän Nilsen die *Fram* durch das Ross-Meer, durch Treibeis und Schneeschauer. Am 8. Januar gegen Mitternacht konnte er am südlichen Horizont eine dunkle Linie ausmachen: die Barriere. Nilsen manövrierte das Schiff in den Windschatten der Eiswand, wo er einen Sturm abwetterte, bevor er seine Fahrt nach Osten fortsetzte. Um sechs Uhr abends desselben Tages passierte er das westliche Kap der Walbucht.

Es verstand sich nicht von selbst, dass die *Fram* im Januar 1912 in die Bucht der Wale zurückkehrte. Als Nilsen am Ostermontag des Vorjahres in Buenos Aires Anker geworfen hatte, war er mit einer ernsten Situation konfrontiert gewesen. Nach acht Monaten auf hoher See war das Schiff dringend überholungsbedürftig. Segel und Seile mussten erneuert werden, das Dieselöl ging ebenso zur Neige wie der Proviant; die Mannschaft verlangte ihre Heuer. Doch in der Bordkasse herrschte Ebbe. Man hatte Nilsen versprochen, ihm bei einer argentinischen Bank Kredit zu verschaffen, aber das war nicht geschehen. Bald erfuhr der Kommandant auch den Grund: Als Amundsens Absicht, vor dem Nordpol den Südpol erobern zu wollen, in Norwegen bekannt geworden war, hatten sich zwar Nansen und der König hinter sein Unternehmen gestellt, Regierung und Parlament aber waren von seinem Coup wenig begeistert gewesen und hatten dem staatlichen Polarforschungsschiff keine Gelder mehr bewilligt. Die Expedition stand vor dem Bankrott. Um die Hafengebühren bezahlen zu können, musste Nilsen den Kapitän eines norwegischen Handelsschiffes anpumpen.

Die Rettung kam in Gestalt eines Geschäftsmannes, Peter Christophersen, der als junger Mann von Norwegen nach Argentinien ausgewandert war und es dort – man sagte, dank zweier vorteilhafter Ehebünde – zum Großgrundbesitzer gebracht hatte. Als Don Pedro, wie ihn seine Freunde nannten, von den Kalamitäten der *Fram*-Expedition erfuhr, gab er einer patriotischen Regung nach und bot Nilsen an, für sämtliche Kosten aufzukommen, die ihm während seines Aufenthaltes in Buenos Aires entstünden. Damit war nicht nur die Ablösung der neun Männer auf der Barriere gesichert, sondern auch ein ozeanographischen Zwecken dienender Törn, den die *Fram* über den Sommer im Südatlantik machen sollte. Dieser war Leons Idee gewesen, geboren aus dem Gedanken, Nansens wissenschaftlichem Eros zu schmeicheln. Für die Meeresforschungen hatten die Amundsens eigens einen Doktoranden der Universität Bergen angeheuert, einen Russen namens Aleksandr Kučin. Die dreimonatige Fahrt verlief nach Plan, sah man einmal davon ab, dass sich an Bord der *Fram* während ihres Aufenthalts in Buenos Aires Ungeziefer eingenistet hatte, namentlich Fliegen, Motten und Ratten.

Am 4. Oktober 1912 stach die *Fram* von Buenos Aires – wo sie neben Wilhelm Filchners Polarforschungsschiff *Deutschland* am Kai gelegen hatte – zu ihrer zweiten Weltumseglung in See. Wieder hatte sie Tiere an Bord genommen, diesmal jedoch nützlichere: jeweils 15 Schafe und 15 Ferkel, für die ein Stall auf dem Zwischendeck gezimmert wurde. Von den Schweinen lebten noch neun, von den Schafen vier, als die *Fram* nach drei beschwerlichen Monaten auf hoher See in der Bucht der Wale festmachte. Die Männer in Framheim würden sich über den Festtagsbraten freuen.

Leutnant Gjertsen schnallte sogleich die Skier unter und machte sich auf den Weg über das Eis, um die Nachricht ihrer Ankunft zu überbringen. Er kehrte am nächsten Tag, dem 11. Januar 1912, mit Prestrud, Stubberud und Johansen zurück. Ihre nach der Mode von Framheim glattrasierten Wangen stachen von denen der Schiffsbesatzung ab, die sich lange Bärte hatte stehen lassen. Man bestürmte einander mit neugierigen Fragen. Nein, sie seien nicht mit zum Pol gefahren, sondern hätten Edward VII-Land erkundet. Amundsen habe es so befohlen. Der Chef sei noch nicht wieder da, er werde aber jeden Tag erwartet.

Prestrud, Stubberud und Johansen verbrachten eine Nacht an Bord des heimeligen Schiffes und liefen am nächsten Morgen, beladen mit einem dicken Stapel Briefen und Zeitungen, auf ihren Skiern zurück nach Framheim.

Das Meereis begann aufzubrechen. Die *Fram* war dadurch mehrmals gezwungen, die Bucht zu verlassen und sich, sobald die Schollen fortgetrieben waren, einen neuen Ankerplatz an der Eiskante zu suchen. So ging es einige Tage hin und her. Am Abend des sechsten Tages kam Besuch. Ein fremdes Schiff, ein kleiner Dreimastschoner, schlängelte sich durch das Treibeis in die Bucht. War das etwa wieder die *Terra Nova?* Wohl kaum. Nilsen meinte, dass es sich um die *Aurora* handeln müsse, das Schiff von Dr Mawsons australischer Expedition. Doch dann zeigte der Segler Flagge, und die Verwunderung an Bord der *Fram* war groß. Vom Achterstag leuchtete, wie die Mitternachtssonne über der Barriere, ein roter Ball auf weißem Grund. Ein japanisches Schiff?

Bald hörten die Norweger fremdartige Laute über das Meereis schallen. Einige der Fremden bearbeiteten die Barriere mit Pickeln und Schaufeln, andere jagten hinter Pinguinen her. Die ganze Nacht über fielen Schüsse. Am Morgen wurde ein ernst dreinblickender Mann bei Nilsen vorstellig und erklärte mit Hilfe eines Dolmetschers, er heiße Nomura und sei der Kapitän der *Kainan Maru*, des Schiffes, «das den Süden öffnet». Was genau die Japaner in der Bucht der Wale wollten, konnte Nilsen nicht ergründen. Er schickte nach Prestrud aus, der sogleich anrückte, den Kinematograph unter dem Arm. Gemeinsam statteten sie der *Kainan Maru* einen Besuch ab. Kapitän Nomura und der Expeditionsleiter, Leutnant Shirase, lagen in den Kojen, aber der erste Offizier lud sie zu einem Glas Wein und Zigarren ins Kartenhaus.

Die Japaner schienen gekommen zu sein, um biologische Studien zu betreiben. An Deck lagen Berge von toten und halbtoten Skuas. Lebende Pinguine steckten in Käfigen. Auch eine Robbe, die mit aufgeschlitztem Bauch nahe beim Schiff auf dem Eis lag, atmete noch. Tierfreund Nilsen bat die Japaner, das Tier zu erlösen, aber die lachten nur freundlich. Damit endeten die Kontakte. Kurz darauf vertrieb ein Sturm beide Schiffe. Die *Kainan Maru* hatte einige Mühe, ihre Männer, Hunde und Kisten an Bord zu holen, die auf Eisschollen dümpelten. Als das Eis fortgetrieben war, fuhr die *Fram* wieder in die Bucht ein, während die *Kainan Maru* sich langsam nach Nordosten entfernte. Sie ward nicht mehr gesehen. In einem Zelt auf der Barriere blieb eine Handvoll Japaner zurück.

Noch einmal trieb ein Sturm die *Fram* aufs offene Meer. Er dauerte vom 24. bis zum 27. Januar und trug das Schiff weit nach Westen. Bei der Rückkehr sah der Ausguck, dass vom östlichen Kap der Walbucht

die norwegische Flagge wehte. Da wusste die Besatzung, dass die Polmannschaft eingetroffen war. Sie suchten einen Ankerplatz und ließen
die Sirene tuten. Wenig später kamen acht Männer mit Hundeschlitten
von der Barriere herabgesaust. Nilsen kannte den Chef gut genug, um
zu durchschauen, was Amundsen mit diesem wilden Lauf demonstrieren wollte: dass die Polmannschaft von ihrer Tour keineswegs erschöpft
zurückkehrte. In der Tat war Nilsen sich so sicher, dass seine Landsleute
den Pol erreicht hatten, dass er Amundsen nicht einmal danach fragte,
als der die Gangway heraufkam und ihm die Hand drückte.

Irgendwann konnte Gjertsen seine Neugier nicht mehr unterdrücken.
Es platzte aus ihm heraus: Und, seid ihr nun dagewesen?

Noch war keine Zeit, der Jubelstimmung nachzugeben, die sich nach
Amundsens einsilbiger Antwort auf der *Fram* ausbreitete. Der Chef verzog sich mit dem Skipper ins Kartenhaus. Nilsen hatte nicht minder
Interessantes zu berichten. Nun hörte Amundsen von der Empörung,
die seine geheime Entscheidung, nach Süden zu fahren, in Norwegen
und anderswo hervorgerufen hatte. Aber der König und Nansen hatten
zu ihm gestanden! Und er erfuhr den Namen des Mannes, der die *Fram*
vor der Pleite und so die Framheimer davor bewahrt hatte, auf der Barriere zu stranden. Leon riet seinem Bruder per Brief, sich nach der
Rückkehr baldmöglichst nach Argentinien zu begeben, auf die Estancia
von Don Pedro Christophersen, um dem spendablen Mäzen seinen
Dank abzustatten.

Sobald die wichtigsten Neuigkeiten ausgetauscht waren, machte
Amundsen seinen Männern auch schon wieder Beine. Die überlebenden
39 Hunde und alles, was von der Ausrüstung noch von Wert war, mussten eiligst von Framheim auf das Schiff verfrachtet werden. Nach drei
Tagen war alles an Bord verstaut, Mylius und Ring, die ersten Hunde
am Südpol, nahmen ihren angestammten Platz in der Backbord-Ecke
des Vordecks wieder ein – die *Fram* konnte Anker lichten. Nebel hing in
der Bucht und hinderte die Abreisenden daran, einen letzten Blick auf
die Barriere zu werfen, auf der sie ein Jahr ihres Lebens zugebracht und
einen großen Sieg für ihr Land errungen hatten.

Das Abendrot über der Barriere_ _ _ _ _*Große Barriere, 22. Januar*
bis 18. Februar 1912

Der «Wilde Mann von Borneo», wie Tom Crean sich manchmal selbst-
ironisch nannte, stieß einen Urschrei der Freude aus. «Er war laut genug,
um die Ponys in ihrem Schneegrab zu erschrecken», schrieb sein Kamerad Lashly, der als einer der wenigen unter den Seeleuten ein Tagebuch
führte und für sich das Fazit zog: «Nie wieder Beardmore!»

Sie standen im «Gateway» zwischen Mount Hope und dem Gebirge.
Hinter ihnen lag der Gletscher. In seinen Labyrinthen von Spalten und
Eisfällen hatten sie mehrmals den Weg verloren. Mehr als einmal hatten
sie die Depots erst erreicht, nachdem ihre Vorräte aufgebraucht waren.
Der Lieutenant hatte seine Schneebrille abnehmen müssen, um sich ori-
entieren zu können. Nun litt er in den Augen quälende Schmerzen. Seit
Tagen stolperte er blind, mit Umschlägen von Teeblättern vorm Gesicht,
neben dem Schlitten her. Kein Wunder also, dass sie erleichtert waren,
den Beardmore-Gletscher hinter sich zu lassen und ihre Füße auf die
Barriere zu setzen.

Die ersten Tagesetappen in der Ebene waren vielversprechend. Wind
füllte das Segel, das sie auf den Schlitten gerigt hatten, und Evans' Augen erholten sich. Doch bald plagten den Lieutenant neue Beschwerden.
Er bekam Durchfall. Seine Beine fühlten sich steif an. In der Früh, nach
dem Aufwachen, konnte er sie kaum strecken. Am 29. Januar zeigte er
abends im Zelt seine Kniekehlen her. Sie waren geschwollen und von
Blutergüssen schwarz, blau und grün verfärbt. Lashly war alarmiert. Er
untersuchte Evans' Zahnfleisch und wusste, was die Stunde geschlagen
hatte. Ihren Anführer hatte der Fluch der Polarforschung ereilt – Skorbut.

Evans war geschockt. Von der gesamten Südgruppe waren er und
Lashly am längsten unterwegs und sie hatten am längsten die schwere
Arbeit des Man-hauling verrichtet, während Crean immerhin bis zum
Beardmore-Gletscher ein Pony geführt hatte. Evans hatte außerdem im
Frühjahr eine strapaziöse Depotreise auf die Barriere geleitet, bei nächt-
lichen Minimum-Temperaturen von -73°. Dennoch konnte er sich seine
Schwäche nicht verzeihen. Härter und leistungsfähiger als alle anderen
zu sein, das erwartete der Offizier von sich. Nun wurde er innerhalb
weniger Tage zum Pflegefall. Lashly gab ihm Cognac und Opiumpillen

aus der Reiseapotheke und weniger Pemmikan zu essen, weil seine Verdauung die fette Fleischpaste nicht zu vertragen schien. Es half wenig. Am 3. Februar war Evans so schwach, dass er nicht mehr allein die Ski unterschnallen konnte. Er bewegte seine steifen Beine nur langsam und litt offensichtlich starke Schmerzen. Am 7. Februar hatte er Mühe, sich aufrecht zu halten, und konnte nicht mehr ohne Hilfe ins Zelt kriechen. Am 8. schied er Blut aus. Lashly musste fast jeden Handgriff für ihn tun, aber noch konnte der Patient, einmal auf die Skier gestellt, selber gehen. Ohne Skier wären sie aufgeschmissen gewesen.

Hinter der Sorge um Evans trat ein anderes Problem völlig zurück, das sie erstmals beim Ausgraben des südlichsten Depots auf der Barriere bemerkten: Einer der Petroleum-Kanister hatte geleckt, und eine größere Menge des wertvollen Brennstoffs war ausgelaufen. Sie hatten keine Erklärung dafür, aber die Folgen waren unabweisbar: Lashly konnte nur wenig Petroleum nehmen, damit genug für die Polmannschaft übrig blieb. Sie mussten streng haushalten. Das Wetter kam ihnen zu Hilfe. Es war warm, fürs Marschieren fast zu warm.

«Wir haben unser Nachtlager aufgeschlagen, und es tut mir leid zu sagen, dass Mr Evans an Skorbut leidet, und zwar sehr schlimm», schrieb Lashly am Abend des 10. Februar in sein Tagebuch, einen Tag nachdem sie das One Ton Depot erreicht und sich eine willkommene Abwechslung von der Zwieback- und Pemmikan-Diät gegönnt hatten: eine Tasse Porridge für jeden. Die neue Nahrung, hoffte Lashly, würde dem Kranken guttun. Doch am nächsten Tag musste er feststellen: «Heute keine Verbesserung bei Mr Evans, sondern schlimmer.» Sie begannen, Ballast abzuwerfen. Skier, Bücher, geologische Proben, die sie auf dem Gletscher gesammelt hatten – alles, was sie irgend entbehren konnten, ließen sie zurück und behielten nur ihre Schlafsäcke, den Kocher, Proviant und das Zelt, denn es war absehbar, dass sie den Lieutenant bald auf dem Schlitten würden ziehen müssen. Bis zum 13. hielt sich Evans unter großen Schmerzen auf den Skiern, dann gab er auf. Er befahl den beiden Seeleuten, ihn auf der Barriere zurückzulassen, doch Lashly und Crean widersetzten sich.

Es wurde kälter, und Lashly und Crean begannen sich zu sorgen, wie sie ihren Patienten auf dem Schlitten warm halten sollten. Nachts bekamen sie kaum ein Auge zu, aus Angst, der Lieutenant könnte sterben, während sie schliefen. In der Nacht vom 17. auf den 18. Februar kam-

Abbildung 33: Tagesration eines Polarforschers 1911: 16 oz. Zwieback, 12 oz. Pemmikan, 2 oz. Butter, 0,57 oz. Kakao, 3 oz. Zucker, 0,86 oz. Tee. Das entspricht ca. 4500 kcal.

pierten sie beim Wrack des zweiten Motorschlittens, der kurz hinter Corner Camp den Geist aufgegeben hatte und aus dem sie jetzt Öl zapften, für den Kocher, um das Zelt ein wenig zu wärmen. Schon streifte die Sonne zur Mitternacht den südlichen Horizont und tauchte Mount Erebus und die vertrauten Landmarken der Hut Point-Halbinsel, Castle Rock und Observation Hill, in Abendstimmung. Wenn doch nur die Hunde gekommen wären!

Als sie am Morgen aufbrechen wollten, kollabierte Evans. Mit dem letzten Schluck Cognac holte Lashly ihn wieder zu Bewusstsein. Noch einmal legten sie ihn auf den Schlitten und zerrten ihn vorwärts, aber die Oberfläche war so mies, dass sie in einer Stunde nur eine Meile vorankamen. So würden sie es niemals schaffen. Sie hielten Kriegsrat.

Lashly sollte mit Evans und dem verbleibenden Proviant – einer Tagesration plus etwas Zwieback, den sie bei dem Motorschlitten gefunden hatten – zurückbleiben. Crean würde inzwischen versuchen, die dreißig Meilen bis zum Hut Point zu marschieren und Hilfe zu holen. Das freilich hieß, alles auf eine Karte zu setzen. Im Moment war der Himmel klar. Sollte das Wetter umschlagen oder Crean in eine Spalte stürzen, von denen es im Umkreis von White Island viele gab, wären sie alle verloren. Aber sie hatten keine Wahl. Und so zog Crean allein los, wie vor fast einem Jahr, als er Bowers und Cherry mit den Ponys auf einer Eisscholle driftend im Sund zurückgelassen hatte. Er steckte drei Stück Zwieback und zwei Stücke Schokolade ein und verabschiedete sich. Lashly hielt den Zelteingang auf, damit der Lieutenant dem Davoneilenden nachblicken konnte. Beide fragten sich im Stillen, ob sie ihn jemals wiedersehen würden.

Tasmanische Depesche _ _ _ _ _ _ _ _ _ _ *Hobart, 7. März 1912*

Der Lotse, ein rüstiger älterer Mann, kletterte an Bord und fragte: Guten Fang gehabt?

Nilsen erklärte ihm, dass die *Fram* kein Walfänger, sondern ein Polarforschungsschiff war. Oder ob er schon mal einen Walfänger mit so vielen Hunden an Bord gesehen hätte?

Der Lotse fasste sich an den Kopf: Jetzt wo Sie's sagen. Dann sind Sie bestimmt Captain Nansen.

Captain Nilsen, und das ist Captain Amundsen, unser Expeditionsleiter.

Ist mir eine Ehre, Sir. Sie waren am Südpol, nicht wahr?

Amundsen sah Nilsen an.

Entschuldigen Sie, Captain Amundsen spricht kaum Englisch. Wir haben in der Antarktis wissenschaftliche Forschungen betrieben. Die Ergebnisse müssen aber bis zur Publikation geheim bleiben. Sie verstehen?

Verstehe vollkommen, sagte der Lotse und zwinkerte mit einem Auge. Soll ich den Smutje bitten, dass er Ihnen Frühstück macht?

Der Lotse warf einen Seitenblick auf die Hunde. O nein, vielen Dank. Aber wenn Sie etwas Tabak hätten …

Aber natürlich. Nilsen rief nach dem Matrosen: Kristensen, bringen Sie dem Herrn Tabak, aber von dem Guten!

Und wieder an den Lotsen gewandt: Sagen Sie, hat man eigentlich schon etwas von der *Terra Nova* gehört?

Sie meinen die britische Südpol-Expedition? Nicht dass ich wüsste.

Abbildung 34: Die Sieger: Sverre Hassel, Oskar Wisting, Roald Amundsen, Olav Bjaaland und Helmer Hanssen in Hobart, 7. März 1912.

Amundsen atmete hörbar aus.

Und so fuhr die *Fram* am Morgen des 7. März 1912 in den Hafen von Hobart ein. Als sie Anker geworfen und die üblichen Formalitäten erledigt hatten, Besuch des Hafenarztes, des Zollbeamten und so weiter, ließ Amundsen sich vom Hafenmeister an Land bringen. Unter den Arm geklemmt trug er die Tasche mit den Telegrammen, die er unterwegs vorbereitet hatte. Der zurückbleibenden Besatzung erteilte er absolutes Redeverbot.

Der Portier von Hadley's Orient Hotel konnte ja nicht ahnen, dass er in dem einfach gekleideten Seemann den Eroberer des Südpols vor sich hatte. Er gab ihm das einfachste Zimmer. Der Gast fragte nach dem Telegraphenamt, wo er drei chiffrierte Depeschen aufgab, eine an seinen Bruder Leon, eine an den König und eine an Nansen. Danach suchte er einen Händler und beauftragte ihn, eine Kiste Obst und Gemüse an Bord der *Fram* zu schicken. Und dann hieß es für ihn warten. Jetzt erst vermochte Amundsen seine Sinne für die ungewohnte Umgebung zu öffnen: die Geräusche und Gerüche der Stadt, die Fassaden der Häuser, die Kleider und Bewegungen der Frauen. Trotz seiner Kurzsichtigkeit konnte Amundsen vom Kai aus erkennen, dass das Boot des Händlers nicht das einzige war, das sich der *Fram* näherte. Journalisten umschwärmten das Schiff wie Skuas eine tote Robbe. Aber Nilsen würde schon dafür sorgen, dass nichts durchsickerte.

Leons Antworttelegramm war für Roald nicht minder erfreulich als seines an den Bruder. Durch Shackletons Vermittlung – der nichts dagegen gehabt hatte, seinem Rivalen Scott eins auszuwischen – hatte der Geschäftsführer der 3. *Fram*-Expedition mit dem *Daily Chronicle* einen lukrativen Vertrag über die Rechte an der Südpol-Story abschließen können. Roald sollte umgehend seinen Bericht nach London kabeln.

Die Lunte brannte. Ihr Knistern ging um die ganze Welt.

Am folgenden Tag berichtete eine große amerikanische Zeitung: «Sonderdepesche an die New York Times. London, Freitag, 8. März. – London war gestern den ganzen Tag und Abend in fieberhafter Aufregung über den Ausgang des Wettrennens zum Südpol. Ein früher Bericht aus Wellington, Neuseeland, hatte Capt. Roald Amundsen die Aussage zugeschrieben, dass sein englischer Rivale, Capt. Robert F. Scott, den Pol erreicht habe. Zu jener Stunde hatten weder die New York Times, die exklusive Rechte an den ersten Depeschen und Geschichten des Entdeckers für Amerika und Kanada erworben hatte, noch hatte der König von Norwegen, dem Capt. Amundsen natürlicherweise eine erste Nachricht über den Ausgang seines Laufs zum Südpol zukommen lassen wollte, irgendeine direkte Mitteilung von Capt. Amundsen erhalten. Das New York Times-Büro in Pall Mall wurde mit Anfragen bombardiert, und das allgemeine Interesse stellte das an den Kohlenstreiks und den Umtrieben der Suffragetten in den Schatten.

Während des Abends blieb die Frage, ob Scott oder Amundsen den Pol zuerst erreicht hatten, das alles beherrschende Thema. Die letzten Ausgaben der Abendzeitungen konnten dem Wissensstand nichts hinzufügen.

Um 7 p.m. erhielten das Londoner Büro der New York Times und der London Daily Chronicle eine chiffrierte Mitteilung von Leon Amundsen, dem Bruder des Entdeckers, in Kristiania, aus der hervorging, dass man von dem Norweger gehört hatte und Nachrichten vom ihm auf dem Weg nach London waren. Diese Depesche war so formuliert, dass man annehmen konnte, dass Capt. Amundsen als Sieger heimkehrt, aber noch immer wurde das Geheimnis um das tatsächliche Ausmaß seines Erfolges nicht enthüllt.

Kurz danach machte eine Agenturmeldung aus Kristiania die Runde, der zufolge eine chiffrierte Nachricht von einer Privatperson an Bord der Fram eingetroffen sei, des Inhalts, dass Amundsen den Südpol erreicht habe; doch sofort kam eine andere Agenturmeldung aus der norwegischen Hauptstadt, die besagte, dass eine Privatperson dort eine weitere Nachricht von Capt. Amundsen selbst erhalten habe, in der er erklärte, dass Capt. Scott den Pol erreicht habe.

So folgte ein Bericht dem anderen, und die Spekulationen wurden immer wilder. Zu dem wachsenden Vorrat an ‹Information› trug auch eine New Yorker Depesche bei, die besagte, dass Sonderkorrespondenten amerikanischer Zeitungen in Auckland und Wellington, Neuseeland, berichtet hätten, dass sie sich mit Amundsen in Verbindung setzen konnten und dass er bekanntgegeben habe, Capt. Scott habe den Pol erreicht.

Endlich, kurz vor Mitternacht, nach einem Austausch von chiffrierten Mitteilungen zwischen Kristiania und London, waren die New York Times auf dem amerikanischen Kontinent und The Chronicle in Europa im Besitz der eigentlichen Nachrichten über die Ergebnisse von Capt. Amundsens Vorstoß in die antarktische Zone. Den Text der chiffrierten Mitteilung von Leon Amundsen, Roalds Bruder, habe ich Ihnen bereits gekabelt. Der Code ist keiner, der einen Fachmann verwirren würde, aber soweit das von hier beurteilt werden kann, erreichte er seinen Zweck, den Inhalt geheimzuhalten. Es war die simple Methode, die Buchstaben des Alphabets rückwärts zu lesen, das heißt, Z in der Codierung vertrat im Klartext A, Y stand für B und so weiter. In Klartext übersetzt las sich die chiffrierte Depesche wie folgt:

«*Kristiania, Norwegen, 7. März*
Das folgende Telegramm erhalten:
Hobart, Tasmanien, 7. März. – Pol erreicht, vierzehnter bis siebzehnter
Dezember 1911. Alles bestens. Roald Amundsen.
(Unterzeichnet) Leon Amundsen.»

Zwischen Bangen und Hoffen _ _ _ _ _ *Große Barriere – Hut Point,*
7. März bis 14. April 1912

Cherry hätte nichts dagegen gehabt, mit der *Terra Nova* nach Hause zu
fahren. So wie Simpson, der im Meteorologischen Amt in Simla gebraucht wurde, oder Taylor, den die australische Regierung zurückbeor-
dert hatte, oder Meares, der familiäre Angelegenheiten vorgeschoben, in
Wahrheit aber wohl die Nase voll hatte. Oder Evans … nein, mit dem
Lieutenant wollte er lieber nicht tauschen. Skorbut war keine billige
Rückfahrkarte. Evans sei dem Tode nahe gewesen, hatte Atkinson gesagt, als er ihn von der Barriere geholt hatte. Er jedoch – Cherry – war
halbwegs gesund, und ihn riefen keine Verpflichtungen nach England
zurück. Daher war es für ihn keine Frage gewesen, dem Captain seine
Dienste für einen zweiten Winter zur Verfügung zu stellen. Dass er kein
Gehalt beziehen würde, weil die Expedition knapp bei Kasse war, konnte
ihm egal sein.

Dmitrii stöhnte im Schlafsack. Cherry sorgte sich um ihn. Dass der
Russe fror, war noch zu verstehen, bei Temperaturen um - 40°. Aber
Dmitrii klagte auch über Kopfschmerzen, und er konnte den rechten
Arm nicht richtig bewegen. Seine ganze rechte Körperhälfte war beein-
trächtigt. Wenn Dmitrii ernsthaft krank würde, wären sie in der Bre-
douille, zu zweit auf der Barriere, 130 Meilen vom Hut Point entfernt
und mit dem Wintereinbruch vor der Tür. Ganz abgesehen davon, dass
er auf Dmitriis Können als Hundeführer angewiesen war. Es kam ihm
noch immer absurd vor, dass ausgerechnet er, kurzsichtig, des Navigie-
rens unkundig, der noch nie einen Hundeschlitten gelenkt hatte, diesen
letzten Vorstoß nach Süden anführen musste. Aber Scott hatte nun einmal darum gebeten, dass ihm die Hunde entgegenkämen und seinen
Heimweg beschleunigten, damit er möglichst das Schiff noch erreichte.
Wer sonst hätte fahren können? Evans war krank, Atkinson als einziger
Arzt musste ihn pflegen, Meares wollte nach Hause, die Westgruppe war
noch unterwegs, und Wright musste, da Simpson fortging, das Wetter-
labor auf Cape Evans betreuen. Blieb nur Cherry übrig. Selbstverständlich war er gefahren. Auch wenn er Scotts Instruktionen nicht zur Gänze
würde ausführen können, weil es ihnen an Hundefutter mangelte. Eigentlich hätte hier im One Ton Depot welches lagern sollen. Aber wegen Meares' später Rückkehr, und weil die Hunde sehr erschöpft gewe-

sen waren, war das Depot nicht aufgefüllt worden. Das schränkte ihren Aktionsradius erheblich ein.

Cherry stieg aus dem Schlafsack, der vom Eis hart und schwer war. Bei dieser Kälte gefror die Feuchtigkeit, die der Körper abgab, im Schlafsack und machte ihn unhandlich und ungemütlich. Er öffnete den Eingang und schaute in eine wirbelnde weiße Wand. Der Sturm tobte seit ihrer Ankunft vor drei Tagen. Noch zwei Tage, dann würden sie umkehren müssen, wenn sie die Hunde lebend zurückbringen wollten. Das aber hatte Scott ausdrücklich befohlen. Cherry verschloss den Eingang und zwängte sich wieder in den brettharten Schlafsack. Er wunderte sich, dass es gar so eisig kalt war. Normalerweise stieg während eines Schneesturms die Temperatur. Er knotete den Schlafsack zu, zog die Kapuze über den Kopf, so dass nur noch die Augen und die Nase herausschauten, und betrachtete die Zeltbahn über ihm. Das Tuch und sein frierender Körper zitterten im Takt.

Am nächsten Tag verebbte der Sturm. Nun hätten sie noch einen Tagesmarsch weiter nach Süden fahren können, aber Cherry entschloss sich zu warten. Die Wahrscheinlichkeit, dass sie der Polmannschaft über den Weg liefen, war hier am Depot immer noch am größten. Cherry war inzwischen überzeugt, dass die Polmannschaft später kommen würde. Scott hatte den 27. März als mögliches Datum seiner Rückkehr genannt. Sie hatten sich zu sehr beeilt.

Am 10. März stockten sie das Depot mit den Vorräten auf, die sie mitgebracht hatten. Nun lagerten im «One Ton» genug Proviant und Petroleum, dass fünf Männer einen Monat damit auskommen sollten. Cherry und Dmitrii hatten ihre Mission erfüllt.

Die folgenden drei Tage irrten sie in Nebel und Schneegestöber umher, versuchten nach dem Wind oder irgendwelchen Landmarken zu steuern, die Dmitrii in lichten Momenten zu erkennen glaubte. Sie fuhren im Kreis und gerieten zwischen Presseishügel – ein Zeichen, dass sie dem Land zu nahe kamen. Selbst tagsüber stieg die Temperatur nicht mehr über -30°, nachts sank sie auf -50°. Dmitrii baute zusehends ab. Am 14. März klarte es auf. Nun sahen sie, dass sie zu weit nach Osten abgekommen waren. Nach einem weiteren Schneesturm erreichten sie zwei Tage später die Spitze der Hut Point-Halbinsel. Beim Umrunden des Kaps liefen sie Atkinson in die Arme. Er trug einen Knüppel und ein Bayonett – die Ausrüstung eines Robbenjägers.

Der Navy-Chirurg musterte die beiden: Meine Güte, Cherry, harte Zeit gehabt, was?

Es ist ziemlich kalt auf der Barriere, Atch.

Kak dela, Dmitrii?

Atkinson hatte im Winter ein paar Brocken Russisch gelernt.

Ne horosho, doktor, nicht gut.

Er ist heute früh fast kollabiert, erklärte Cherry.

Ich schaue ihn mir gleich an, sagte Atkinson. Irgendwelche Nachrichten von der Polmannschaft?

Cherry schüttelte den Kopf. Das Schiff ist fort, nehme ich an?

Ja, am 4.

So bald schon?

Pennell hatte wenig Kohle, und er musste ja noch die Nordgruppe auflesen.

Auf Cherrys Gesicht stand ein großes Fragezeichen.

Ja, das wissen Sie nicht. Pennell hat mehrfach versucht, zu Campbell zu gelangen, aber Packeis hat ihm den Weg versperrt. Jetzt wollte er es ein letztes Mal versuchen, aber er war skeptisch …

Was Cherry wusste, war, dass die *Terra Nova*, unter dem Kommando von Harry Pennell, Cape Adare angesteuert, Campbell und seine Gruppe an Bord genommen und sie etwa zweihundert Meilen weiter südlich in Victoria-Land wieder abgesetzt hatte, damit sie einen Küstenabschnitt erkundeten, der bisher nur oberflächlich erforscht war. Dass das Schiff die Männer nicht hatte abholen können, war keine gute Nachricht. Campbell und seine Leute besaßen vermutlich nur Proviant für wenige Wochen.

Und was passiert, wenn die *Terra Nova* sie auch diesmal nicht erreicht?, fragte Cherry besorgt.

Atkinson zuckte mit den Schultern: Entweder sie schlagen sich entlang der Küste zu uns durch, oder sie überwintern dort.

Auch das noch, stöhnte Cherry. Und was ist mit Teddy?

Der ist an Bord. Es ging ihm besser zuletzt. Aber kommen Sie, gehen wir lieber in die Hütte und machen uns einen Tee. Keohane ist auch da.

Das Meereis reichte nur ein schmales Stück über die Landspitze hinaus. Dahinter begann offenes Wasser. Das hieß, es gab keine Verbindung nach Cape Evans.

Bis zur Rückkehr von Scott oder Campbell fiel Atkinson als ranghöchstem Offizier die Führungsrolle zu – keine Rolle, in der er sich sonderlich wohl fühlte. Atch gehörte zu den unauffälligeren Gestalten in ihrer Gemeinschaft. Er redete wenig, aber er war ein allseits beliebter Kamerad, ein verantwortungsvoller Arzt, ein guter Boxer und Fußballspieler, und er verstand mit Tieren umzugehen, mit Ponys ebenso wie mit Hunden. Sein Spezialgebiet jedoch waren kleinere Lebewesen: Atkinson war ein passionierter Helminthologe, ein Wissenschaftler, der das exotische Reich der Würmer erforschte. Tagelang konnte er über seinem Mikroskop sitzen, ohne dass man aus seiner Ecke einen Laut vernahm. Im Lauf des Winters hatte er unbekannte Parasiten entdeckt, die ihr Dasein in Fischen, Vögeln und Robben der Antarktis fristeten. Doch die aktuelle Situation forderte ihm andere Qualitäten ab, als im Labor gefragt waren. Als Cherry dem Arzt vom verfrühten Wintereinbruch und dem schlechten Wetter auf der Barriere berichtete, sagte der, wenn die Polmannschaft in vier Tagen nicht zurück sei, wolle er ihr entgegengehen. Womöglich bräuchten ihre Leute da draußen Hilfe. Den Sund zu überqueren und entlang der Küste nordwärts zu gehen, um Campbell zu helfen, mache hingegen wenig Sinn.

Wenn wir nach Norden gehen können, erklärte Atkinson, kann Campbell auch nach Süden gehen. Außerdem traue ich dem Eis nicht.

Nach Westen hin war der Sund bereits zugefroren, aber das Eis war noch dünn. Cherry stimmte zu und bot sich an, ihn zu begleiten. Dass Dmitrii und die Hunde mitkämen, stand nicht zur Diskussion. Der Hundeführer war ebenso ausgebrannt wie seine Tiere. Aber auch Cherry war weniger fit, als er sich eingestehen wollte. Am Morgen des 20. März ging er aus der Hütte, um Schnee wegzuschaufeln, der über Nacht die Fenster und Tür zugeweht hatte. Als er wieder in die wärmere, verrauchte Hütte trat, versagte sein Kreislauf. Im Fallen verstauchte er sich die Hand. Atkinson diagnostizierte ein strapaziertes Herz infolge von Überanstrengung und erklärte ihn für einsatzunfähig. Cherry war untröstlich. Das hieß, dass nur Keohane mit Atkinson gehen konnte.

Immer öfter warf der Arzt ihm Blicke zu, aus denen Cherry dieselbe Sorge herauslas, die ihn selbst zunehmend beschäftigte. Das Wetter war grässlich, die Sonne sank von Tag zu Tag tiefer, und die Polmannschaft kam und kam nicht. Er flehte zu Gott, dass mit Scott und seinen Gefährten alles in Ordnung war.

Einmal klopfte es mitten in der Nacht an das kleine Fenster in der Hüttenwand.

He, Cherry, rief Atkinson, sie sind da!

Wer kocht?, fragte Keohane.

Sie zündeten ein Licht an und rannten nach draußen. Niemand zu sehen.

Zum Teufel, sagte Atkinson, ich dachte, ich hätte Schritte gehört.

Das geht nicht mit rechten Dingen zu, murmelte Cherry.

Hallo! Ist da jemand?, rief Keohane in die Dunkelheit.

Dmitrii zog seinen Handschuh aus und sagte: Vielleicht war es ein Hund. Mit seinem Schwanz. Hören Sie! So.

Er schlug mit dem Handschuh ein paar Mal gegen das Fenster.

Das wird es gewesen sein, sagte Atkinson. Sie gingen wieder hinein.

Mit jedem Tag, der verstrich, wuchs ihre Sorge, dass Scotts Team etwas zugestoßen sein könnte. Sie versuchten sich zu beruhigen, indem sie einander immer wieder an das erinnerten, was der Eigner gesagt hatte: Die Polmannschaft müsse damit rechnen, Ende März oder vielleicht sogar erst Anfang April zurückzukehren. Aber das ungute Gefühl ließ sich nicht verdrängen. Atkinson und Keohane warteten bis zum 26. März, dann packten sie ihren Schlitten.

Die Kranken blieben zurück. Cherry vermochte sich kaum auf den Beinen zu halten. Seine Mandeln waren geschwollen und schmerzten beim Schlucken. Dennoch schleppte er sich immer wieder nach draußen und suchte mit den Augen das Meereis ab, in der Hoffnung, die Vermissten zu sehen. Manchmal spielten Robben oder die Schatten von Presseishügeln seinen Sinnen einen Streich. Am 1. April stürmte und schneite es so, dass er kaum einen Fuß vor die Tür setzte. An diesem Abend kehrten Atkinson und Keohane zurück – allein. Die beiden Männer hatten vor Kälte keinen Schlaf gefunden. Ihre Kleidung und Schlafsäcke starrten vor Eis. Atkinson setzte sich an den Ofen und ließ den Kopf hängen.

Das war's, sagte er. Und nach einer Weile: Wir sind acht Meilen über Corner Camp hinaus. Weiterzufahren wäre sinnlos gewesen. Es ist mörderisch kalt auf der Barriere, und die Tage werden immer kürzer. Wir mussten umkehren.

Cherry nickte.

Atkinson hob den Kopf und sah den Arzt an. Im Licht des Blubberfeuers schienen seine Augen tief in den Höhlen zu liegen.

Wissen Sie was, Cherry? Ich glaube, die Polmannschaft wird nicht zurückkommen.

Nachdem sie eine Zeit lang schweigend gesessen hatten, sagte Cherry: Aber was kann ihnen zugestoßen sein?

Keine Ahnung. Vielleicht in eine Spalte gestürzt.

Alle fünf?

Ich weiß es doch auch nicht, Cherry.

Aber ... können wir denn gar nichts tun?

Atkinson fuhr sich mit der Hand über das Gesicht: Wenn nur das Meereis zugefroren wäre. Dann könnten wir nach Cape Evans, Hilfe holen. Andererseits ... Selbst frische Leute würden jetzt nicht mehr viel ausrichten. Wir können nur auf ein Wunder hoffen ...

Eine Woche später war kein Wunder geschehen. Aber das Meereis im Norden begann zuzufrieren. Am 10. April schien es fest genug, dass Atkinson, Keohane und Dmitrii einen Versuch wagen wollten, über das Eis nach Cape Evans zu gelangen. Cherry blieb zurück, um die Hunde zu versorgen und weil er sich für die riskante Überquerung zu schwach fühlte.

Das Gebälk ächzte, die alte Hütte zitterte im Griff des Windes, der erbarmungslos über das Dach heulte. Das waren die Geister der Toten, die sich von der Barriere erhoben hatten. Von seinem Schlafsack aus konnte Cherry beobachten, wie die Wände sich von ihm entfernten und wieder auf ihn zu eilten, als wollten sie ihn erdrücken. Dabei hatte er genug zu tun, damit er nicht davonkullerte, denn der Boden schwankte wie auf hoher See. Auf der Veranda jaulten die Hunde, die wussten, dass ihr Bewacher zu schwach war, um sie zu bändigen. Wenn Cherry auf allen Vieren zur Tür krabbelte, um Blubber für den Ofen zu holen oder Fleisch zu hacken, dann nahm er einen Knüppel mit und schlug blindlings in das Rudel, das sich in Windeseile verdrückte, nur um gleich mit dem Gezänk fortzufahren, sobald er sich wieder in den Schlafsack verkrochen hatte. Trotz des Ofens war es in der Hütte eiskalt. Cherry wollte sich zur Wand drehen, aber der Schmerz in der Schulter zwang ihn zurück. Leichtsinnigerweise hatte er Atch und die anderen ein Stück über das Eis begleitet; auf dem Rückweg zur Hütte war er mehrmals ausgeglitten und hatte sich die Schulter geprellt. Er streckte eine Hand aus dem Schlafsack und suchte in der Dose, die neben seinem Kopf lag, nach den Morphintabletten.

Er spürte, wie sich in seinem Bauch eine wohlige Wärme ausbreitete. Das Dach der Hütte wogte hin und her, und auf einmal flog es fort, und über ihm breitete sich der Nachthimmel aus, durch den Schneeflocken flirrten und wirbelten, ein unaufhörlich sich verknäuelnder Strom, dessen Sedimentfracht in die Hütte sank. Im Nu war sein Schlafsack mit einer Schicht Schnee bedeckt, die dicker und dicker wurde. Schon maß sie mehr als einen Zoll. Der Schnee legte sich auf ihn und neben ihn, füllte die Hütte, die nun nicht mehr aus Holz, sondern von Stein war. Er bekam es mit der Angst, er müsste unter all dem Schnee ersticken; er wollte sich aufrichten und den Schnee abschütteln, doch dann hörte er Birdie und Bill, die neben ihm in ihren Schlafsäcken lagen und aus vollen Hälsen einen Choral sangen, und da wusste er, dass er nicht allein war. Alles würde gut werden.

Sie fanden ihn in der Nacht des 14. April. Vor der Tür winselten die Hunde. Im Ofen glomm ein Rest Blubber. Es stank nach Erbrochenem.

He, Cherry!, rief Atkinson und rüttelte den Schlafenden sanft. He, mein Freund, aufwachen!

Cherry öffnete die Augen: Wer …? Atch, Sie sind es? Gott sei Dank …

Atkinson kam nicht allein, sondern in Begleitung von Wright, Gran, Keohane, Dmitrii und Williamson, der letzte ein Seemann, der im Februar mit der *Terra Nova* gekommen war. Die Ankömmlinge brachten Leben in die Hütte. Sie heizten den Ofen ein, stellten Wasser auf, rollten Schlafsäcke aus, brachten die Hunde zur Raison.

Hier, ich habe was für Sie, sagte Atkinson. Er griff in seinen Beutel. Zuerst Ihre Post … dann die Zeitungen, um die Sie gebeten hatten … die Filzschuhe und … ein Kamm! Bitte sehr.

Atch, Sie sind ein Schatz.

Beim Nachtmahl erfuhr Cherry, wie die Dinge auf Cape Evans standen. Vorräte hätten sie mehr als genug. Transportmittel auch. Die indische Regierung habe sieben Maultiere geschickt, kräftige, gesunde Tiere, ausgestattet mit allem, was man so brauche, Zaumzeug, Decken und so fort. Damit seien sie gut ausgerüstet, um im Frühjahr entweder nach der Polmannschaft oder nach Campbell und seinen Leuten zu suchen. Bevor sie sich allerdings ins Winterquartier zurückzogen, wollte Atkinson einen letzten Versuch unternehmen, die Nordgruppe zu erreichen. Wright, Keohane und Williamson würden ihn über den Sund nach Südwesten und dann entlang der Küste nach Norden begleiten. Gran und Dmitrii sollten bei Cherry bleiben, die Hunde versorgen und Robben jagen.

Das ist nicht Ihr Ernst, rief Cherry. Die Sonne geht in wenigen Tagen unter, und das Eis ist alles andere als sicher.

Das weiß ich, sagte Atkinson. Aber wir können nicht hier herumsitzen, wenn da draußen vielleicht unsere Leute in Not sind.

Es braucht nur ein Sturm aufziehen, dann treiben Sie aufs Meer. Cherry bemühte sich, seine Erregung zu zügeln. Oder Sie sitzen auf der anderen Seite fest. Dann ist das dritte Team verschollen.

Ich kenne das Risiko, erklärte Atkinson. Aber was getan werden kann, muss getan werden.

Alte Schinken_ _ _ _ _ _ _ _ _ _ _ _ *Terra Nova-Bay, 3. Juli 1912*

Robbenhirn ist definitiv die größte Delikatesse der antarktischen Küche, sagte Lieutenant Campbell und kratzte ein weiteres Mal seine Tasse aus.

Ich bin ganz Ihrer Meinung, pflichtete Dr Levick ihm bei. Das Hirn schmeckt überhaupt nicht nach Fleisch, sondern eher wie … wie eingeweichtes Brot.

Mmh, Brot, seufzte Campbell. Was würde ich geben für ein paar Scheiben Brot mit Butter und Marmelade …

Mir hängt das Robbenfleisch langsam zum Halse heraus, warf Priestley ein, der Geologe. Um ehrlich zu sein, ich kann überhaupt kein Fleisch mehr sehen. Morgens Fleisch mit Blubbergeschmack, abends Blubber mit Fleischgeschmack …

Und ich dachte immer, Sie mögen Blubber, wunderte sich Campbell. Er hatte sich an den tranig schmeckenden Robbenspeck nie gewöhnen können.

Ich halte ihn nicht prinzipiell für ungenießbar, erklärte Priestley, aber ich würde nicht so weit gehen wie Abbott und Dickason, die ernsthaft meinen, der Blubber des Krabbenfressers neulich habe nach Melone geschmeckt.

Apropos Melone. Vielleicht sollten wir doch mehr Tang essen, schlug Levick vor.

Nur zu, ermutigte ihn Priestley. Sie brauchen ja nur unter ihren Schlafsack zu greifen …

Der Boden ihrer Eishöhle bestand aus einer Lage getrockneten Seetangs, mit einer Zeltplane darüber.

… mir jedenfalls reichen schon die schleimigen Blätter, die ich aus irgendeinem Grund ständig in meinem Tee finde.

Ich rede natürlich von frischem Tang, fuhr Levick unbeirrt fort. Ich verspreche Ihnen, wenn wir jemals frischen finden, koche ich einen Topf voll und esse ihn auf. Dass das uralte Zeug vom Strand, auf dem Generationen von Pinguinen ihr Geschäft verrichtet haben, etwas muffig schmeckt, ist ja kein Wunder.

Etwas muffig? Sie sind gut!, ereiferte sich Priestley. Wissen Sie was? Dieser Tang ist nicht muffig, er ist geradezu die Essenz von Muff und Moder. Wenn man alle alten Schinken, die in der Nationalgalerie hängen, in einen Topf schmeißen und sieben Wochen köcheln lassen würde, ich glaube wohl, das Ergebnis würde exakt so schmecken wie unser Tang. O nein, dann doch lieber Fleisch. Aber bitte vom Kaiserpinguin. Wenn ich an die Pinguinleber zurückdenke, die wir an Mittwinter hatten …

Bei Jupiter, rief Levick aus, ein Gedicht!

Ich wette, sagte Priestley, der alte Petronius hat aus keinem seiner Festmählern so viel Lustgewinn gezogen wie ich aus diesem Hoosh.

Und der Wein erst …, Levick schnalzte mit der Zunge.

Die eine Flasche Tonic-Wein in ihrem Besitz hatten sie zur Feier der Sonnenwende geköpft. Jeder hatte drei Löffel voll eingeschenkt bekommen. Zuvor hatten sie mit den Messern die Blubberreste aus ihren Tassen gekratzt.

So ein tiefgründiges Muskateller-Aroma …, schwärmte Priestley.

Mit einer untergründigen Blubbernote, ergänzte Campbell. Aber reden wir besser nicht mehr davon! Vor Mittwinter hatte ich schon vergessen, was es heißt, satt zu sein. Seither wache ich jeden Morgen mit einem Loch im Bauch auf, und alles, womit ich es füllen kann, außer Robbenfleisch, ist ein Zwieback für den Tag. Und der hat zu lange im Ofen gelegen.

Wenn wir jemals nach Hause zurückkehren sollten, schimpfte Levick, werde ich Huntley & Palmers einen Beschwerdebrief schreiben. Wenn die wüssten, was sie uns angetan haben!

Der Zwieback in der Dose, die sie gerade verbrauchten, war kleiner als normal und zu lange gebacken. Dadurch zerbröselte er leicht und sättigte nicht richtig. Wenn einem ein einziger Zwieback pro Tag zustand und man jeden Morgen aufs Neue feststellen musste, dass dieser Zwieback nicht mit der nötigen Sorgfalt zubereitet worden war, konnte man nicht anders, als sich gekränkt zu fühlen. Die Ration zu erhöhen kam jedoch nicht infrage. Sie mussten genug Zwieback für das Frühjahr aufheben, wenn sie entlang der Küste nach Süden gehen wollten. Bis Cape Evans waren es mehr als zweihundert Meilen. Ein langer Marsch, den sie nur bei Tageslicht und in wärmerem Wetter schaffen würden. Bis dahin mussten sie auf der Insel ausharren, auf der sie sich eingegraben hatten, nachdem das Schiff ausgeblieben war – eine derart unwirtliche Insel, dass sie allen Schmähungen, mit denen ihre Bewohner sie im Laufe vieler Monate belegt hatten, Hohn sprach. Inzwischen nannten die Briten ihr Refugium nur mehr «Inexpressible Island» – die «unaussprechliche Insel».

Was werden sie mit Ihrer Schokolade machen, Doctor?, fragte Priestley neugierig.

Ich werde sie mir für die Nacht aufheben, antwortete Levick, der an diesem Tag seinen 35. Geburtstag beging. Wie bei solchen Anlässen die Regel, hatte Priestley, der Quartiermeister, an jeden ein Stück Schokolade und zwanzig Rosinen ausgeteilt. Sie hatten Lieder gesungen und waren gesprächiger als sonst. Auch die drei Seeleute unterhielten sich in ihrem Teil der Höhle.

Nach ihrem Einzug im März hatte Campbell die neun mal zwölf Fuß große Eishöhle mit einer imaginären Linie in eine «Offiziersmesse» und ein «Mannschaftsquartier» geteilt. Per Definition war auf der einen Seite der Linie nicht zu hören, was auf der anderen Seite gesprochen wurde.

Drüben erhob sich eine Gestalt: Browning. Im trüben Licht der kleinen Funzel – nichts weiter als ein Blechdöschen mit ausgelassenem Pinguinspeck und einem Docht – warf der Petty Officer einen buckligen Schatten an die niedrige, rußgeschwärzte Decke. Sie war nur fünf Fuß und sechs Zoll hoch – nicht hoch genug, um aufrecht stehen zu können. Wer Küchendienst hatte, legte sich abends mit Rückenschmerzen in den Schlafsack. «Iglu-Rücken» nannten sie das.

Browning schien es eilig zu haben, nach draußen zu kommen. Campbell warf Levick einen Blick zu.

Ihm bekommt das Fleisch nicht, meinte der Arzt, und das Salzwasser verträgt er auch nicht. Manchmal mache ich mir Sorgen, ob er den Marsch übersteht wird.

Nur gut, dass er so eine Frohnatur ist, sagte Campbell, sonst würde ihn das Ganze viel mehr runterziehen.

Browning war nicht der Einzige, der an Diarrhoe litt. Sie alle hatten reihum Anfälle, manche mehr, manche weniger, doch der Petty Officer litt am meisten. Anfangs waren sie manchmal nicht schnell genug nach draußen gekommen – eine unangenehme Sache, wenn man die Kleidung nicht wechseln konnte. Aber inzwischen war die daraus resultierende Geruchsbelästigung in dem einen großen Gestank untergegangen, der ihre ganze Höhle ausfüllte – eine undefinierbare Mischung aus verbranntem Robbenspeck, Bratendunst, Ruß, verfaultem Fleisch, Schweiß, Urin und anderem. Der Gestank saß überall, in den Schlafsäcken, den Mützen, den Tassen. Mit ihrem Brennstoff, Blubber und Robbenknochen, mussten sie sparsam umgehen. Wasser zu wärmen, um sich oder ihre Kleidung zu waschen, konnten sie sich nicht leisten. Ihre Kleider waren von Fett getränkt, zerschlissen und ebenso schwarz wie ihre Gesichter. Überall auf dem Boden lag Dreck, der im trüben Licht der Blubberlämpchen nicht selten seinen Weg in den Kochtopf fand. Es war ein Wunder, dass sie überhaupt noch so gesund waren.

Als Browning wieder hereinkam, fragte Levick: Alles in Ordnung?

Jawohl, Sir, antwortete der Petty Officer. Der flotte Otto lässt mal wieder grüßen.

Browning legte sich nieder; die anderen taten es ihm nach. Campbell, der als Einziger eine Zahnbürste besaß, putzte sich die Zähne. Die anderen griffen zu Zahnstochern. Danach hörte man für eine Weile nur den rasselnden Atem der Höhlenbewohner und das kratzende Geräusch von Bleistift auf Papier. Als einer nach dem anderen sein Tagebuch weggelegt hatte, Priestley wie immer als Letzter, und alle sich in ihren Schlafsäcken ausgestreckt hatten, fragte Levick: Sind wir so weit? Zustimmendes Murmeln. Der Arzt schlug ein Buch auf, das vom Dreck nicht verschont verblieben war, und hielt es möglichst nahe an das qualmende Lämpchen neben seinem Schlafsack.

Eine Handvoll Bücher besaßen die Gestrandeten – ein kostbarer Schatz, mit dem sie ebenso sparsam haushielten wie mit ihrem Proviant. Levick las nicht mehr als ein Kapitel pro Abend. Mit *David Copperfield* waren sie durch, ebenso mit Balfours Biographie von Robert Louis

Stevenson. Ihr drittes Buch, ein zeitgenössischer Roman mit dem Titel «Simon der Narr», würde nicht lange vorhalten, denn sie fanden die skurrilen Abenteuer des todkranken Parlamentsabgeordneten so spannend, dass sie den Vorleser jeden Abend anbettelten, bis er ihnen zwei oder drei Kapitel gelesen hatte. Aber es machte nichts, wenn sie dieses Buch verschlangen. Sie besaßen noch ein letztes, und das würde gewiss bis zum Ende des Winters vorhalten: das *Decamerone*.

Dies ist ein grauenhafter Ort _ _ _ _ _ _ _ _ _ _ _ *Große Barriere,*
12. November 1912

Er musste doch einmal nachsehen, was es damit auf sich hatte. Wright machte den Maultier-Führern ein Zeichen, dass sie ihren Kurs nach Süden fortsetzen sollten, und wandte sich nach rechts, wo er etwas bemerkt hatte, eine Unregelmäßigkeit im Schnee. Nicht, dass er mit etwas Besonderem rechnete. Wright war überzeugt, dass die Polmannschaft auf dem Beardmore-Gletscher verunglückt war. Aber er wollte trotzdem nachsehen. Als er sich dem Objekt näherte, erkannte er zunächst einen Schneehügel vom Vorjahr. Er war vom Wind zerzaust und eingefallen. Nicht weit entfernt stieß er auf einen ähnlichen, oben spitz zulaufenden Hügel und gleich daneben auf eine Bambusstange, die senkrecht aus dem Schnee ragte. Plötzlich wusste Wright, dass er sie gefunden hatte. Sein Herz begann stark zu klopfen.

Der Kanadier wandte sich um und signalisierte den Maultier-Führern, dass sie kommen sollten. Er schwenkte die Arme, denn er traute sich nicht zu schreien. Nach einer Weile begriffen die anderen, was er wollte. Wright ging ihnen entgegen und ließ sie etwa hundert Schritte von seiner Entdeckung entfernt anhalten. Kurz darauf trafen auch Atkinson, Cherry und Dmitrii mit den Hunden ein.

Es ist das Zelt, sagte Wright zu Atkinson und zeigte in die Richtung des Schneehügels.

Sind Sie sicher?

Atkinson, Wright, Cherry und Gran gingen hinüber und betrachteten den Schneehügel von allen Seiten. Schließlich berührte Gran die Spitze und wischte den Schnee beiseite. Dunkelgrüner Stoff trat zutage:

die Luftzufuhr eines Zelts. Rasch schoben sie mehr Schnee weg und legten den Eingang frei. Atkinson atmete tief durch.

Holen Sie Lashly, sagte er. Er ist der Älteste von uns, und er war unter den Letzten, die die Polgruppe lebend gesehen haben.

Nachdem sie den Eingang aufgeknotet und ihre Mützen abgenommen hatten, krochen erst Atkinson und danach Lashly in den schmalen Tunnel. Kurz darauf kamen sie in umgekehrter Reihenfolge wieder heraus. Dem Heizer liefen Tränen über die Wangen.

Drei Mann liegen drin, sagte Atkinson mit verstörtem Gesicht, aber man kann fast nichts sehen. Es ist stockduster.

Sie holten Schaufeln und gruben das Zelt aus. Nun fiel genug Licht durch die Wände. Es waren in der Tat drei. Der Eigner lag in der Mitte. Er hatte seinen Schlafsack geöffnet und einen Arm um Wilson gelegt, dessen Kopf und Oberkörper an einer Zeltstange lehnten. Bowers lag auf dem Rücken, die Hände über der Brust gefaltet. Der Doctor und Birdie hatten die Augen geschlossen, als ob sie friedlich entschlafen wären, aber die Züge des Captains waren zu einer Grimasse verzerrt, in der sich ein wilder Schmerz ausdrückte. Offenbar hatte er gekämpft bis zuletzt. Die Haut der Toten wirkte gelblich und glasig; ihre Gesichter, vor allem die Nasen und Wangen, waren von Erfrierungen gezeichnet.

Einer nach dem anderen kroch ins Zelt und betrachtete die Toten.

Als Cherry herauskam, schreckensbleich, stieß er hervor: Großer Gott! Elf Meilen, und sie wären gerettet gewesen! Hätte Scott damals nur auf Titus gehört ...

Nur elf Meilen südlich vom One Ton Depot hatten sie die Polgruppe gefunden. Aber wo war der Rittmeister? Und wo war P. O. Evans?

Atkinson bat die anderen, in pietätvollem Abstand ein Lager zu errichten, während er das Zelt gründlich durchsuchte. Cherry half ihm. Das Zelt war tadellos aufgestellt, sonst hätte es auch kaum den Winterstürmen standgehalten. Nicht eine Schneeflocke hatte ihren Weg ins Innere gefunden, das einen aufgeräumten Eindruck machte, wie sie es vom Zelt des Eigners gewohnt waren. Einige Briefe lagen auf dem Boden, die meisten in Scotts Handschrift. Nahe bei seinem Kopf stand eine Behelfslampe aus einem Blechdöschen und einem Docht. Die Journale des Captains waren in einer Stofftasche verstaut, die unter seiner Schulter lag. Sie zu bergen kostete Mühe. Auch die Tagebücher von Wilson und Bowers nahm Atkinson an sich, außerdem alle Briefe, Logbücher, Filmrollen, die Chronometer der Toten und einen Union Jack. Er zog sich mit den Sachen in sein Zelt zurück und öffnete die Journale des Captains: drei Notizbücher mit festem schwarzen Einband, zwei davon bis zur letzten Seite gefüllt, das dritte nur zum Teil. Auf das Vorsatzblatt des dritten hatte Scott geschrieben: «Tagebuch kann vom Finder gelesen werden, um Aufzeichnungen usw. sicherzustellen. Aber Tagebuch sollte meiner Frau geschickt werden. R. Scott». Das Wort «Frau» war durchgestrichen und durch «Witwe» ersetzt worden.

Stunden schienen zu vergehen, während der Chirurg im Zelt saß und las. Gran und Lashly gruben bei der Bambusstange, die unweit des Zelts aus dem Schnee ragte, tiefer und stießen auf den Schlitten der Toten. Auf dem Schlitten fanden sie, zwischen Unmengen von leeren Säcken und zerschlissener Kleidung, etliche Gesteinsbrocken: offenbar geologische Funde.

Wahnsinn!, rief Gran. Das Zeug wiegt mindestens dreißig Pfund. Dass sie das bis zum Schluss mitgeschleppt haben!

Wright kam hinzu und betrachtete die Proben. Er stieß einen leisen Pfiff aus.

Den grauen Stein überzog ein Muster von Linien, die bei genauem Hinsehen eine Lage von länglichen, sich zur Spitze hin verbreiternden Blättern darstellten. So wie sie zufällig dalagen, kreuz und quer übereinander, waren die Blätter vor Millionen und Abermillionen Jahren zu Stein geworden. Zu Fossilien, die eine Geschichte aus längst vergangenen Zeiten erzählten, als es in der Antarktis warm genug gewesen sein musste, damit größere Pflanzen dort leben konnten.

Dass sie das nicht zurücklassen wollten, kann ich verstehen, sagte Wright.

Ein eisiger Südwind jagte Wolken über den Himmel und machte den Aufenthalt draußen ungemütlich. Alle verzogen sich in ihre Zelte. Die Köche begannen, das Essen zu bereiten. Cherry nahm einen Blechnapf mit heißem Hoosh und trug ihn zu Atkinson, der über die Journale des Eigners gebeugt saß.

Bitte sehr, Atch.

Danke, Cherry.

Atkinson hob kurz den Kopf und bemerkte, dass der andere ihn erwartungsvoll ansah. Da dämmerte ihm, dass die anderen vor Neugier brennen mussten.

Sie waren da, Cherry, sagte er langsam. Unsere Leute waren am Pol. Am 18. Januar. Aber die Norweger sind ihnen um mehrere Wochen zuvorgekommen.

Cherry stand der Mund offen. Atkinson blätterte in einem der Journale, bis er gefunden hatte, was er suchte. Er reichte Cherry das geöffnete Notizbuch und deutete mit dem Finger auf eine bestimmte Stelle.

Hier, bitte, lesen Sie selbst.

Die Schrift des Eigners tanzte vor den Augen des jungen Mannes, doch dann sah er alles deutlich vor sich: «Camp 68. Höhe 9760. T. -23,5°. Das Schlimmste ist geschehen, oder fast das Schlimmste. Wir sind am Morgen gut marschiert und haben 7 ½ Meilen zurückgelegt. Das Mittagsbesteck ergab 89° 42' S, und wir sind gut gelaunt in den Nachmittag gestartet, in der Erwartung, morgen unser Ziel zu erreichen. Um die zweite Marschstunde entdeckten Bowers' scharfe Augen etwas, von dem er dachte, dass es ein Schneehügel war; er war beunruhigt deswegen, aber er argumentierte, dass es sich um einen Sastrugus handeln müsse. Eine halbe Stunde später entdeckte er vor uns einen schwarzen Fleck. Bald wussten wir, dass dies keine natürliche Schnee-Erscheinung sein konnte. Wir marschierten weiter, fanden, dass es eine schwarze Flagge war, festgebunden an einer Schlittenkufe; nahebei die Überreste eines Lagers; Schlitten- und Skispuren in beide Richtungen und die deutlichen Abdrücke von Hundepfoten – viele Hunde. Das erzählte uns die ganze Geschichte. Die Norweger sind uns zuvorgekommen und sind die ersten am Pol. Es ist eine furchtbare Enttäuschung, und es tut mir sehr leid für meine treuen Gefährten …»

Cherry schluckte: Ich will mir gar nicht vorstellen, was sie in diesem Augenblick gefühlt haben, nach all den Strapazen. Die Arbeit von Jahren, und das der Lohn. Es muss ihnen das Herz gebrochen haben …

Lesen Sie weiter, drängte Atkinson.

«Camp 69. T. -22° beim Start. Nacht – 21°. Der Pol. Ja, aber unter anderen Umständen als erwartet. Wir haben einen schrecklichen Tag gehabt – zusätzlich zu unserer Enttäuschung ein Gegenwind von 4 bis 5, mit Temperatur -22° und Gefährten, die sich mit kalten Füßen und Händen herumschlagen. Wir starteten um 7.30. Keiner von uns hat viel geschlafen nach dem Schock unserer Entdeckung …»

Scott und seine Begleiter waren den Spuren der Norweger für eine Weile gefolgt, dann hatte sich der Himmel bedeckt, und die Spuren wa-

*Abbildung 35: Die Verlierer: Robert Scott, Lawrence Oates, Edward Wilson und Edgar
Evans besichtigen Polheim, 18. Januar 1912. Foto: Henry Bowers.*

ren verweht; außerdem hatten sie sie zu weit nach Westen geführt, also
hatten die Männer die Spuren verlassen und sich wieder direkt nach
Süden gewandt. Mittags hatte Evans so kalte Hände gehabt, dass sie ein
Lager aufschlagen mussten. Die Mittagsbreite betrug 89° 53' 37''. Daher
marschierten sie am Nachmittag nochmals sechseinhalb Meilen nach
Süden. «Heute Nacht legt sich der kleine Bowers nach draußen, um eine
Messung unter schrecklich schwierigen Bedingungen vorzunehmen; der
Wind bläst hart, T. -21°, und da ist dieses seltsam klamme, kalte Gefühl
in der Luft, das einen in kürzester Zeit bis auf die Knochen auskühlt.
Wir sind wieder bergab gegangen, denke ich, aber es sieht so aus, als
wäre vor uns wieder eine Anhöhe; sonst ist da sehr wenig, das sich von
der Monotonie der vergangenen Tage unterscheidet. Großer Gott! Dies
ist ein grauenhafter Ort und es ist schrecklich genug für uns, dass wir uns
herbemüht haben ohne den Lohn, die Ersten zu sein. Aber immerhin,

wir haben es hierher geschafft, und der Wind mag morgen unser Freund sein. Wir haben einen fetten Pol-Hoosh gehabt, trotz unserer Enttäuschung, und fühlen uns satt – dazu ein kleines Stück Schokolade und der sonderbare Geschmack einer Zigarette, die Wilson mitgebracht hat. Jetzt nichts wie ab nach Hause; es wird ein verzweifelter Kampf, die Nachricht als Erste heimzubringen. Ich frage mich, ob wir es schaffen können.»

Cherry schob das Notizbuch von sich weg. Er hatte zu weinen begonnen und wollte nicht, dass die Tränen auf die Worte fielen, die sein toter Captain geschrieben hatte. Atkinson nahm ihm das Buch aus den zitternden Händen.

Und was ist mit Titus? Und mit Taff Evans?, fragte Cherry mit stockender Stimme.

Lassen Sie mich zu Ende lesen, dann werde ich allen berichten, vertröstete ihn Atkinson. Gehen Sie und erzählen Sie den anderen, was Sie gelesen haben.

Cherry nickte und kroch nach draußen. Ihm war schwindelig. Sie hatten ja gewusst, dass die Polmannschaft nicht mehr am Leben sein konnte. Aber es war etwas anderes, die Freunde wirklich tot daliegen zu sehen und ihre Geschichte in ihren eigenen Worten zu lesen. Cherry hatte den Verstorbenen besonders nahe gestanden. Bill und Birdie waren seine Gefährten gewesen auf der Winterreise nach Cape Crozier – eine Erfahrung, die sie zusammengeschweißt hatte. Nun war er der Einzige von ihnen dreien, der noch lebte. Er richtete sich auf, wischte mit dem Ärmel die Tränen ab und ging zu den anderen.

Ich habe nicht eine Sekunde gezweifelt, dass sie es schaffen würden, sagte Tom Crean, als Cherry berichtet hatte. Crean ging zu Gran, streckte ihm die Hand hin und sagte: Sir, erlauben Sie, dass ich Ihnen gratuliere. Doctor Atkinson hat soeben Scotts Tagebuch gefunden. Da steht drin, dass unsere Leute die norwegische Fahne gefunden haben, als sie zum Pol kamen.

Gran ergriff die Hand und schüttelte sie mechanisch. Er kämpfte sichtlich mit seinen Gefühlen.

Endlich kam Atkinson aus seinem Zelt, die Journale des Captains unter dem Arm. Er kroch nochmals in das Zelt der Toten und blieb dort eine Weile. Als er wieder auftauchte, rief er alle zusammen:

Unsere Polmannschaft hat ihr Ziel am 18. Januar 1912 erreicht, alle fünf: der Captain, Doctor Wilson, Bowers, der Rittmeister und Seemann Evans. Sie fanden dort ein Zelt und die Fahne der Norweger. Anscheinend ist Amundsen mit vier Begleitern vom 15. bis 18. Dezember 1911 dagewesen, etwa einen Monat vor ihnen. Es gibt also keinen Zweifel, wer das Rennen gewonnen hat ... Auf dem Rückweg hatten unsere Leute mit schwierigen Bedingungen zu kämpfen. Kälte, Schneestürme, schlechte Oberfläche, Sastrugi. Dennoch konnten sie auf dem Plateau ihre täglichen Marschleistungen einigermaßen einhalten. Sie erreichten den Gletscher und fanden sogar einen halben Tag Zeit, geologische Proben zu sammeln, die sie auf Doctor Wilsons Wunsch mitschleppten, auch dann noch, als sie merkten, dass ihnen die Kräfte schwanden ...

Einige Zuhörer schüttelten die Köpfe.

Unfasslich, sagte einer.

Typisch Wilson.

Auf dem Beardmore-Gletscher, fuhr Atkinson fort, hatten sie mehrfach Probleme, die Depots aufzulesen. Einmal ging ihnen das Essen aus. Das war ausgerechnet, als Petty Officer Evans zusammenbrach. Evans litt schon länger unter Erfrierungen, und er hatte Probleme mit seiner Hand. Anscheinend hatte er sich beim Umbau der Schlitten vor der Rückkehr des letzten Hilfsteams verletzt ...

Lashly und Crean warfen sich einen vielsagenden Blick zu.

... Ab dem Pol ist das Journal des Captains voll sorgenvoller Bemerkungen über Evans' Zustand. Erfrierungen der Nase, der Hände, schließlich auch der Füße. Seine Fingernägel lösten sich ab, die Wunden eiterten ... Ich erspare Ihnen die Details. Evans war irgendwann nicht mehr in der Lage, bei der Arbeit im Lager zu helfen. Beim Abstieg über den Beardmore stürzte er in eine Spalte. Dabei dürfte er sich eine Gehirnerschütterung zugezogen haben, meint jedenfalls Wilson. Evans ging neben dem Schlitten, blieb zurück. Die anderen fanden ihn mit offener Jacke im Schnee kniend, ohne Handschuhe, sinnloses Zeug stammelnd. Sie luden ihn auf einen Schlitten und betteten ihn im Zelt, wo er das Bewusstsein verlor und noch in derselben Nacht starb. Er wurde auf dem Beardmore begraben. Das war am 17. Februar 1912 ...

Atkinson machte eine Pause.

Gib ihm die ewige Ruhe, murmelte Keohane.

Ausgerechnet Evans!, rief Hooper. Er war so ein starker Mann.

Er war der Stärkste von uns, sagte Crean.

Skorbut. Lashly spuckte das Wort förmlich aus. Schreibt er irgendwas von Skorbut?

Atkinson schüttelte den Kopf. Ich hatte auch schon daran gedacht und habe die Toten eben nochmals untersucht. Wenn überhaupt, sind die Symptome nicht ausgeprägt. Nein, es war etwas anderes, das unsere Leute fertiggemacht hat. Zumindest wenn ich das, was ich gesehen habe, richtig deute. Als sie auf die Barriere kamen, war es Ende Februar und die Saison fortgeschritten. Sie waren ausgezehrt, hatten mit extrem niedrigen Temperaturen und mit Gegenwind zu kämpfen. Unter ihren Sachen habe ich auch Bowers' meteorologisches Logbuch gefunden. Seit dem 27. Februar hatten sie, mit einer Ausnahme, jeden Tag Temperaturen unter -30°. Die Oberfläche bremste wie Sand ... Und dann wurde ihnen auch noch der Brennstoff knapp. Die Kanister in den Depots enthielten weniger Petroleum, als sie hätten sollen ...

Teufel noch eins!, rief Crean.

Wie kann das sein?, ein anderer.

Ruhig Blut, mahnte Atkinson. Niemand hat mehr genommen, als er durfte. Das wissen wir selber am besten, und im Journal des Captains habe ich kein Wort des Vorwurfs gefunden. Es muss an den Verschlüssen liegen oder an dem Blech, aus dem die Kanister gemacht sind. Sie sind offenbar nicht dicht genug. Vielleicht ist die Luft zu trocken, oder die Temperaturschwankungen sind zu groß. Sie erinnern sich an den Kanister, den wir gestern am One Ton Depot gefunden haben, der komplett ausgelaufen war ... Wie auch immer, Tatsache ist, dass unsere Leute seit dem unteren Beardmore ständig in Sorge waren, dass ihnen der Brennstoff ausging ... Und dann, am ... äh, Moment bitte.

Atkinson blätterte in einem der Notizbücher.

Und dann, am 2. März, zeigte der Rittmeister den anderen seinen Fuß. Mehrere Zehen waren erfroren. In den folgenden Tagen verschlimmerte sich sein Zustand, obwohl Wilson sich aufopferungsvoll um ihn kümmerte. Oates brauchte jeden Morgen Stunden, um die gefrorenen Fellschuhe über seine ruinierten Füße zu ziehen. Es blieb extrem kalt. Oates hätte dringend warmes Essen gebraucht, doch Petroleum war knapp. Er wurde immer mehr zu einer Last für die anderen. Sie kamen keine zehn Meilen mehr am Tag voran. Das war zu wenig, um das nächste Depot zu erreichen. Oates bat mehrmals, dass man ihn zurückließ, aber die anderen wollten davon nichts wissen ...

Vom Opium sage ich einstweilen besser nichts, dachte Atkinson. Am 11. März hatte Scott geschrieben: «Ich habe Wilson befohlen, uns die Mittel auszuhändigen, um unser Leiden zu beenden, so dass jeder weiß, was er zu tun hat. Wilson hatte keine Wahl, als sie herzugeben, oder wir hätten die Reiseapotheke geplündert. Wir haben 30 Opiumtabletten pro Mann, und ihm bleibt ein Röhrchen Morphium.» Stattdessen fuhr er mit einem Eintrag fort, der «Freitag, 16. März, oder Samstag, 17.» überschrieben war. «Sollte dies gefunden werden, so möchte ich das Folgende zur Kenntnis genommen wissen. Oates letzte Gedanken waren an seine Mutter gerichtet, aber unmittelbar davor erfüllte ihn der Gedanke mit Stolz, dass sein Regiment über die verwegene Weise, wie er dem Tod entgegengetreten ist, erfreut sein würde. Wir können seine Tapferkeit bezeugen. Er hat über Wochen starkes Leid ertragen, ohne zu klagen, und bis zuletzt war er in der Lage und willig, Themen außerhalb seiner selbst zu diskutieren. Er hat bis zum Schluss nicht die Hoffnung aufgegeben. Er war eine tapfere Seele. Dies war das Ende: Er schlief die vorletzte Nacht durch, in der Hoffnung, nicht mehr aufzuwachen. Aber er wachte am Morgen auf – gestern. Draußen tobte ein Schneesturm. Er sagte: ‹Ich gehe eben nach draußen und bin vielleicht eine Weile weg.› Er ging hinaus in den Schneesturm, und seither haben wir ihn nicht mehr gesehen.»

Nach einer kurzen Pause las Atkinson weiter vor: «Ich ergreife diese Gelegenheit, um zu erklären, dass wir bis zum Schluss zu unseren kranken Gefährten gestanden haben. Im Fall von Edgar Evans, als wir nichts mehr zu essen hatten und er bewusstlos dalag, hätte die Sicherheit der anderen eigentlich erfordert, dass wir ihn zurücklassen, aber die Vorsehung hat ihn in diesem kritischen Moment gnädig von uns genommen. Er starb eines natürlichen Todes, und wir haben ihn nicht verlassen, bevor er zwei Stunden tot war. Wir wussten, dass der arme Oates in den Tod ging, aber obwohl wir versucht haben, ihn abzuhalten, wussten wir, dass es die Handlung eines tapferen Mannes und eines englischen Gentleman war. Wir alle hoffen, dem Ende ähnlich tapfer entgegenzugehen, und das Ende ist sicherlich nicht mehr weit …»

Atkinson verstummte. Schweigen lag über der Barriere. Nur der Wind war zu hören, der um die Zelte strich.

Ein verdammt schönes Ende, sagte Wright.

Wohl wahr.

Bravo, Soldier.

Sie haben sich, wie es scheint, noch drei Tage weitergeschleppt. Auch der Captain hatte irgendwann Erfrierungen am Fuß. Dann erwischte sie der Schneesturm. Das war am 21. März. Sie hatten Brennstoff für einen Tag, Essen für zwei. Sie wussten, dass das Depot nur elf Meilen entfernt war. Sobald der Sturm nachließ, wollten Wilson und Bowers hingehen und Nachschub holen. Aber der Sturm hörte nicht auf. Tag für Tag fanden sie vor dem Zelteingang nichts als eine weiße, wirbelnde Wand ... Der letzte Eintrag trägt das Datum 29. März: «Ich denke nicht, dass wir jetzt noch auf Besseres hoffen können. Wir werden es durchstehen bis zum Ende, aber wir werden schwächer, natürlich, und das Ende kann nicht mehr weit sein. Es ist traurig, aber ich glaube, ich kann nicht mehr schreiben. R. Scott. Letzter Eintrag: Um Gottes Willen, kümmert euch um unsere Leute».

Einige der Zuhörer kämpften mit den Tränen. Auch Atkinson hatte der Vortrag zugesetzt. Er wandte den Kopf ab und blätterte in den Aufzeichnungen. Nach einer Weile räusperte er sich und sagte: Captain Scott hat eine «Botschaft an die Öffentlichkeit» verfasst, die ich nun verlese:

«Die Ursachen für dieses Unglück liegen nicht in fehlerhafter Organisation begründet, sondern sie sind die Folge von Pech in allen Risiken, die wir eingehen mussten.

1. Der Verlust des Pony-Transports im März 1911 zwang mich, später zu starten, als ich beabsichtigt hatte, und er legte den Transportmengen enge Grenzen auf.

2. Das Wetter während des Hinwegs, insbesondere der lange Sturm bei 83° Süd, hat uns aufgehalten.

3. Der weiche Schnee im unteren Bereich des Gletschers hat abermals unser Tempo gedrückt.

Wir kämpften gegen diese widrigen Umstände und überwanden sie, aber sie schmälerten unsere Proviantreserven.

Jedes Detail unserer Lebensmittelvorräte, Kleidung und Depots, die wir auf dem inneren Eisfeld und auf der langen Strecke von 700 Meilen zum Pol und zurück angelegt haben, hat sich als perfekt erwiesen. Die Polmannschaft wäre in bester Form und mit überreichlichem Proviant zum Gletscher zurückgekehrt, wenn nicht erstaunlicherweise der Mann ausgefallen wäre, von dem wir das am wenigsten erwartet hatten. Wir hatten gedacht, Edgar Evans wäre der stärkste Mann unseres Teams.

Der Beardmore-Gletscher ist nicht schwierig bei gutem Wetter, aber auf unserem Rückweg hatten wir nicht einen einzigen ganz und gar schönen Tag; das, zusammen mit einem kranken Gefährten, vergrößerte unsere Sorgen enorm.

Wie ich anderswo geschrieben habe, gerieten wir in furchtbar raues Eis, und Edgar Evans erlitt eine Gehirnerschütterung – er starb eines natürlichen Todes, aber ließ uns erschüttert zurück, als die Saison schon über Gebühr fortgeschritten war.

Aber all die aufgezählten Tatsachen waren nichts im Vergleich zu der Überraschung, die uns auf der Barriere erwartete. Ich bleibe dabei, dass unsere Arrangements für den Rückweg angemessen waren und dass niemand auf der Welt diese Temperaturen und Oberflächen erwartet hätte, die wir zu dieser Jahreszeit hier vorgefunden haben. Auf dem Plateau bei 85°/86° Süd hatten wir Temperaturen von -20°, -30°. Auf der Barriere bei 82°, 10 000 Fuß tiefer, hatten wir -30° am Tag, -47° in der Nacht ziemlich regelmäßig, mit stetigem Gegenwind während unserer Tagesmärsche. Es ist offensichtlich, dass diese Verhältnisse sehr plötzlich hereinbrechen, und unser Unglück ist sicher eine Folge dieses plötzlichen schlechten Wetters, das keinen zufriedenstellenden Grund zu haben scheint. Ich denke nicht, dass Menschen jemals durch so einen Monat gekommen sind wie wir, und wir wären trotz des Wetters durchgekommen, wäre nicht ein zweiter Gefährte erkrankt, Rittmeister Oates, und hätten wir nicht einen Mangel an Brennstoff in unseren Depots vorgefunden, für den ich keine Erklärung habe, und schließlich, wenn nicht dieser Sturm über uns hereingebrochen wäre, elf Meilen vor dem Depot, wo wir unsere Vorräte aufstocken wollten. Sicherlich hätte uns kein größeres Pech ereilen können als dieser letzte Schicksalsschlag. Wir kamen bis auf elf Meilen zu unserem alten One Ton Depot, mit Sprit für ein letztes Mahl und Essen für zwei Tage. Für vier Tage haben wir das Zelt nicht verlassen können – während der Sturm über unsere Köpfe heulte. Wir sind schwach, Schreiben ist schwierig, aber um meinetwillen bereue ich diese Reise nicht, die gezeigt hat, dass Engländer Mühsal aushalten, einander helfen und dem Tod so tapfer entgegengehen können wie je zuvor in der Vergangenheit. Wir sind Risiken eingegangen, wir wussten, dass wir sie eingingen; die Umstände waren gegen uns, und wir haben daher keinen Grund zu klagen, sondern wir können uns nur der Vorsehung beugen, bereit, unser Bestes zu geben bis zum Schluss. Aber wenn wir bereit waren, unser Leben für dieses Unternehmen zu geben, das heißt zur Ehre unseres Landes, so wende ich mich an unsere Landsleute mit der Bitte, dass die, die von uns abhängig sind, angemessen versorgt werden.

Hätten wir überlebt, ich hätte eine Geschichte zu erzählen gehabt von der Kühnheit, Ausdauer und Tapferkeit meiner Gefährten, die das Herz eines jeden Engländers gerührt hätte. Stattdessen müssen diese groben Notizen und unsere Leichen die Geschichte erzählen. Aber sicher, ganz sicher wird ein großes, reiches Land wie das unsere darauf achten, dass die, die von uns abhängig sind, angemessen erhalten werden.   R. Scott.»

Elf Männer standen starr auf der Barriere. Keiner bewegte sich, obwohl jeder fror vom Herumstehen. Erst als Atkinson sich rührte, erwachten sie aus ihrer Erstarrung. Der Arzt wandte sich an Cherry und Wright mit der Bitte, noch einmal mit ihm in das Zelt der Toten zu gehen, um zu überprüfen, ob sie wirklich nichts übersehen hatten.

Gran untersuchte währenddessen nochmals den Schlitten der Polmannschaft. Zwischen Lumpen fand er ein Kuvert, adressiert an Seine Majestät König Haakon, wohnhaft im Schloss zu Kristiania. Ein Brief von Roald Amundsen, aufgegeben am Südpol. Der Postmeister von Victoria-Land hatte ihn höchstpersönlich befördert. Aber nur bis auf die Barriere.

Atkinson verließ als Letzter das Zelt. Gemeinsam entfernten sie die Bambusstangen, so dass die Zeltbahnen sich auf die Toten legten. Als das vollbracht war, entblößte die gesamte Suchmannschaft das Haupt und stellte sich um das zusammengefaltete Zelt auf. Atkinson las aus Wilsons Bibel, was der Apostel Paulus an die Korinther über die Auferstehung der Toten geschrieben hatte. Dabei frischte der Wind abermals auf. Er wirbelte feine Wölkchen von Schnee durch die Luft, der sich wie Staub auf Haare und Schultern der Männer und auf das Zelt legte. Atkinson sprach das Vaterunser. Ob sie einen Hymnus zustande brächten?

*Abbildung 36: Das Grabmal von Scott, Wilson und Bowers auf der Barriere,
12. November 1911.*

Elf raue Kehlen sangen *The Day Thou Gavest, Lord, Is Ended.* Sie schau-
derten, aber nicht wegen der Kälte. Als der Wind ihren Gesang über die
Barriere davongetragen hatte, begruben sie die Toten unter Schnee.
Block um Block sägten sie aus der Barriere. Immer höher wuchs der
Grabhügel.

Gran hatte die Skier des Eigners ausgegraben und wollte auf ihnen
nach Cape Evans zurückkehren, damit sie auf diese Weise ihre Reise
vollendeten. Er gab seine eigenen Bretter her, damit die Seeleute sie zu
einem Kreuz zusammenbanden, das sie auf die Spitze des Hügelgrabs
stellten. Rechts und links steckten sie zwei Schlitten senkrecht in den
Schnee und neben den einen Schlitten eine Bambusstange, an der eine
Blechbüchse mit einem Zettel darin befestigt war, der an die hier Begra-
benen, an ihre beiden verschollenen Gefährten und ihre Taten erinnerte.

Die Männer betrachteten ihr Werk und sahen, dass sie gute Arbeit
geleistet hatten. Keine Kathedrale der Welt hätte feierlicher und ange-
messener sein können als die Große Barriere und der weite Himmel

über ihr. Die drei Toten hatten ein Grab gefunden, um das Könige sie beneiden mussten. Es ging auf Mitternacht. Die Sonne trieb mit den Wolken, die der Wind in immer neuen Schlieren über die düstere Barriere jagte, ihr irisierendes Spiel. Der südliche Himmel leuchtete wie poliertes Gold. Davor erhob sich als dunkler Schatten der Grabhügel mit dem Kreuz.

VII THE SHOW MUST GO ON

Marche funèbre _ _ _ _ _ _ _ _ _ _ _ _ _ *Wisconsin und anderswo,*
3. Januar bis 14. Februar 1913

Ein Mann ging in Kristiania die abendliche Drammensveien entlang, vorbei am Park des königlichen Schlosses, der still und dunkel dalag, bis zum Solli-Platz. Er betrat den kleinen Park auf der Nordseite des Platzes. Dort, zwischen den kahlen Bäumen, holte Hjalmar Johansen aus seinem Wintermantel einen sechsschüssigen Armeerevolver, richtete den Lauf gegen seinen Kopf und drückte ab. Es war der 3. Januar 1913. Auch die norwegische Südpol-Expedition hatte nun einen Toten zu beklagen.

Als Johansen ein halbes Jahr zuvor als Erster der Expeditionsmannschaft mit dem Dampfschiff nach Kristiania zurückgekehrt war, unehrenhaft entlassen und mittellos, hatten die Gebrüder Amundsen bereits dafür gesorgt, dass niemand, nicht einmal sein alter Freund Nansen, dem «Meuterer» sein Ohr lieh. Johansens Geschichte hätte den Ruf der Expedition gefährden können. In seinem Buch, das inzwischen erschienen war, hatte der Südpol-Held Johansens und Prestruds Überlebenskampf auf der Barriere mit dem Satz abgetan: «Mag der Himmel wissen, was sie die ganze Zeit über getrieben haben!»

Abermals hatte Johansen nicht gekämpft. Stattdessen hatte er sich dem Suff ergeben und damit seiner Entehrung Vorschub geleistet. Dann fiel der abendliche Schuss im Solliparken, und mit einem Mal erinnerte sich Norwegen des Mannes, der einst als gefeierter Held neben Nansen aus der Arktis zurückgekehrt war und der, so die einhellige Meinung, in den Untiefen des Alltags Schiffbruch erlitten hatte.

Roald Amundsen befand sich auf einem Luxusliner und überquerte den Atlantik, als ihn die Nachricht von Johansens Verzweiflungstat erreichte. Leon und Stubberud begleiteten den Sarg zum Bahnhof. Zur Beerdigung in Skien, der Heimat des Toten, reisten Nilsen, Prestrud und Hassel an. Ohne dass der Chef sie darum gebeten hätte, legten sie in seinem Namen einen Kranz an Johansens Grab nieder.

Die Trauer in Norwegen vermochte Roalds Triumphzug in den Vereinigten Staaten von Amerika nicht zu verdunkeln. Der große Saal der

Carnegie-Hall war gesteckt voll, als der Eroberer des Südpols seine Vortragstournee eröffnete. In Washington hängte man ihm eine schwere Goldmedaille um, und President Roosevelt lud ihn, gemeinsam mit seinem Freund, dem Nordpol-Entdecker Admiral Peary, zum Mittagessen ein.

Doch während der Sieger des Südpol-Rennens durch die USA tingelte, verbreitete sich bereits die Botschaft vom Schicksal des Verlierers. In den frühen Morgenstunden des 10. Februar stahl sich eine Dreimastbark in die kleine Hafenbucht von Oamaru an der Ostküste Neuseelands. Der Kapitän ignorierte die Anfragen des Leuchtturms, der immer wieder signalisierte: Was für ein Schiff ist das?, und ließ zwei Männer an Land rudern. Kaum war das Boot zurück, stach die Bark wieder in See.

Einen Tag dümpelte die *Terra Nova* in Sichtweite der Küste. An Bord wuchs die Ungeduld. Die Männer holten ihre guten Anzüge aus den Truhen, in denen sie mehr als zwei Jahre gelegen hatten, fanden sie reichlich unbequem und standen an der Reling, wo sie mit weit geöffneten Nasenlöchern die Luft einsogen, die der Wind vom Land herantrug, den ungewohnten Geruch von Erde, Gras und Bäumen. 24 Stunden hatte die Nachrichten-Agentur, bei der die Britische Antarktis-Expedition unter Vertrag stand, sich ausbedungen, um Scotts Neuigkeiten aus der Antarktis – welcher Art sie auch immer sein würden – zu Geld zu machen. Als die Frist verstrichen war und die *Terra Nova* schließlich, das White Ensign auf Halbmast, in den Hafen von Lyttelton einfuhr, hatte die Presse ganze Arbeit geleistet.

Es hat einen gewaltigen Eindruck gemacht, ich hätte nie gedacht, dass der Wirbel so groß sein würde, sagte Atkinson, der mit Pennell am Vortag das Telegramm aufgegeben hatte, zu denen, die an Bord geblieben waren. Sie rissen dem Chirurg die druckfrischen Ausgaben der lokalen Zeitungen aus der Hand. CAPTAIN SCOTT DEAD, titelte *The New Zealand Herald* in dicken Lettern.

Nicht nur in Neuseeland war Scotts Tod die Meldung des Tages. Im gesamten Empire beherrschte sie die Titelblätter. Zeitungen rund um den Globus druckten die letzte Botschaft des sterbenden Captains: «Hätten wir überlebt, ich hätte eine Geschichte zu erzählen gehabt von der Kühnheit, Ausdauer und Tapferkeit meiner Gefährten, die das Herz eines jeden Engländers gerührt hätte …»

Sir Clements Markham, der den Winter in Lissabon verbrachte, wollte nicht glauben, was die portugiesischen Zeitungen über seinen einstigen Schützling berichteten, und telegraphierte umgehend nach London, um Gewissheit zu erlangen.

In Madison, Wisconsin, erfuhr Roald Amundsen, dass sein Konkurrent zwar nach ihm den Pol, aber nicht mehr lebend sein Winterquartier erreicht hatte. Die Kunde vom Drama auf der Barriere elektrisierte das amerikanische Publikum und bescherte seinen Vorträgen, die zuletzt schlechter besucht gewesen waren, neuen Zulauf. Leon riet dem Bruder per Brief aus Kristiania: «Deine Gefühle beschränken sich auf ehrliches Mitleid. Und das muss Dein Standpunkt sein, wie auch immer sich das Drama in Zukunft weiterentwickelt.» Roald gab Beileidstelegramme an Commander Evans, Mrs Scott und Mrs Wilson auf.

Kathleen Scott jedoch befand sich weitab von allen Telegraphenstationen mitten im Pazifik auf einem Dampfer, der sie nach Neuseeland brachte, zum lang ersehnten Wiedersehen mit ihrem Gatten. Als am 14. Februar zur Mittagszeit die Glocken der St Paul's Cathedral in London das Totengeläut für Scott und seine Gefährten anstimmten, wusste Mrs Scott noch immer nicht, dass sie schon seit fast einem Jahr Witwe und ihr dreijähriger Sohn Peter eine Halbwaise war.

Draußen vor der Kathedrale, im Grau eines Londoner Februartages, waren Tausende zusammengeströmt, eine größere Menschenmenge als nach dem Untergang der *Titanic* nur zehn Monate zuvor, während der Dekan von St Paul's in Gegenwart des Königs und des Erzbischofs von Canterbury die Worte aus dem I. Korintherbrief las:

Tod, wo ist dein Stachel? Hölle, wo ist dein Sieg?

Ein Trommelwirbel hallte durch das matt erleuchtete, bis auf den letzten Platz gefüllte Gotteshaus. Die Band der Coldstream Guards, des ältesten Regiments der britischen Army, spielte den Totenmarsch aus Händels *Saul*. Die Namen der toten Helden wurden verlesen: Captain Robert Falcon Scott, Royal Navy, Captain Lawrence Edward Grace Oates, 6th Inniskilling Dragoons, Doctor Edward Adrian Wilson, Lieutenant Henry Robertson Bowers, Royal Indian Marine, Petty Officer Edgar Evans, Royal Navy. Die Trauergemeinde stimmte die Nationalhymne an, die Menge draußen nahm das Lied auf und trug es in die Straßen der Hauptstadt.

Die Engländer trauerten mit dankerfüllten Herzen. In den letzten

Jahren war dem Empire etwas Wichtiges abhanden gekommen – das Gefühl der Sieghaftigkeit. Niemand konnte genau sagen, womit es begonnen hatte: mit dem Tod Königin Victorias, dem Debakel des Burenkriegs, dem immer lauter werdenden Schrei der Iren nach «Homerule», den Erfolgen amerikanischer Unternehmen auf dem Weltmarkt…? Und da waren nun diese fünf Männer in die weiße Wildnis des Südpols marschiert und gestorben wie englische Gentlemen. Sie hatten sich geopfert für ihr Land, für die Wissenschaft und für ihre Kameraden, ohne zu klagen, und hatten damit bewiesen, dass ihre Nation noch immer Helden hervorbringen konnte wie einst. Leitartikel verglichen Scott mit Nelson, dem Sieger von Trafalgar. Schuljungen erzählten einander die Geschichte von «No Surrender Oates». Am 20. Februar stellte Madame Tussaud's eine lebensgroße Wachsfigur von Captain Scott aus.

Der «Scott Memorial Fund» sammelte binnen weniger Monate 75 000 Pfund an Spenden für die Hinterbliebenen – mehr als der Polarforscher zu Lebzeiten für seine Expedition hatte auftreiben können. Derselbe Zeitgeist, der die Hütte auf Cape Evans mit einer Wand aus Kisten in eine Offiziersmesse und ein Mannschaftsquartier geteilt hatte, regelte auch die Verteilung des Geldes. Kathleen Scott, inzwischen zur Lady geadelt, und Oriana Wilson erhielten jeweils 8500 Pfund aus dem Topf; Lois, die Witwe von Edgar Evans, bekam für sich und ihre drei Söhne 1250 Pfund. Nachdem alle Schulden beglichen waren, blieben zwölftausend Pfund übrig, mit denen Wissenschaftler aus Scotts Team in Cambridge das «Scott Polar Research Institute» gründeten, das sich unter seinem ersten Direktor Frank Debenham zu einer führenden Polarforschungseinrichtung entwickeln sollte. Aber das war bereits nach dem Ersten Weltkrieg, der mit seinen Millionen von Toten nicht nur jede Idee von Heldentum infrage stellte, sondern auch das Ende des «Heroischen Zeitalters» der Polarforschung brachte.

Der Vertrag

Ein Robbenjunges wälzte sich auf das Eis. Obwohl es erst wenige Wochen alt war, hatte seine Mutter es bereits verlassen. Es musste alleine sehen, wie es zurechtkam. Mit dem Sehen jedoch war es bei ihm nicht weit her. Seine großen braunen Augen waren stark kurzsichtig – eine Folge der Jahrmillionen, die seine Vorfahren im Meer verbracht hatten. Die Hornhaut hatte sich verkrümmt, um sich der Brechung des Lichts im Wasser anzupassen. Dafür besaß es von der Welt über dem Meer nur ein verschwommenes Bild. Aber damit konnte es leben, denn auf dem Eis bedrohten es keine Feinde.

Und so schaute die junge Robbe unbekümmert in das Spiel aus gleißendem Licht, das die Sonne auf das Eis zauberte, und lauschte den Geräuschen, die an ihr feines Gehör drangen: das Ächzen des Eises, das sich mit der Dünung hob und senkte, das Rieseln des Schnees, das Schnaufen ihrer Artgenossen, die Schreie der Skuas und der Sturmvögel. Hundegebell hingegen, an das ihre Vorfahren sich hatten gewöhnen müssen, würde diese Robbe nie kennenlernen. Fast hundert lang Jahre hatten Hunde die Schlitten der Forscher gezogen, bis Menschen im fernen Madrid einen Vertrag unterzeichneten, der alle Tiere, die nicht in der Antarktis heimisch waren, von dort verbannte. Auch Schlittenhunde.

Dafür hatten die Ohren der jungen Robbe bereits die verschiedenen Motorengeräusche vernommen, die im Sommer über und unter dem Eis ertönten, von den Strahltriebwerken der Flugzeuge über die hochtourigen Zweitakter der Schneemobile bis zum rhythmischen Scheppern einer Schiffsschraube. Sie hatte auch die Stimmen von Menschen schon gehört und sie mit dem Gleichmut hingenommen, der ihrer Art eigen war. Die Menschen hatten das Robbenjunge in einen Beutel gelegt, um es zu wiegen, und ihm farbige Kunststoffmarken an die Schwanzflossen geheftet. An den Marken würden die Forscher die Robbe erkennen, sollte sie ihre mehrjährige Lehrzeit im Packeis überleben und in den Sund zurückkehren, um selbst zu gebären. Dann würden die Forscher auch ihr Robbenjunges wiegen und markieren und seine Nummer in eine lange Tabelle eintragen. Womöglich kämen andere Forscher, die der frischgebackenen Robbenmama einen Sack überstülpten und aus ihren Zitzen etwas Milch abzogen, um zu analysieren, warum diese Milch so nahrhaft war. Vielleicht würden Mutter und Junges, wenn sie

nach drei Wochen das erste Mal tauchten, an einem Mikrofon vorbei-
schwimmen, das wieder andere Forscher installiert hatten, um die Ge-
sänge der Robben aufzuzeichnen, die an jene unirdischen Knack- und
Pfeifgeräusche erinnerten, die elektromagnetische Wellen in der Erdatmosphäre verbreiteten.

Damit sie die Wege der Robben und andere Geheimnisse der Natur
ergründen konnten, hatte man den Forschern am südlichen Ende des
McMurdo-Sunds eine richtige Stadt gebaut, mit zentralgeheizten Woh-
nungen, Kantinen, Werkstätten, Labors, Krankenhaus, Feuerwehr,
Mülldeponie, Kraftwerk und Supermarkt. Sogar Kneipen und ein Kino
gab es in dieser Stadt, in der während des Sommers mehr als tausend
Männer und Frauen lebten, im Winter immerhin noch um die 250. Für
die Schiffe, die Lebensmittel, Brennstoff und Baumaterial brachten und
Abfälle mitnahmen, hatte man einen Hafen gebaggert, der genauso ver-
dreckt war wie die meisten Häfen der Erde, sich von ihnen aber darin
unterschied, dass er nur bei günstigen Eis- und Wetterverhältnissen an-
gelaufen werden konnte. Jenseits des Hafenbeckens stand auf einer
Landspitze ein Bungalow. Seine Holzwände und das Dach, in Wind und
Sonne ergraut, wirkten dünn und fragil. Wer ihn besichtigte – der Bungalow war ein Museum –, fand darin einen Ofen aus Ziegelsteinen, mit
einem Blechtopf darauf, Holzkisten mit verblichenem Aufdruck und andere rauchgeschwärzte Gegenstände, denen man ansah, dass sie irgendwann intensiv gebraucht worden waren.

Nur wenige Schritte von dem Bungalow entfernt, auf einer kleinen
Anhöhe, stand ein Kreuz, das an einen britischen Seemann erinnerte,
der hier einst in einer stürmischen Nacht ins Meer gestürzt war. Es war
nicht das einzige Kreuz in der Umgebung. Ein zweites krönte den kegelförmigen Hügel, an dessen Fuß die Stadt lag und der bei gutem Wetter
ein beliebtes Ausflugsziel war, weil er einen schönen Rundblick bot. Dieses Kreuz war fast doppelt so hoch wie ein Mensch und aus Eukalyptus-
holz. Francis Davies, der Zimmermann der *Terra Nova*, hatte es im Janaur
1913 angefertigt, bevor das Schiff für immer den McMurdo-Sund verlassen hatte. In den Querschaft hatte Davies die Namen von fünf Männern eingeritzt; darunter hatte er die letzte Zeile aus Tennysons Gedicht
«Odysseus» gesetzt:

«Zu streben, suchen, finden und nicht zu weichen.»

ANMERKUNG ZU MASSEN UND DATEN

In diesem Buch werden die damals international üblichen Maßsysteme verwendet, das heißt im Wesentlichen das Imperiale System, wie es im Britischen Empire seit 1824 definiert war. In Norwegen benutzte man zwar seit dem 19. Jahrhundert das metrische System und die Temperaturskala nach Celsius. Um dem Leser aber den Vergleich zwischen beiden Expeditionen zu erleichtern, messen Amundsen und seine Mitarbeiter in diesem Buch ebenfalls ausschließlich in «Imperial units».

Größere Entfernungen sind durchweg in geographischen bzw. nautischen Meilen, Längen sonst in Fuß oder Zoll («inch») angegeben. Eine geographische Meile misst 1,852 km und entspricht einer Bogenminute; 60 Meilen ergeben somit einen Breitengrad. Ein Fuß misst 30,48 cm, 3 Fuß ergeben einen Yard, der etwa einem großen Schritt entspricht. 12 Zoll sind ein Fuß; das heißt, ein Zoll misst 2,54 cm. Der Faden wiederum ist ein nautisches Längenmaß und entspricht 2 Yard oder 6 Fuß oder etwa 1,83 m.

Gewichte maß man nach dem Avoirdupois, das in angloamerikanischen Ländern noch heute üblich ist. In diesem Buch kommen vor: die Unze («oz.» = 28,35 g), das Pfund («lb.» = 0,4536 kg) und die Tonne («long ton» = 2240 lb. = 1,016 t). Als Hohlmaß wird gelegentlich die Gallone (ca. 4,55 l) genannt.

Die Thermometer der Entdecker waren nach Grad Fahrenheit geeicht. Um Grad Fahrenheit in Grad Celsius umzurechnen, zieht man von soundso viel Grad Fahrenheit 32 ab, dividiert das Ergebnis durch 1,8 und erhält die entsprechenden Grad Celsius. Oder als Formel: $°C = (°F - 32) * 5 \div 9$. Zum schnellen Nachschlagen sind in der folgenden Tabelle beide Einheiten parallel gesetzt (Celsius-Grade gerundet):

Grad Fahrenheit	Grad Celsius
32	0
20	-6,7
10	-12,2
0	-17,8
-10	-23,3

Grad Fahrenheit	Grad Celsius
- 20	- 28,9
- 30	- 34,4
- 40	- 40,0
- 50	- 45,6
- 60	- 51,1
- 70	- 56,7
- 77	- 60,6

Die britischen Entdecker rechneten oft in «Grad Frost». Dazu zählten sie die gemessenen Grad Fahrenheit vom Gefrierpunkt des Wassers abwärts. 0° F entsprechen demnach 32 Grad Frost (- 17,8° C) und - 77° F, die tiefste durch Scotts Mitarbeiter gemessene Temperatur, 109 Grad Frost (- 60,6 °C).

Der Tagesablauf in den Winterquartieren und auf Schlittenfahrten richtete sich jeweils nach der wahren Sonnenzeit, das heißt nach jener Zeit, nach der die Sonne um 12 Uhr mittags genau im Norden (und zugleich am höchsten) stand. Daneben besaßen die Entdecker Uhren, die die mittlere Greenwich-Zeit, die damalige Weltzeit, anzeigten. Diese war unter anderem für die Navigation wichtig.

Bei der Datierung ist zu beachten, dass die *Fram* auf dem Weg in die Bucht der Wale den 180. Längengrad von West nach Ost kreuzte, der auch 1910 schon die Richtlinie für die internationale Datumsgrenze war. Streng genommen hätten die Norweger ihre Logbücher beim Kreuzen des 180. Meridians um einen Tag zurückdatieren müssen. Das taten sie aber nicht, mit der Konsequenz, dass sie während der gesamten Reise dieselben Daten aufzeichneten wie die Briten, die diesseits (also westlich) der Datumsgrenze ihre Basis errichtet hatten. Erst nach seiner Rückkehr korrigierte Amundsen einige (aber nicht alle) seiner Daten, darunter auch das seiner Ankunft am Südpol, die nun nicht mehr auf den 15., sondern auf den 14. Dezember 1911 fiel. Diese Änderung sorgt bis heute für Verwirrung. Dieses Buch hält sich an die ursprünglichen Daten, das heißt an die in den Logbüchern verzeichneten.

Zu guter Letzt eine Bemerkung zum Geld. Historische Geldwerte lassen sich nicht einfach in heutige Werte umwandeln. 10 Britische Pfund des Jahres 1911 wären heute – je nachdem, ob man den Verbraucherpreisindex, die Einkommensentwicklung oder den Anteil am

Bruttoinlandsprodukt zum Vergleich heranzieht – ca. 760, 4000 oder 6300 Pfund wert. Wenn man z. B. den Sold betrachtet, den Robert Scott als Captain des Schlachtschiffs *H. M. S. Budwark* erhielt: 830 Pfund im Jahr, so weiß man, dass er zwar viel mehr als der durchschnittliche Gehaltsempfänger verdiente (340 000 Pfund nach heutigen Maßstäben), sich dafür aber «nur» Güter im Wert von etwa 70 000 Pfund leisten konnte. Für die Norwegische Krone gilt dasselbe. Der nominale Wechselkurs zwischen Pfund und Krone lag im hier behandelten Zeitraum (der seligen Zeit des Goldstandards!) bei ungefähr 18 Kronen 22 Øre für das Pfund. Um genauer zu vergleichen, müsste man jedoch auch die Preise und Gehälter in Norwegen zu jener Zeit berücksichtigen.

ZEITTAFEL ZUR ENTDECKUNG DER ANTARKTIS
(bis zum Ende des «Heroischen Zeitalters»)

1772–1775   James Cook umsegelt mit *H.M.SS. Resolution* und *Adventure* die Antarktis und erreicht 71° 10' S.

1819–1821   Thaddeus von Bellingshausen umsegelt die Antarktis mit *Vostok* und *Mirnyi* und sichtet als Erster den antarktischen Kontinent.

1822–1824   James Weddell stößt mit *Jane* und *Beaufoy* bis 74° 15' S in das später nach ihm benannte Meer vor.

1839–1843   James Clark Ross und Francis Crozier durchstoßen mit *H.M.SS. Erebus* und *Terror* das Packeis, entdecken das Ross-Meer, sichten Victoria-Land und die Große Barriere; sie erreichen 78° 10' S.

1893–1895   Die *Antarctic* unter Kapitän Henryk Johan Bull befährt das Ross-Meer in der Absicht, Wale zu jagen. Erste Landung auf dem antarktischen Kontinent bei Cape Adare.

1897–1899   Die *Belgica* unter Adrien de Gerlache überwintert als erstes Schiff im antarktischen Packeis. Mit an Bord: Roald Amundsen.

1898–1900   Die *Southern Cross*-Expedition unter Carsten Borchgrevink überwintert auf Cape Adare. Borchgrevink unternimmt einen Vorstoß mit Hundeschlitten über die Große Barriere bis 78° 50' S.

1901–1904   Die British National Antarctic Expedition unter Robert Falcon Scott verbringt mit der *RRS Discovery* zwei Winter im McMurdo-Sund. Entdeckung von Edward VII-Land. Scott und zwei Begleiter erreichen auf der Barriere 82° 17' S. Überschreitung der Western Mountains. Entdeckung des Polarplateaus.

1901–1903   Die *Gauss* unter Erich von Drygalski entdeckt Kaiser-Wilhelm II.-Land und überwintert im Packeis. Zur selben Zeit schwedische und schottische Expeditionen.

1903–1905   Die *Français* unter Jean-Baptiste Charcot erkundet die Antarktische Halbinsel.

1907–1909	Die British Antarctic Expedition 1907 unter Ernest Shackleton (*Nimrod*) überwintert im McMurdo-Sund. Vorstoß über die Barriere und das Polarplateau bis 88° 23' S. Entdeckung des Beardmore-Gletschers und des südlichen magnetischen Pols. Erstbesteigung von Mt. Erebus.
1908–1910	Zweite Expedition von J.-B. Charcot, diesmal mit der *Pourquoi-Pas?*, zur Antarktischen Halbinsel.
1910–1912	Die dritte *Fram*-Expedition unter Roald Amundsen überwintert auf der Großen Barriere und erreicht als erste den Südpol am 14. (15.) Dezember 1911. Erkundung von Edward VII-Land.
1910–1913	R. F. Scotts zweite Expedition verbringt zwei Winter im McMurdo-Sund. Winterreise zum Cape Crozier. Erforschung der Western Mountains. Scott erreicht mit vier Begleitern am 18. Januar 1912 den Südpol; alle fünf sterben auf dem Rückweg.
1910–1912	Die *Kainan Maru* unter Nobu Shirase landet in Edward VII-Land. Vorstoß über die Barriere bis 80° 5' S.
1911–1912	Die *Deutschland* unter Wilhelm Filchner überwintert im Weddell-Meer und entdeckt das spätere Filchner-Eisschelf.
1911–1914	Die Australasian Antarctic Expedition unter Douglas Mawson (*SY Aurora*) verbringt zwei Winter auf Cape Denison im Commonwealth Bay, auf dem antarktischen Kontinent.
1914–1917	Die Imperial Transantarctic Expedition unter Ernest Shackleton scheitert bei dem Versuch, die Antarktis vom Weddell-Meer zum Ross-Meer zu durchqueren. Ihr Schiff *Endurance* wird vom Packeis zerstört.

AUSWAHLBIBLIOGRAPHIE

1. Allgemeines

B. Stonehouse (Hg.). Encyclopedia of the Antarctic. 2 Bde. Hoboken, New Jersey 2002.

David McGonical (Hg.). Antarctica. Secrets of the Southern Continent. Ecology. Geography. Wildlife. Explorations, London 2009.

Norbert W. Roland. Antarktis. Forschung im ewigen Eis. Heidelberg 2009.

Alan Gurney. Below the Convergence. Voyages Toward Antarctica 1699–1839. London 2007.

T. H. Baughman. Before the Heroes Came. Antarctica in the 1890s. Lincoln, Nebraska 1994.

2. Roald Amundsen

Roald Amundsen. Wettlauf zum Südpol. Die norwegische Expedition 1910–1912. Berlin 2001.

Roland Huntford. Scott and Amundsen. Their Race to the South Pole. The Last Place on Earth. London 2000.

Roland Huntford (Hg.). The Amundsen Photographs. London 1987.

Tor Bomann-Larsen. Amundsen. Bezwinger beider Pole. Die Biographie. Hamburg 2010.

Ragnar Kvam jr. Im Schatten. Die Geschichte des Hjalmar Johansen, des «dritten Mannes» zwischen Fridtjof Nansen und Roald Amundsen. Berlin 1999.

3. Robert F. Scott

Robert Falcon Scott. Journals. Captain Scott's Last Expedition. Oxford 2008.

Robert Falcon Scott. Letzte Fahrt. Kapitän Scotts Tagebuch. Tragödie am Südpol 1910–1912. Lenningen 1997.

Apsley Cherry-Garrard. The Worst Journey in the World. London 2010.

DAVID THOMSON. Scott, Shackleton and Amundsen. Ambition and Tragic in the Antarctic. New York 2004.
ELSPETH HUXLEY. Scott of the Antarctic. Lincoln, Nebraska 1990.
FRANCIS SPUFFORD. I may be some time. Ice and the English Imagination. London 2003.
SUSAN SOLOMON. The Coldest March. Scott's Fatal Antarctic Expedition. New Haven 2001.

Bild- und Kartennachweis

Alexander Turnbull Library, Wellington, Neuseeland: *Abb. 3* (F-22336-1/2); *Abb. 4* (Ref. PAColl-4225-01)

Norsk Folkesmuseum, Oslo: *Abb. 5* (NFWA.00876); *Abb. 6* (NF.W.11330); *Abb. 27* (NF.W.11328)

National Library of Norway, Picture Collection, Oslo: *Abb. 9* (NPRA 2779/Fotograf: unbekannt); *Abb. 12* (NPRA 111/Fotograf: unbekannt); *Abb. 15* (NPRA 828/Fotograf: unbekannt); *Abb. 16* (NPRA 120/Fotograf: unbekannt); *Abb. 18* (NPRA 1436/Fotograf: unbekannt); *Abb. 22* (NPRA 139/Fotograf: unbekannt); *Abb. 23* (NPRA 1479/Fotograf: unbekannt); *Abb. 34* (NPRA 3135/Fotograf Beattie?)

British Antarctic («Terra Nova») Expedition (1910–1913) Album; Alexander Turnbull Library, Wellington, Neuseeland: *Abb. 17* (PA1-f-066-03-8)

Joseph Kinsey Collection / Alexander Turnbull Library, Wellington, Neuseeland: *Abb. 30*: (Ref. Nr. PA1-f-066-08-1)

National Oceanic and Atmospheric Administration, Washington D.C.: *Abb. 31*

National Library of Australia, Canberra. Edward Searle's album of photographs of Australia, Antarctica and the Pacific, 1911–1915: *Abb. 32* (NLA-PIC-AN2381 4300/ Fotograf: Olav Bjaaland)